| 财政部亚洲合作资金支持项目 |

中国普惠金融实践与发展

The Practice and Development of Inclusive Finance in China

黄波涛　著

中国财经出版传媒集团
中国财政经济出版社
·北京·

图书在版编目（CIP）数据

中国普惠金融实践与发展 / 黄波涛著. -- 北京：中国财政经济出版社，2023.11
ISBN 978-7-5223-2152-3

Ⅰ.①中⋯ Ⅱ.①黄⋯ Ⅲ.①金融事业—经济发展—研究—中国 Ⅳ.①F832

中国国家版本馆CIP数据核字（2023）第063327号

责任编辑：苏小珺	责任校对：张 凡
封面设计：六 元	责任印制：党 辉

中国普惠金融实践与发展
ZHONGGUO PUHUI JINRONG SHIJIAN YU FAZHAN
中国财政经济出版社 出版
URL：http://www.cfeph.cn
E-mail：cfeph@cfemg.cn
（版权所有 翻印必究）
社址：北京市海淀区阜成路甲28号 邮政编码：100142
营销中心电话：010-88191522
天猫网店：中国财政经济出版社旗舰店
网址：https://zgczjjcbs.tmall.com
北京时捷印刷有限公司印刷 各地新华书店经销
成品尺寸：185mm×260mm 16开 27印张 458 000字
2023年11月第1版 2023年11月北京第1次印刷
定价：98.00元
ISBN 978-7-5223-2152-3
（图书出现印装问题，本社负责调换，电话：010-88190548）
本社质量投诉电话：010-88190744
打击盗版举报热线：010-88191661 QQ：2242791300

序　言

"普惠金融"这一概念是联合国在2005年"国际小额信贷年"活动中首次提出的，由小额信贷发展和延伸起来的，其起源带有一定的慈善特征。普惠金融基本含义就是要让每一个有金融需求的人都能够及时、方便、有尊严地以适当的价格获得高质量的金融服务，实现"每个微弱声音都应被听见，每个小微主体都该被关注"的普惠金融初衷。中国普惠金融服务先后经历了"小额信贷""微型金融""农村金融"和"普惠金融"的发展阶段。普惠金融在促进经济社会发展、助力打赢脱贫攻坚战、补齐民生领域短板、实现乡村振兴等方面发挥了重要作用。

近年来，普惠金融的高质量发展，不断推动金融供需两侧协同发力，优化了金融体制机制，完善了交易市场，丰富了产品体系，促进形成了成本可负担、商业可持续的长效机制。随着中央全面推进普惠金融高质量发展一系列政策的出台，中国普惠金融的发展蓝图更为清晰：把更多金融资源配置到重点领域和薄弱环节，加快补齐县域、小微企业、新型农业经营主体等金融服务短板，促进普惠金融和绿色金融、科创金融等融合发展，提升政策精准度和有效性，为城乡居民增收、均等就业机会、促进社会公平、实现共同富裕等发挥重要力量。

北京国家会计学院作为财政部的直属事业单位，以服务于国家改革发展大局为目标，对普惠金融一系列政策和实践持续关注并开展深入研究，为国家宏观决策提供智库支持。黄波涛作为金融学科的中青年骨干老师，勤于实践探索，持续开拓创新，做出了很多有价值的研究。他在普惠金融的理论基础及政策沿革、普惠金融发展的国际比较、普惠金融在银行体系和保险体系的实践及发展路径、普惠金融的风险管理实践与思考、数字普惠金融发展研究、绿色普惠金融发展研究、普惠金融案例研究、普惠金融高质量发展政策建议等方面作了很好的总结与探索。

普惠金融的持续发展，离不开理论与实践的总结、探索和创新。希望本书的出版能成为普惠金融研究的新起点，通过各位研究者、管理者和工作者的持续研究，推动建立与新时期经济社会发展相适应的普惠金融发展新模式，让普惠金融更好地服务于提升全体成员的获得感和幸福感，共同谱写新发展格局下普惠金融事业的新篇章。

北京国家会计学院党委书记：

2023年10月

前 言

普惠金融是包容性金融，也是金融发展的必然产物。健全多层次的金融服务供给体系，充分发挥传统金融机构和新型业态的作用，创新金融产品，降低交易成本，实现金融的公平化，全方位、有效地为全社会提供普惠金融服务，这是一种理念，更是一种责任。党中央、国务院对普惠金融给予了高度且持续的重视和支持，党中央部署实施推进普惠金融发展规划以来，金融服务覆盖率、可得性、满意度不断提升，在助力打赢脱贫攻坚战、实施乡村振兴战略、补齐民生领域短板和经济社会发展等方面发挥了积极作用，标志着中国普惠金融发展进入新阶段，全国金融工作会议也多次强调要建设普惠金融体系，加强对小微企业、"三农"和偏远地区的金融服务。只有加大普惠信贷支持力度，才能切实解决企业复工复产面临的债务偿还、资金周转和扩大融资等问题，这赋予了推动普惠金融有效发展更加明确的现实意义。

中央近期提出的推进普惠金融高质量发展的一系列框架，要求深化金融供给侧结构性改革，把更多金融资源配置到重点领域和薄弱环节，加快补齐县域、小微企业、新型农业经营主体等金融服务短板，促进普惠金融和绿色金融、科创金融等融合发展，提升政策精准度和有效性。要优化金融机构体系、市场体系、产品体系，有效发挥商业性、开发性、政策性、合作性金融作用，增强保险和资本市场服务保障功能，拓宽直接融资渠道，有序推进数字普惠金融发展。要完善普惠金融政策制定和执行机制，健全普惠金融基础设施、制度规则、基层治理，加快完善风险分担补偿等机制，促进形成成本可负担、商业可持续的长效机制。要高度重视防范金融风险，加强金融系统党的建设，强化全面从严治党严的氛围，把严的要求落到实处，加大金融监管力度。

高质量发展的普惠金融是一个可以满足各类群体金融服务需求的服务体系。该体系既包含宏观层面的政府政策与监管、中观层面的基础设施，又包含微观层面融合了传统金融机构与为弱势群体和弱势产业提供金融服务的金融供给机构体系，它可以促进金融资源在人群、行业、地区、国家之间的流动并进行合理分配，从而增加居民收入、创造就业机会、促进社会公平，进一步促进经济的均衡发展，最终实现共同富裕。

本书共十章，分别从普惠金融的理论基础及政策沿革、普惠金融发展的国际比较、普惠金融在银行体系的实践及发展路径、普惠金融在保险体系的实践及发展路径、普惠金融的风险管理实践与思考、技术进步助推下数字普惠金融的发展研究、新发展理念下绿色普惠金融的发展研究、普惠金融的创新发展实践及案例研究、普惠金融高质量发展的政策建议等十个方面对普惠金融的发展、现状、实践经验进行了较为客观的阐述，探讨如何充分发挥普惠金融的作用，推进普惠金融高质量发展，有助于运用金融手段帮助市场主体更好应对复杂形势和风险挑战，助力保障和改善民生，促进经济恢复和健康发展，完善普惠金融政策制定和执行机制，有序推进数字普惠金融发展。

第一章绪论，主要介绍了普惠金融的起源，系统界定普惠金融的内涵及外延，剖析普惠金融的主要特点，梳理了普惠金融发展的重要意义和主要领域，以及当前普惠金融发展的现状及初步成效，并侧重阐述了本书中普惠金融的研究方向及主要内容。

第二章对普惠金融的理论基础及政策沿革进行了梳理。我国普惠金融卓有成效的进展离不开党中央、国务院一系列政策的制定、出台与实施，离不开各地政府、各类金融机构积极响应、创新探索。本章梳理了与普惠金融相关的政策，重点对货币政策、信贷政策、财税政策对普惠金融的支持进行梳理与总结。

第三章是普惠金融发展的国际比较。对较早开展普惠金融实践的美国、英国、日本、孟加拉国、墨西哥、巴西、肯尼亚、印度尼西亚、玻利维亚、柬埔寨等国家的经验进行总结、提炼，并进行对比分析，从各国成功经验中获取相应的启示，总结适用于我国金融环境及普惠金融未来发展的成功经验。

第四章主要介绍普惠金融在银行体系的实践及发展路径。银行体系是我国普惠金融服务的重要参与者，在国家政策的引导激励下，银行体系将普惠金融作为重点探索方向之一，国有大行、股份制银行、城商行、农商行、新型互联网银行发挥各自优势，或通过设立普惠金融事业部，采用差别化考核评价方法；或积极开展金融创新，利用互联网提供便民服务；或拓展涉农金融业务、扶持农村经济，发行小额贷款、增强银企合作，积极加大对小微企业的支持力度。

第五章主要介绍普惠金融在保险体系的实践及发展路径。保险业是普惠金融体系的重要组成部分，保险的保障与增信功能对于微弱经济体的发展具有重要的意义。保险机制在我国普惠金融体系中发挥着农业保险、普惠性大病保险制度和构建信用增级的作用。一方面，保险业有助于完善社会保障体系，满足人民群众日益增长的多层次保障需求，其本身就是普惠金融的重要内容；另一方面，通过降低相关风险，保险还能促进普惠金融（特别是融资）的发展。

第六章探索了普惠金融的风险管理实践与思考。普惠金融致力于解决小微企业等市场主体融资难、融资贵问题，推动经济发展新常态下大众创业、万众创新浪潮的国家战略。在发展普惠金融业务中，若解决不好风险管理问题，将会给我国防范化解金融风险、守住不发生系统性金融风险底线带来挑战。因此，需要从一种更系统、更全面、更具整体性的理论框架视角，对普惠金融风险管理的相关理论进行研究和重构，为有效防范潜在风险、落实国家普惠金融政策、破解小微企业融资难题、推动经济转型发展提出有效管控风险的理论依据和政策建议。

第七章是技术进步助推下数字普惠金融的发展研究。数字普惠金融作为普惠金融发展的高级阶段，可以提高金融服务覆盖率、金融服务可得性和金融服务满意度，为普惠金融领域提供强有力的驱动力。持续深入推进数字普惠金融建设，能够突破传统金融服务的地域限制，弥补传统普惠金融产品和服务的短板，发展覆盖更广、服务种类更多、成本负担更低、服务效率更高的农村金融服务体系，进而解决普惠金融在农村地区推广过程中存在的问题，从根本上增强普惠金融助推实体经济发展的能力。

第八章是新发展理念下绿色普惠金融的发展研究。绿色金融和普惠金融具有极强的内在一致性，普惠金融主要是让社会所有阶层和群体享受到应有的、全面的、有效的金融服务，旨在支持群体间、横向性的可持续发展；绿色金融要求金融行业把环境保护作为一项基本政策，把与环境相关的潜在回报、风险和成本都融合进金融行业的日常业务中，旨在支持代际间、纵向性的可持续发展。推动绿色金融和普惠金融融合发展具有极强的理论和现实基础，绿色普惠金融将是我国未来金融改革的重要方向。

第九章为普惠金融的创新发展实践及案例研究。以普惠金融助力复工复产稳增长案例、普惠金融助力脱贫攻坚案例、普惠金融助力乡村振兴案例、普惠金融产品及服务创新案例、数字普惠金融创新发展案例、绿色普惠金融创新发展案例、普惠金融改革试验区案例、普惠金融可持续发展案例为依托，分析现阶段我国普惠金融发展取得的成效和存在的问题，为我国普惠金融的可持续发展提供借鉴经验。

第十章提出了支持普惠金融高质量发展的政策建议。从构建中国普惠金融体系、建立有效的普惠金融市场、发展多种形式普惠金融机构、创新普惠金融工具、优化普惠金融发展的外部环境、持续优化普惠金融可持续发展模式等方面，对如何提高普惠金融发展水平、如何更好地发挥普惠金融经济增长效应提出合理化建议。

本书的出版得到了财政部亚洲合作资金支持项目的大力赞助。作为项目的组成部分，北京国家会计学院结合本书的研究成果成功举办了"中国财政支持减贫与推进普惠金融经验分享"论坛。财政部、国家乡村振兴局、中国农业银行、中国建设银行、太平洋保险公司的专家学者向东南亚澜湄五国分享了中国的成就，在此也表示深深的谢意。

本书在成稿过程中，得到了广西农村信用社联合社吴若冰博士的鼎力支持，张凤玲、薛敏、齐小乎、陈志刚、谷金平、李婕也撰写了部分章节或者提出了若干修改意见，在此一并表示感谢。希望本书能够给我国普惠金融大发展的亲历者们些许启发和帮助，也期待我国普惠金融驶入可持续与更快发展的轨道。

目 录

第一篇 理论研究篇

第一章 绪论 003

第一节 普惠金融的起源 003
第二节 普惠金融的概念 012
第三节 普惠金融的重要意义 020
第四节 普惠金融的主要研究领域 021
第五节 普惠金融的发展现状及初步成效 026

第二章 普惠金融的理论基础及政策沿革 034

第一节 普惠金融的理论基点 034
第二节 普惠金融高质量发展的理论基础 041
第三节 普惠金融的政策演进框架 048
第四节 货币及信贷政策对普惠金融的支持作用 061
第五节 财税政策对普惠金融的支持作用 066
第六节 普惠金融发展的驱动因素 071

第二篇 实践经验篇

第三章 普惠金融发展的国际比较 079

第一节 普惠金融发展的国际实践 079
第二节 普惠金融发展的国际经验剖析 102
第三节 国际普惠金融实践经验的深刻启示 107
第四节 发达国家与发展中国家普惠金融的创新发展比较 112

第四章　普惠金融在银行体系的实践及发展路径　　119

　　第一节　银行体系普惠金融的发展趋势　　119

　　第二节　普惠金融的发展水平测度　　126

　　第三节　银行体系普惠金融的实践模式　　131

　　第四节　银行体系普惠金融的发展意义　　141

　　第五节　银行体系普惠金融面临的挑战　　148

　　第六节　银行体系普惠金融未来的发展方向　　154

第五章　普惠金融在保险体系的实践及发展路径　　159

　　第一节　普惠保险的概念界定　　159

　　第二节　普惠保险的理论基础　　161

　　第三节　普惠保险的基本特征　　168

　　第四节　普惠保险的减贫机制分析　　170

　　第五节　普惠保险的发展水平测度　　175

　　第六节　普惠保险的发展现状及存在问题　　181

　　第七节　普惠保险未来的发展趋势分析　　186

第六章　普惠金融的风险管理实践与思考　　192

　　第一节　普惠金融的信用风险管理理论　　192

　　第二节　普惠金融的风险管理现状　　195

　　第三节　普惠金融风险管理中存在的问题及成因　　200

　　第四节　普惠金融风险管控的国际经验及启示　　204

　　第五节　完善我国普惠金融风险管理的相关思考　　218

第三篇　创新发展篇

第七章　技术进步助推下数字普惠金融的发展研究　　241

第一节　数字普惠金融的内涵与特征　　241

第二节　数字普惠金融的理论基础　　248

第三节　数字普惠金融的运行机制　　256

第四节　数字普惠金融助力共同富裕的比较优势分析　　262

第五节　数字普惠金融推进乡村产业振兴的效应分析　　271

第六节　金融机构开展数字普惠金融的实践与成效　　277

第七节　数字普惠金融的风险防控与监管政策　　288

第八章　新发展理念下绿色普惠金融的发展研究　　298

第一节　绿色普惠金融理论研究　　298

第二节　绿色小额信贷的发展　　301

第三节　绿色金融债券的发展　　305

第四节　绿色供应链金融的发展　　309

第五节　绿色普惠金融的国际合作　　314

第六节　绿色普惠金融面临的挑战与展望　　317

第九章　普惠金融的创新发展实践及案例研究　　323

第一节　普惠金融助力复工复产稳增长　　323

第二节　普惠金融助力脱贫攻坚　　327

第三节　普惠金融助力乡村振兴　　332

第四节　普惠金融产品及服务创新　　337

第五节	数字普惠金融创新发展	342
第六节	绿色普惠金融创新发展	348
第七节	普惠金融改革试验区	353
第八节	普惠金融可持续发展	357

第四篇 策略展望篇

第十章 普惠金融高质量发展的政策建议   365

第一节	构建中国普惠金融体系	365
第二节	建立有效的普惠金融市场	371
第三节	发展多种形式的普惠金融机构	378
第四节	创新普惠金融工具	381
第五节	优化普惠金融发展的外部环境	386
第六节	持续优化普惠金融可持续发展模式	393

参考文献   401

第一篇

理论研究篇

第一章　绪论

无论是高收入者还是低收入者，都有平等获得基本金融服务的权利，这同人的生存权、发展权一样，是一项基本权利。普惠金融旨在减少金融排斥现象，将农民、弱势群体、低收入群体以及中小型企业等群体纳入普惠金融体系中，是所有有金融服务需求的人都有权平等使用和享受的一种价格合理、形式方便的大众金融服务。建立一个包容的普惠金融体系，可以使金融制度更加贴近人民和服务于人民，更好地促进经济社会的可持续发展。然而，在世界上绝大多数国家，尤其是发展中国家，众多低收入者被排除在金融服务对象之外。2005年，在联合国总部举行的世界峰会（World Summit）上，与会领导人达成共识——"要通过微型金融和小额信贷等方式为金融排斥群体，特别是贫困人群，提供金融服务"，并发布了《建设普惠金融体系》蓝皮书，呼吁世界各国根据各自国情制定普惠金融战略，让有金融需求的社会各阶层都可以享受到金融服务。至此，各国相继将普惠金融提到国家战略高度。

第一节　普惠金融的起源

一、普惠金融在国际上的发展回顾

普惠金融的起源带有慈善特征，其发展过程是一个公益性逐渐被市场化取代的过程。随着金融服务深度和广度的不断拓展和延伸，先后经历了"小额信贷""微型金融""农村金融"和"普惠金融"四个阶段的演进。

(一)小额信贷

普惠金融最早可以追溯到15世纪意大利罗马教会开设的当铺。当时民间高利贷盛行，贫困和低收入群体由于难以承受高额利息而无法获得金融服务。为了帮助困难群体并抑制高利贷利率的肆意增长，意大利的修道士接受慈善人士捐赠的财物后以较低的利息开展小额信贷业务。随后，18世纪和19世纪，在爱尔兰、日本和德国等地相继出现了福利性质较强的早期小额信贷机构。其中，比较有代表性的是爱尔兰的"贷款基金"，慈善机构将接收到的捐赠财物用于设立贷款基金，免除利息并向没有抵押的贫困农户提供小额贷款，与获得贷款的农户约定每周分期还款，并通过贷款者相互之间的共同监督来保证贷款的按时归还。随着1823年特别法案顺利通过，"贷款基金"的管理机构由最初的慈善机构转变成金融中介机构，被允许吸收给付利息的存款，并对发放的贷款收取一定利息。欧洲、日本和其他许多国家则通过遍布农村地区的邮政系统为农户提供小额储蓄和支付服务。同期，在德国莱弗森（Raiffeisen）信贷合作社的成功带动下，德国的信用合作社也获得了较大发展，小额信贷在很大程度上取代了高利贷，弥补了私人银行的不足。

20世纪70年代初，现代小额信贷在巴西、孟加拉国、乌干达等国家开始出现。针对那些很难从正规金融机构获得贷款服务的低收入群体或微型企业，一些实验项目设计专门的贷款产品，通过实行成员之间相互负有连带担保责任的小组贷款模式，为他们提供信贷服务，以使其获得自我就业和自我发展的机会。其中，穆罕默德·尤努斯教授在孟加拉国开展的小额信贷扶贫实验（后创办了格莱珉乡村银行）、印度的自我就业妇女协会银行（SEWA）以及拉美的ACCION国际组织均属于较为成功的案例①。时至今日，这些金融机构仍然发展得很好，其成功模式也引得无数金融机构纷纷效仿。此外，无论是印尼人民银行等个别大型银行的个人贷款模式，还是玻利维亚阳光银行的小组相互担保模式，抑或是乌干达国际社区资助基金会村庄银行的村或镇整体信用担保模式等小额信贷模式的成功推广均表明：小额信贷是减少贫困、促进就业的有效方式，能够提高低收入人群收入，扶助小微企业发展，缩小贫富差距。但是，这种以扶贫为目的、带有明显福利性质的小额信贷具有三大缺陷：一是信贷的福利性质决定了信贷资金来源

---

① 邢乐成、赵建：《多维视角下的中国普惠金融：概念梳理与理论框架》，《清华大学学报（哲学社会科学版）》2019年第1期。

对社会捐赠和政府补贴的依赖，一旦脱离这两类资金来源，小额信贷机构的财务将发生巨额亏损导致无法持续经营。二是低收入人群和微型企业等弱势群体较低的还贷能力不仅导致其在还贷方面具有高风险性，推高了小额信贷的经营成本，还决定了其无法负担起高利率的贷款，从而反过来迫使小额信贷提供较低水平的贷款利率。在信贷高风险与贷款低利率双重因素的夹击下，小额信贷机构很有可能会因为提供小额信贷服务获得的利息收入并不能够覆盖相应的资金和运营成本而产生亏损。三是为激励小额信贷机构参与扶贫，政府会实施财政贴息等政策来代替市场机制以支持小额信贷机构发放低利率贷款，而这种政策性的偏向会破坏金融市场秩序。以上三个缺陷决定了完全以扶贫为目的、带有明显福利性质的小额信贷并不具备自身发展的可持续性。针对这个问题，为克服小额信贷早期因福利性质而影响自身可持续发展的缺陷，20世纪80年代，在早期方法论的基础上，国际小额信贷项目打破传统扶贫融资概念，在强调福利性目标的同时融入商业性运营，开启可持续发展之路。小额信贷也因此发展出两个目标：一是为低收入人群等弱势群体提供金融服务以帮助其缓解贫困；二是保持自身的可持续发展。在双目标的有效指引下，小额信贷既可以实现其设立初衷，又可以拓宽信贷资金来源渠道，脱离政府及慈善者的资金支持和救济，维持自身发展的可持续性，走商业化发展道路。总之，早期的小额信贷明显以福利为导向，不论是早期具有显著福利导向的小额信贷，还是现代小额信贷，都体现了普惠金融的理念，即以消除贫困为目标，致力于将低收入人群等无法享受商业银行贷款服务的群体纳入金融服务范围之中。

（二）微型金融

随着经济社会发展与人们生活水平的提高，传统单一的小额贷款服务已经无法满足低收入群体对金融服务日益高涨的多元化需求。然而相对于富裕群体，低收入群体由于收入波动性大，对储蓄、保险以及资金转移等更全面、更完善的金融服务需求更为迫切。在储蓄方面，低收入群体通常采用现金、实物资产等高风险、低收益、低流动的储蓄方式。在保险方面，大多数低收入群体赖以生存的农业因对自然条件和生态环境高度依赖而具有高风险性，亟须对由此可能造成的损失采取一定的保障措施。在资金转移方面，低收入群体为脱离贫困向外发展而产生的资金跨地区、跨国境转移需求也亟待解决。因此，为满足和解决这些金融服务需求，小额信贷正逐渐从传统的"小额贷款"转向"微型金融",更有效地为弱势群体提供多层次金融服务。

"微型金融"是指为低收入群体和微型企业建立的金融服务体系,最早由世界银行向全球推广,提供的金融服务包括小额信贷、储蓄、保险、汇款等,其对传统"小额信贷"的拓展主要表现在金融服务的广度、深度和供给结构多样化三方面。在服务广度方面,微型金融将金融服务内容从传统小额信贷单一的信贷支持扩展到更为广泛的储蓄、保险、汇款等金融服务,为客户提供更多保障和便利。在服务深度方面,微型金融将金融服务对象从传统小额信贷服务的受众群体进一步扩展到更加偏远的贫困人群。在服务供给结构多样化方面,微型金融将金融服务供给从实力偏弱、资金规模相对较小的非正规金融机构扩展到大型商业银行、金融合作社、信贷网络联盟组织等,进一步拓宽低收入群体能享受到的金融服务。

(三)农村金融

我国的传统农村金融发源于计划经济时期。改革开放后,我国从计划经济体制向市场经济体制过渡,原来的农业银行"垄断"局面转变为农业银行、农商行、村镇银行、小额贷款公司等不同产权类型的多层次、多功能的农村金融体系共存局面,并创新了资金借贷模式[①]。近年来,鉴于农村金融市场结构的特殊性和信息不对称性,传统农村金融机构的借贷模式主要产生了以下三方面创新。

一是产业链金融模式。将农业产业供应链作为贷款载体的主要是以农业银行和邮政储蓄银行为主的金融部门,为农业、林业、畜牧业和渔业等行业的生产和经营活动提供贷款。在与大型农业企业的合作过程中,银行通过农业企业和熟悉农村市场的经销商为农户提供贷款担保,有效地降低了农村金融市场严重的信息不对称问题。[②]

二是村级正规社会组织担保模式。农业银行和邮政储蓄银行通过与村干部合作放贷的方式,采取"银行+政府+担保机构"模式,通过农村正规村社组织的社会资本力量来解决农村信贷市场的融资难题。[③]

三是农村不同市场关联交易模式。最常见的互联关系是"银行—农产品商户(如加工厂商、批发商、零售商、经销代理和中介商人等)—农户",因为大多数借款人和贷

---

① 姚耀军:《中国农村金融发展状况分析》,《财经研究》2006年第4期。
② 周月书、王雨露、彭媛媛:《农业产业链组织、信贷交易成本与规模农户信贷可得性》,《中国农村经济》2019年第4期。
③ 温涛、朱炯、王小华:《中国农贷的"精英俘获"机制:贫困县与非贫困县的分层比较》,《经济研究》2016年第2期。

款人都会通过相互关联的生产经营活动产生合同关系。这种互联性信贷关系的特征非常明显，可以有效防止信息不对称情况的发生。通过这种内在实体关联交易，村镇银行与农村信用社都可以更大幅度降低潜在信贷风险。①

虽然随着规模扩大和借贷模式创新，传统农村金融在农村金融市场不断向广度延伸、向深度拓展，②但农村金融市场仍具有较强的异质性，单位贷款成本较高，且缺乏有效的抵押物。③因此，高成本、高门槛、高融资难度的"三高"现象对农民而言仍普遍存在。④

（四）普惠金融

随着越来越多规模大、历史悠久，且具有庞大客户群体的保险公司和商业银行同步加入对弱势群体及弱势产业提供金融服务的行列中，21世纪以来"微型金融"服务的内涵和外延都在进一步扩大，服务的广度和深度也受到更多关注，其缺乏政府监管与中间平台支撑等问题逐渐显现。联合国在国际小额信贷年（2005年）时首次提出建立"普惠金融体系"，即建立一个包容性的金融体系，确保包括低收入群体和微型企业在内的所有社会阶层和群体，都能获得全方位的、可持续的、高效的金融服务。在这个金融服务体系中，政府介入监管，零散的微型金融机构也被整合起来，可以有效促进分散的微型金融机构和金融服务创新逐步向包容性的金融体系转型。在这个阶段，不同类型、不同规模的金融机构均可以作为金融服务的提供者，为低收入群体、小微企业提供金融服务，微型金融也不再被边缘化，而是作为国家金融体制的一部分，演变成为实际意义上的"普惠金融"。

近年来，为了确保能够公平、公正地获得基本的金融服务，以及确保金融在促进社会公平和改善人民生活方面能充分发挥作用，普惠金融被提到了更加重要的位置上。2013年11月召开的中共十八届三中全会强调，发展普惠金融仍有很长的路要走，政

---

① Swamy, V. and Dharani, M., "Analyzing the Agricultural Value Chain Financing: Approaches and Tools in India," *Agricultural Finance Review* 76, No.2 (2016): 211—232.
② Boucher, S. R., Carter, M. R., Guirkinger, C., "Risk Rationing and Wealth Effects in Credit Markets: Theory and Implications for Agricultural Development," *American Journal of Agricultural Economics* 90, No.2 (2008): 409—423.
③ 刘西川、黄祖辉、程恩江：《贫困地区农户的正规信贷需求：直接识别与经验分析》，《金融研究》2009年第4期。
④ 尹志超、张号栋：《金融可及性、互联网金融和家庭信贷约束——基于CHFS数据的实证研究》，《金融研究》2018年第11期。

府应继续引导和完善金融惠民工作发展,使更多不同层面的群体平等地获得普惠金融所提供的服务,以更细致、更全面的方式开展普惠金融工作。普惠金融必须立足于民生,强调薄弱环节,同时要面向市场,主动提升普惠金融产品开发和普惠服务供给的水平。

发展普惠金融可以为低收入群体提供更好的服务,并使他们更好地了解金融制度和金融服务。普惠金融始终强调金融公平,满足大众的需求,消除不平等待遇。金融服务的最终目标与为人民服务的理念相贴合。普惠金融基于宏观视角,从社会经济发展出发,从国家政策出发,实现了各类群体平等获得基本金融服务的权利。大量实践证实,普惠金融对于个体和小微企业收入增加、收入波动的平滑以及抗风险能力的增强有不可或缺的作用;大量研究表明,普惠金融与经济增长、金融稳定之间有着密切关系。建立一个包容的普惠金融体系,可以使我国金融制度更加贴近人民和服务人民,且更好地服务经济社会发展。①

普惠金融与小额信贷、微型金融、农村金融的比较见表1-1,它们的相互关系见图1-1。

表1-1　　　　普惠金融与小额信贷、微型金融、农村金融的比较

概念	理论基础	机构种类	业务种类	覆盖面
小额信贷	信息不对称理论、交易费用理论	专门的小额信贷组织(只贷不存)	贷款业务	贫困者、弱势群体
微型金融	信息不对称理论、交易费用理论	所有金融机构	所有金融服务	小微企业、个人
农村金融	交易费用理论、和谐社会建设理论	农村金融机构	所有金融服务	"三农"
普惠金融	发展权理论、和谐社会建设理论	所有金融机构	所有金融服务	所有有金融需求的企业和个人

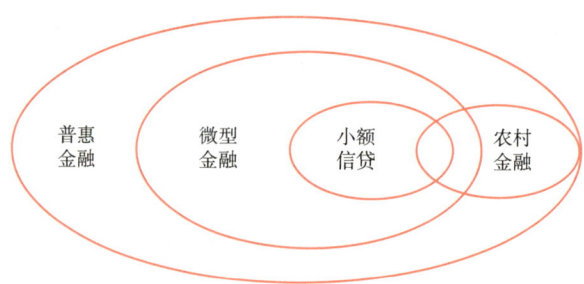

图1-1　普惠金融、微型金融、小额信贷、农村金融关系结构

---

① 黄娟:《谈普惠金融的经济学认识与发展评价》,《农村经济与科技》2020年第20期。

二、普惠金融在我国的探索与发展

我国从2006年开始逐步重视普惠金融,并于2013年在党的十八届三中全会上将"发展普惠金融"正式上升为国家战略。经过十多年的发展,我国的普惠金融事业已经取得了巨大的进展和成就。在《2022年二季度金融机构贷款投向统计报告》中,中国人民银行发布的数据显示:2022年二季度末,人民币普惠金融领域贷款余额29.91万亿元,同比增长20.8%,比各项贷款高9.6个百分点,比上年末低2.4个百分点;上半年增加3.41万亿元,同比多增1535亿元。其中,普惠小微贷款余额21.96万亿元,同比增长23.8%,增速比上年末低3.5个百分点;信用贷款占比19.5%,比上年末高1.4个百分点;农户生产经营贷款余额7.49万亿元,同比增长13.6%;创业担保贷款余额2602亿元,同比增长13.5%;助学贷款余额1394亿元,同比增长12.6%;全国脱贫人口贷款余额9794亿元,同比增长14.5%,上半年增加653亿元。回顾梳理,我国普惠金融大致经历了公益性小额信贷阶段、发展性微型金融阶段、综合性普惠金融阶段、创新性互联网金融阶段、数字普惠金融深化发展阶段五个重大阶段(见图1-2)。

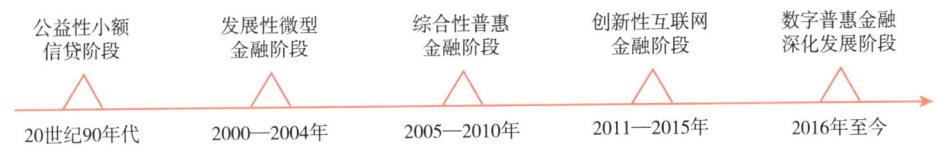

图1-2 普惠金融发展的五个阶段

(一)20世纪90年代:公益性小额信贷阶段

我国最初的小额信贷始于中国社科院农村发展研究所1993年10月在河北易县开展的实践探索,同样以扶贫为目的且带有公益性质。通过借鉴孟加拉国乡村银行模式,创建了提供小额度贷款帮助贫困农户改善生活发展境况的扶贫经济合作社。因能够很好地改善当地的贫困状况,该扶贫模式被南召、虞城、涞水等多个贫困县纷纷效仿,成为普惠金融在中国的一个雏形,对今后普惠金融的发展产生了深远影响。同一阶段,联合国开发计划署(UNDP)、世界银行等国际组织,将小额信贷作为一种扶贫工具,以当地政府的资金支持或者海内外人士、机构等第三方的捐款为资金来源,在中国开展了一系列小范围的小额信贷试验,并验证了小额信贷对改善贫困的积极效应。

此阶段我国的公益性小额信贷刚刚起步,有较为明确的管理主体和较为系统的管理制度，其组织形式有两类：第一类是政府项目办公室（以下简称"项目办"），负责管理国际非政府组织和多双边国际组织对华援助项目中小额信贷活动等；第二类是民间组织，包括社团法人和民办非企业法人，如中国社会科学院农业发展研究所推动建立的扶贫经济合作社是社团法人。在这个时期，项目办形式较多，民间组织形式较少。且在此时期民间组织作为项目操作载体而产生，大部分小额信贷都通过扶贫项目开展。[①] 此后，为更好扶持扶贫小额信贷的发展，我国多次出台政策给予财政资金支持，更好地促进了公益性小额信贷的发展。

（二）2000—2004年：发展性微型金融阶段

随着社会经济的发展，国民金融服务需求趋于多元化，普惠金融的发展也相应进入能够提供多元化金融服务的发展性微型金融阶段。在这一阶段，中国人民银行要求农业开发银行、邮政储蓄银行和中国农业银行等正规的金融机构，积极介入小额信贷市场中。小额信贷的目标开始由单纯扶贫转向致力于居民生活质量与就业率的提高，小额信贷的服务对象也开始从贫困县（区）的贫困人群延伸到了城市中的低收入人群。虽然普惠金融在这一阶段的社会影响力仍存在一定局限性，规模也普遍较小，但随着服务范围的扩展和服务产品的多元化，小额信贷的公益性质逐渐弱化，并朝可持续的方向发展。

（三）2005—2010年：综合性普惠金融阶段

得益于国家层面对银行业金融机构在农村地区准入门槛的放宽，村镇银行、小额信贷公司等金融机构通过"增量式"改革取得了快速发展，金融机构网点服务更加方便。民营资本也从2005年开始得以通过全国各处遍地开花的小额信贷组织进入金融市场，信贷资金来源更加多元化。除固定的营业网点外，金融业务也开始可以通过PC网络端或手机网络端办理，金融服务工具更加多样化。普惠金融服务由此呈现出网络化、商业化、移动化趋势，全面进入提供包括典当、保险、汇款、支付、存款和信贷等综合性金融服务的发展阶段。同期，在银保监会的要求下，各家农村信用社、城市信用社、农村商行、城市商行等纷纷设立负责小企业贷款工作的"专门部门"，各家大型商业银行也随即开始从事小微企业贷款业务。在这一阶段，大量正规金融机构进入小额信贷领域，

---

① 杜晓山、孙同全：《中国公益性小额信贷政策法规与组织制度发展研究》，《农村金融研究》2019年第12期。

虽然金融服务体系还没能有效解决低收入人群的金融服务需求，但已经开始逐步将小微企业纳入服务范畴。

（四）2011—2015年：创新性互联网金融阶段

在互联网科技发展浪潮的助推下，普惠金融逐渐向科技型、信息化方向发展，出现了互联网借贷、互联网支付、互联网理财等创新形式，支付宝、余额宝等新型互联网金融产品应运而生，形成以众筹融资代替传统证券业务，以P2P信贷代替传统存贷款业务和以第三方支付、移动支付替代传统支付的三大趋势，在一定程度上降低了普通民众的信息不对称性与金融交易成本，提高了金融交易的便捷度与金融服务的可得性。

基于互联网信息技术的发展，人们可以通过数字平台获取各式各样的信息。在现实交易过程中，金融机构的工作人员可能会基于个人主观标准对客户进行评价，而通过数字化途径，客户就会获得更为公平的对待，并由此获得更为客观、公平的信贷支持。同时，利用数字化途径也可以查询各种信息、服务，化解信息提供的时间和空间限制，全天候为客户提供咨询服务，及时高效地传递各类信息。总而言之，这种方式可以充分挖掘潜在客户群体，从根本上助推普惠金融的发展。

（五）2016年至今：数字普惠金融深化发展阶段

伴随着5G技术、物联网、区块链、人工智能、大数据和云计算等数字技术的迅猛发展，金融科技与普惠金融相互融合、相互发展产生了数字普惠金融。2016年，G20峰会提出了全球首个促进数字普惠金融发展的国际性共同纲领《G20数字普惠金融高级原则》，其中明确指出：数字普惠金融泛指一切通过使用数字方式推动和促进普惠金融发展的行为，包括通过数字化技术进行交易的各类金融产品和服务，它使原来无法获得金融服务的群体，可以通过数字技术获得成本可负担的金融服务。同年，北京大学普惠数字金融研究中心在《北京大学数字普惠金融指数（2011年—2015年）》中提出，随着数字普惠金融的发展，我国区域间的金融发展水平差距正在逐步缩小。2021年中央一号文件也明确指出，要继续推进农村金融体制改革，大力发展农村数字普惠金融，确保"三农"优先发展。

数字普惠金融是普惠金融在数字化时代的一种创新和发展，在经济发展过程中，能平衡效率和公平，并且在具有极强包容性的同时还具有便捷、精准等优点。它能为金融服务的核心功能注入新的活力，改善实体经济，促进民生。当前，数字普惠金融被认为是践行共享发展理念、保持经济高质量可持续发展的重要金融服务模式。[①] 中国数字普惠金融发展的深度与广度不断拓展，将数字支付、消费信贷、互联网保险等金融产品与服务带入了居民日常生活中，为保障中国经济持续稳定增长发挥了重要作用。

第二节 普惠金融的概念

一、普惠金融的内涵及外延

（一）普惠金融与金融排斥

为了解决传统金融体系中金融排斥引起的经济发展受阻问题，发展具有包容性的普惠金融被提出和重视。普惠金融起源于金融排斥，发展普惠金融最直接的目的就是克服金融排斥，并与金融排斥构成问题的两个方面。金融排斥是指由于地理因素、社会因素和金融服务市场因素等，生活在社会基层的低收入群体和本小利微的小微企业等弱势群体及弱势产业被正规金融服务体系排除在外，缺少足够的渠道和途径获得金融产品或享受金融服务，典型案例有美国历史上的"画红线"拒贷事件。

凯普森（Kempson）、怀利（Whyley）和萨尔玛（Sarma）概括了五类金融排斥现象：一是自我排斥，即有一部分人因为心理上的障碍或者害怕被拒绝而将自己排斥在金融服务体系之外；二是价格排斥，即有一部分人因为支付不起金融产品的价格而被排除在金融服务体系之外；三是市场排斥，即一些群体因未能满足金融产品的销售与市场定位而被排斥在金融服务体系之外；四是机会排斥，即一些群体因地处偏僻或因金融体系的风控程序因素而被排斥在金融服务体系之外；五是条件排斥，即由于某种特殊的约束条件，一些群体被排斥在金融服务体系之外。中国的金融排斥也不外乎这五种情形。国外专家和学者对金融排斥的危害进行了分析，认为金融排斥不但会使贫困人群、中小企业等弱势群体难以获取金融资源，导致贫困边远地区资金外流，甚至出现马太效应，形成恶性循环。同时，也会使地区间的发展失衡，影响整个社会经济的协调发展。

---

① 任太增、殷志高：《数字普惠金融与中国经济的包容性增长：理论分析和经验证据》，《管理学刊》2022年第1期。

与金融排斥相反,普惠金融强调共享。世界银行认为,普惠金融的本质就是所有处于工作年龄的人都有权享受形式方便、价格合理的优质金融服务。在《服务于所有人——建设普惠金融体系》(Access for All: Building Inclucsive Finance Systems)一书中,世界银行扶贫协商小组(CGAP)将发展普惠金融的目的定义为让包括低收入群体、小微企业、妇女等弱势群体在内的所有需要金融服务的人平等地享有获得金融服务的权利。因此,在消除饥饿和贫困、减少儿童死亡率、增强妇女权利、促进性别平等、普及初等教育等方面,普惠金融能够发挥重要作用。作为普惠金融联盟执行主席,亚洲开发银行研究院研究员阿尔弗列德·汉尼哥认为,普惠金融的本质是将无法通过正常渠道获得正规金融服务的人群纳入主流金融体系,从而让他们有平等获得储蓄、信贷、支付等金融服务的机会,强调金融服务的可得性与机会平等性。中国人民银行原行长周小川则将普惠金融表述为"每一个人在有需求时都能以合适的价格享受到及时、有尊严、方便、高质量的各类型金融服务"。

(二)普惠金融的内涵

2005年联合国发起主题为"建立普惠金融体系以实现千年发展目标"的"国际小额信贷年"(The International Year of Micro-credit),正式提出了普惠金融(Financial Inclusion,也翻译为包容性金融)的概念,并在国际小额信贷年的行动纲领中强调,普惠金融旨在为包含妇女、农民及城镇低收入群体、小微企业等弱势群体在内的社会所有阶层和群体提供有效的、可负担成本的金融服务。同时,为使低收入的弱势群体获得资金,需要增加小额信贷和小额融资服务,以帮助其提高资金积聚能力。随后,在《服务于所有人——建设普惠金融体系》一书中,联合国描述了普惠金融体系的特征和发展前景:各国应当通过立法、政策、规章制度等手段,构建一个能够不断为人民提供适当的服务与产品的金融服务体系,主要具有以下四方面特征:一是个人、家庭以及企业,均能够以合理的价格获得包括信贷、储蓄、租借、保险、养老金、兑付、代理、地区和国际汇兑等在内的各种金融服务;二是健全的金融机构与包含行业、市场监督在内的健全审慎监管;三是金融机构能够长期提供金融服务,其自身发展具有可持续性;四是形成金融领域的竞争市场,为客户提供更高效和更多可供选择的金融服务。

中国普惠金融的概念是在2006年正式提出的。时任国家主席胡锦涛于2012年6月在墨西哥举办的G20峰会上提出:"普惠金融问题本质上是发展问题,希望各国加强沟通和合作,提高各国消费者保护水平,共同建立一个惠及所有国家和民众的金融体系,确保各国特别是发展中国家民众享有现代、安全、便捷的金融服务。"这是中国国家领导人第一次在公开场合正式使用普惠金融概念。① 2013年11月,《中共中央关于全面深化改革若干重大问题的决定》经中国共产党第十八届中央委员会第三次全体会议通过,正式提出"发展普惠金融,鼓励金融创新,丰富金融市场层次和产品"。② 2015年《政府工作报告》中,明确提出要大力发展普惠金融,让所有市场主体都能分享金融服务。2016年1月,国务院印发《推进普惠金融发展规划(2016—2020年)》(以下简称《规划》),首次将"普惠金融"定义为"以机会平等和商业可持续原则为基础,以可负担的成本向需要金融服务的所有群体提供适当、有效的金融服务。"③《规划》指出,我国普惠金融的重点服务对象是老年人、贫困人群和残疾人、城镇低收入人群、农民以及小微企业等特殊群体,并将普惠金融的实施纳入国家战略层面,认为大力发展普惠金融有利于促进金融业可持续、均衡发展,推动大众创业、万众创新,助推经济发展方式转型升级,增进社会公平和社会和谐。目前,普惠金融的内涵已从最初狭义的推广微型金融延伸到"建立一个惠及所有群体的金融服务体系"。因此,普惠金融旨在减少金融排斥现象,其目标是为"三农"和中小微企业等弱势群体提供融资支持,并为弱势群体提供高质量、高效率的金融服务,提高其经济实力和社会地位,进而促进经济的高质量、可持续发展。

(三)普惠金融的外延

普惠金融的外延是以实践为导向的,因此需要在功能主义框架下予以清晰界定。普惠金融要以坚持"三可"原则(可获得性、可负担性、可持续性)为基础,以"三服务"(服务"三农"、小微企业以及其他弱势金融服务需求)为核心,通过技术创新、业务模式创新,降低获得金融服务的门槛。在充分遵循"三可"原则和"三服务"模式的前提下,这种持续服务特定群体的金融服务就可以被界定为"普惠金融"。

"三可"原则中的"可获得性"是普惠金融的第一要义,是该原则下的重要考量指

---

① 邢乐成:《中国普惠金融的实现路径:"平台+产品"模式》,《济南大学学报(社会科学版)》2019年第1期。
② 《中国总会计师》编写组:《普惠金融:历史与未来》,《中国总会计师》2016年第1期。
③ 邢乐成、赵建:《多维视角下的中国普惠金融:概念梳理与理论框架》,《清华大学学报(哲学社会科学版)》2019年第1期。

标，主要是指普惠金融为企业提供畅通、高效的服务渠道，即金融网点或金融产品在地域和空间上的覆盖密度更高。"可负担性"是指普惠金融产品和服务的定价适中，不存在价格排斥和价格歧视，即金融服务定价对于有金融服务需求的消费者而言，是可以承担和接受的。"可持续性"是指金融服务机构或者第三方服务平台要有一定的生产者剩余，即让金融机构成本可负担、商业可持续或让第三方服务机构有持续经营的能力。

"三服务"原则中，普惠金融服务的主要客体是小微企业。传统金融体制下，小微企业自身特点和融资特征不适应现行的以商业银行为主的融资体系，形成金融资源错配，导致融资难、融资慢、融资贵。小微企业小规模、轻资产、高不确定性、高发展潜力的自身特点决定其在盈利能力和成长性方面具有优势，而在资产规模和当期偿债能力方面存在不足；小微企业"短、小、频、急"的融资特征与现行金融体制产生了错配，导致资金问题成为困扰小微企业发展的瓶颈。小微企业的自身特点和融资特征，对普惠金融机构的创新能力、营销手段、信息处理和风控能力提出了更高的要求，这就需要普惠金融机构设计、开发出更多适合小微企业特点的信贷品种和服务手段。"三农"客户是普惠金融服务的又一重要客体。党的十九大报告指出，解决好农业、农村、农民问题是全党工作重中之重。"三农"问题的关键是农民收入低、增收难，实质是农民权利得不到保障，特别是享受金融服务的权利严重缺失。当前，农村金融二元结构矛盾十分突出，一方面，"三农"金融服务弱化、满足率低，对金融资源的需求不断扩大；另一方面，商业金融体系将农村地区的存款大量吸收到城市，使广大农民特别是贫困地区中低收入群体的金融需求无法得到满足。因此，"三农"客户亟须得到普惠金融支持，为此应当进一步加强金融同业合作，履行金融社会责任，着力构建一个功能互补、竞争有序、合作共赢、包容性强的普惠金融服务体系。[①]

二、普惠金融的特点分析

（一）公平性

普惠金融是指为组织或个人提供公平、公正的金融服务和金融产品，因此公平性是

---

① 邢乐成、赵建：《多维视角下的中国普惠金融：概念梳理与理论框架》，《清华大学学报（哲学社会科学版）》2019年第1期。

普惠金融最重要的特点之一。从宏观层面看，普惠金融就是金融机构为各群体、组织以及个人在特定情况下提供的金融服务。通常情况下，普惠金融对于每一个群体及个人的公平性较为重视，其获得机会的概率是均等的。一方面，普惠金融的目标是为个人和企业提供公平的金融服务和金融产品，这就意味着每个人都能在一定程度上得到符合其人格特质和行为特征的金融服务；另一方面，普惠金融重点关注那些被传统金融机构服务排斥，或金融服务不足的中小微企业，为它们提供金融支持。普惠金融是更加侧重于长尾群体的金融，服务对象都是收入比较低的群体，提高低收入群体的发展活力，对于经济社会的整体发展非常重要。

普惠金融致力于为更加广泛的客户群众提供优质的金融服务。在金融服务过程中，不同社会群体的需求差别很大，如残疾人、低收入群体、妇女群体和老年群体都有着不同的金融服务需求。普惠金融的目的是使整个社会群体都能平等地获得金融服务，以使弱势群体得到更好的金融服务。[①] 发展普惠金融也应该坚持向社会各阶层，尤其是贫困、弱势群体提供公平的金融服务，将金融服务和金融资源瞄准农村地区、"三农"领域以及小微企业，实现稀缺金融资源在社会各阶层的合理优化配置，为整个社会营造平等享受金融服务的环境，推动经济社会和谐发展。[②]

（二）商业可持续性

商业可持续性是指市场参与者有能力提供更加具有成本效益的金融服务，完全覆盖其运营和资本成本，在满足自身发展的同时不需要特定的外部资助。当前农村地区的助农金融服务点、农村金融服务站等，为农村地区的居民提供了很好的金融服务，满足了居民的实际金融需求，具有较大的发展潜力。虽然从表面上看，银行并没有因此而获得会计利润，但是它所产生的隐性收益却是与日俱增的，并且正在逐步显现出来。例如，助农金融服务点缓解了银行网点的业务集中度压力，更好地发挥了农村地区金融机构的储蓄集聚效应，提高了金融机构的区域知名度等。虽然这些看不见的收益没有反映在助农金融服务点的会计报表上，但它们在实际上却可以增加银行机构的利润。当这种隐性收益超过了设立助农金融服务点的总成本时，助农金融服务点的发展就具备了商业可持续性。

---

① 焦瑾璞：《普惠金融前景广阔》，《小康（财智）》2014年第1期。
② 周孟亮、李明贤：《普惠金融与"中国梦"：思想联结与发展框架》，《财经科学》2015年第6期。

由金融机构参与的普惠金融服务可以有效降低资本风险，确保资金收益能够覆盖投资风险和成本，并确保金融服务的可持续性。普惠金融只有在商业可持续发展的情况下才有生命力，才能持续为小微经济提供更好、更高效的金融服务。因此，普惠金融应该按照政府的政策指导进行商业化运作，实现微利且保本，达到经济效益和社会效益的平衡。[①] 同时，需要根据金融发展规律，探索不同的普惠金融业务模式，降低金融机构的服务成本，规避风险，努力提高普惠金融服务对象和服务主体的"造血"功能，确保普惠金融安全稳健发展，实现金融与经济发展的良性循环。[②]

（三）包容性

普惠金融也叫作包容性金融，是指以可负担的成本为有金融需求的社会各阶层提供适当、有效的金融服务。其主要特征是能够让社会成员普遍享有，且为落后地区和弱势群体提供适当保障性措施。普惠金融实质是一种将所有群体，特别是那些被传统金融服务排斥在外的群体，重新纳入金融服务体系之中，从而使所有群体都可以获得相应的金融服务，更有效地促进经济社会高质量发展。

普惠金融以"提升金融服务的覆盖率、可得性、满意度，建立与小康社会相适应的金融服务和保障体系，让重点服务对象及时获取价格合理、便捷安全的金融服务"为主要目标。目前，我国普惠金融主要服务于小微企业、农民和城镇低收入群体等特定群体。发展普惠金融有利于促进我国金融业的均衡、可持续发展，推动我国经济发展方式的转变和升级，并确保将更多资源分配给经济社会发展的关键领域和薄弱环节。同时，积极发展普惠金融是金融业支持现代经济体系发展、促进实体经济发展的重要体现，也是弥合人们金融服务需求增长与金融供给不平衡、不充分之间矛盾的重要途径。

三、普惠金融的分析维度

萨尔玛认为，普惠金融不是一个简单的金融概念，而是一个事关效率与公平、经济与社会、商业与伦理，甚至事关人权的具有丰富而深刻含义的多维概念。同样，邢乐成、赵建也从语义学、金融学、功能主义、社会学、伦理学等多个维度对普惠金融进行

---

① 郑鹰：《农村普惠金融可持续发展的路径思考》，《科技经济市场》2019年第8期。
② 周孟亮、李明贤：《普惠金融与"中国梦"：思想联结与发展框架》，《财经科学》2015年第6期。

了深入而全面的解构①。

（一）语义学视角的"普惠金融"内涵解析

拆解"普惠金融"的字义来理解："普"，是指覆盖范围要"普"，受众群体应包括低收入人群、农民、小微企业、残疾人和老年人等大多数的人群，以体现金融服务的可得性与金融发展成果的共享；"惠"，是指金融服务的定价要在信贷配给与市场调节间寻找平衡，以处在受众"可负担"的合理区间。根据金融资产定价原理，服务和资金的定价首先要符合成本加成理念和市场供需平衡的基本规律，这样才能使普惠金融的供需双方获得双赢，维持商业模式的可持续性。然而，普惠金融的独特之处就在于，当定价完全由市场驱动时，金融机构会倾向于按照信用状况最差的普惠项目进行边际定价，以获得信息不对称下风险溢价的有效补偿。故普惠金融的定价要"惠"到什么程度，是一个复杂的问题，还需建立更精细的定价机制。此外，普惠金融要遵从金融的基本运行规律，商业化和市场化是基本要求，要提供支付、结算、汇兑、收付款、电子银行、账户等基本金融服务与信贷服务以及资金或财富保值增值服务等。

（二）金融学视角的"普惠金融"内涵解析

普惠金融仍然处于经典的研究框架内。信贷配给理论以信息不对称为假设条件，认为利率作为资金价格无法在风险溢价攀升到一定程度后继续有效地调节信贷供需，从而导致低收入群体和小微企业等群体因缺乏信用传递信号能力（如抵押资产）而被排除在正规的信贷市场之外，不得不借助非正规金融资源。金融发展理论认为，发展中国家以国有银行为主的单一金融结构，以及普遍存在的政府过度管制金融机构与信贷市场等金融抑制现象，使金融体系无法充分服务经济发展②，尤其是无法充分服务居民消费以及代表新生力量的中小微企业。因此，分享金融增长成果的群体分布结构在很多金融总量增长较快的发展中国家依然有可能存在巨大的扭曲。

（三）功能主义视角的"普惠金融"内涵解析

普惠金融是面向普惠群体的金融功能设计。世界银行和中国政府等官方机构，均采

---

① 邢乐成、赵建：《多维视角下的中国普惠金融：概念梳理与理论框架》，《清华大学学报（哲学社会科学版）》2019年第1期。

② Levine, R., "Financial Development and Economic Growth: Views and Agenda," *Journal of Economic Literature*, No. 35 (1997): 688—726.

用功能主义方法对普惠金融进行界定。孙国茂和安强身[①]、尹振涛和舒凯彤[②]、何德旭和苗文龙[③]、焦瑾璞和王爱俭[④]、宋羽[⑤]、星焱[⑥]等也分别从功能主义的角度界定了普惠金融。其中，何德旭和苗文龙认为，普惠金融旨在提供优质、高效的金融服务，为"三农"、中小微企业等弱势群体解决现实中的金融支持问题；星焱的"5+1"界定法将普惠金融归纳为5个核心功能与1个服务客体，即普惠金融具有安全性、价格合理性、便利性、可持续性、全面性5个核心功能，并面向低收入群体、小微企业、社会弱势群体等特定的服务客体。

（四）社会学视角的"普惠金融"内涵解析

普惠金融社会内涵的合理性存在于三个层面：一是，普惠金融服务本身具有社会福利溢出的内在特质，其超越单纯商业对社会产生正外部性；二是，普惠金融服务不足所导致的贫富分化加剧造成分配结构扭曲，形成社会福利净损失；三是，普惠金融通过商业化的方式帮助弱势群体实现个体价值，使该群体中的个体以更有尊严的姿态面对社会，这将比单纯的社会救助更具有长远意义。普惠金融遵循经济回报与社会回报"双重底线"规则，荷兰银行和西麦斯（Cemex）公司的事例，很好地用实践证明了普惠金融可以达到社会责任与商业价值的有机统一并具有可持续性[⑦]。

（五）伦理学视角的"普惠金融"内涵解析

有学者认为，每个人都应该有获得金融服务机会的权利，金融不应该先天含有阶层差异和身份歧视。每个人获得金融服务的机会都是平等的，这是共享经济发展成果、构建和谐社会的前提。各类道德风险实例以及2008年美国次贷危机均能够反映强化金融伦理学的必要性，伦理道德问题在以信息不对称下的信用为主要资源的金融行业尤为重要。邢乐成和羿建华认为，从这个层面出发，普惠金融既是银行家和金融家在社会道德审判面前的一种自我救赎，也是对传统金融在道德伦理层面的扬弃[⑧]。

---

① 孙国茂、安强身：《普惠金融组织与普惠金融发展研究》，中国金融出版社，2015。
② 尹振涛、舒凯彤：《我国普惠金融发展的模式、问题与对策》，《经济纵横》2016年第1期。
③ 何德旭、苗文龙：《金融排斥、金融包容与中国普惠金融制度的构建》，《财贸经济》2015年第3期。
④ 焦瑾璞、王爱俭：《普惠金融：基本原理与中国实践》，中国金融出版社，2015。
⑤ 宋羽：《普惠金融的发展路径——基于小微企业融资的视角》，经济科学出版社，2016。
⑥ 星焱：《普惠金融：一个基本理论框架》，《国际金融研究》2016年第9期。
⑦ 伊丽莎白·拉尼：《从小额信贷到普惠金融：基于银行家和投资者视角的分析》，李百兴译，中国金融出版社，2016。
⑧ 邢乐成、羿建华：《中国普惠金融体系构建与运行要点》，《东岳论丛》2015年第8期。

第三节　普惠金融的重要意义

作为现代市场经济的核心，金融通过调配各实体经济间的资源流向，对经济的通畅运行与迅速发展起到了有力的支撑作用。然而，传统金融对富裕群体、大中型企业的偏向，以及对具有发展潜力的低收入群体、小微企业等弱势群体和弱势产业的忽视，往往导致弱势群体和弱势产业因缺少金融服务与金融支撑而错失投资良机或无法应对风险，进而陷入更加困难的境地，造成富者更富、穷者更穷的马太效应，阻碍经济的稳定发展。在这种背景下，建立一个规范的、具有包容性的、能够全面满足弱势群体及弱势产业乃至社会各阶层金融服务需求的普惠金融体系被提上议程。随后，一些致力于推动普惠金融发展的专门性国际组织，如全球普惠金融合作伙伴（GPFI）、普惠金融联盟（AFI）、二十国集团普惠金融专家组（FIEG）等相继成立，部分国家也纷纷在中央银行内部设立专门的普惠金融部门或分别成立普惠金融委员会，共同将普惠金融体系从最初的理论框架发展为广泛受到全球各经济体和国际社会认可的金融发展战略。

对于实施普惠金融的意义，学者们有着不同的见解。霍诺翰（Honohan）通过分析160个国家成年人口使用正规金融中介的比例与其贫困程度的有关数据，发现普惠金融与贫困之间存在相关性，只是因果关系尚不明确[1]。在世界银行的报告中，德米尔古克-肯特（Demirguc-Kunt）和克拉珀（Klapper）指出，贫困人口可以通过普惠金融获得借款和储蓄，在此基础上建立个人信用并积累资产，进而使未来更有保障和持续性[2]。国内学者王曙光、王东宾的研究表明，在我国缺少金融服务的欠发达地区，综合运用经济和行政手段填补信贷空白点，可以促进城乡二元结构的改善，有利于实现区域均衡发展[3]。宋汉光等[4]、杨燕[5]通过实证分析法，以G20国家2005—2012年的有关数据、中国和四大经济区域2005—2013年的有关数据为研究样本，分析经济增长与普惠金融

---

[1] Honohan, "Cross-country Variation in Household Access to Financial Services," *Journal of Banking and Finance*, No. 32（2008）: 2493—2500.
[2] Demirguc-Kunt, Klapper, "Measuring Financial Inclusion: The Global Findex Database," *Policy Research Working Paper*, Series No.6025, April 2012.
[3] 王曙光、王东宾：《双重二元金融结构、农户信贷需求与农村金融改革——基于11省14县市的田野调查》，《财贸经济》2011年第5期。
[4] 宋汉光、周豪、余霞民：《金融发展不均衡、普惠金融体系与经济增长》，《金融发展评论》2014年第5期。
[5] 杨燕：《普惠金融水平的衡量及其对经济增长的影响——基于中国经济区域2005—2013年的面板数据》，《金融与经济》2015年第6期。

程度之间的联系，发现普惠金融水平能够在促进经济发展中发挥重要作用。谢升峰等认为，发展普惠金融可以在国家层面上减少城市和农村居民之间生活质量的差距[1]。粟勤等以60个发展中国家为研究样本，用数学模型论证了金融包容性和金融深化对发展中国家经济增长的促进作用，且相比之下，金融包容性对经济增长的促进作用更大[2]。王珂英研究表明，农村普惠金融对农户创业具有积极影响[3]。

综上所述，普惠金融是一个可以满足各类群体金融服务需求的金融服务体系。该体系既包含宏观层面的政府政策与监管、中观层面的基础设施，又包含微观层面融合了传统金融机构与为弱势群体和弱势产业提供金融服务的金融供给机构体系，它可以促进金融资源在人群、行业、地区、国家之间流动并进行合理分配，从而增加居民收入，创造就业机会，促进社会公平，进一步促进经济的均衡发展，最终实现共同富裕。

第四节 普惠金融的主要研究领域

20世纪70—80年代，随着拉美、南亚等地的小额信贷试验不断取得成功，普惠金融受到人们的广泛关注并逐渐获得发展；普惠金融理念自2005年被联合国正式提出后，又得到联合国、普惠金融联盟（AFI）、世界银行、全球普惠金融合作伙伴（GPFI）等多个国际组织的共同推行，以及绝大多数发展中国家的大力推进；2011年普惠金融联盟全球政策论坛（GPF）举办后，至少有57个国家开始着手构建国家层面的普惠金融体系。[4] 目前，国际上有关普惠金融的研究，可以归纳为影响普惠金融发展因素的研究、关于普惠金融指标体系构建的研究、关于普惠金融指数测算方法的研究，以及关于普惠金融体系构建的研究等。

一、关于影响普惠金融发展因素的研究

目前的研究表明，普惠金融的影响因素比较复杂，大体可以从宏观、中观、微观三

---

[1] 谢升峰、卢娟红：《普惠金融发展影响城乡居民福利差异的效应测度》，《金融论坛》2014年第21期。
[2] 粟勤、朱晶晶：《金融包容、金融深化与经济增长——来自65个发展中国家银行业的证据》，《云南财经大学学报》2015年第1期。
[3] 王珂英、张鸿武：《农村金融包容发展对农户创业影响的实证分析》，《统计与决策》2016年第11期。
[4] 星焱：《普惠金融：一个基本理论框架》，《国际金融研究》2016年第9期。

个层面进行划分(见图1-3)。

图 1-3 影响普惠金融发展的主要层面

(一)宏观层面

金融知识及素养,相关财政政策、货币政策、法律制度,经济发达程度,科技发达程度等多种因素均会对普惠金融的发展造成影响。虽然科尔(Cole)等通过调查研究指出,没有证据表明低收入群体的金融知识水平对普惠金融的发展有直接影响[①],其他因素也可能影响低收入群体对金融机构和金融渠道的选择,但随后更多的研究表明金融服务对象金融知识的储备对普惠金融的发展具有重要作用。艾伦(Allen)等发现,金融知识丰富的人往往会因理解而受惠于普惠金融政策,而金融知识欠缺的人往往会因无知和缺乏对未来的规划而拒绝信贷[②]。克拉珀等通过对1000多位俄罗斯居民的样本数据进行分析后,发现人们对金融知识的了解程度与从正规途径获取金融服务的水平成正比,与从非正式渠道获取金融服务的水平成反比,并且金融知识越丰富的人越善于利用金融政策,也越能在金融危机等不良金融环境下有效避免损失和规避风险。[③] 同样,卡玛(Kama)和阿迪古恩(Adigun)对尼日利亚普惠金融发展情况的研究也表明,普惠金融的发展会直接受到服务对象金融知识匮乏的制约。此外,盖伦(Guerin)等认为,服务对象金融知识的掌握程度将会对普惠金融是否能够健康、有序发展起决定性作用。同时,为促进普惠金融健康发展,还需要根据地方发展需求和实际,有针对性

---

① Cole, S., T. Sampson and B. Zia, "Prices or Knowledge? What drives Demand for Financial Services in Emerging Markets?" *The Journal of Finance* 66, No. 6 (2011): 1933—1967.
② Allen, F., A. Demirguc-Kunt, L. Klapper and M. S. M. Pería, "The Foundations of Financial Inclusion: Understanding Ownership and Use of Formal Accounts," *World Bank Policy Research Paper 6290* (2012).
③ 王韦程、邢立全:《普惠金融影响因素研究:国外文献综述》,《西南金融》2015年第4期。

地制定和实施贴合区域经济发展特色的金融政策。① 查克拉瓦蒂（Chakravarty）和贝尔（Pal）通过对印度1972—1999年普惠金融发展情况的深入研究，发现国家政策的制定和实施效果会在一定程度上对普惠金融的发展产生影响，这种影响因政策本身及实施时间的不同而有利有弊。同时，研究也表明，区域经济发展及其经济结构也会对普惠金融的发展产生重要影响②。孔杜（Kundu）对印度普惠金融农村就业保障计划的研究表明，保障计划在全国范围内的推行，改变了广大贫困人口以现金等实物形式存放家中的储蓄习惯，并从开设银行账户开始，逐渐接受、使用更为多样的金融服务。除此之外，迪尼兹（Diniz）等对巴西的研究发现，信息技术的进步能够在一定程度上促进普惠金融的发展③。米切尔（Mitchell）以乌干达作为研究对象进行案例分析，发现在经济发展程度较低、金融机构设置不足、民众受教育程度不高、金融知识普及率偏低的情况下，手机银行是普惠金融发展的最适合的渠道。这在非洲最大的跨国移动运营商——南非跨国电信集团（MTN）提供的相关数据中得到证实。比哈里（Bihari）对印度普惠金融发展情况的分析也表明，印度的贫困人群基本可以通过手机银行满足对于普惠金融的需求，实现与金融机构的直接业务往来④。得益于网络等信息技术的发展与普及，普惠金融将因更便利的实时在线交易、更低廉的运行成本迎来一个全新的发展契机。

（二）中观层面

金融基础设施建设情况、网点覆盖情况、金融机构技术支持情况等均会对普惠金融的发展造成影响。阿普尔亚德（Appleyard）对以社区金融机构作为普惠金融主体服务机构的美国和英国分析后发现，服务网点位置分布不均会导致人们无法平等地享受普惠金融服务⑤。同样地，卡玛和阿迪古恩在尼日利亚的研究也表明，在欠发达国家，金融基础设施不健全、金融机构技术落后与工作效率低下等因素，会对普惠金融的发展起到制

---

① 高霞：《当代普惠金融理论及中国相关对策研究》，博士学位论文，辽宁大学，2016。
② Chakravarty, S.R. and R.Pal, "Financial Inclusion in India: An Axiomatic Approach," *Journal of Policy Modeling* 35, No. 5 (2013): 813—837.
③ Diniz, E., R. Birochi and M. Pozzebon, "Triggers and Barriers to Financial Inclusion: The use of ICT-based Branchless Banking in an Amazon County," *Electronic Commerce Research and Applications* 11, No.5 (2012): 484—494.
④ Bihari, S.C., "Financial Inclusion for Indian Scense," SCMS Journal of Indian Management (2011).
⑤ Appleyard, L., "Community Development Finance Institutions (CDFIs): Geographies of Financial Inclusion in the US and UK," *Geoforum* 42, No. 2 (2011): 250—258.

约作用。

（三）微观层面

在微观层面，对普惠金融发展产生重要影响的因素包含金融机构实施的金融服务政策、提供的金融产品、具体的服务环境、服务人员的素质等。艾伦等对123个国家12万人的样本数据进行调查统计后发现，如果金融机构给予类似于免除非必要文件材料、提供基本低收费账户等真实惠民的政策倾斜，将会有效刺激民众对普惠金融服务的使用意愿，进而促进当地普惠金融的发展[1]。贝斯特（Bester）等的研究认为，不仅金融产品本身、服务具体环境、工作人员素质会影响民众对金融服务渠道的选择，金融服务需求者的性别、年龄、职业、收入层次、行为偏好等个人特征也会显著地影响普惠金融的发展[2]。艾伦等认为，普惠金融需求者的个人收入水平对其是否选择正规金融服务渠道起到至关重要的作用。德科克（DeKoker）和延奇（Jentzsch）通过对非洲八国的调查分析发现，金融产品及服务对没有正当职业的人缺乏吸引力。苏珊娜（Zuzana）等通过分析世界银行的数据，对比研究金砖国家的普惠金融发展状况，发现收入层次、年龄、性别都对金融渠道的选择具有显著的影响，例如，中国愿意使用正规渠道开设账户和贷款的人以高收入的中年男性居多。

二、关于普惠金融指标体系构建的研究

对于普惠金融指标的选取，学者们虽各有侧重，但达成了部分共识，并且都取得了一些阶段性的成果。萨尔玛和派思（Pais）认为，普惠金融指标体系应包含三个维度，即金融服务的可用性、使用性和渗透性[3]。阿罗拉（Arora）认为，普惠金融指标体系的构建维度应该包含银行服务成本，因为它是小微企业和低收入群体获得金融服务的重要影响因素[4]。普惠金融联盟的研究指标主要选用金融服务和产品的使用情况、获取正规金融服务的能力这两个维度。世界银行按照年龄、性别、受教育程度、收入水平等差异进

---

[1] Allen, F., A. Demirguc-Kunt, L. Klapper and M. S. M. Peria, "The Foundations of Financial Inclusion: Understanding Ownership and Use of Formal Accounts," World Bank Policy Research Paper 6290 (2012).
[2] Bester, H., D. Chamberlain, L. De Koker, C. Hougaard, R. Short, A. Smith and R. Walker, "Implementing FATF Standards in Developing Countries and Financial Inclusion: Findings and Guidelines," FIRST Initiative (World Bank, 2008).
[3] Sarma, M. and J. Pais, "Financial Inclusion and Development: A Cross Country Analysis" (2008).
[4] Arora, R. U., "Measuring Financial Access," *Griffith University Discussion Paper in Economics*, No. 7 (2010): 1—21.

行分类,从银行账户、支付、贷款、保险、储蓄等金融服务的普及率、使用目的及使用方式来选取指标构建体系。普惠金融全球合作伙伴(GPFI)由于更加关注金融知识宣传与金融消费者保护,在金融服务和产品的使用情况、获取正规金融服务的能力这两个维度的基础上,引入了金融产品与服务质量的测评这一指标。国内研究学者基于对以往普惠金融的相关研究,结合中国实际情况对普惠金融指标体系进行构建。例如,王韦程选用需求方(金融服务和产品)、供给方(人员、设备与基础设施)和外部影响因素作为指标来构建普惠金融指标体系[1];肖瑞、肖翔等认为,普惠金融指标体系主要包含三个维度[2]:金融服务的可获得性、金融服务质量和金融服务使用情况[3];焦瑾璞等为更好地评价各省普惠金融发展水平,结合中国实际情况在普惠金融指标体系构建中加入了农户和小微企业贷款获得率、乡镇助农取款服务点覆盖率等指标[4]。

三、关于普惠金融指数测算方法的研究

通常情况下,主要采用客观法、主观法、主客观结合法三种方法对指标权重进行确定。例如,李春宵[5]、王婧[6]、蔡洋萍[7]等从客观上对各指标采用变异系数法进行赋权,相反地,萨尔玛[8]、拉贾尼(Rajani)[9]等从主观上赋予每个指标相等的权重;焦瑾璞[10]等则将主观与客观相结合,采用层次分析法(AHP)对各指标进行赋权。

就研究采用的指数测算方法而言,欧氏距离法与萨尔玛[11]参考的联合国人类发展指数的计算方法是大多数学者采用的方法。此后,部分学者在此基础上融入其他指标和处理方法对指数测算方法进行了发展。肖翔等[12]为进一步体现普惠金融指数的均衡性与综合性,采用改进型指数体系的路径选择,用无量纲化的方法对各指标进行处理。蔡洋

---

[1] 王韦程:《中国普惠金融指数框架初探》,《金融理论与实践》2015年第5期。
[2] 肖瑞:《中国各省普惠金融发展指数测算》,《商》2015年第31期。
[3] 肖翔、洪欣:《普惠金融指数的编制研究》,《金融论坛》2014年第9期。
[4] 焦瑾璞、黄亭亭、汪天都、张韶华、王瑱:《中国普惠金融发展进程及实证研究》,《上海金融》2015年第4期。
[5] 李春宵、贾金荣:《我国金融排斥程度研究:基于金融排斥指数的构建与测算》,《当代经济科学》2012年第3期。
[6] 王婧、胡国晖:《中国普惠金融的发展评价及影响因素分析》,《金融论坛》2013年第6期。
[7] 蔡洋萍:《湘鄂豫中部三省农村普惠金融发展评价分析》,《农业技术经济》2015年第2期。
[8] Sarma, M. and J. Pais, "Financial Inclusion and Development: A Cross Country Analysis" (2008).
[9] Rajani Gupte, "Computation of Financial Inclusion Index for India," *Social and Behavioral Sciences*, No. 37 (2012).
[10] 焦瑾璞、黄亭亭、汪天都、张韶华、王瑱:《中国普惠金融发展进程及实证研究》,《上海金融》2015年第4期。
[11] Sarma, M. and J. Pais, "Financial Inclusion and Development: A Cross Country Analysis" (2008).
[12] 肖翔、洪欣:《普惠金融指数的编制研究》,《金融论坛》2014年第9期。

萍^①引入了"敏感度"这一指标，测算各指标对普惠金融指数的敏感度等。

四、关于普惠金融体系构建的研究

对于普惠金融体系的构建，尼尔·马歇尔（J. Neil Marshall）认为，正规金融机构、非正规金融机构，甚至非营利性组织三者之间应当加强合作，并主动接触无法通过正规渠道获取金融服务的群体[②]。考虑到政府政策倾向在构建普惠金融体系中的关键作用，托尼斯滕·贝克（Thorsten Beck）、罗斯·莱文（Ross Levine）等认为，政府应当为普惠金融的发展努力营造良好的政策氛围，全面提高各阶层群体对金融服务的可得性与使用意愿[③]。基于信息不对称这一现实情况，徐英杰、石颖提出需要加强金融机构与信息部门之间的合作，帮助监管部门与金融机构全面、及时地掌握客户的信息，进一步完善征信体系，以促进普惠金融的发展[④]。戴宏伟、随志宽的研究也指出，发展普惠金融要加大手机银行、电子支付等新型金融服务的推广与使用，并以支付结算体系建设为重心，进一步加强农村金融基础设施建设[⑤]。

第五节 普惠金融的发展现状及初步成效

一、中国普惠金融理论研究成果

目前，国内学者主要从基本理论、特点、发展必要性、发展存在的问题和制约因素，以及进一步发展的具体举措五个方面对普惠金融开展研究。

（一）关于普惠金融基本理论的研究

学者主要聚焦金融、经济范畴，以提高金融资源使用效率、改善金融环境的视角对普惠金融开展研究。杜晓山认为，需要创建一个宏观、中观、微观三个层面都纳入弱势

---

① 蔡洋萍：《湘鄂豫中部三省农村普惠金融发展评价分析》，《农业技术经济》2015年第2期。
② J. Neill Marshall, "Financial Institutions in Disadvantaged Areas: A Comparative Analysis of Policies Encouraging Financial Inclusion in Britain and the United States," *Environment and Planning*, No. 36（2004）: 241—261.
③ Thorsten Beck & Asli Demirgüc-Kunt & Ross Levine, "Finance, inequality and the poor", Journal of Economic Growth, No.12（2007）: 27-49.
④ 徐英杰、石颖：《中国普惠金融实践发展、现状及方向》，《西南金融》2014年第6期。
⑤ 戴宏伟、随志宽：《中国普惠金融体系的构建与最新进展》，《理论学刊》2014年第5期。

群体及弱势产业的普惠金融体系，使原先被排斥在正规金融服务之外的弱势群体及弱势产业受益[1]。茅于轼聚焦运行保障与监督，认为农村的普惠金融需求远远大于人们的想象，而普惠金融由小额信贷延伸与发展而来，因此，小额信贷所有权的明确与运行需要法律保护，其目标就是帮助贫困人口脱贫致富[2]。周孟亮、张国政认为，金融机构自身发展的可持续性是发展普惠金融必须重点关注的一个问题[3]，可以通过设计新的指标正确衡量和监测新型农村金融机构对财政补贴的依赖程度与自身发展的可持续情况。吴晓灵认为，政府应该为进行小额贷款业务的金融机构推行普惠金融指导政策，并在税收领域提供制度保障[4]。

（二）关于普惠金融特点的研究

张薄洋等认为，让社会不同阶层、不同地区的所有个人与群体能够平等地享受金融服务是普惠金融的核心特点，具体体现在三个方面：一是以较为合理的价格为低收入群体、小微企业等弱势群体和弱势产业提供金融服务；二是对不同来源的资本设立相应的普惠金融机构，进行相对宽松的金融管制；三是为客户提供包括储蓄、贷款、支付、汇兑、理财、保险等多种服务内容在内的全方位的金融服务[5]。在此基础上，晏海运进一步将普惠金融的特点概括为五点：一是金融权与人权一样，是任何人都应当具有的、能够公平合理地获得金融服务的权利；二是覆盖所有人群；三是金融机构广泛参与；四是金融服务全面；五是发展可持续[6]。

（三）关于发展普惠金融必要性的研究

焦瑾璞认为，发展普惠金融的必要性有三点：一是在小额信贷和微型金融的基础上进一步延伸和发展出更加先进的金融体系；二是矫正传统金融体系，并进行必要补充；三是有利于破解金融排斥，实现获取金融服务真正意义上的公平[7]。马晋伟认为，发展普惠金融能够改善贫困地区金融环境，加速地区经济转型、缩小城乡差距，加速解决金融

---

[1] 杜晓山：《小额信贷的发展与普惠性金融体系框架》，《中国农村经济》2006年第8期。
[2] 茅于轼：《兴办小额贷款的几点经验》，《金融经济》2007年第5期。
[3] 周孟亮、张国政：《基于普惠金融视角的我国农村金融改革新方法》，《中央财经大学学报》2009年第6期。
[4] 吴晓灵：《发展小额信贷 促进普惠金融》，《中国流通经济》2013年第5期。
[5] 张薄洋、王爱俭：《当前农村金融供给问题研究与思考》，《中国金融》2009年第14期。
[6] 晏海运：《中国普惠金融发展研究》，博士学位论文，中共中央党校，2013。
[7] 焦瑾璞：《构建普惠金融体系的重要性》，《中国金融》2010年第10期。

供求不平衡问题①。张培英也认为发展普惠金融对构建社会主义具有重要意义②。

（四）关于我国普惠金融发展存在问题和制约因素的研究

杜晓山认为，不仅是中国，全世界普惠金融的发展都面临贫困偏远地区覆盖面不够广、金融服务质量不够高、服务供给双方负担的成本不够低廉三大挑战③。夏圆圆认为，制约我国普惠金融发展的三大因素是制度、技术、外部环境，其中以制度尤为关键。张炯伟从微观层面分析认为，政府及监管部门重视不够，弱势产业保险不能很好地分散需求者风险，以及部分新兴金融机构资金供给不足是制约我国普惠金融发展的三大具体因素。钮建军进一步认为，基础设施有待完善、产品及服务创新不足、风险监管乏力等都是我国发展普惠金融的制约因素。

（五）关于发展我国普惠金融具体举措的研究

学者们就如何进一步发展和完善普惠金融开展了深入研究。其中，黄良谋等认为，普惠金融体系集政策扶持体系、法律体系和服务组织体系三位一体，其框架的完善应该遵循大的金融环境，加强管制，推进创新，拓宽覆盖面④，并从金融供需双方以及整体环境入手，解决好公平、责任和效率三者之间的关系。房引宁认为，发展普惠金融应当放松金融管制，降低贫困地区金融机构准入门槛，引入民间资本，并处理好与金融管制的关系问题⑤。蔡彤、唐录天、郭亮认为，发展普惠金融需要建立相应的法律体系，完善普惠金融的信贷支持政策体系⑥。肖本华认为，应当增加对弱势群体的金融供给，并刺激弱势群体对金融服务的需求⑦。田霖认为，完善普惠金融的发展必须加强风险管理，以促进良好金融环境形成、推动经济发展为目的，进一步完善风险保障机制，构建风险防范体制⑧。董龙训提出普惠金融发展的四点建议：一是，降低成本来拉近金融服务与弱势群体的距离；二是，针对地理排斥问题合理布设金融机构；三是，通过针对支付领域自我排斥问题，加大宣传；四是，针对金融服务营销排斥问题，尽可能发挥金融网点功能⑨。吕

---

① 马晋伟：《山西省实现普惠金融的必要性及途径研究》，《金融》2010年第4期。
② 张培英：《新形势下新疆发展普惠金融体系的探索与实践》，《金融发展评论》2013年第6期。
③ 杜晓山：《小额信贷与普惠金融体系》，《中国金融》2010年第10期。
④ 黄良谋、黄革、向志荣：《普惠制金融理论的述评及在我国贫困地区的应用》，《海南金融》2008年第1期。
⑤ 房引宁：《对商洛市农村金融生态环境的调查》，《西部金融》2009年第4期。
⑥ 蔡彤、唐录天、郭亮：《以小额信贷为载体发展普惠金融的实践与思考》，《甘肃金融》2010年第10期。
⑦ 肖本华：《包容性增长视角下的普惠制金融研究》，《上海金融学院学报》2011年第6期。
⑧ 田霖：《我国农村金融包容的区域差异与影响要素解析》，《金融评论》2012年第11期。
⑨ 董龙训：《治理农村支付服务金融排斥的探索与研究》，《金融时报》2012年8月20日。

家进结合邮储银行的发展提出了普惠金融发展的五点具体措施：优化金融环境，深化金融体制改革，建立普惠金融统计体系，差别化金融监管政策，以及健全普惠金融风险补偿机制[①]。

二、中国普惠金融实践成效

我国普惠金融虽然在改革开放之前就以农村信用社等形式出现，但一直到20世纪90年代初才正式开启发展进程，时至今日，取得了不少阶段性成果。中国人民银行发布的《中国普惠金融指标分析报告（2020年）》指出，2020年中国普惠金融的服务重点进一步下沉，产品创新更活跃，供需关系更高效，金融基础设施更完善，普惠数字金融持续创新，国际交流合作持续深化。《推进普惠金融发展规划（2016—2020年）》已圆满完成，基本构建起适应全面建成小康社会要求的普惠金融服务体系，普惠金融国际影响力稳步提升，数字普惠金融发展等走在国际前列。根据国际货币基金组织金融可得性调查（FAS）2020年数据，中国（不包含港澳台地区）在物理渠道可得性（包括网点、ATM机具等）方面总体居于中上水平，加之中国拥有规模庞大的助农取款服务点，物理渠道可得性整体较好；每千成年人拥有的存款账户数、贷款账户数、借记卡数量，每千成年人网上和移动交易笔数、网上和移动交易金额占国内生产总值的比重，以及商业银行存款余额占国内生产总值的比重、中小企业商业银行贷款余额占国内生产总值的比重等均居于前列。同时，国际货币基金组织的部门论文（IMF Departmental Paper）认为，中国数字支付发展居于领先地位，数字借贷主要集中于中国、英国、美国等地。博鳌亚洲论坛2020年度《亚洲金融发展报告——普惠金融篇》指出，中国在27个亚洲国家的普惠金融生态体系评估中名列前茅。

（一）出台普惠金融发展政策措施

政府出台政策扶持是我国发展普惠金融的关键。对于开展普惠金融工作的金融机构而言，高成本、高风险是不可回避的问题。为弥补市场配置机制的不足，缓解金融机构提供普惠金融服务时面临的巨大财务压力，我国政府制定了一系列正向激励的财税、金融政策。例如，实施新型农村金融机构定向费用补贴政策，对贷款余额增长、增速符合

---

① 吕家进：《邮储银行的普惠金融路》，《普惠金融与邮储银行发展》2013年第24期。

标准的金融机构给予补贴；实施专项贷款贴息政策，以利息补贴方式扶持扶贫贷款持续发展；实施基层金融机构税收优惠政策，免征农户小额贷款利息收入营业税；等等。同时，辅助以差别存款准备金率、再贴现、再贷款等多种货币政策工具，对特殊机构、特殊地域、特殊业务给予一定的政策倾斜，不断引导和鼓励金融机构加大对"三农"、扶贫、助学、就业、小微企业等民生领域的金融服务和支持。

（二）加强普惠金融基础设施建设

1.金融服务覆盖面不断扩大

当前，我国已基本形成由国有大型商业银行、政策性银行、股份制商业银行、城市商业银行、农村金融机构（含农村商业银行、农村合作银行、农村信用社、村镇银行、贷款公司和农村资金互助社）、保险公司、证券公司、基金公司等不同规模、不同性质（政策性金融、商业性金融、合作性金融）的金融机构组成的定位准确、分工明晰、层次多元、协作顺畅、互为补充的金融组织体系[①]。截至2020年末，全国银行网点乡镇覆盖率达97.13%，平均每万人拥有银行网点1.59个；全国共有ATM机具101.39万台，平均每万人拥有ATM机具7.18台；全国共设置银行卡助农取款服务点89.33万个，支付服务村级行政区覆盖率达99.31%。新冠疫情期间，"无接触"服务方式的需求加速客户从物理网点转向线上渠道，金融机构加快数字化转型步伐，持续加大智能化网点布局力度。中国人民银行指导金融机构不断完善银行网点的适老化、无障碍化服务，为老年人、残疾人提供更加安全、暖心、便捷的金融产品和服务。

2.政府性融资担保机构发展迅速

2018年国家融资担保基金成立以来，通过顶层设计实现了政府性融资担保机构逐步回归主责主业，构建出前端有保费补贴、后端有代偿代补、长期有资本金补充等政策的政策性担保体系，实现担保的可持续发展，并使融资担保成为一种准公共产品，使其更加致力于解决涉农企业及小微企业的融资难问题，引导金融"活水"更大规模地流向涉农小微领域。截至2020年末，全国政府性融资担保公司数量达1292个，直保余额1.19万亿元。政府性融资担保公司加大对"三农"、小微企业的增信担保力度，降低相关融资担保费率，积极助力缓解普惠群体的融资难题。

---

① 焦瑾璞、黄亭亭、汪天都、张韶华、王瑱：《中国普惠金融发展进程及实证研究》，《上海金融》2015年第4期。

3. 支付体系日益完善

中国人民银行持续推动移动支付便民服务纵深发展，充分发挥金融基础设施广泛覆盖、金融标准统一的优势，推动移动支付在公共缴费、餐饮、商超、医疗等便民场景互联互通。截至2020年末，农村地区银行卡发卡量38亿张，其中信用卡和借贷合一卡2.65亿张，乡村振兴卡在用发卡量2172.42万张。2020年，全国银行业金融机构共办理非现金支付业务3547.21亿笔，金额4013.01万亿元；银行业金融机构共处理农村地区移动支付业务142.23亿笔，同比增长41.41%；非银行支付机构共处理农村地区网络支付业务4670.42亿笔，同比增长5.99%。

4. 信用体系建设规范发展

进一步完善信用评价机制，大力开展信用乡镇、信用村、信用户建设。截至2020年末，金融信用信息基础数据库已为11亿自然人、1.51亿农户、1167.01万户个体工商户和3542.39万户小微企业建立了信用档案；建成各类型省级征信平台6家、地市级平台30多家，有效提高了人民群众征信查询服务的便利性；中国人民银行备案企业征信机构131家，市场化征信机构运用大数据、人工智能等技术，通过从政府部门、公用事业单位、互联网公司、各类协会、上下游供应商等各类渠道和途径，采集小微企业的非信贷替代数据，开发企业信用报告、信用画像、信用评分、反欺诈等产品，实现征信服务向尚未与银行等放贷机构发生借贷关系的小微企业延伸，有效帮助中小微企业获得融资。

（三）加大普惠金融改革创新力度

为使广大普惠金融服务需求者更方便快捷地获取金融产品与服务，银行业在担保方式上进行了创新，不断拓宽担保物渠道，进一步简化抵押和担保程序，在风险可控的前提下，为优质的低收入群体、小微企业等弱势群体与弱势产业降低获得金融服务的门槛。同时，从创新金融产品入手，开发满足个性化服务需求的金融产品，提供更有针对性的金融服务[①]。

（四）强化普惠金融消费权益保护

近年来，中国人民银行、证监会、银保监会逐步建立健全金融消费者长效保护机制，积极推进金融知识宣传普及和教育工作，开展金融消费权益保护监督检查和金融广

---

① 焦瑾璞：《筑梦普惠金融，你我同行》，《IMI研究动态》2015年合辑。

告治理,并通过公开投诉热线与咨询电话等方式受理金融消费者的投诉和咨询,不断强化金融消费者的风险防范意识和责任意识,进一步提升金融消费者的金融素养,让更多的金融消费者享受金融改革发展的成果。

三、中国惠普金融发展的难点与挑战

我国普惠金融在10余年的发展中,尽管已经取得了显著的成绩和阶段性的成果,但是还处于初级阶段,仍面临诸多的困难和挑战。

(一)发展不平衡问题较为突出

当前,普惠金融的发展存在两大不平衡。一是区域发展不平衡。受经济运行周期性与体制机制性的矛盾影响,我国城乡发展不平衡、东西部发展不平衡的问题直接影响了普惠金融发展,西部地区、农村地区普惠金融的发展成效远远落后于中东部发达地区及城市。二是供求不平衡。受地域发展特色及服务对象性别、年龄等个人特征的影响,普惠金融需求具有个性化、多样化的特点,而相对应的个性化金融服务和产品依然处于发展的起步阶段,无法满足低收入群体、小微企业等服务对象的个性化服务需求。

(二)监管手段有待进一步提升

虽然普惠金融在发展初期带有一定的慈善和救助性质,但时至今日,兼顾商业属性以保证自身的可持续发展,成了当下发展趋势下的必然选择。为统一普惠金融自身商业盈利与扶持社会发展的两大目标,有效监管的约束必不可少。日前,我国已通过设立相关法律法规等手段初步构建起普惠金融监管框架,对传统金融体系及校园贷、P2P信贷等各种互联网金融形式的非法行为也加强了监管和指导,开展了网络经济和数字金融等相应领域风险防范和综合整治,并取得初步成效。同时,在互联网科技发展浪潮的助推下,普惠金融,尤其是互联网金融的发展日新月异。相对于互联网金融的蓬勃发展,现有的监管手段和方式的更新与发展稍显滞后,跟不上普惠金融的发展步伐,需要针对不断涌现的普惠金融创新产品不断改进。

(三)服务对象的金融素养有待提高

虽然目前我国的普惠金融服务供给有了很大改善,但是作为普惠金融服务的目标群体,受年龄、金融素养、受教育程度等条件的影响和限制,人口基数庞大的农村人口及老年群体等弱势群体使用金融服务和产品的能力和意愿仍然存在较大欠缺,这导致普惠

金融服务需求方面稍显不足，且此类现象在不发达地区尤为明显，在一定程度上限制了普惠金融发展。

（四）"普而不绿"问题亟待解决

虽然金融机构在普惠金融理念的指导下加大了对长尾群体的帮扶力度，但受企业追求利润最大化天然属性的推动，那些以依靠环境代价而生存的农民、小微企业获得普惠金融的支持，则会导致出现"普而不绿"的现象。因此，推动普惠金融与绿色金融融合发展成为现实选择。但缺乏完善的政策支持、绿色普惠金融的正外部性与服务对象对经济效益的追求之间存在矛盾、服务对象的弱势性与行业收益的不稳定性等问题，均为普惠金融和绿色金融的融合发展带来风险和挑战。

第二章 普惠金融的理论基础及政策沿革

普惠金融的相关理论基础主要有金融结构理论、金融深化理论、金融抑制理论、金融排斥理论、金融功能理论、劳动分工理论等。随着普惠金融服务深度和广度的不断延伸，经历了针对低收入人群的小额信贷、多层次服务弱势群体和弱势产业的微型金融、全面服务社会所有人群的具有商业可持续性的普惠金融三阶段演进，普惠金融高质量发展的理论应运而生，主要包含金融生态理论、金融创新理论、信息不对称理论、可持续发展理论、均衡发展理论等。普惠金融的高质量发展体现在，基本建成具有高度适应性、竞争力、活跃度、开放度、普惠性的现代普惠金融体系，能够适应创新发展、协调发展、绿色发展、开放发展、共享发展的客观需求，能够最大化满足公众个性化、差异化、多元化金融需求，为经济社会发展提供重要支撑。普惠金融相关政策的持续完善为其高质量发展提供了有效保障。

第一节 普惠金融的理论基点

一、金融结构理论

金融结构理论是由美国经济学家雷蒙德·W.戈德史密斯（Raymond W. Goldsmith）所提出的金融发展问题理论，戈德史密斯将社会上各式各样的金融现象总结划分为金融工具、金融机构、金融结构三大方面。其中，金融工具主要是指金融机构对经济市场上其他经济单位的债权凭证和所有权凭证；金融机构是指资产与负债由金融工具所组成的一系列企业，也被称为金融中介机构；金融结构是一国现行社会所存在的金融工具和金融机构的有机组合体。

戈德史密斯主张，金融结构的变化是一个国家或一个地区金融发展的实质所在，研究金融发展问题其实就是研究金融结构的变化过程和变化发展趋势。戈德史密斯通过不断地对比分析，总结出世界上只存在一条主要的金融发展道路，所有国家的金融发展都在这条道路上，金融结构的变化呈现出一定的发展规律，虽然从现实情况出发，每个国家金融发展的起步时间、发展速度以及各自的发展模式都存在着一定的不同之处，但是它们仍处于这条道路的设定轨道上，只有发生战争和通货膨胀时才会出现偏离这一道路。

从理论角度分析，金融工具与金融机构、金融相关比率、金融发展与经济增长、金融发展的内在路径是戈德史密斯的金融结构理论的主要内容。[1]

一是金融工具与金融机构。戈德史密斯认为，一个国家不同类别的金融工具和金融机构的发展状况、性质、规模都在一定程度上反映了该国的金融结构，因此我们能够从一个国家的金融结构中了解到该国的金融发展水平和金融发展趋势。

二是金融相关比率。金融相关比率从数理关系上反映了金融上层机构和经济基础结构在规模上的变化关系，同时，金融相关比率的变化也在一定程度上反映了金融发展的基本特征，其计算公式如下：

$$\text{FIR} = F_\gamma / W_\gamma = \beta_\gamma^{-1} [(\gamma+\pi+\gamma\pi)^{-1}+1] [k\eta+\emptyset(1+\lambda)+\xi] 1+\theta [1+\varphi]^{\frac{n}{2}} -1 \quad (式2-1)$$

三是金融发展与经济增长之间的关系问题。金融结构理论主张，一国金融越发达，其金融活动对该国经济的影响就越大，经济增长和经济发展也就越快。金融结构理论的核心内容是要注重金融工具供给和强调金融机制的高效运行，这也是增强一国金融自我发展和促进经济高质量增长的重要因素之一。

四是金融发展的内在路径。戈德史密斯通过大量数量分析与定量分析相结合的研究方法得出"只有一条主要的金融发展路径"这一理论，即所有国家和地区的金融发展都具有共通之处，它们都朝着一条相同的发展路径前行。[2]

---

[1] 周莉萍：《金融结构理论：演变与述评》，《经济学家》2017年第3期。
[2] 陈雨露、马勇：《金融体系结构、金融效率与金融稳定》，《金融监管研究》2013年第5期。

二、金融抑制理论

20世纪70年代,基于当时发展中国家货币化程度低、金融市场发展落后、金融体制效率低下、政府对金融实施严格管制等社会经济实际发展状况,美国经济学家爱德华·肖和罗纳德·麦金农在批判传统货币理论和凯恩斯主义的基础之上提出了著名的金融抑制理论。金融抑制理论的核心是研究发展中国家的国内资本市场、货币政策和财政政策与该国市场运作之间的关系,将实际货币余额和物质资本视为一种相互补充、相辅相成的双边关系,换言之,实际货币余额的增加将会导致投资和总产出额的增加,较低或者为负的实际存贷款利率会导致实际货币余额降低。为了促进相关政策对货币体系的实际规模产生正相关的实质性影响,私人部门对实际存贷款利率的反应必然是比较敏感的。

爱德华·肖和罗纳德·麦金农认为,传统货币理论的假定前提只适用于发达国家,并不适用于发展中国家。因为在发展中国家,普遍存在自然经济占国民经济的比重高、经济的货币化及商品化程度较低、金融信用工具较为缺乏、金融市场处于一种不利于经济发展的割裂状态等一系列经济发展问题,这些问题会导致它们呈现出二元金融结构的态势。而造成这一局面的原因主要有两点:一是金融机制不健全和金融机构不发达致使金融市场发展落后,而金融市场又难以筹集社会资金来缓解经济困境;二是政府相关部门对金融领域实施了较为严格的干预和管制措施,引起金融体系与经济发展停滞共存的经济发展现象,即金融抑制。[①]

金融抑制理论所描述的金融抑制现象主要体现在一国相关部门通过限制名义利率、提高准备金要求、干预限制外源融资、特殊信贷机构四个方面对金融机构实行较为严苛的管制政策,由此使金融价格发生扭曲,抑制了金融体系的发展,进而阻碍经济的发展。

三、金融深化理论

金融深化论也被称为金融自由化理论,其侧重于研究发展中国家金融与经济发展的关系,代表人物主要有美国当代经济学家爱德华·肖、罗纳德·麦金农、弗莱,以及西

[①] 袁智明、秦自强、吴平:《农村小额信贷的经济学分析——基于金融抑制理论的视角》,《乡镇经济》2009年第5期。

班牙经济学家加尔比斯。

从整体上分析，金融深化理论的主要观点是发展中国家的发展离不开金融的发展，只有积极发挥金融对一国经济发展的积极促进作用，才能促进一国经济的更好发展，因此发展中国家必须取消它们一直所推行的金融压制政策，实施金融自由化或者金融深化政策。也就是说，政府理应减弱或者摒弃对金融市场和金融体系的过度干预，放松对利率和汇率的控制，并有效地抑制通货膨胀，进而促进金融和经济二者形成一种相互促进的良性循环。

以麦金农为代表的金融深化理论主张者深刻论证了金融深化与储蓄、就业与经济增长之间的正向关系，他们强调金融抑制对于一国经济社会发展具有极大的危害，同时他们认为广大发展中国家经济欠发达的主要原因是存在较为严重的金融抑制现象，政府相关部门对金融领域实施了较为过度的干预举措，因此他们极力主张发展中国家推行金融制度改革，减少政府对金融领域的过度干预，放松对金融机构和金融市场以及利率和汇率的管制措施，增强国内的筹资能力，从而削弱对外资的过度依赖，以金融自由化的方式实现金融深化，进而促进经济增长。

麦金农认为，推行金融抑制政策所导致的利率上限在通货膨胀较为严重的时候会致使国内大量的资金流入实际资本和有形资产储备，而这会使通货膨胀压力不断增大，与此同时，政府迫于通货膨胀压力，会采取控制名义货币供给量、压低存款利率等金融举措去控制通货膨胀，但这会使大量的货币流出银行体系，引发严重的"脱媒"现象，形成一种恶性循环。要想解决这一问题就必须多举措取消相关金融抑制措施，实施较为自由的金融政策，进一步促进金融深化。

金融深化理论的核心观点是主张政府要通过提高实际利率水平、全面放开金融市场等多项举措进一步促进提高投资水平和投资效率。当一国政府相关部门将利率提高，投资者和储蓄者之间的金融中介活动会得到一定程度的加强，进而降低中介成本，改善一国投资的平均收益和投资结构，并引起收入、储蓄、投资和就业四大效应。[1]

四、金融排斥理论

在全球金融业快速发展和经济全球化持续深化的过程中，世界各国的金融服务范围

---

[1] 陈江静：《金融深化理论的框架及其对我国的启示》，《中国物价》2016年第9期。

和规模也得到了迅速发展,各国之间的金融交流与业务往来尤为频繁,各国的金融领域发展表现出明显的国际化、全球化趋势[1]。但与此同时,不同国家、不同地区和不同群体所享受到的金融服务水平和金融服务产品存在着明显的差异,主要表现为一些经济发展水平较低的国家和地区以及经济收入较低的人群未能够从社会现有的金融渠道中获得金融产品或享受金融服务。针对这一现象,20世纪90年代,学术界提出了金融排斥这一金融理论。

金融排斥被界定为社会上一些群体缺少,甚至没有接受过金融体系所提供的金融服务的一种金融经济现象。这些群体不仅缺乏足够的途径或方式接触相关金融机构,也没有能力获得能够促进自身进一步发展的金融服务。也就是说,在社会中存在着某些群体,他们由于经济实力、社会政策等各种因素没有能力进入金融体系,也没有能力享受到金融机构所提供的金融服务。

在现有的研究中,许多学者从三个角度对金融排斥进行分类,分别是按表现分类、按成因分类、按时间分类,具体见表2-1。一是按表现进行分类。在金融排斥依据表现进行分类的诸多方法中,应用最为广泛的是坎普森与韦利所提出的六维法。此方法将金融排斥划分为地理排斥、条件排斥、价格排斥、评估排斥、营销排斥和自我排斥六个方面。二是从成因角度进行分类,此法将金融排斥划分为结构性金融排斥和功能性金融排斥两大类。结构性金融排斥主要强调社会结构不合理而导致的一系列排斥,主要有社会等级、结构与分层等诸多因素;功能性金融排斥是指由于被排斥对象自身身体、智力、年龄等方面的缺陷而产生的排斥。从各国的情况来看,结构性金融的被排斥对象通常是社会上的残疾人、老人和受教育程度低的群体等弱势群体。三是按时间进行分类。从时间角度分类可将金融排斥划分为长期性金融排斥和暂时性金融排斥两种类型。长期性金融排斥,是指某些经济主体由于自身的各种客观或主观原因,从未购买过金融产品或接受过金融服务;暂时性金融排斥,是指金融消费者以前曾经购买过金融产品或接受过金融服务,但由于一些不可控的暂时性或短期性的原因没有继续购买金融产品和服务的现象。[2]

---

[1] 何德旭、苗文龙:《金融排斥、金融包容与中国普惠金融制度的构建》,《财贸经济》2015年第3期。
[2] 王兆旭:《金融排斥到普惠金融:基于特定对象的路径设计》,《金融理论与实践》2015年第1期。

表 2-1　　　　　　　　　　　金融排斥的分类

金融排斥	按表现分类	地理排斥
		条件排斥
		价格排斥
		评估排斥
		营销排斥
		自我排斥
	按成因分类	结构性金融排斥
		功能性金融排斥
	按时间分类	长期性金融排斥
		暂时性金融排斥

从全球发展状况来看，金融排斥理论的研究主要集中于英国、美国等一些经济较为发达的国家。近年来，由于我国经济的快速发展，许多学者逐步加深对金融排斥问题的研究，研究重点主要偏向于农村金融方向，普惠金融也逐渐成为研究热点。

五、金融功能理论

金融功能理论的核心内容是研究金融机构和金融功能之间的关系问题，在金融机构功能的研究领域中存在着许多不同的看法，有些学者主张银行占据优势地位，而有些学者则主张证券市场占优，还有一部分学者认为不能把银行主导型和市场主导型对立起来，他们由此提出了金融功能理论，也称为金融服务理论。对金融功能理论研究最为突出的是博迪、默顿等经济学家，他们基于金融功能比金融机构更为稳定、金融机构的形式以功能为准则两个基本点提出了在分析不同时期的金融机构、不同经济体时所采取的分析框架应该集中于功能视角，不能从机构视角进行分析。

博迪和默顿等经济学家将金融机构的基本功能高度概括总结为六大项：第一，从时间和空间两个维度对资源进行转移；第二，为相关机构提供分散、转移和管理风险的有效途径；第三，给予一条清算和结算路径用以更好地实现商品、服务，以及各种资产的交易；第四，提供一整套集中资本和股份分割的高效机制；第五，提供交易产品相关价格信息；第六，提供解决激励问题的方法及途径。

传统意义上的金融功能理论分析框架主要侧重于从金融体系层面、金融机构层面、金融活动层面、金融产品层面四个不同的层面去进行解读分析[①]。在现有的研究成果中，学者们依据资本市场和商业银行在一国金融体系中的重要程度，将金融体系划分为资本市场主导型金融体系和商业银行主导型金融体系两种类型，商业银行与资本市场的金融功能比较见表2-2。结合全球的金融发展状况，资本市场主导型金融体系的典型国家有英国和美国，商业银行主导型金融体系的代表性国家是德国和法国。

表 2-2　　　　　　　　　　商业银行与资本市场的金融功能比较

类型 功能	商业银行	资本市场
跨越时间和空间转移资源	应用存款转换为贷款实现	应用股票、债券及衍生品交易实现
管理风险	应用商业银行资产负债管理风险配置实现	应用金融产品交易实现
清算与支付结算	应用提供支票转账等实现	应用货币市场基金等实现
归集资源并细分股份	应用贷款实现	应用股票、债券的发行交易实现
提供信息	应用内部信息共享实现	应用市场范围内的信息处理与分析实现
解决激励问题	应用作为贷款人对企业进行监督实现	应用提供股票期权等多种工具实现

在现有的金融机构中，主要有存款类金融机构和非存款类金融机构两大类。其中，中央银行、商业银行等银行是较为典型的存款类金融机构；非存款类金融机构主要囊括保险公司、信托投资公司、证券机构、金融资产管理公司、金融租赁公司、期货类机构等各类金融组织。无论是存款类金融机构，还是非存款类金融机构，它们都有自身的竞争优势，能够为金融客户群体提供特定的金融功能，它们所具有的金融功能是金融机构区别于非金融企业的重要特征。主要金融机构的金融功能分析见表2-3。

表 2-3　　　　　　　　　　主要金融机构的金融功能分析

金融机构	金融功能
存款类金融机构	将客户的存款转化为贷款，为存款客户提供了流动性，并通过为贷款客户提供资金实现了风险的分散化
保险公司	为相关金融机构和组织提供一种管理和分散资金风险的有效途径
共同基金	提供了一条分散风险的有效途径，在一定程度上降低了中小投资者的交易成本，弥补他们在信息、技术等方面的劣势，进而达到参与市场及资产多样化的投资目的
风险投资公司	既提供融资服务，也提供经验，能够为缺乏管理经验的公司提供借鉴，又在一定程度上体现了金融机构在时间和空间范围内转移资源的功能，以及提供信息、降低成本的功能
资产管理公司	为个人、企业、政府提供关于退休金和其他资产组合的建议，提供信息、降低成本和促进财富增长
财务公司	利用商业票据、股票等方式将资金贷给一些中小企业，从时间和空间上转移资源，以及聚集资源、分散股份
投资银行	通过有效处理有关信息帮助企业发行股票和债券，有助于资本市场上信息的流动和价格发现，并促进资源的有效配置

---

① 张青：《金融功能演进与金融发展研究》，《时代金融》2013年第20期。

六、劳动分工理论

劳动分工理论最早是亚当·斯密在《国富论》中所阐述的观点，他系统、全面地论述了劳动分工对于提高一国劳动生产率和国民财富所起到的巨大作用。[①] 劳动分工理论一经提出，不仅对当时的社会经济发展起到了极为重要的推动作用，也对现代经济、社会等各方面的发展有十分重要的作用。

劳动分工一般被界定为劳动工序的划分，或者说是将一份工作分割为多个部分，每个部分安排不同的劳动者去完成，最终顺利地完成这份工作，生产出原计划的产品。对劳动分工理论研究较为详细的实属亚当·斯密和卡尔·马克思。他们对于劳动分工理论研究的不同之处在于研究角度不同，亚当·斯密侧重于从经济增长的角度研究劳动分工，而卡尔·马克思侧重于从生产制度演进这一角度来考察[②]。

亚当·斯密认为，劳动分工的产生缘由是每一个人的才能不尽相同，这主要起因于人类特有的交换与易货倾向，交换和易货属于一种个人私利行为，他们的利益决定了分工，而劳动分工的不断发展会进一步扩大社会生产，由此促进社会的繁荣，并达到私利与公利的平衡状态。亚当·斯密认为，分工促进劳动生产力提高的原因主要有以下三个：第一，劳动者对专项工作的熟练程度和技能会日渐提高；第二，由一种工作转换到另一种工作通常需要损失不少时间，有了分工就可以免除这种损失；第三，许多简化劳动和缩减劳动的机械发明，只有在分工的基础上才可能达到。

第二节　普惠金融高质量发展的理论基础

一、金融生态理论

金融生态，是指各种金融生态主体之间基于金融市场这一载体，通过金融生态监管、金融生态环境等各种因素的相互作用而形成的具有一定结构特征、执行特定金融功能的动态平衡系统。理论上，金融生态系统应该囊括金融生态主体、金融市场、金融生态监管和金融生态环境四个基本要素，这四大构成要素之间不是独立的，而是相互关

[①] 李迪威：《探析〈国富论〉中劳动分工理论》，《经贸实践》2015年第7期。
[②] 于秋华：《解读斯密和马克思的劳动分工理论》，《大连海事大学学报（社会科学版）》2007年第4期。

联、相互依存的。

对于金融生态的基本特征，学术界有许多研究。徐诺金认为，金融生态的基本特征表现为进化性、竞争性、创新性、稳定性[①]；谢太峰认为，金融生态的基本特征为关联性、适应性、相互依存性、渐进演进性；韩平主张，金融生态具有动态性、同一性、差异性的特征。

一个完整的金融生态系统包括金融生态主体、金融生态客体（也就是人们常说的金融市场）、金融生态环境、金融生态监管四个主要组成部分，它们之间相互作用、彼此联系，共同构成金融生态系统，其结构见图2-1。

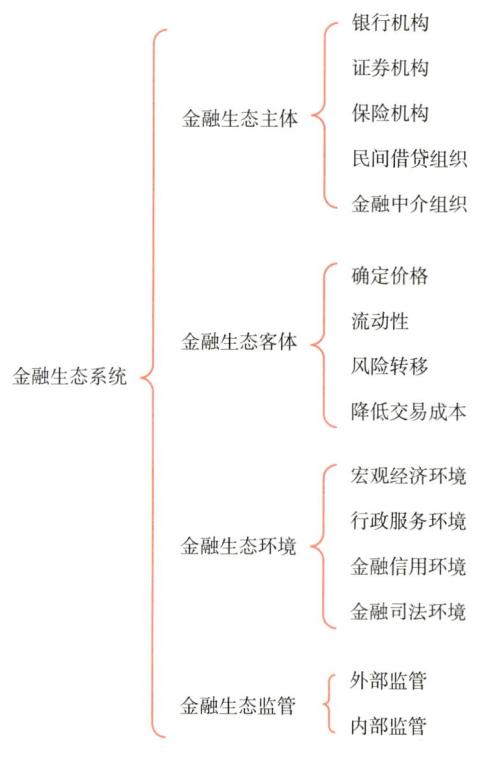

图 2-1　金融生态系统结构

金融生态主体，是指在一国金融生态体系中，为了自身更好地发展，通过不断创新提供契合消费者需求的金融产品和金融服务等各种方式，对自身进行的经营持续调整，从而获取更多的收入，以更好地适应社会经济环境和自身发展需求的行为主体或组织单

---

① 徐诺金：《如何理解"金融生态"》，《南方金融》2006年第10期。

位，例如，银行、证券、保险、民间借贷等金融机构和组织，以及所有能够为人们提供金融产品和服务的一系列金融中介主体，如证券交易所、期货交易所、基金公司、货币市场组织等。它们一般具有进化性和多样性。金融生态客体就是人们通常所说的金融市场，是由金融生态行为衍生出来的。在金融市场上，所有的金融业务交易活动都离不开金融生态主体，同样地，金融生态主体也离不开金融市场，金融市场作为金融生态主体交易的重大平台和载体，在金融资源配置中起着基础性的调节作用。金融生态环境，是指对金融生态主体、金融生态客体和金融生态监管产生一定作用和影响的一切外部因素。[1] 我们这里所讲的外部因素不仅是对金融生态主体产生一定影响的所有外部因素，还有能够影响金融生态主体、客体和金融生态监管的共同外部因素，即影响金融生态活动的宏观背景。金融生态监管体系包括两部分内容：一是外部监管，即法定监管部门做出的监管行为；二是内部监管，即金融行业自律协会和金融中介组织对金融活动做出的监督行为。

二、金融创新理论

在金融研究领域中，金融创新理论是研究需求诱发利润驱动的金融现象理论。[2] 对金融创新理论的界定，学术界主要是从广义和狭义两个角度进行解读。从狭义上理解，金融创新仅指金融机构对它们所开发、运营的金融产品和金融服务进行符合社会发展需求的升级和创新；从广义角度上说，金融创新涵盖了整个金融领域的所有新创造与新发展，不仅包括狭义金融创新所涵盖的金融产品和金融工具的创新，还包括金融领域的交易技术创新、金融机构创新、金融制度创新和相关理论、理念的创新，从整体上可以将其划分为金融技术创新和金融制度创新两种类型。目前，金融领域学术界所研究的金融创新一般都是指广义的金融创新，因为广义创新涉及的内容更宽泛，狭义的金融创新界定范围较为单一，不能很好地满足经济社会发展和学术研究的需求，而且金融创新机制的实质所在是广义的金融创新，[3] 是为了更好地适应经济形式的不断发展变化和消费者需求多样性的不断扩大这两大发展态势，金融体系进行的从制度到业务的一系列深刻改革和创新。金融创新的范围见表2-4。

---

[1] 王峥、李梦露：《金融生态理论研究及发展历程》，《农村经济与科技》2017年第8期。
[2] 阮景平：《我国金融创新理论研究综述》，《生产力研究》2008年第13期。
[3] 朱淑珍：《金融创新理论述评》，《东华大学学报（自然科学版）》2002年第3期。

表 2-4　　　　　　　　　　　　　　金融创新的范围

创新形式	具体内容
工具创新	可变利率工具、可转让支付通知书账户（NOW）、隔日回购协定、货币市场互助基金、信贷资产证券化等
技术创新	信用卡及其他电子工具的创新
业务创新	传统业务的电子化和网络化，金融服务业务及表外业务的产生和发展
机构创新	机构的纵深化和综合化发展
制度创新	以上创新必然推动制度的改革与发展，但制度创新往往滞后于其他创新
观念创新	有需求就有研究，有研究就有观念，有观念就有理论，有理论就有创新

1983 年，W.L.西尔柏指出，金融创新是为了抵御抑制企业实现利润最大化和效用最大化的外部因素而产生的。此后，诸多金融经济学家对金融创新理论不断进行丰富和发展，较为著名的研究成果主要有以下六个：一是西尔柏提出的约束诱导型金融创新，西尔柏的观点主要是从供给角度探讨金融创新问题，他认为金融创新是金融领域中的许多微观金融组织在不追求利润最大化的基础之上减轻外部对其产生的金融压制而采取的一系列捍卫自身利益的行为；二是卡恩的规避性金融创新，其核心观点是一国政府所实现的各种规章制度与经济个体追求利益最大化目标发生冲突和矛盾时，经济个体会采取一系列的创新性行为保持其和政府之间的平衡状态，进而实现自己的利益最大化目的；三是希克斯提出的交易成本创新理论，希克斯的金融创新理论核心观点是主张"金融创新的支配因素是降低交易成本"作为金融创新理论的基础命题，希克斯、尼汉斯认为金融创新的过程就是金融机构通过各种合法途径使交易成本不断降低的过程；四是制度学派创新理论，其主要代表人物有戴维斯、诺斯等，他们主张金融创新是金融发展与经济制度相互影响、相互作用的一种制度变革，任何因制度变革所引起的一切改变都可以称为金融创新；五是格林和海伍德的创新理论，他们主张一国财富的增长是影响金融资产和金融创新需求的决定性因素，随着社会科学技术的不断进步，国家财富也会随之增多，金融资产也会日益增加，进而推动金融创新的持续深化；六是格利和肖的创新理论，他们认为金融中介是一国经济增长必不可少的组成部分，而金融创新则是经营盈余或赤字企业的需求与金融部门提供的服务相吻合的结果。[1]

---

[1] 阮景平：《西方金融创新理论述评》，《湖北大学学报（哲学社会科学版）》2006 年第 2 期。

金融创新对于一国整个金融系统会产生相当规模的经济效应。一是对金融体系的稳定性产生影响。业务多样化促进业务经营效率提高，利率自由化及经济一体化加剧金融机构之间的竞争，因此带来更大的金融风险，都是其影响表现所在。二是政府相关部门金融监管的难度加剧。三是对货币政策产生影响。金融创新会导致货币需求与供给、利率因素、信用量都发生改变，货币政策也要随之作出调整。四是加剧微观金融机构之间的金融竞争，经营管理与市场营销更具难度。

三、信息不对称理论

信息不对称理论，是指在市场经济活动中，由于各经济主体之间的发展差异，每一个经济主体对于市场有关信息的掌握程度存在明显的差异性。有些人员对市场信息掌握得较为详细，而有些人员对相关市场信息掌握得较为匮乏，或者是完全没有掌握任何市场信息。在这种情形之下，掌握市场信息比较详细的那些人员就会对市场的发展和形势比较敏感，能够作出符合市场走势的经济抉择，因此他们往往成为处于市场竞争优势地位的一方，而那些掌握市场信息相对匮乏的人员会处于比较不利的地位。

20世纪70年代，美国著名经济学家约瑟夫·斯蒂格利茨、乔治·阿克尔洛夫、迈克尔·斯彭斯三人首次对信息不对称理论作出相关研究表述，这是信息不对称理论得到关注和研究的起源。他们主张在日常的市场经济交易中，卖方人员比买方人员要更加了解相关交易商品的信息；市场交易中掌握着更多信息的一方利用这一优势向信息匮乏的一方传递市场信息而从中获取相当的经济利益；市场信号的传递能够在一定程度上弥补信息不对称所带来的一系列经济问题。他们还极力主张信息不对称是市场经济的一种弊端，当一国想要减少信息不对称对经济发展带来的一系列危害时，就必须通过各种途径促进政府在市场体系中发挥强有力的作用。[①]

信息不对称理论为经济学者探讨诸多市场经济现象奠定了理论基础，例如，股市沉浮、就业与失业的问题、信贷配给关系、商品的市场占有等经济现象。它不仅能够融合进经济学理论，还成为现代信息经济学的核心内容，被人们广泛地应用到传统农产品交易市场、现代金融市场等各大经济发展领域之中。此外，信息不对称理论也同样适用于

---

① 辛琳：《信息不对称理论研究》，《嘉兴学院学报》2001年第3期。

普惠金融领域。当某一产品处于同等质量下，花费大量资金进行宣传推广的一系列普惠金融产品要比不做任何广告或少做广告的那部分普惠金融产品向外部社会及消费者传递更多的相关产品信息，因此更容易被人们所知晓并接受、购买。

四、可持续发展理论

可持续发展是指既满足当代人的需要，又不对后代人满足其需要的能力构成危害的一种良性发展模式。最早对可持续发展作出严格界定的是世界环境与发展委员会（WCED）发布的《我们共同的未来》，在此之前也存在诸多对于可持续发展的界定和研究，但都没有能够达成共识。《我们共同的未来》对可持续发展的界定被全球认可，并逐渐成为各国政要和学者广泛关注的一大发展问题。

同其他经济理论的发展一样，可持续发展从提出到不断发展完善经历了几十年时间的沉淀。关于可持续发展的研究成果，几十年间形成了许多持不同观点的流派，这些流派或对相关问题有所侧重，或强调可持续发展中的不同属性。从全球普遍认可的可持续发展理论研究中，可以总结得出可持续发展主要囊括共同发展、协调发展、公平发展、高效发展、多维发展五大方面的丰富内涵。[①] 一是共同发展。国家（地区）与国家（地区）、每个行业和领域之间都是作为一个子系统而存在，它们或是构成一个国家（地区），或是共同构成人们所赖以生存的地球家园，它们之间相互联系、相互作用，因此可持续发展所追求的不仅是个体发展，还强调共同发展。二是协调发展。协调发展是一个复合型概念，既包括经济、社会、环境三大系统之间的整体协调发展，又包括世界、国家和地区三大空间的协调发展，还包括一个国家或地区的经济与人口、资源、环境、社会及内部各个阶层的协调发展。三是公平发展。由于不同国家和地区之间经济发展水平不同，因此极易出现不公平发展的问题。可持续发展理论的公平发展强调时间维度和空间维度的公平。时间维度的公平是纵向的公平，强调满足当代人发展的同时，不能以损害后代人的发展为代价；空间维度的公平偏向于横向公平，强调一个国家或地区的发展不能以损害其他国家或地区的发展能力为代价。四是高效发展。高效发展是指一国或地区的经济、社会、资源、环境、人口等社会因素共同推动社会经济高效率地发

---

① 牛文元：《可持续发展理论的内涵认知——纪念联合国里约环发大会20周年》，《中国人口资源与环境》2012年第5期。

展。五是多维发展。由于每个国家或地区的经济发展水平迥异，国情和社会状态也是不一样的，所以每个国家或地区要做到具体问题具体分析，认清自身的情况，严格从自身的发展情况这一实际出发，制定符合本国或本地区实际情况的可持续发展策略。

在我国金融领域可持续发展理论研究中，最早将可持续发展理论与金融相结合的是白钦先教授[①]，他创造性地将可持续发展理论扩展融入金融领域之中，提出了著名的金融可持续发展理论与战略，这一理论为我国研究金融发展理论和金融发展问题提供了高效的研究框架。

五、均衡发展理论

经济学中，均衡发展理论的研究对象主要为经济发展较为落后的发展中国家的经济发展模式。均衡发展理论在强调一国各大部门之间或产业之间平衡及同步发展的同时，更加强调要保持好区域间或区域内部的平衡及同步发展，即空间上的均衡化。随着经济交往的深入发展，区域之间的生产要素流动性不断得到加强，各个区域的经济发展水平最终会趋向于一种平衡的发展态势，因此许多学者主张一国或地区应该在各自区域内均衡布局社会生产力，尽最大可能实现空间上的均衡投资，各个产业达到均衡发展的态势，最终实现整个区域经济的均衡发展。

均衡发展理论的核心思想源自19世纪40年代穆勒对萨伊定律作出的理论阐释。萨伊定律主张，在社会生产性领域中，一切生产性活动都可以创造出特定的需求，特定的投资又能够创造出特定的生产能力，特定的生产能力继而能够创造出特定的供给和收入，而特定的收入又可以创造出特定的需求，由此形成一个良性的发展循环模式。从其研究成果来看，均衡发展理论的核心观点是，一国国民经济的各个部门同时进行大规模的投资活动，从而促使国民经济各部门按照相关部门既定的比率全面均衡发展，以此来消除社会贫困所带来的各种社会发展问题，进而促进经济社会的持续健康发展。对于金融领域来说，均衡发展就是要实现全人类的金融普惠，即普惠金融。

六、金融高质量发展理论

金融高质量发展理论从本质上说，是将高质量发展理论与金融领域高度融合而形成

---

① 白钦先：《金融结构、金融功能演进与金融发展理论的研究历程》，《经济评论》2005年第3期。

的一种融合学说。金融高质量发展相对于传统金融发展理论来说是一种更具综合性、涉及面更为广阔的新兴发展方式，其主要目标是为人们提供更全面、更稳定的金融服务，进而促进经济的高质量发展。[①]

金融高质量发展的基础理论基点是经济高质量发展的核心理念——新发展理念。新发展理念主张各国应通过科技金融、绿色金融、普惠金融等方式服务该国经济的高质量发展。从新发展理念出发，金融高质量发展应该具备创新、协调、绿色、开放、共享五大方面，与此同时，金融高质量发展不仅注重发展的"量"，更应注重发展的"质"的提升，实现质量和效益替代规模与速度的转换，从"量"和"质"两个方面共同推动经济高质量发展。

金融作为一个国家国民经济的核心组成部分之一，对于资源配置和宏观调控起着巨大的作用，同时也是推动社会经济发展的重要力量之源。随着我国经济发展步入高质量发展阶段，金融理应要向高质量发展阶段迈进，新发展理念作为经济高质量发展的核心理念，更应该高度融入金融领域发展之中。[②] 依据金融结构理论的相关内容，金融高质量发展要实现金融工具和金融机构在服务创新发展、协调发展、绿色发展、开放发展、共享发展中的增长以及改造优化；从金融功能理论角度出发，金融高质量发展的首要经济功能就是为一国实现经济高质量发展目标服务，金融高质量发展演进过程中资源的调配利用、机构的设置优化等各项事务都要以实现经济高质量发展为最基本、首要的目标，金融高质量发展体系应当具备促进一国金融创新发展、协调发展、绿色发展、开放发展和共享发展的能力；从金融效率理论角度来说，金融资源在某种程度上来说是相对稀缺的，金融高质量发展的核心表现应该是不断地注重效率的提升，主张一种极具效率的发展方式。

第三节 普惠金融的政策演进框架

普惠金融最早是由联合国于2005年提出的经济命题，当时的普惠金融主要是指为社会中有金融服务需求的各个阶层和各大群体提供一系列满足他们需求的适当、有效的金融服务和金融产品。经过几十年的发展，小微企业、农民、城镇低收入人群等一些社

[①] 金维民：《扎实推进普惠金融高质量发展》，《群众》2022年第16期。
[②] 朱辉、凌盼盼：《普惠金融的初心使命、基本经验与高质量发展》，《金融经济》2022年第7期。

会弱势群体逐渐成为普惠金融的重点服务对象。我国最早引进普惠金融概念的机构是中国小额信贷联盟（原名为中国小额信贷发展促进网络），随着中国经济的发展和经济全球化的深入，党中央、国务院对于普惠金融的发展给予了很大的关注和支持，从2005年至今，出台了一系列相关的政策，形成了我国普惠金融的政策体系。与此同时，国际上以G20为主要代表的团队也不断推进普惠金融发展，形成了G20普惠金融体系，对世界各国的普惠金融发展起到了积极作用。此节侧重于梳理G20集团以及我国普惠金融发展之路的一系列相关政策，进一步厘清我国普惠金融发展的内生机制，促进我国普惠金融的高质量发展。

一、G20普惠金融政策演进框架

（一）《G20创新性普惠金融原则》

基于每一个国家或者地区之间的经济发展水平、金融发展状况和政府监管环境等各种因素之间存在的差异，G20集团普惠金融专家组整合具有代表性的国家和地区的普惠金融发展成功经验，提出了《G20创新性普惠金融原则》，一共包括9个方面，得到了G20各国政府的高度支持。

原则一：领导（Leadership）。作为政府部门，要就发展普惠金融出台一系列覆盖面广的承诺及政策体系，致力于帮助缓解社会贫困。

原则二：多样性（Diversity）。政府部门要采取必要的政策措施，确保发挥好促进竞争的积极作用，并提供基于市场的激励机制，这一激励机制有利于提供可持续的融资渠道、使用范围广泛且可负担的金融服务，如储蓄、信贷、支付与转账、保险等，同时也要有益于增加金融服务提供者的多样性。

原则三：创新（Innovation）。金融机构需要促进技术和制度创新，以拓展金融体系的准入和使用，包括对金融基础设施脆弱性的评估。

原则四：保护（Protection）。政府要积极鼓励建立全面的消费者保护措施，构建一个能够界定政府、金融服务提供者、消费者的角色，为普惠金融发展提供一个良好的消费环境。

原则五：赋能（Empowerment）。普惠金融的发展离不开金融素养和金融能力的发展，各金融机构要多维度提升金融素养和金融能力。

原则六：合作（Cooperation）。建立政府内部职责和协调职能清晰的制度环境，大力鼓励政府部门、企业和其他利益相关者之间的业务合作与直接咨询。

原则七：知识（Knowledge）。积极利用适时的数据制定政策、衡量相关进展，推动监管者和金融服务提供者更多地使用"测试并学习"方法。

原则八：适当性（Proportionality）。基于对当前政府监管中存在的差距和障碍，相关政府部门应建立与发展创新型产品和服务相适应的政策和监管框架。

原则九：框架（Framework）。一国要建立反映国际标准和本国国情的监管政策框架，灵活、适当且基于风险的反洗钱制度，便于客户进行反馈和交流的中介条件，对于电子存储价值清晰的监管制度，以及有助于实现长期大范围互联互通的基于市场的激励机制。

（二）《G20数字普惠金融高级原则》

《G20数字普惠金融高级原则》[①]是2016年在中国杭州召开的G20峰会上各国政府所表决作出的关于普惠金融的重要文件之一，这是国际社会第一次在普惠金融领域推出高级别的指导性文件，主要内容是阐述了普惠的8项原则、66条行动建议，对于世界各国和各地区推进普惠金融向好发展具有重大的指导性意义，见表2-5。

表2-5　《G20数字普惠金融高级原则》制定的8项原则

原则一	倡导利用数字技术推进普惠金融发展。数字金融服务作为推动包容性金融体系发展的重点工程之一，相关部门要积极推行包括协调一致、可监测、可评估的国家战略和行动计划在内的一系列积极举措
原则二	平衡好数字普惠金融发展中的创新与风险。在实现数字普惠金融的过程中，平衡好鼓励创新与识别、评估、监测和管理新风险之间的关系
原则三	构建恰当的数字普惠金融法律和监管框架。针对数字普惠金融，充分参考G20和国际标准制定机构的相关标准和指引，构建恰当的数字普惠金融法律和监管框架
原则四	扩展数字金融服务基础设施生态系统。加快金融和信息通信基础设施建设，用安全、可信和低成本的方法为所有相关地域提供数字金融服务，尤其是农村和缺乏金融服务的地区
原则五	采取负责任的数字金融措施保护消费者。创立一种综合性的消费者和数据保护方法，重点关注与数字金融服务相关的具体问题
原则六	重视消费者数字技术基础知识和金融知识的普及。鼓励开展提升消费者数字技术基础知识和金融素养的项目并对项目开展评估
原则七	促进数字金融服务的客户身份识别。通过开发客户身份识别系统，提高数字金融服务的可得性，该系统可访问、可负担、可验证，并能适应以基于风险的方法开展客户尽职调查的各种需求和各种风险等级
原则八	监测数字普惠金融进展。通过全面、可靠的数据测量评估系统来监测数字普惠金融的进展。利用新的数据来源，使利益相关者能够分析和监测数字金融服务的供给和需求，并能够评估核心项目和改革的影响

---

① 《G20数字普惠金融高级原则》，据中国人民银行官网：http://www.pbc.gov.cn/goutongjiaoliu/113456/113469/3142307/2016091419074418496.pdf。

(三)《G20普惠金融指标体系》

普惠金融指标是一国或一地区普惠金融发展状况的数理反映,一直以来,许多学者不断对其进行扩展,G20集团为了更直观地反映普惠金融的发展状况,从不同的维度构建起了衡量一国普惠金融发展情况的指标体系。目前,全球最早使用的普惠金融指标体系是由普惠金融全球合作伙伴(GPFI)所创造的《G20普惠金融指标体系》,于2012年的G20领导人峰会被表决通过后,随着社会、经济和普惠金融的持续发展而不断得到创新。最新版的《G20普惠金融指标体系》是2016年在中国杭州召开的G20峰会上得到与会各国政府核准通过的,对比以前的版本,其有继承之处,也有创新之处,它涵盖了金融服务的可得性、使用情况和质量三个维度,囊括了19类、35项指标,从供给与需求两侧全面评估普惠金融发展水平。2016年《G20普惠金融指标体系》具体内容见表2-6、表2-7和表2-8。

表2-6　　2016年《G20普惠金融指标体系》使用情况指标

类别	指标
使用情况指标:成年人	
拥有账户的成年人	在正规金融机构或移动支付服务提供商处拥有账户(由本人开立或与其他人一起开立)的成年人(年满十五周岁)比例
账户数	每千成年人拥有的存款账户数
	每千成年人拥有的电子货币账户数
	每十万成年人移动支付交易笔数
在正规金融机构发生信贷业务的成年人	过去一年在银行或其他正规金融机构至少有过一次未偿还贷款的成年人(年满十五周岁)比例
	每千成年人未偿贷款笔数
购买保险的成年人	每千成年人中保单持有人数(分为寿险和非寿险)
非现金交易	每千成年人非现金零售交易笔数
使用数字支付的成年人	使用交易账户进行数字支付或接收数字支付的成年人(年满十五周岁)比例
使用移动电话支付	使用移动电话支付账单、购物或从某一账户收支款项的成年人(年满十五周岁)比例
使用互联网支付	使用互联网支付账单、购物或在线汇款的成年人(年满十五周岁)比例
使用银行卡支付	使用借记卡直接从某一账户进行支付的成年人(年满十五周岁)比例
使用账户支付	通过某一账户收取工资或政府转拨款项的成年人(年满十五周岁)比例

续表

类别	指标
高频率使用账户	高频率使用账户的成年人（年满十五周岁）比例。"高频率"指一个月内从某一个人账户取款三次或三次以上
储蓄倾向	过去一年在银行或其他正规金融机构存款的成年人（年满十五周岁）比例
使用情况指标：企业	
享有正规银行服务的企业	拥有账户的中小企业比例
	中小企业存款账户数（在非金融公司借款人中的占比）
在正规金融机构有未偿贷款或授信额度的企业	在银行或其他正规金融机构有未偿贷款或授信额度的中小企业比例
	中小企业贷款账户数（在非金融公司借款人中的占比）
企业进行数字支付或接收数字支付	从某一账户进行数字支付或接收数字支付的中小企业比例

表 2-7　　　　　　2016 年《G20 普惠金融指标体系》可得性指标

类别	指标
可得性指标：物理服务网点	
服务网点	每十万成年人拥有的商业银行分支机构数
	每十万成年人拥有的 ATM 数
	每十万成年人拥有的支付服务代理商数
	每十万成年人拥有的移动代理网点数
	每十万成年人拥有的 POS 终端数
	拥有移动电话、设备或家庭网络连接的成年人（年满十五周岁）比例
借记卡持有	每千成年人拥有的借记卡数
企业服务网点	拥有 POS 终端的中小企业比例
服务网点的互通性	ATM 网络的互通性和 POS 终端的互通性

表 2-8　　　　　　2016 年《G20 普惠金融指标体系》质量指标

类别	指标
质量指标：金融素养和能力	
金融知识	金融知识得分
金融行为	将存款用作应急资金

续表

类别	指标
质量指标：市场行为和消费者保护	
信息披露要求	(1) 语言平实；(2) 使用当地语言；(3) 规定的标准化披露格式；(4) 追索权和追索流程；(5) 贷款中应当支付的总体价格
纠纷解决机制	(1) 内部纠纷解决机制指标：适用于金融机构处理投诉的法律法规制定标准；(2) 外部纠纷解决机制指标：存在使消费者能够通过第三方进行追索的体制，且该追索效率高消费者也负担得起
质量指标：使用障碍	
信贷障碍	在上一笔贷款中被要求提供抵押物的中小企业比例
	信贷可得性：信用报告系统的效力、担保的有效性和促进放贷的破产法

总体上看，2016年更新的《G20普惠金融指标体系》相比此前推行的指标体系较为全面、系统，能够更为全面地反映一个国家或地区的普惠金融发展状况。[①] 2016年的《G20普惠金融指标体系》既包含了反映普惠金融需求端的指标，又包含了反映普惠金融供给端的指标，覆盖金融服务使用情况、金融服务可得性以及金融产品与服务质量等多个方面，但仍存在一个缺陷，那就是仍是以传统金融服务为主，涉及数字普惠金融的相关指标比较少，在一定程度上无法充分反映《G20数字普惠金融高级原则》的要求。

《G20创新性普惠金融原则》《G20数字普惠金融高级原则》《G20普惠金融指标体系》和《G20普惠金融原则与行动计划》等一系列相关政策共同构成了G20普惠金融政策框架的主要内容。G20普惠金融政策框架具有开放性、全面性、与时俱进性、保护消费者等特征。

G20普惠金融的开放性主要体现在保持政策框架的开放性，G20普惠金融政策框架会随着各个国家普惠金融发展的最新实践而作出与时代发展特征相符合的调整和创新，不断进行丰富完善；全面性是指G20普惠金融将金融服务可得性、使用情况和质量作为普惠金融发展的重要内容，从这三个维度构建了普惠金融指标体系，凸显了对于评估一国普惠金融发展指标的全面性；与时俱进性是指随着数字技术的发展，以及科技与金融融合程度的加深，不断重视数字技术的作用；由于普惠金融的服务对象主要是金融市场中的弱势群体，风险承受能力相对较差，在这种情况下，G20普惠金融政策框架把消费

---

① 曾繁荣：《G20发展普惠金融的政策框架》，《中国农村金融》2015年第7期。

者保护放在了重要位置。

二、中国普惠金融政策演进框架

我国的普惠金融随着社会经济的发展而得到持续深化发展,纵观我国普惠金融的发展历程,从新生的不完善到扶贫贴息贷款,到如今商业化运作,呈现出不断发展壮大的趋势。20世纪80年代,国际援助组织对我国实施的相关扶贫项目给予了一系列的配套贷款举措,这被认为是我国普惠金融的雏形。随着我国经济实力的提升,金融业也得到了不断发展,普惠金融理念越来越得到国家领导人和民众的认同。我国作为世界上人口众多的发展中大国,由于人口及各地经济发展的差异,不同区域的经济金融业发展呈现出很不平衡的趋势。基于此社会大背景,国家层面出台的普惠金融发展规划和相关政策措施对于促进我国普惠金融均衡发展起着至关重要的作用。回顾我国普惠金融的发展历程,政府相继出台了《推进普惠金融发展规划(2016—2020年)》、党的十九大报告中的普惠金融举措、2017年中央经济工作会议中的普惠金融举措、2018年《政府工作报告》中的普惠金融举措等一系列政策体系,在政府部门的监管、配套措施的不断与时俱进和金融工作者的努力之下,我国普惠金融得到了很好的发展,配套政策体系也不断得到创新和完善,正在稳步朝着金融高质量发展目标前进。

(一)《推进普惠金融发展规划(2016—2020年)》

2015年12月31日,国务院印发了《推进普惠金融发展规划(2016—2020年)》(以下简称《规划》)[①],《规划》的发布标志着我国普惠金融发展迈向了一个新的里程碑,也寓意着我国国家层面普惠金融发展战略的初步形成。《规划》主要从总体思路、健全多元化广覆盖的机构体系、创新金融产品和金融服务手段、加快推进金融基础设施建设、完善普惠金融法律法规体系、发挥政策引导和激励作用、加强普惠金融教育与金融消费者权益保护、组织保障和推进实施八个方面对我国普惠金融发展事业作出国家层面的顶层设计,较为全面地阐述了我国普惠金融发展的总体思路和未来发展规划。《规划》的主要内容如表2-9所示。

---

① 《国务院关于印发推进普惠金融发展规划(2016—2020年)的通知》,据中华人民共和国中央政府网:http://www.gov.cn/zhengce/content/2016-01/15/content_10602.htm。

表 2-9　《推进普惠金融发展规划（2016—2020 年）》主要内容

类别	具体内容
基本原则	（1）健全机制、持续发展 （2）机会平等、惠及民生 （3）市场主导、政府引导 （4）防范风险、推进创新 （5）统筹规划、因地制宜
总体目标	到2020年，建立与全面建成小康社会相适应的普惠金融服务和保障体系，有效提高金融服务可得性，明显增强人民群众对金融服务的获得感，显著提升金融服务满意度，满足人民群众日益增长的金融服务需求，特别是要让小微企业、农民、城镇低收入人群、贫困人群和残疾人、老年人等及时获取价格合理、便捷安全的金融服务，使我国普惠金融发展水平居于国际中上游水平。全面提高金融服务覆盖率、可得性和满意度
金融机构体系	（1）发挥各类银行机构的作用 （2）规范发展各类新型机构 （3）积极发挥保险公司保障优势
金融产品和服务手段	（1）鼓励金融机构创新产品和服务方式 （2）提升金融机构科技运用水平 （3）发挥互联网促进普惠金融发展的有益作用
金融基础设施建设	（1）推进农村支付环境建设 （2）建立健全普惠金融信用信息体系 （3）建立普惠金融统计体系
普惠金融法律法规体系	（1）加快建立发展普惠金融基本制度 （2）确立各类普惠金融服务主体法律规范 （3）健全普惠金融消费者权益保护法律体系
政策引导和激励作用	（1）完善货币信贷政策 （2）健全金融监管差异化激励机制 （3）发挥财税政策作用 （4）强化地方配套支持，包括贴息、补贴、奖励等
普惠金融教育与金融消费者权益保护	（1）加强金融知识普及教育 （2）培育公众金融风险意识 （3）加大金融消费者权益保护力度 （4）强化普惠金融宣传
组织保障和推进实施	（1）加强组织保障 （2）开展试点示范 （3）加强国际交流 （4）实施专项工程 （5）健全监测评估

作为新时期我国普惠金融发展的纲领性文件，《规划》具有以下突出特点：

第一，从国家发展战略全局的高度设定了我国普惠金融未来发展的总体目标。依据

《规划》的相关要求，我国普惠金融发展的总体目标是：到2020年，建立与全面建成小康社会相适应的普惠金融服务和保障体系，有效提高金融服务可得性，明显增强人民群众对金融服务的获得感，显著提升金融服务满意度，满足人民群众日益增长的金融服务需求，特别是要让小微企业、农民、城镇低收入人群、贫困人群和残疾人、老年人等及时获取价格合适、便捷安全的金融服务，使我国普惠金融发展水平居于国际中上游水平。《规划》还细化了金融指标三大维度的工作目标，分别从金融服务覆盖率、金融服务可得性、金融服务满意度方面提出了具体目标。

第二，明确了不同类型金融机构的定位。《规划》分别就银行金融机构、新型金融机构、保险公司等不同类型的金融机构在普惠金融发展中所起到的作用进行了明确界定，强调要充分调动、发挥传统金融机构和新型业态主体的积极性、能动性。

第三，强调要重点抓小微企业融资产品的创新，建立小微企业信用保证保险基金，特别强调了互联网等现代信息技术手段在金融产品和服务创新中的重要性，积极鼓励金融机构通过运用现代信息技术手段识别客户风险、降低金融交易成本、延伸服务半径等多种措施不断拓展普惠金融服务的广度和深度。

第四，强调做好金融基础设施工作，积极发挥金融基础设施对于推动金融领域发展的作用。金融基础设施在提高金融机构运行效率和服务质量方面具有重要支柱功能，金融基础设施的完备有助于进一步改善普惠金融发展环境。《规划》明确，要建立健全普惠金融信用信息体系，通过建立完备的信用信息共享平台为普惠金融的信用评价和风险管理提供强大的基础数据支撑。此外，《规划》还特别强调了农村支付环境建设和制定普惠金融统计体系的重要性。

第五，完善法律法规体系，依法推进普惠金融业务发展。《规划》特别强调法律法规体系对于推进普惠金融发展的重要性，要求相关部门积极建立健全普惠金融法律制度，夯实普惠金融发展法律制度保障。《规划》还强调要将普惠金融发展与农村土地改革高度结合起来，积极完善土地经营权、宅基地使用权、技术专利权、设备财产使用权和场地使用权等财产权益的确权、登记、颁证、流转机制。

第六，强调消费者权益保护的重要性。在消费者权益保护方面，《规划》从普及金融知识、增强金融机构和国家机构的金融风险意识、加强金融消费者权益保护监督检查、强化普惠金融宣传等角度进行了规定，为加强金融消费者权益保护明确了发展方向。

第七，明确政府在推进普惠金融发展中的重大职责。《规划》明确强调，要坚持"市场主导、政府引导"，积极贯彻落实"正确处理政府与市场的关系，尊重市场规律，使市场在金融资源配置中发挥决定性作用，更好发挥政府的积极引导作用"，政府要当好普惠金融发展的监督者和引导者，切实做好本职工作，为普惠金融发展提供良好的发展环境和坚实的政策保障。①

（二）党的十九大报告中的普惠金融

党的十九大报告中没有对我国的普惠金融发展单独提出战略布局，而是将其与脱贫攻坚战、乡村振兴战略等国家重大战略结合在一起统筹推进。主要体现在以下三个方面：

一是积极推动全球经济向普惠方向发展。党的十九大报告明确指出，我国的发展要积极融入全球发展之中，扩大我国对外开放的大门，在经济工作中要坚持"同舟共济，促进贸易和投资自由化便利化，推动经济全球化朝着更加开放、包容、普惠、平衡、共赢的方向发展"，尤其是要把普惠金融作为推动经济全球化发展的一个主攻方向。

二是实施乡村振兴战略。党的十九大报告指出，乡村振兴战略作为我国"三农"发展的重大战略，对于人民事业和国家事业具有极大的影响。可以说，大力推进乡村振兴战略就是在推进我国普惠金融的高质量发展，乡村振兴战略与普惠金融发展呈现出高度的契合，一方面，乡村振兴战略离不开金融体系的支撑保障，运行良好的农村普惠金融体系能够为乡村振兴战略提供强大的资金支撑，优化资源配置效率；另一方面，乡村振兴战略为普惠金融实现高质量发展提供了一个重要契机，特别是农村土地制度改革、农村集体产权制度改革等改革举措能够为农村普惠金融发展提供基础性制度支撑，有效改善农村普惠金融体系建设中普遍存在的信息不对称等情况，拓展普惠金融体系的覆盖面。

三是落实精准扶贫工作，坚决打赢脱贫攻坚战。党的十九大报告指出，扶贫工作要坚持精准扶贫、精准脱贫，深入实施东西部扶贫协同合作，重点攻克深度贫困地区脱贫任务，确保到2020年我国现行标准下农村贫困人口实现脱贫，贫困县全部摘帽，解决区域性整体贫困，做到脱真贫、真脱贫。结合我国普惠金融发展状况，脱贫攻坚战与普

---

① 辽信：《〈推进普惠金融发展规划（2016—2020年）〉解读》，《共产党员》2016年第20期。

惠金融体系建设同样高度契合，普惠金融体系建设能够为脱贫攻坚战提供金融支持，同时脱贫攻坚战的开展有助于进一步扩大我国普惠金融体系的覆盖范围，推进我国普惠金融体系向纵深发展。

（三）2018年《政府工作报告》中的普惠金融

2018年全国两会公布的《政府工作报告》从具体举措层面对我国普惠金融发展作出了更具时代性的统筹部署，提出了一系列更具有针对性的政策措施。

一是加大精准脱贫力度，坚决打好脱贫攻坚战。在提出精准扶贫目标基础上，《政府工作报告》要求各地进一步强化对深度贫困地区的扶持工作，综合利用好增加中央财政对扶贫领域的财政投入、加强转移支付向深度贫困地区倾斜、加强扶贫资金整合和绩效管理等各项举措。在这一过程中，普惠金融体系要积极发挥其在提高资金配置效率方面的重要作用。

二是采取积极的财政政策。增强中西部地区等经济较为贫困落后地区的地方财政支持，优化财政支出结构，增强财政支出的公共性、普惠性特征，加大对三大攻坚战的财政资金支持，促使财政资金更多向创新驱动、"三农"、民生等领域倾斜。

三是保持稳健中性的货币政策。金融机构要做好疏通货币政策传导渠道工作，发挥其金融功能多渠道优势，利用好差别化准备金、差异化信贷等金融政策工具，引导资金更多地投向小微企业、"三农"和贫困地区，更好地服务于实体经济发展。

四是加快金融体制改革。《政府工作报告》明确表示，我国金融服务体系要进一步改革完善，相关政府部门应多举措扶持金融机构向普惠金融业务扩展，规范发展地方性中小金融机构，着力解决小微企业发展中遇到的融资难、融资贵的突出问题。

（四）《中国普惠金融指标体系》

2016年二十国集团（G20）在杭州召开G20峰会并首次公开发布了《G20普惠金融指标体系》，该指标体系一共涵盖了金融服务使用情况、可得性和质量3个维度、19类、35项指标。2016年底，中国人民银行颁布了《中国普惠金融指标体系》，从量化的角度更为精准地对普惠金融指标体系作出一系列创新和调整，对于评估全国和各地区普惠金融发展水平发挥了极大的指导作用，同时也有益于我国普惠金融评价与国际标准接轨。《中国普惠金融指标体系》的出台标志着我国普惠金融指标发展又迈出了一大步，有利于针对性地推动普惠金融实现高质量发展，《中国普惠金融指标体系》主要内容如表2-10、表2-11、表2-12所示。

表2-10 《中国普惠金融指标体系》使用情况指标

指标	内容
账户和银行卡	人均银行结算账户
	人均银行卡
	人均信用卡
	企业法人单位银行结算账户
	银行卡人均交易笔数
	活跃使用账户成年人数
电子支付	使用电子支付成年人的比例
	非现金支付
	银行业金融机构网上支付业务
	银行业金融机构移动支付业务
	农村网银开通数
	农村网银支付
	农村手机银行开通数
	农村手机银行支付
个人投资理财	购买投资理财产品人数
个人信贷	人均个人未偿还贷款笔数
	获得过银行贷款成年人的比例
	在银行以外机构、平台获得借款成年人数
	人均个人消费贷款余额
普惠小微贷款	普惠领域小微企业贷款余额及占比
民生信贷	创业担保贷款余额及占比
	助学贷款余额及占比
农户生产经营贷款	农户生产经营贷款余额及占比
建档立卡贫困户人口贷款	建档立卡贫困人口及已脱贫人口贷款余额及占比
保险	保险密度
	保险深度

表 2-11　　　　　　　　　　《中国普惠金融指标体系》可得性指标

指标	内容
银行网点可得性	银行网点乡镇覆盖率
	每万人拥有的银行网点数
具有融资功能非金融机构可得性	每万人拥有具有融资功能的非金融机构数
ATM、POS机具可得性	每万人拥有的ATM机具数
	每万人拥有的POS机具数
助农取款点可得性	助农取款服务点数量
	助农取款服务点数量（加载电商功能）
	助农取款服务点覆盖率
	村均助农取款服务点数量
	助农取款服务点支付业务笔数
	助农取款服务点人均支付业务笔数

表 2-12　　　　　　　　　　《中国普惠金融指标体系》质量指标

指标	内容
金融知识和金融行为	金融知识平均得分
	金融行为平均得分
金融服务投诉	中国人民银行受理金融消费者的投诉数
银行卡卡均授信额度	银行卡卡均授信额度
信用信贷情况	农户信用贷款比例
	小微企业信用贷款比例
信用建设	金融信用信息基础数据库收录的自然人数
	金融信用信息基础数据库收录的企业和其他组织数
	小微企业法人数
	农户建立信用档案数

　　从表中相关数据我们可以得知，《中国普惠金融指标体系》涵盖了金融服务的使用情况、可得性和质量3个维度，与《G20普惠金融指标体系》对比可知，我国颁布的

《中国普惠金融指标体系》充分参照借鉴了G20集团发布的《G20普惠金融指标体系》，两者具有一定的相通之处，但《中国普惠金融指标体系》高度融入符合自身社会发展状况的个体情况，结合了我国社会经济发展的状况，增添了具有中国特色的指标。通过两者的对比分析可知，我国采用了9项替代指标，放弃了7项指标，同时增设了精准扶贫信贷、民生信贷、涉农信贷等9项具有中国社会发展情况的指标。

纵观我国普惠金融发展状况，我国的普惠金融呈现出向好的发展趋势，在党和政府的正确领导与监管服务之下，朝着高质量发展前进，在借鉴国外先进科学技术与我国自主探索相结合之下，不断推进我国普惠金融领域向前发展，深化我国的普惠金融政策体系[①]。

第四节 货币及信贷政策对普惠金融的支持作用

国家战略层面的顶层设计对于普惠金融具有指导性的作用，但是除了国家层面的全局性指导和帮助外，也需要其他一系列相关的配套政策多维度促进普惠金融的发展，货币政策、信贷政策、财税政策等一系列相关政策对于普惠金融的发展同样具有极大的导向作用。在这方面，我国政府出台了许多旨在促进普惠金融发展的具体货币政策、信贷政策和财税政策。这些政策的主要目标是鼓励市场化运作，降低银行等金融机构为目标客户群体提供金融服务所负担的运营成本，吸引更多的客户群体，为人民大众提供满意的金融服务和金融产品，促进我国普惠金融高质量发展。

一、货币政策的支持作用

货币政策作为一国经济发展的重要工具，支持作用覆盖范围广、影响力度大，是我国普惠金融支持政策的重要组成部分之一。纵观我国普惠金融的发展历程，货币政策对推动普惠金融发展有积极的促进作用，总结我国出台的支持普惠金融发展的相关政策，相关的货币支持政策主要包括以下两个方面。

一是积极运用再贷款、再贴现、抵押补充贷款等货币政策工具引导资金投放。我

---

① 李建军：《中国普惠金融体系理论、发展与创新》，知识产权出版社，2014。

国主要对小微企业、"三农"、扶贫、水利等国民经济重点领域和国民经济发展薄弱环节给予了较大的资金投放。2014年3月,中国人民银行联合财政部等其他6个部门发布了《关于全面做好扶贫开发金融服务工作的指导意见》(银发〔2014〕65号),规定贫困地区将存款用作为当地扶贫贷款可以享受国家相关部门给予的激励政策,同时将贷款投入"三农"领域等符合一定条件的金融机构也可以享受相关激励政策,如果发生新增支农再贷款额度业务,允许在现行优惠支农再贷款利率的基础上再下降1个百分点。根据中国人民银行的有关数据,截至2021年末,我国涉农贷款余额达到43.2万亿元,截至2021年6月,我国扶贫再贷款余额2014亿元、支农再贷款余额4653亿元、支小再贷款余额8882亿元,这三项再贷款余额合计达到15549亿元。①

二是采取定向降准政策向普惠金融机构释放流动性。中国人民银行自2014年引入定向降准考核机制以来,积极建立健全正向激励机制,利用优惠存款准备金率这一货币工具对小微企业和"三农"领域给予较大的激励,多渠道引导商业银行优化信贷结构。2017年9月,中国人民银行发文将小微企业和"三农"领域实施的定向降准政策拓展为统一对普惠金融领域贷款实施定向降准政策,同时还明确规定,对国有商业银行、股份制商业银行、城市商业银行、非县域农村商业银行和外资银行等金融机构实施普惠金融领域贷款实施定向降准政策考核。

二、信贷政策的支持作用

信贷政策是指国家一定时期制定的经济政策在信贷资金供应方面的体现,主要是由贷款供应政策和贷款利率政策两部分构成。我国发布的一系列信贷政策中,涉及普惠金融领域的主要体现在小微企业、脱贫攻坚、乡村振兴战略、"三农"领域等重点服务战略上。本小节主要梳理2012—2022年我国相关政府部门发布的有关小微企业和"三农"领域两大普惠金融体系重点服务对象的一系列政策,具体内容如表2-13、表2-14所示。②

---

① 《2021年第二季度中国货币政策执行报告》,据中华人民共和国中央政府网:http://www.gov.cn/xinwen/2021-08/10/content_5630436.htm。
② 《货币政策》,据中国人民银行官网:http://www.pbc.gov.cn/rmyh/105145/index.html。

表 2-13　　我国小微企业重大信贷政策汇总

时间	政策文件名称	主要内容
2014年3月	《中国银监会关于2014年小微企业金融服务工作的指导意见》（银监发〔2014〕7号）	(1) 力争2014年实现"两个不低于"目标：小微企业贷款增速不低于各项贷款平均增速，增量不低于上年同期水平； (2) 适当提高小微企业不良贷款容忍度。小微贷款不良率高出自身各项贷款不良率年度目标2个百分点以内的、高出辖内各项贷款不良率2个百分点以内的，在内部考核中均不构成扣分因素； (3) 继续推进小微企业专营机构和特色支行建设； (4) 落实"七不准""四公开"等收费规范要求，对小微企业减费让利； (5) 探索设立小微企业担保风险补偿基金，对加入再担保体系的融资性担保机构发生的小微企业融资性担保代偿损失，优先予以风险补偿，支持银行业金融机构积极开展银担合作业务
2014年3月	《关于开办支小再贷款支持扩大小微企业信贷投放的通知》（银发〔2014〕90号）	在信贷政策支持再贷款类别下创设支小再贷款，专门用于支持金融机构扩大小微企业信贷投放，同时下达全国支小再贷款额度共500亿元
2015年3月	《中国银监会关于2015年小微企业金融服务工作的指导意见》（银监发〔2015〕8号）	(1) 努力实现"三个不低于"，从增速、户数、申贷获得率三个维度更全面地考查小微企业贷款增长情况； (2) 内部考核上，小微企业贷款不良率高出全行各项贷款不良率年度目标2个百分点以内（含）的，不作为银行内部对小微企业业务主办部门考核评价的扣分因素； (3) 创新小微企业贷款还款方式，并结合金融系统深化改革和大数据等网络信息技术广泛应用的新趋势，加强产品、服务和渠道创新； (4) 加强贷款资金流向的监测管理和重点风险的识别、防控； (5) 及时清理收费项目和各类融资"通道"业务，对诚实守信、经营稳健的优质小微企业减费让利
2018年6月	《中国人民银行办公厅关于加大再贷款再贴现支持力度 引导金融机构增加小微企业信贷投放的通知》（银办发〔2018〕110号）	进一步完善信贷政策支持再贷款、再贴现管理，将不低于AA级的小微企业、绿色和"三农"金融债、不低于AA级的公司信用类债券纳入信贷政策支持再贷款和常备借贷便利（SLF）担保品范围。同时增加再贷款和再贴现额度1500亿元，支持金融机构扩大小微信贷投放
2020年12月	《中国人民银行 银保监会 财政部 发展改革委 工业和信息化部关于继续实施普惠小微企业贷款延期还本付息政策和普惠小微企业信用贷款支持政策有关事宜的通知》（银发〔2020〕324号）	(1) 普惠小微企业贷款延期还本付息和普惠小微企业信用贷款支持政策延期至2021年3月31日； (2) 对于2021年1月1日至3月31日期间到期的普惠小微企业贷款，按市场化原则"应延尽延"，由银行和企业自主协商确定，继续实施阶段性延期还本付息
2021年3月	《中国人民银行 银保监会 财政部 发展改革委 工业和信息化部关于进一步延长普惠小微企业贷款延期还本付息政策和信用贷款支持政策实施期限有关事宜的通知》（银发〔2021〕81号）	将普惠小微企业贷款延期还本付息政策和普惠小微企业信用贷款支持政策的实施期限进一步延长至2021年底

续表

时间	政策文件名称	主要内容
2022年4月	《中国银保监会办公厅关于2022年进一步强化金融支持小微企业发展工作的通知》（银保监办发〔2022〕37号）	(1) 坚持稳中求进，持续改进小微企业金融供给； (2) 深化供给侧结构性改革，提高信贷资源配置效能； (3) 强化对重点领域和薄弱环节小微企业的金融支持，助力畅通国民经济循环； (4) 做实服务小微企业的专业机制，提升综合金融服务能力； (5) 推动加强信用信息共享应用，促进小微企业融资； (6) 监管靠前担当作为，凝聚合力强化支持保障

表 2-14　　　　　　　　　我国"三农"工作重大信贷政策汇总

时间	政策文件名称	主要内容
2012年3月	《中国人民银行关于管好用好支农再贷款 支持扩大"三农"信贷投放的通知》（银发〔2012〕58号）	安排增加支农再贷款100亿元，支持春耕备耕；要求人民银行各级分支行牢固树立金融服务实体经济的指导思想，管好用好支农再贷款，支持扩大涉农信贷投放
2013年2月	《中国银监会办公厅关于做好2013年农村金融服务工作的通知》（银监办发〔2013〕51号）	(1) 确保涉农贷款增速不低于各项贷款平均增速，实现涉农信贷总量持续增加； (2) 稳步推进农村信用社转制为农村商业银行，深化"三农金融事业部"改革试点； (3) 探索扩大农户、农民专业合作社和龙头企业等借款人可用于担保的财产范围； (4) 创新小城镇系列信贷产品，设计符合小城镇建设的金融服务产品； (5) 推进农村中小金融机构实施"金融服务进村入社区""阳光信贷"和"富民惠农金融创新"三大工程
2014年3月	《关于全面做好扶贫开发金融服务工作的指导意见》（银发〔2014〕65号）	有关部门要切实加强协作，合理配置金融资源，创新金融产品和服务，完善金融基础设施，优化金融生态环境，积极发展农村普惠金融，着力支持贫困地区经济社会持续健康发展和贫困人口脱贫致富
2014年12月	《关于完善信贷政策支持再贷款管理政策支持扩大"三农"、小微企业信贷投放的通知》（银发〔2014〕396号）	调整信贷政策支持再贷款发放条件，下调支农、支小再贷款利率，明确量化标准，对信贷政策支持再贷款业务管理进行全面规范完善
2015年2月	《中国银监会办公厅关于做好2015年农村金融服务工作的通知》（银发〔2015〕30号）	(1) 实施差别化信贷政策，扩大"三农"专项金融债发行规模，努力实现涉农贷款增速高于全部贷款平均水平； (2) 深化农业银行三农金融事业部改革，试点范围覆盖全部县域支行；深化农村信用社改革； (3) 丰富农村金融服务主体，稳步培育发展村镇银行，大力发展政府支持的融资担保机构和再担保机构； (4) 推动业务产品创新，探索扩大抵押品范围
2016年4月	《中国银监会关于银行业金融机构积极投入脱贫攻坚战的指导意见》（银监发〔2016〕9号）	(1) 设立专门扶贫开发金融服务工作部门； (2) 对符合条件建档立卡贫困户的有效贷款需求实现扶贫小额信贷全覆盖，力争实现贫困地区各项贷款增速高于所在省（区、市）当年各项贷款平均增速，贫困户贷款增速高于农户贷款平均增速； (3) 发挥政策性金融和商业性金融的互补作用；

续表

时间	政策文件名称	主要内容
2016年4月	《中国银监会关于银行业金融机构积极投入脱贫攻坚战的指导意见》（银监发〔2016〕9号）	(4) 完善贫困户贷款管理政策。拓展扶贫小额信贷适用范围，对符合条件的贷款，采取信用贷款方式，不设抵押担保门槛；完善生源地助学贷款政策，学生在读期间利息全部由财政补贴；对于贫困户确系由于自然灾害、气候、市场变化等原因导致无法归还贷款的，可予贷款展期或适当延长还款期限； (5) 设定信贷资金配套比例； (6) 鼓励地方政府和扶贫开发部门通过财政资金投入建立扶贫贷款的担保、风险分散和补偿机制； (7) 强化差异化监管政策； (8) 拓展政银担、政银保合作广度和深度
2018年10月	《中国人民银行关于加大支小再贷款再贴现支持力度 引导金融机构增加小微企业和民营企业信贷投放的通知》（银发〔2018〕259号）	增加再贷款和再贴现额度1500亿元，支持金融机构扩大对小微、民营企业的信贷投放
2021年6月	《中国人民银行 银保监会 证监会 财政部 农业农村部 乡村振兴局关于金融支持巩固拓展脱贫攻坚成果全面推进乡村振兴的意见》（银发〔2021〕171号）	(1) 加大对重点领域的金融资源投入。巩固拓展脱贫攻坚成果，加大对国家乡村振兴重点帮扶县的金融资源倾斜，强化对粮食等重要农产品的融资保障； (2) 丰富服务乡村振兴的金融产品体系。大力开展小额信用贷款、创新开展产业带动贷款、开发新型农业经营主体贷款产品等途径齐发力； (3) 提升银行业金融机构服务能力； (4) 持续完善农村基础金融服务； (5) 强化对银行业金融机构的激励约束
2022年3月	《中国人民银行关于做好2022年金融支持全面推进乡村振兴重点工作的意见》（银发〔2022〕74号）	(1) 全力做好粮食生产和重要农产品供给金融服务； (2) 加大现代农业基础支撑金融资源投入； (3) 强化对乡村产业可持续发展的金融支持； (4) 稳步提高乡村建设金融服务水平； (5) 持续推动金融支持巩固拓展脱贫攻坚成果； (6) 提升金融机构服务乡村振兴能力
2022年4月	《中国银保监会办公厅关于2022年银行业保险业服务全面推进乡村振兴重点工作的通知》（银保监办发〔2022〕35号）	(1) 加大涉农信贷投放力度。各银行机构要继续单列涉农和普惠型涉农信贷计划，努力实现同口径涉农贷款余额持续增长，完成差异化普惠型涉农贷款增速目标； (2) 优化涉农金融供给体制机制。银行保险机构要把服务乡村振兴与自身发展战略相结合，政策性银行要结合自身职能定位，细化明确服务乡村振兴的业务范围和边界，强化对农业产业发展、农业农村基础设施建设的信贷支持，加大转贷款支持乡村振兴力度； (3) 探索创新金融支持乡村建设方式。银行机构要强化乡村建设中长期信贷投入，加大乡村基础设施、民生工程等领域金融支持，助力提高农村公共服务供给水平； (4) 加强新型农业经营主体金融服务。积极发展面向新型农业经营主体的首贷、信用贷； (5) 提高进城农民金融服务水平。银行保险机构要重视做好进城农民等新市民金融服务，围绕进城农民在创业、就业、住房、教育、医疗、养老等方面的金融需求，加大信贷投放力度和保险保障力度

第五节　财税政策对普惠金融的支持作用

一、财政政策对普惠金融的支持分析

财政政策作为一个国家财政部门制定的政策，在促进积极发展、引导相关领域发展方向具有极大的促进作用。普惠金融领域作为我国经济发展的重要一域，财政部在党和政府的领导之下，结合社会发展状况，出台了一系列相关政策，为普惠金融发展奠定坚实的财政基础。具有重大战略意义的财政政策文件主要有《普惠金融发展专项资金管理办法》《关于实施中央财政支持普惠金融发展示范区奖补政策的通知》等。

（一）《普惠金融发展专项资金管理办法》

为了贯彻落实好党中央、国务院印发的《推进普惠金融发展规划（2016—2020年）》指示精神，积极发挥好财政政策大力支持我国普惠金融发展的作用，加强普惠金融发展专项资金的管理工作，全面提升我国普惠金融专项财政资金使用效益，财政部于2016年9月发布了《普惠金融发展专项资金管理办法》（以下简称《办法》）[①]。之后随着我国经济的发展，为了更好地适应我国普惠金融的发展需求，财政部于2019年9月发布新版《普惠金融发展专项资金管理办法》，废止实施2016年版的《办法》。

2019年新《办法》从创业担保贷款贴息及奖励补助政策、财政支持深化民营企业和小微企业、金融服务综合改革试点奖励政策、农村金融机构定向费用补贴政策、资金分配和拨付、预算监管和绩效管理等方面对普惠金融发展专项资金作出相关规定，综合运用贷款贴息、以奖代补、费用补贴等各种方式引导地方各级政府、金融机构大力支持普惠金融发展，弥补市场失灵，多渠道保障农民、低收入人群、残疾人等普惠金融重点服务对象的基础金融服务可得性和适用性。

一是实施创业担保贷款贴息及奖励补助政策，对符合条件的个人和小微企业给予财政贴息补助支持。对专项资金贴息的个人创业担保贷款业务给予最高贷款额度为15万元，贷款期限最长不超过3年，贷款利率可在贷款合同签订日贷款基础利率的基础上上浮一定幅度等优惠性规定；对于专项资金贴息的小微企业创业担保贷款业务，贷款额度由经办银行依据相关条件合理确定，但最高额度不得超过300万元，贷款期限最长不超

[①] 《财政部关于修订发布〈普惠金融发展专项资金管理办法〉的通知》，据中华人民共和国中央人民政府网：http://www.gov.cn/gongbao/content/2020/content_5480495.htm。

过2年，贷款利率由经办银行依据借款人的经营状况、信用情况等各项条件与借款人协商确定。

二是对民营企业和小微企业争创金融服务综合改革试点城市的奖励政策。新《办法》规定，中央财政每年将拨出一定的资金对东部、中部、西部地区的试点城市给予资金方面的奖励，奖励标准划分为三个档次，分别为3000万元、4000万元、5000万元。奖励资金由被奖励城市依据自身普惠金融发展状况自行分配，可用于地区民营企业和小微企业信贷风险补偿，也可用于补充试点城市政府性融资担保机构资金。

三是对农村金融机构实施定向费用的补贴政策。财政部将依据管理办法对符合规定条件的新型农村金融机构给予费用补贴，补贴的标准参照不超过其当年贷款平均余额的2%核定。

（二）《关于实施中央财政支持普惠金融发展示范区奖补政策的通知》

2021年11月，为了贯彻落实党中央、国务院关于发展普惠金融和支持小微企业、"三农"融资发展的重大决策战略部署，财政部、中国人民银行、银保监会联合发布了《关于实施中央财政支持普惠金融发展示范区奖补政策的通知》[①]，规定将于2022年起组织实施中央财政支持普惠金融发展示范区奖补政策，对符合条件的地区给予普惠金融发展奖励补贴，具体奖励如表2-15所示。

表2-15　　　　中央财政对普惠金融发展示范区奖励标准

地区	第一档奖补资金（绩效系数2）	第二档奖补资金（绩效系数1.5）	第三档奖补资金（绩效系数1）
东部地区	6000万元	4500万元	3000万元
中西部、东北地区	1亿元	7500万元	5000万元
计划单列市	3000万元		

从表中可知，中央财政采取与绩效挂钩的方式分档次对被评为普惠金融发展示范区的地区予以财政奖补。奖补的基准依据地区的不同划分了三个等级，东部地区每省每年3000万元，中西部和东北地区每省每年5000万元，对应的绩效系数为2、1.5、1；计划单列市的奖补资金为每年3000万元。

---

① 《关于实施中央财政支持普惠金融发展示范区奖补政策的通知》，据中华人民共和国中央人民政府网：http://www.gov.cn/zhengce/zhengceku/2021-11/16/content_5651283.htm。

财政部对普惠金融发展示范区给予财政奖励这一举措是我国立足新发展阶段、贯彻新发展理念、构建新发展格局、大力推动我国普惠金融高质量发展的一大资金激励举措，这一举措有利于更好地发挥财政资金的引导激励作用，支持地方政府因地制宜打造具有地方发展特色的普惠金融发展示范区，增强金融普惠性，推动我国普惠金融实现高质量发展。

二、税收政策对普惠金融的支持分析

除了财政政策以外，税务总局也出台了一系列税收优惠政策促进我国普惠金融的发展。从税种角度分析，税务部门对于普惠金融领域给予的优惠政策主要集中于增值税、企业所得税、房产税、印花税等税种上；从优惠类型上看，主要有以下两种类型，一是对银行等金融机构开展普惠金融业务所取得应税收入给予优惠政策，二是对其在开展金融业务活动时所产生的损失准予在计算应按税额时进行扣除。同财政政策一样，税收政策的优惠主体也主要集中于小微企业、乡村振兴、脱贫攻坚、农村金融四大民生板块，相关税收优惠政策如表2-16、表2-17所示。

表2-16　　　　　　　　　　普惠金融有关税收优惠政策

政策文件名称	主要内容
《财政部 税务总局关于延续支持农村金融发展有关税收政策的通知》（财税〔2017〕44号）	（1）自2017年1月1日至2019年12月31日，对金融机构农户小额贷款的利息收入，免征增值税； （2）自2017年1月1日至2019年12月31日，对金融机构农户小额贷款的利息收入，在计算应纳税所得额时，按90%计入收入总额； （3）自2017年1月1日至2019年12月31日，对保险公司为种植业、养殖业提供保险业务取得的保费收入，在计算应纳税所得额时，按90%计入收入总额
《财政部 税务总局关于小额贷款公司有关税收政策的通知》（财税〔2017〕48号）	（1）自2017年1月1日至2019年12月31日，对经省级金融管理部门（金融办、局等）批准成立的小额贷款公司取得的农户小额贷款利息收入，免征增值税； （2）自2017年1月1日至2019年12月31日，对经省级金融管理部门（金融办、局等）批准成立的小额贷款公司取得的农户小额贷款利息收入，在计算应纳税所得额时，按90%计入收入总额； （3）自2017年1月1日至2019年12月31日，对经省级金融管理部门（金融办、局等）批准成立的小额贷款公司按年末贷款余额的1%计提的贷款损失准备金准予在企业所得税前扣除
《财政部 税务总局关于支持小微企业融资有关税收政策的通知》（财税〔2017〕77号）	（1）自2017年12月1日至2019年12月31日，对金融机构向农户、小型企业、微型企业及个体工商户发放小额贷款取得的利息收入，免征增值税。金融机构应将相关免税证明材料留存备查，单独核算符合免税条件的小额贷款利息收入，按现行规定向主管税务机构办理纳税申报；未单独核算的，不得免征增值税； （2）自2018年1月1日至2020年12月31日，对金融机构与小型企业、微型企业签订的借款合同免征印花税

续表

政策文件名称	主要内容
《财政部 税务总局关于租入固定资产进项税额抵扣等增值税政策的通知》（财税〔2017〕90号）	自2018年1月1日至2019年12月31日，纳税人为农户、小型企业、微型企业及个体工商户借款、发行债券提供融资担保取得的担保费收入，以及为上述融资担保（以下简称"原担保"）提供再担保取得的再担保费收入，免征增值税。再担保合同对应多个原担保合同的，原担保合同应全部适用免征增值税政策
其他税费优惠政策	(1) 金融机构向小微企业及个体工商户发放小额贷款取得的利息收入免征增值税； (2) 金融机构向农户发放小额贷款取得的利息收入减计企业所得税收入； (3) 金融企业涉农和中小企业贷款损失准备金税前扣除； (4) 金融企业涉农和中小企业贷款损失税前扣除； (5) 金融机构与小微企业签订借款合同免征印花税； (6) 小额贷款公司向农户发放小额贷款取得的利息收入免征增值税； (7) 小额贷款公司向农户发放小额贷款取得的利息收入减计企业所得税收入； (8) 小额贷款公司贷款损失准备金企业所得税税前扣除； (9) 为农户及小微企业提供融资担保及再担保业务免征增值税； (10) 中小企业融资（信用）担保机构有关准备金企业所得税税前扣除； (11) 金融机构向农户发放小额贷款取得的利息收入免征增值税； (12) 农牧保险及相关技术培训业务项目免征增值税； (13) 保险公司为种植业、养殖业提供保险业务取得的保费收入减计企业所得税收入； (14) 账簿印花税减免

以上一系列税收优惠政策是税务总局为了进一步深化支持小微企业、个体工商户和农户的普惠金融服务发展所延迟或新实施的税收优惠政策，有益于进一步减轻我国小微企业、个体工商户和农户的税收负担，进而促进我国普惠金融的进一步深化发展。2020年4月，财政部、税务总局为了更好推进普惠金融高质量发展，助力减税降费减轻纳税人的税收负担，决定将上述2019年12月31日执行到期的税收优惠政策实施期限延长至2023年12月31日。①

表2-17　　　　支持脱贫攻坚、乡村振兴有关税收优惠政策

类别	具体内容
银行类金融机构贷款税收优惠	(1) 金融机构向农户发放小额贷款取得的利息收入免征增值税； (2) 金融机构向小微企业及个体工商户发放小额贷款取得的利息收入免征增值税； (3) 金融机构向农户发放小额贷款取得的利息收入减计企业所得税收入； (4) 金融企业涉农和中小企业贷款损失准备金税前扣除； (5) 金融企业涉农和中小企业贷款损失税前扣除； (6) 农村信用社等金融机构提供金融服务可选择适用简易计税方法缴纳增值税；

---

① 《财政部 税务总局关于延续实施普惠金融有关税收优惠政策的公告》，据国家税务总局网：http://www.chinatax.gov.cn/chinatax/n810341/n810825/c101434/c5149025/content.html。

续表

类别	具体内容
银行类金融机构贷款税收优惠	(7) 中国农业银行三农金融事业部涉农贷款利息收入可选择适用简易计税方法缴纳增值税； (8) 中国邮政储蓄银行三农金融事业部涉农贷款利息收入可选择适用简易计税方法缴纳增值税； (9) 金融机构与小微企业签订借款合同免征印花税
小额贷款公司贷款税收优惠	(1) 小额贷款公司向农户发放小额贷款取得的利息收入免征增值税； (2) 小额贷款公司向农户发放小额贷款取得的利息收入减计企业所得税收入； (3) 小额贷款公司贷款损失准备金企业所得税前扣除
融资担保及再担保业务税收优惠	(1) 为农户及小微企业提供融资担保及再担保业务免征增值税； (2) 中小企业融资（信用）担保机构有关准备金企业所得税前扣除
农牧保险业务税收优惠	(1) 农牧保险业务免征增值税； (2) 保险公司种植业、养殖业保险业务减计企业所得税收入； (3) 农牧业畜类保险合同免征印花税

税务总局针对小微企业的有关税收优惠政策如下：

1. 小微企业增值税期末留抵退税；

2. 符合条件的增值税小规模纳税人免征增值税；

3. 增值税小规模纳税人阶段性免征增值税；

4. 科技型中小企业研发费用企业所得税100%加计扣除；

5. 小微企业减免企业所得税；

6. 增值税小规模纳税人减征地方"六税两费"；

7. 小微企业减征地方"六税两费"；

8. 制造业中小微企业延缓缴纳部分税费；

9. 中小微企业购置设备器具按一定比例一次性税前扣除；

10. 符合条件的企业暂免征收残疾人就业保障金；

11. 符合条件的缴纳义务人免征有关政府性基金；

12. 符合条件的企业减征残疾人就业保障金；

13. 符合条件的缴纳义务人减征文化事业建设费；

14. 符合条件的增值税小规模纳税人免征文化事业建设费

第六节　普惠金融发展的驱动因素

一、普惠金融与政策性金融

政策性金融主要是指在一国政府的支持之下，相关组织机构以国家信用为基础，严格遵守国家相关法规限定的经营业务范围、经营对象这一法律基线，综合运用各种各样特殊的融资手段，以优惠性存贷利率为途径直接或者间接贯彻落实好国家经济和社会发展政策目标而进行的一种特殊性资金融通行为。总而言之，金融领域之中一切具有特定政策性倾向的存款、担保、贴现、信用保险、利息补贴等一系列资金融通行为都可以称为政策性金融。[1]

我国政策性银行在国务院的领导下，依据国家宏观经济政策和产业政策及区域发展政策，逐步完善了筹融资机制，不断加大对国家基本设施、国防建设、基础产业、公共事业、邮电通信、航空航天、新技术开发、农业生产等国家发展命脉行业的贷款支持，持续合理调整信贷结构，在一定程度上有效防范和化解了我国现今社会经济发展中潜在的一系列金融风险，促进了国民经济的高质量发展。

与财政性资金相比，政策性金融具有不同之处。政策性金融与一般的商业金融都具有融资性和有偿性这一特征。相较于财政性资金，政策性金融具有财政"无偿拨付"和金融"有偿借贷"双重特征，但二者并不是简单地相加，而是较为巧妙地融合。政策性金融还具有优惠性这一特征，主要体现在对贷款期限、存贷利率和信贷担保等方面所给予的各种优惠条件，相对于商业银行更具优惠的倾向性。

普惠金融与政策性金融相比较，在许多方面存在耦合性，二者有相通的地方，同时也存在差异。普惠金融兼顾了政策性金融的诱导性功能、政策性功能和补充性功能三大金融功能，它们具有类似的优惠利率水平、贷款期限和筹融资条件，同时又能够间接地吸引多样化的商业金融机构从事符合政策导向的放款，发挥其首倡性、引导性功能，从而对服务目标形成一种乘数效应；二者的根本性差异是运行方式，政策性金融属于典型的外生性金融，而普惠金融则属于内生性金融。总而言之，普惠金融具备政策性金融所具备的特征和优势，同时也具备政策性金融不具备的优势，在一定程度上，普惠金融更加优于政策性金融，更

---

[1] 白钦先：《政策性金融论》，《经济学家》1998年第3期。

有益于促进一国社会经济的发展，因此，政策性金融能够促进普惠金融的进一步发展。

二、普惠金融的供给与需求

（一）普惠金融的供给

普惠金融的供给主体主要是指为人民群众提供普惠金融供给服务的金融机构或者金融组织，从正规与否角度分析，主要划分为正规金融机构、非正规金融机构两种类型。

正规金融机构特指利用合法途径通过政府部门官方授权批准而成立的，并依照国家相关法律法规进行监督管理的金融机构或金融组织，我国正规金融机构主要有中国人民银行、政策性银行、商业银行、合作性金融组织及其他金融机构；非正规金融机构是指由于没有获得国家相关部门足够的金融支持，但正规金融市场又难以满足所有人的金融需要，在金融市场上形成一种无效需求，而为了满足这一部分人的金融需求而成立的。随着非正规金融机构的不断完善和发展，其逐渐走入人民大众的金融视野，成为满足人们普惠金融需求的重要来源和途径。非正规金融机构也可以细分为两种类型，第一种类型是个人和个人之间、企业与企业之间依据双方签订的相关协议进行的直接融资，以及非正规金融机构向个人和企业提供的间接融资；第二种类型主要是个人与企业之间进行的直接融资以及非正规金融机构提供的间接融资，较为常见的非正规金融机构有民间借贷、互助会、代办人等组织。将正规金融机构和非正规金融机构进行比较分析，可以发现它们各自的存在和发展都有自身的合理之处以及对方不可比拟的一些优势，但也存在许多不足之处。正规金融机构的不足之处如表2-18所示。

表 2-18　　正规金融机构的不足之处

类型	代表机构	不足之处
政策性银行	国家开发银行、中国农业发展银行、中国进出口银行	虽已涉及普惠金融业务的相关领域，但资金来源不足，且自身功能定位比较单一，业务范围较窄，对促进经济发展以及普惠金融融资的作用较弱，未能够充分地发挥好政策性金融对于促进经济发展的作用
商业性金融机构	中国农业银行、中国工商银行、中国建设银行等商业银行及股份制银行	集中、大额、共性化的管理和服务模式不能很好适应普惠金融发展的状况。现如今，其不断从西部、农村地区网点撤并致使西部和农村地区等经济欠发达地区资金流失，在一定程度上更严重恶化了这些地区的资金供求发展态势，更加强化了这些地区与经济发达地区的二元金融结构，阻碍经济的高质量发展
合作性金融机构	农村信用合作社、城市信用合作社	股权结构不合理，法人治理结构不完善，内部人控制问题较为严重；信贷品种数量较少，担保方式单一，中间业务发展缓慢；支付结算方式仍以传统结算为主；缺乏市场意识，贷款定价主观随意性大；资产质量差、财务包袱重

非正规金融机构主要有民间借贷、互助会、代办人等各种类型的金融机构。民间借贷是指自然人之间或者企业之间、企业与自然人之间依据双方签署的相关协定，贷方将一定数额的资金转借给借方，借方在双方协议约定的期限之前返还所贷的金额并支付一定利息的一种民事行为，具有信息不对称风险低、灵活方便、高效等特征。其他的非正规金融机构，例如代办人、各种信贷代理机构，它们都普遍处在较为偏僻、经济发展较为落后的农村地区，由于正规金融机构没有在这些地区设立分支机构，而为了满足人民的需要，受托从事信贷业务的个人或机构得以出现和发展。一般情况下，互助会、储金会不经过官方政府部门的认可，它们的作用类似于农村基金会。[①]

无论是正规金融机构还是非正规金融机构，都是普惠金融供给主体的重要组成部分，对提供普惠金融服务、推进普惠金融高质量发展具有重要作用，它们的存在和发展成为推动普惠金融发展的驱动因素之一，要想推进普惠金融高质量发展，对普惠金融供给主体的创新和完善不可或缺。

（二）普惠金融的需求

普惠金融的需求主体是指在一国经济市场中直接从事生产、交换、分配、消费四大经济活动的各式独立经济主体。普惠金融需求大体上主要分为三种类型，从整体上划分为资金融出需求、资金融入需求和其他金融中介服务。其中，资金融出需求又可以进一步细分为存款需求和投资需求两种较为常见的类型，投资需求主要是指人们购买国债、股票等金融产品的需求；资金融入需求是指各种经济主体向金融机构或金融组织进行资金贷款的需求。

现如今，在金融机构广泛分布于各城市和农村的社会大背景之下，普惠金融的存款需求通常都是由数量较多的正规金融机构所满足，但其他金融中介服务需求仍然占据一定的市场份额，在满足人民群众的金融消费需求中发挥着一定的作用，而贷款需求却存在比较大的缺口。资金融入需求的形式多种多样，当前主要有个人积累、职工入股、财政投入、农村政府的积累投入、政府向民间集资、外资投入等各种形式，但是一般来说它们都不能很好地取得满足自身发展需要的资金，多多少少都面临着较为巨大的资金压力，资金缺乏往往成为制约它们进一步发展的最大瓶颈因素，随着资金缺口的不断扩

---

① 杨东：《农村普惠金融发展对农户收入的影响研究》，博士学位论文，中南财经政法大学，2020。

大，融资渠道不畅、融资成本高、内源性融资内部积累发展缓慢等问题逐渐成为阻碍它们发展的重大因素。①

中国普惠金融业务发展呈现出频繁性的特征。总体而言，普惠金融资金需求每笔金额一般都比较小，而借贷活动频繁，需要不断根据普惠金融需求的特点对贷款品种和期限进行调整及创新。② 同时，普惠金融经济主体发展水平的多样化和差异性决定了普惠金融需求的多样化和层次性，经对比发现，有些普惠金融需求规模较小，金融产品和金融服务也相对落后，而有些普惠金融需求具备一定的规模，资金需求量较大，这就要求提供普惠金融服务的金融组织应该依据客户的不同需求去创造不同的普惠金融产品，进而满足大多数人的金融需求。普惠金融需求的增长对于促进普惠金融高质量发展具有一定的刺激作用，两者是一种相辅相成的关系，普惠金融需求的发展会促进普惠金融领域的全面发展，而普惠金融的发展会反过来促进普惠金融需求的提升，如此反复，形成一种良性的金融经济发展循环。

三、普惠金融的发展动因

金融作为一个国家或地区经济的核心部分，与经济发展相互影响，普惠金融的发展受到经济发展方式、政府监管、社会基本矛盾、社会发展效率等多方面的影响，只有多维度、全方位地去构造一个良好的发展环境才能够促进普惠金融的高质量发展，发挥普惠金融对于解决我国社会主要矛盾、提升社会经济发展的积极促进作用，进而形成良性的经济循环发展模式。

从金融与经济的关系分析，金融领域作为一国经济发展的重要构成部分，能够以自身特有的方式为促进经济发展服务。③ 总体而言，普惠金融的产生源自经济发展的需要，同时普惠金融又以特有的方式促进经济发展。正是基于这种双向的关系，伴随经济发展不断深入，普惠金融必须转变发展方式以适应社会经济的需要，同时不断发展变化的社会经济也要随着普惠金融服务经济的方式作出相应的改变。因此，一方面，经济的高质量发展必然要求普惠金融也不断发展创新；另一方面，普惠金融具有能动作用，能够更

---

① 邢乐成、王延江：《中小企业融资难问题研究：基于普惠金融的视角》，《理论学刊》2013年第8期。
② 刘亦文、丁李平、李毅、胡宗义：《中国普惠金融发展水平测度与经济增长效应》，《中国软科学》2018年第3期。
③ 贝多广：《普惠金融：理念、实践与发展前景》，《会议实录》2016年第25期。

好地促进和实现经济发展,服务经济与社会的健康发展。

在一国普惠金融发展的过程中,由于金融市场自身存在外部性、垄断性、信息不对称等一些突出问题,难以实现金融资源的高效配置,导致金融市场失灵的发生概率增大。在这样的情况下,就需要一个外部中介来调节。作为实行社会主义市场经济的国家,市场在资源配置中起决定性作用,对于解决普惠金融市场失灵的经济现象,需要政府发挥好"看得见的手"的作用,对普惠金融市场中出现的问题及时加以纠正和监管。与此同时,普惠金融的发展离不开国家战略政策的大力支持,以及财政政策、金融货币政策、税收优惠政策等多方面的共同作用。我国自提出普惠金融以来,无论是国家战略层面还是具体的政府部门规章,都对普惠金融发展给予了很大的政策扶持,这一系列的举措都为大力推进我国普惠金融的高质量发展贡献了应有的积极作用,成为推动我国普惠金融发展的重要因素。

第二篇

实践经验篇

第三章 普惠金融发展的国际比较

自20世纪70年代以来，现代社会的普惠金融取得长足的进步，在各个国家都掀起不同程度的波澜。随着金融快速发展和技术进步，发展中国家和发达国家对金融服务的要求不断提高，实践表明，金融的快速发展对于经济的发展具有推动作用。许多国家，如美国、英国、日本、孟加拉国、墨西哥、巴西、肯尼亚、印度尼西亚、玻利维亚、柬埔寨等，都对普惠金融进行了有益的实践探索。普惠金融的发展能够减少贫困，实现包容性社会。在大多数发展中国家，普惠金融实践往往不是由政府发起的，而是通过一些非政府组织发起而后进行传播，随后经过不断地完善，逐步形成商业化体系运转。而在发达国家中，因为低收入人群本身的特点，导致其信贷评级低下，加之自身的收入不足，很难获得相关的普惠金融服务。总结发展中国家和发达国家的普惠金融实践经验，深入剖析国际普惠金融实践的启示，对中国普惠金融体系的构建与完善具有深远的意义。

第一节 普惠金融发展的国际实践

一、美国普惠金融发展实践及特点

（一）美国社会工作介入普惠金融服务

在高度金融化和信息化的时代，普惠金融是实现可持续发展目标的关键政策工具之一。① 每个美国家庭生活的各个方面都离不开金融的支持，如银行和电子支付系统、税收、助学贷款、汽车保险等。若缺乏金融服务，会大大降低生活质量与效率，影响家庭幸福。美国人口的财富分布极为悬殊，最顶层1%的人口已超过金字塔底部90%人口的财富总和，如此巨大的贫富差距不断冲击着美国的经济。当今全球化发展，以人力资源为基础的劳动收入在降低经济不平等和减少经济风险中的作用逐渐削弱。因此，每个家庭都需要高效率的金融服务来规避风险、规避失业。美国社会工作者协会颁布的《美国社会工作者协会伦理准则》中提及的社会工作专业的使命，是以帮助群众为主导，特别是帮助弱势群体，由此提升人类的总体幸福指数，其中包括了两个方面，一是家庭的经济基本需求，二是经济基本需求得到满足后的经济福祉。② 然而，美国的很多贫困家庭并没有相应的基本金融服务。在美国，起码有四分之一的低收入家庭没有自己的银行账户，大约三分之一的贫困家庭无相应的信用记录，这就导致他们经常接触到一些高风险服务，如抵押和高利贷等。弱势群体不但缺乏金融知识，更缺乏相应的技能。不解决弱势群体的金融困难，就没办法提升人类的福祉。因此，当今金融服务与金融能力已经成为社会工作者帮助服务对象实现自身福祉无法回避的重要内容。③

美国社会工作介入普惠金融服务的认识并不是一蹴而就的，而是有历史根源，并且经过30年的思考与实践，同时也面临进一步探索与发展的挑战。早在19世纪末期，就已经出现了为弱势或贫困群体提供家庭金融的社会工作服务了，如慈善组织收集一些金融信息、鼓励节俭等行为。到了20世纪90年代，美国社会工作者谢若登发展了帮助弱势群体与贫困家庭进行资产积累的金融服务，并以社会政策形式确定下来在全球推广。④如果说尤努斯开创了在市场框架中为穷人发放小额贷款的金融服务的理念和实践，社会工作则当之无愧地开创了在社会政策的框架中为穷人积累资产的金融服务的理念和实践。⑤ 可以清楚地看到，社会工作者才是与弱势群体联系最密切的群体，他们既不是经济学家，也不是金融家，但能充分认识到社会政策对穷人的重要性，在实现美国的普惠

---

① Mahmood-ur-Rahman, "Effect of Financial Literacy on Usage of Unconventional Banking and Non-banking Financial Services across Countries," *Economics Letters*（2022）．
② 宋建华：《国有商业银行农村市场零售业务发展策略研究》，《金融纵横》2011年第8期。
③ 许宏波、谢升峰：《国外普惠制金融支持城乡统筹的经验及启示——基于美日英德的分析》，《中国商论》2015年第34期。
④ 钱宁：《资产建设理论与中国的反贫困》，《社会建设》2019年第2期。
⑤ 林典：《金融社会工作：缘起、内涵与实务》，《社会工作与管理》2019年第2期。

金融方面，社会工作者作出了突出的贡献。近10年来，美国社会工作界已经综合了先前的实践和研究，认识到弱势群体和贫困家庭不仅需要资产建设、小额贷款、信用和保险的金融服务，他们最终需要普惠包容的综合服务。这些服务应该对所有人普及，不应把弱势群体排斥在金融服务之外。金融部门有责任去实现全社会的普惠金融。美国社会工作界提倡开拓性的服务，不应被服务对象的现实条件所限制。[1]

（二）美国普惠金融的法律实践

美国是一个成熟的市场经济国家，与欠发达国家相比，它在普惠金融的发展道路上有自己的特色，最主要的特色便是坚持法治的原则，对于不断发现的新问题，通过立法去解决，从而完善普惠金融的整个运作机制。这也表明美国的普惠金融发展过程是一个遵循法治化路径的过程，《公平信用报告法》和《联邦存款保险法》在美国普惠制金融法律体系中发挥着核心作用。《社区再投资法》的应用主要针对中低收入社区的商业银行信贷服务，《公平信用报告法》的应用主要针对监管机构、金融机构和普通消费者三者的信息使用规范，而《联邦存款保险法》则是规范问题金融机构的资产处置和分配的法律。美国普惠金融法律体系基本是由这三部法律构成。[2]

二、日本普惠金融发展实践及特点

（一）日本农协以村为单位独立运营

根据市町村、都府县、中央的行政管理层级，日本农协形成了由基层农协、县级农协、中央农协三者构成的"三段制"架构（见图3-1），涵盖了日本几乎全部的农民。基层农协的特征是独立经营和独立核算，法律规定它们要为当地村民服务，除此之外的其他服务必须保持在20%以内。日本是比较典型的小农制模式，日本农协的运行模式是自上而下的，通过将分散的农户集中起来，以农民入股的方式形成利益共同体，然后向农户提供诸如低息贷款等帮助日本实现第二次世界大战后农业发展的恢复与现代化。

---

[1] 黄进、玛格丽特·谢诺登、邹莉：《普惠金融与金融能力：美国社会工作的大挑战》，《中国社会工作》2019年第2期。
[2] 王作功、王佐发、王军辉：《美国普惠金融的法律实践及其启示》，《金融理论与实践》2015年第12期。

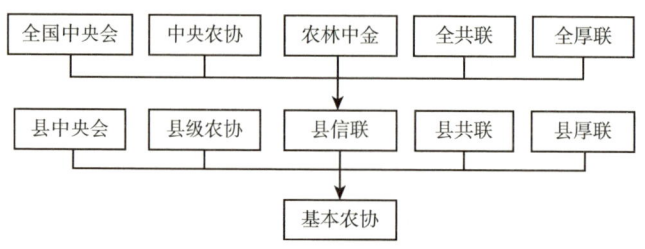

图 3-1　日本农协组织架构

资料来源：MAFF日本农林水产省。

（二）日本农协的信贷业务贡献巨大

日本各基层农协有其自身的优势，如营业网点近、工作人员上门便利、吸收存款多等，且由于农协的存款利率可以自行安排，所以农协设置的存款利率比其他银行高0.1个百分点。相应地，农户的资金也是从农协获得，农业贷款占各基层农协总额的90%以上，由于农协贷款利率有政府给予补贴，所以其平均水平比其他银行低0.1个百分点。日本农协的信贷业务一直是盈利最大的部门，各基层农协在2017年末的税前利润达7431亿日元，占总税前利润的40%，日本所有基层综合农协2017年度税前利润分布见图3-2。[①]

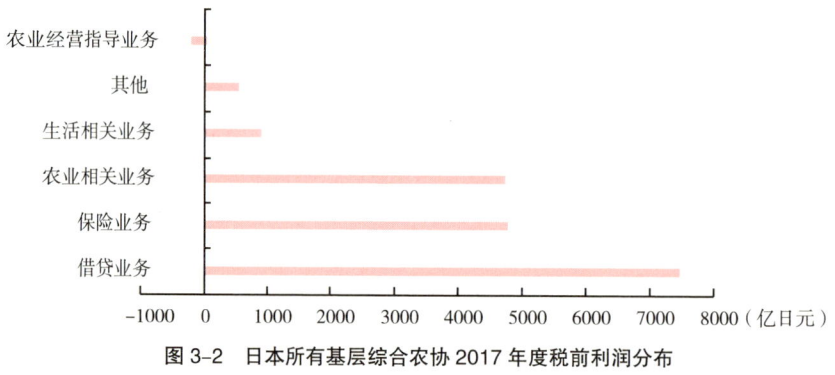

图 3-2　日本所有基层综合农协 2017 年度税前利润分布

（三）农协覆盖农村全产业链

农协涵盖了农民生产生活的方方面面，基本满足了农民的需求。农业生产上，农协为农民的生产生活资料采购、生产方面提供指导，为农产品的加工销售等提供帮助，努力帮助农民提高收入；日常生活上，农协为农户有偿解决生活必需品、住房、车辆出

---

① 杨明婉、杨静、张乐柱：《国际普惠金融模式、经验与启示——基于交易费用的视角》，《农村金融研究》2020年第2期。

行、养老服务等。农协的信用贷款也一直伴随着农户的基本生活与农业的生产过程,如农业生产经营贷款、购置生产设备贷款、住房贷款、突发事件应急贷款等。这种方式不仅为农协发放贷款提供了信用数据与市场经营情况,还可以科学规划农协的组织体系,有效化解资产风险。①

三、英国普惠金融发展实践及特点

英国付诸多项行动发展普惠金融。1997—2014年,英国不断颁布各项措施、成立多个组织,只为促进普惠金融的发展,发展历程见图3-3。1997年,工党政府成立金融排斥政策行动团队;2001年,要求普及基本银行账户;2003年,设立邮政账户进行福利支付;2004年,成立普惠金融工作组,大力推进普惠金融;2014年,成立普惠金融委员会,在推广邮政账户、降低信贷成本、实施"帮助存款"机制、扩大保险覆盖范围等方面做了大量工作,还从休眠账户中拨款5500万英镑,用于资助非营利机构启动金融普惠倡议,同时,在金融竞争加剧、信息技术和劳动力市场发展、房屋抵押贷款需求增加等市场驱动力下,越来越多的企业和个人享受到了普惠金融服务。从数据上看,1975年,超过50%的英国成年人没有自己的活期账户;1998年,这个数据下降到10%多一点;2019年,进一步下降到2%,只有100万左右的成年人没有自己的银行账户,在这些人中,有很多人对银行存在负面看法,认为银行收费昂贵,宁可使用现金,也不愿意和银行打交道。需要强调的一点是,英国普惠金融的发展是政府与市场双重力量共同作用的结果,政府主要负责提供政策支持,但并不直接向银行发放财政补贴。

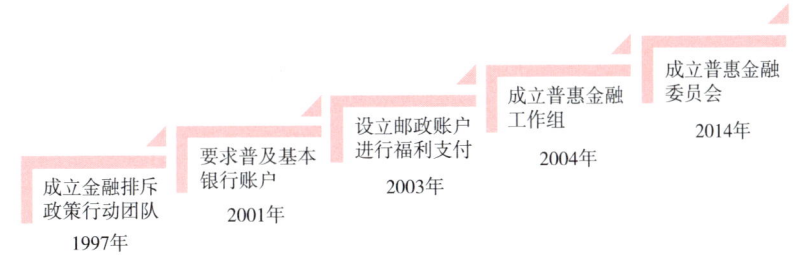

图3-3 英国普惠金融发展历程

---

① 原晓惠:《普惠金融实践的国际比较及其借鉴——基于银行服务视角》,《新金融》2020年第7期。

（一）以具体措施支持中小企业融资

1.成立英国商务银行

英国商务银行是一家独立运营的正规金融机构，由英国政府100%持股，财政拨款是其主要资金来源。英国商务银行目前主要开展三个项目：一是贷款，扶持人们就业，目前贷款余额约占总资产的10%，其风险由英国商务银行独自承担；二是融资，首先为有潜力的企业提供融资，目前约占总资产的60%，其风险由英国商务银行和合作伙伴共同承担；三是投资，帮助企业领跑市场，目前约占总资产的30%，由英国商务银行和合作伙伴共担风险。英国商务银行自成立以来，累计投放资金59亿英镑，支持中小企业超过8.2万家，其中发放贷款4.86亿英镑，支持企业超过6.25万家，单笔贷款平均7750英镑。

2.设立企业成长基金

企业成长基金隶属于投资公司的范畴，是由巴克莱银行、汇丰银行、劳埃德银行、苏格兰皇家银行和渣打银行共同出资成立的，在四个地方设立有办公室，分别是爱丁堡、伦敦、伯明翰和布里斯托，拥有雇员150名。2011年以来，基金累计投资20亿英镑，支持中小企业约289家。在第十次中英经济财金对话中，英国将企业成长基金作为一个重要的经验与中国方面展开交流，中英双方愿意展开相应合作，且可能会在中国成立企业成长基金，以此支持中小企业发展。①

（二）英国的农业和金融创新

1.农业方面

费拉科技（Fera Science）作为英国一家科研公司，在植物和蜜蜂健康、农作物保护、可持续农业、食品和饲料质量、环境化学安全等领域作出许多超前研究，为英国政府提供了专业咨询服务。昆虫（Entomics）是剑桥一家从事昆虫生物转化的创新企业，该公司在废物利用方面作出了自己的创新，首先利用农产品废弃物饲养昆虫，再用成虫作为饲料饲养家禽，或对成虫进行再加工，变废为宝、循环利用。

2.金融科技方面

英国作为一个发达国家，互联网信息技术一直处于行业前沿，大数据、人工智能、区块链技术、云计算等一直是其核心技术且广泛运用于金融服务当中。大数据金融主要有四个特征，分别是规模（Volume）、多样性（Variety）、速度（Velocity）、真实性

---

① 蒋莉莉：《慈善机构如何促进金融普惠——英国经验及启示》，《银行家》2013年第7期。

（Veracity）。英国有一个非常有趣的例子，完美展现了大数据的多样化用途：有一家P2P借贷网站叫作昌盛（Prosper），在这个网站贷款的每个人都需要写清自己的贷款原因与需求，以此来登记每个用户的信用。用大数据进行对比分析，发现一个现象，凡是写了"最低还款额""税后""更低的利率""没有债务""毕业"这几个关键词的客户，违约率都相对较低；凡是写了"上帝""医院""保证""谢谢""会还款"这几个关键词的客户，违约率都相对较高。

（三）英国的慈善机构和普惠金融

1.慈善机构的活动

英国的慈善机构有明确的组织和安排，慈善机构在运行过程中会以最优方式妥善分配资金的使用。根据以往经验，英国的慈善机构每次在作出重大投资决定之前，会对所选投资领域进行风险分析，从而保证决策的利益。对于捐赠者来说，他们仅是对弱势群体进行简单的捐助工作，如一些孤儿和受虐儿童等，但这些慈善是片面的，惠及不到方方面面。因此在实操中，"金钱指导"这类问题尤其受到关注。慈善机构对于受金融排斥群体的帮助集中在两个方面，一是货币，二是债务。当然，也有一些住房协会和扶贫慈善组织针对无家可归人群进行帮扶，这类机构不涉及产品的供给，只是提供金融问题的解答与指导。

2.慈善信托基金和基金会

慈善信托基金和基金会也是解决金融普惠问题的关键，但却面临一个根本性的问题，这个问题与银行方面遇到的问题类似，那就是总花费数额无法估量。总体上看，英国慈善基金会使信托基金和基金会获得了比银行更为广阔的资助，且在资金建议、金融教育和第三部门借款人方面形成均匀的资金分配。通常，大多数慈善信托基金和基金会在开展普惠金融活动时，都采取了在低收入者和特定的受剥削的特殊群体当中去推行普惠金融工作，包括一些慈善信托、菲尔巴恩基金会等被高度认可的具有专业水准的基金组织。

3.捐赠者和普惠金融

英国的捐赠者们通常采用英国慈善基金会的建议，英国慈善基金会对每个慈善组织的成绩进行评估与公示，在每个领域选出具有代表性的组织，英国慈善基金会官网有相关信息可供下载，捐赠者们可在官网看到较为有用的参考意见。英国慈善基金会的建议仅是参考，捐赠者还必须综合考虑组织的能力与所承担的风险性。一般来说，对于慈善机构的研究存在两种方式，第一种是按《成功资助》说明的标准执行，第二种是以英国慈善基金会评估的方法为准。虽然英国慈善基金会的推荐并不一定最权威，但有代表性，且从英国群众的关注度来看，其影响力相当广泛。英国慈善基金会的推荐会按时更新，因而分析师们也会随时去调整组织名单。

四、墨西哥普惠金融发展实践及特点

墨西哥政府扶贫的主要手段是维护金融消费者的个人权益，为金融消费者普及金融知识、防范金融风险，以及大力推进各大金融机构的透明度。2005年至今，墨西哥政府一直致力改革政策和法规。墨西哥财政与公共信贷部为了实现与前述手段的总体一致性，联合国家银行与证券委员会一起出台了两份文件，分别是《2007—2012年国家发展规划》和《2008—2012年国家发展融资计划》，这两个文件的出台对银行法规的改革起到了直接的推动作用，也使农村地区有了非金融机构的金融服务，且壮大了吸收存款机构，将小型储蓄和信用机制纳入其中，并助力其发展。

墨西哥是拉美地区的经济大国，目前是拉美的第二大经济体，2021年国内生产总值达到了1.09万亿美元，人均国内生产总值8800美元。墨西哥的金融监管部门主要由两个部门组成，分别是中央银行和财政与公共信贷部门。财政与公共信贷部门下属共有五个部门，分别是银行与证券委员会、保险与担保委员会、银行存款保护局、养老金管理委员会、保护金融消费者全国委员会，五个部门各司其职，不断推进普惠金融服务工作，详见图3-4。

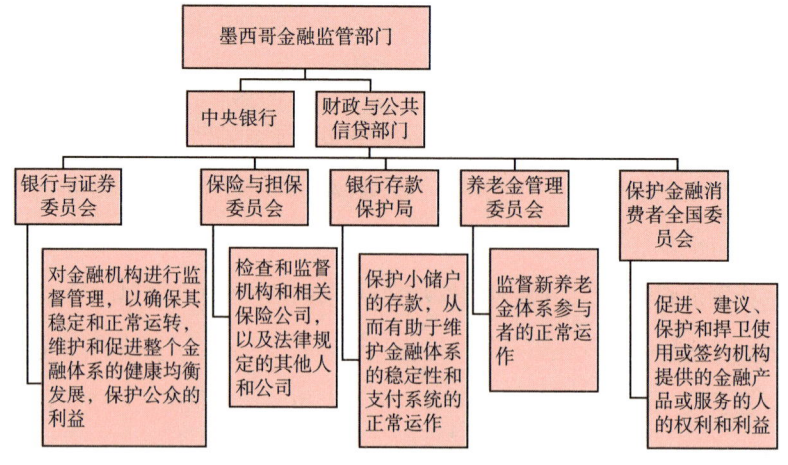

图 3-4　墨西哥金融监管部门组成

（一）重视立法规范和宏观制度建设

墨西哥普惠金融的普及在21世纪初展开。2021年，墨西哥签署《玛雅宣言》，正式作出普惠金融承诺。2012—2014年，墨西哥为了落实宣言中的目标，通过立法规范与制度建设等一系列措施对金融进行了全方位的改革，这也在一定程度上扩充了银行金融机构主体，确定了墨西哥6家政策性银行的功能定位与运行机制，修改了金融监管相关法规，完善了金融消费者权益保护的相关法律。[1]

（二）明确顶层设计和工作机制

鉴于国家战略层面的需求，墨西哥普惠金融国家委员会就此成立，由8个部门的10名代表组成管理层，执行决策。委员会制定并实施普惠金融国家规划，设定中长期目标，在联邦、州及地市三个层面制定和执行普惠金融相关政策。委员会不仅要开展金融知识方面的教育活动，还要推动普惠金融监管框架的不断更新迭代。普惠金融部是墨西哥银行与证券委员会设立的一个内部部门，其职责为不断推动普惠金融的发展。其他组织方面，墨西哥还成立了两个保护机制部门，分别是金融消费者全国委员会和国家金融扫盲委员会，这两个部门与普惠金融国家委员形成长期的合作机制。[2]

（三）健全机构体系和服务渠道

充分发挥发展性金融机构在筹资与增信方面的两大基础性功能。墨西哥发展性金融机构主要包括6家政策性银行和公共信托基金等机构。政策性银行中，国家发展银行、国家储蓄与金融服务银行致力于为小微企业和低收入群体服务，两家银行均开展了资金转贷和融资担保业务。除此之外，墨西哥还成立了其他的基金，如公共信托基金和农村发展信托基金，尤其是农村发展信托基金，专职负责农村经济的健康发展。[3]

墨西哥商业性金融机构是多层次化的。除正规商业机构外，还存在三类小型金融机构，分别是微型金融机构、社区金融机构和合作信贷与储蓄机构，这三类机构主要通过政策性银行的低成本转移贷款项目为低收入人群服务。三类机构最大的区别是服务范围不同，微型金融机构针对一般公众办理存贷款业务，社区金融机构只在农村地区开展业务，合作信贷与储蓄机构的服务对象则仅限于内部成员。此外，2008—2009年，墨西哥

---

[1] 中国人民银行成都分行课题组：《普惠金融视角下央行支付服务"三农"对策研究》，《西南金融》2017年第11期。
[2] 金梦兰：《发展中国家普惠金融实践与启示》，《社科纵横》2017年第6期。
[3] 李牧航：《国内外金融扶贫模式比较与借鉴研究》，《长春金融高等专科学校学报》2020年第5期。

修订了《信贷组织法》，这一法案保护的是服务专业领域和特定人群的利基银行的利益。

注重发展代理网点，拓宽服务渠道。2008年，墨西哥对于金融机构提供第三方服务重新立法，规定每个代理机构仅能与一家银行展开合作，并规定其业务范围及交易金额。此立法下，银行机构纷纷设置了代理点，与其他代理机构展开合作，如边远地区的便利店、加油站等。

（四）坚持聚焦薄弱领域和弱势群体

规定划分标准，帮助特定人群。例如，在企业划型标准上，按照雇员人数的10%加上销售总额的90%的权重计算法得出加总系数，并以此为划型依据。在这一标准下，墨西哥政府对于小微企业的政策扶持力度加大。

根据机构自身特点确定支持对象。例如，农业部与信托基金协同合作，为遭受自然灾害的农户提供援助，单户最高提供100万比索（合人民币约37万元）的专项补偿。墨西哥政府同时实施"国家消除饥饿计划"，在农村基层行政区提供专项贷款担保资金。经济部也与国家发展银行展开合作，服务小微企业与创业人群，为其提供贷款支持。

实时政策跟进。例如，让商业性金融机构与农村发展信托基金展开合作，共同担保贷款，银行与证券委员会允许在计算风险敞口时作一定比例的扣除，减少拨备提取，以此提升商业机构的内生动力。[①]

（五）完善普惠金融相关统计分析与金融教育工作

对普惠金融统计分析与信息披露给予高度重视。首先，建立普惠金融统计体系，银行与证券委员会建立统一的监管体系，加强监管，定期分析，准时发布年度报告。其次，银行与证券委员会同墨西哥国家统计与地理研究所展开相应的合作，开展全国性的普惠金融需求实况调查，并作出相关报告，为政府政策的制定提供支持，也为金融机构的发展提供方向。

全面普及金融知识教育。国家定期开展金融扫盲，为弱势群体提供金融帮助。国家储蓄与金融服务银行推出了一项为低收入人群提供金融教育与存贷款、保险和社会福利等项目的"繁荣计划"。[②]

---

① 周艳明、柳彪：《普惠金融的理论发展、衡量与国际经验借鉴》，《北方金融》2018年第1期。
② 李硕：《普惠金融发展的国际实践与借鉴研究》，《经济研究导刊》2019年第32期。

五、巴西普惠金融发展实践及特点

巴西是拉美经济强国，2021年巴西国内生产总值为1.61万亿美元，人均国内生产总值为7818美元。但由于近年来巴西经济不景气，经济出现了滞胀，影响了国家的发展。巴西的监管主体是国家货币理事会（NMC），由4个部门组成，分别是中央银行（BCB）、证券交易委员会（SEC）、私营保险监管局（PIS）、补助养老金秘书处（CPS）。4个金融监督部门可联合或单独监督，中央银行主要负责工作总统筹。从巴西发展普惠金融的具体举措来看，其普惠金融发展实践特征如图3-5所示。

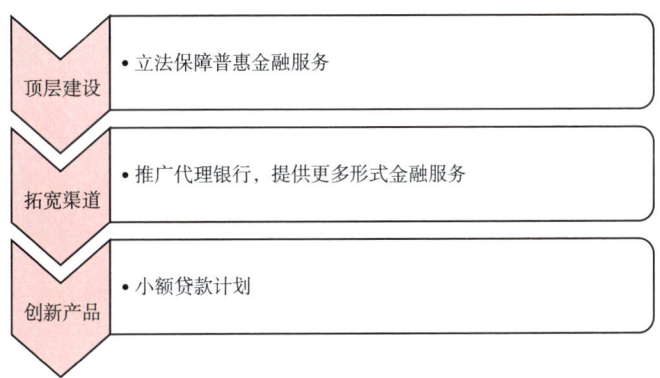

图3-5 巴西普惠金融发展实践特征

（一）注重立法建设，加强顶层设计

一是加强普惠金融服务中的法治化建设。中央银行制定了支持小微企业的发展计划。在金融服务小微企业方面，巴西法律规定了银行向小微企业提供小额贷款的利息必须为活期存款额的2%，还严格规定了信贷的操作细则，不仅要做企业贷款前的实地考察，还要实行实时贷款、还款监测。[①] 二是强化国家战略设计。2011年，巴西以10多个重要政府部门共同构建全国普惠金融委员会（PNIF），该委员会确立了三项具体目标：增强普惠金融可获得性；提高消费者的金融知识，并提高金融行业的信息透明度，促进金融消费者作出更好的金融规划；以个人和企业的具体需求制定金融服务。[②]

[①] 谢升峰、朱小梅、许宏波、王鸳凤：《普惠金融统筹城乡发展的国际经验及启示：以日韩模式与印巴模式为例》，《国家行政学院学报》2014年第4期。

[②] 李思影：《以创新推动普惠金融战略落地——谈建设银行广西区分行普惠金融战略》，《区域金融研究》2018年第12期。

(二)拓宽服务渠道,提升金融覆盖面

一是推广代理银行。自20世纪90年代起,巴西就意识到代理银行的重要推动作用,再加上监管部门也放开了设立代理银行的门槛,使代理银行的业务广泛分布。无论是零售商店,还是各类彩票销售点,只要与巴西银行金融机构签订了协议,就可以作为代理银行,提供相关的基础性金融服务。至2015年底,巴西已经拥有了15万个银行服务机构,覆盖面极广,几乎涉及了全国所有城镇。二是发展信用合作社。巴西通过发展信用合作社,为不同行业与领域的企业提供普惠金融服务,特别鼓励在农村偏远落后地区大力发展合作社,为农村合作社成员提供所必需的金融服务。截至2015年末,巴西已有40%的城市覆盖了信用合作社,合作社成员达到510万人。①

(三)改进机制体制,优化信贷服务

一是明确立法规则和服务业务。巴西通过强有力的法律形式,明确各银行必须按照活期存款余额2%的比例为小微企业和创业者提供小额信贷。这类小微企业贷款手续十分简单,不需要任何抵押或担保,且年利率也低于商业信贷利率,此措施惠及了巴西340万个小微型企业和创业者。二是借助代理公司降低服务成本。全拉丁美洲第二大国有银行是巴西联邦储蓄银行(CAIXA),该行通过设立代理公司开展小微企业信贷业务,大幅降低经营成本。该代理公司不仅有小额信贷产品,还开展小额保险、信用卡等业务以增加营业收入。

(四)创新金融产品,提升普惠程度

一是推行简化账户。2004年起,巴西监管部门开始推广账户分级制度来鼓励低收入人群使用银行账户,不仅允许个人开立简化账户,还推广免费匿名账户。二是开展小额信贷计划。设置了针对低收入人群、农民和妇女等特殊人群的信贷计划,如收入增长小额信贷计划等,这些信贷计划的信贷额度小、申请流程简单,能够有效提升特殊群体的收入水平。②

(五)普及金融教育,加强消费者保护

巴西中央银行通过与国家消费者委员会(NSC)、社会发展与消除饥饿部(MSDHA)以及财政管理学校(SFA)等部门合作,在全国范围推广"金融公民计划",旨在让每

---

① 杜光宇:《普惠金融各主体金融能力建设的实践研究》,《中国商论》2019年第10期。
② 中国银监会普惠金融工作部:《普惠金融的"墨巴"启示》,《前沿视线》2016年第10期。

个公民都可以享受到金融服务，增强公民对国家金融体系的认知，减少金融风险。监管部门一方面在消费者群体中宣传教育，普及一些基本金融知识；另一方面要求金融机构提高透明度，解决消费者和金融机构之间的信息不对称问题。

（六）设计指标体系，定期评估通报

巴西中央银行在巴西国家地理统计局（IBGE）的帮助下，与财政部、社会发展部、农业部等部门合作，设计了一套普惠金融指标体系，定期在全国范围内监测评估，持续改进调查方法和计量手段，以全面了解金融消费者的需求。巴西中央银行每年在调查分析后发布监测评估报告，以达到完善监管政策、改进机构体系和创新金融产品的目的。

六、肯尼亚普惠金融发展实践及特点

移动金融业务在撒哈拉以南非洲地区的开展极大地提高了该地区的金融服务可获得性，最具代表性的是肯尼亚M-PESA业务，这一业务为从未享受过任何银行服务的低收入者提供了高价值金融服务，这也是全球利用移动金融发展普惠金融的成功范例，下述三点是M-PESA的运营模式（见图3-6）。

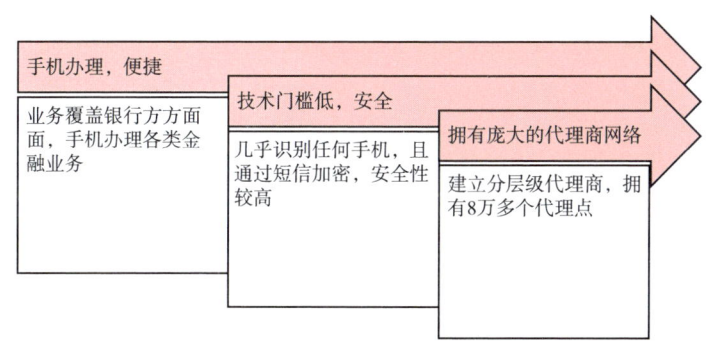

图 3-6　肯尼亚普惠金融发展特征

（一）业务完全借助电子路径办理

M-PESA业务范围覆盖传统银行，在存取款、商品支付、水电费代为支付等方面与30多家银行展开相应合作，已经实现了多重业务服务的无卡取现、在线办贷，不再依赖传统银行办理。其业务办理流程简单，客户只需携带相应证件即可在代理网点注册相关信息，随后便可办理相关的金融业务，并能充值金融货币。此外，每个用户只需发

送短信便可实现转账或者支付等金融功能，收款仅需要去代理网点凭借有关凭证换取即可。①

（二）技术门槛低且安全性高

M-PESA采用用户识别应用发展工具（STK）技术，STK技术属于全球移动通信系统（GSM）标准，几乎任何手机都能为其提供支持，故M-PESA技术门槛低。STK技术能在手机上实现数据底层加密，加密算法相对复杂，数据安全由密钥保障，其安全性得到金融、债券、电信等行业普遍认可。萨法利通信公司（Safaricom）通过STK在客户手机的用户识别（SIM）卡上设置M-PESA应用程序，用户通过手机菜单即可访问该应用程序。全部业务都通过PIN码加密的短信进行，具有很高的安全性。

（三）代理商网络庞大且高效

肯尼亚最大的移动通信运营商就是萨法利通信公司，牢牢占据着80%的市场份额。萨法利通信公司利用自己在市场中的地位，与很多大中型移动通信业务零售商达成相关协议，让其成为它的主代理商，由此一来，这些代理商自然而然就成为M-PESA的相关代理点。这种层层分级的做法很快让M-PESA代理商数量猛增。其管理的方法也相当简便，上级代理商负责下属的代理点，并为各个下属代理点提供流动资金支持，解决货币流通不畅的相关问题，并与萨法利通信公司的主机系统进行清算和结算。M-PESA代理网络迄今为止已拥有8万个以上代理点，覆盖面极广。②

七、印度尼西亚普惠金融发展实践及特点

印度尼西亚由于自身固有的文化特点，形成了完全不同的金融联结模式。印度尼西亚在现代农村金融活动实践过程中，正规的涉农金融机构与其他各类民间中介机构在金融资产运作控制方面的显著差异性，使农村金融组织联结分为紧密型和松散型两种完全不同的模式（见图3-7），提供贷款资金方与农村各类贷款中介机构方之间联系的紧密化程度可以作为划分层级模式的依据。其中，中介机构是指除资金提供者和资金获得者外，农村金融活动中所有金融联结的参与者。中介机构可提供资金流、信息流、服务流

---

① 陈郁城：《普惠金融国内外发展现状及比较分析》，《新经济》2016年第11期。
② 傅长安、李红刚、杨航：《肯尼亚M-PESA手机银行发展经验及其对我国普惠金融发展的启示》，《武汉金融》2015年第10期。

和控制流。资金流,是指流动资金在资金市场中介方、提供资金方以及资本市场需求方三个主体之间共同发生关系的整个资金的轮转;信息流,是指所有有关系的主体在采集信息的传播过程中,产生的信息共享;服务流,是指中介机构提供储蓄、结算、培训等服务,以满足资金供给方的需求,如提供计算机技术培训之类的服务;控制流讲究的是决策权的控制能力,但必须有信息流、资金流和服务流对资金提供方的支持,资金提供方运用技术手段去控制中介机构的决策权。

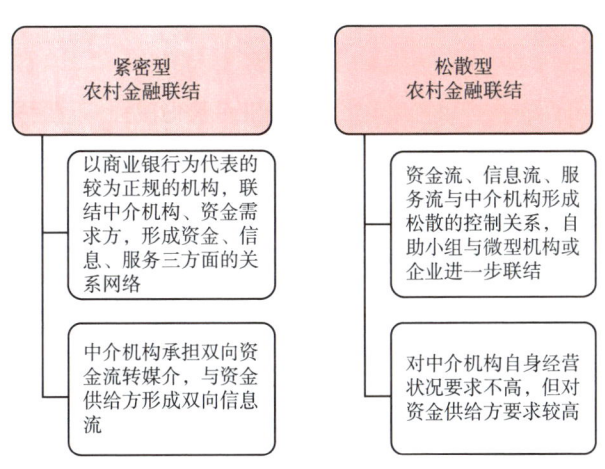

图 3-7 印度尼西亚普惠金融发展类型

(一)紧密型农村金融联结

紧密型农村金融联结的代表是商业银行,商业银行是正规金融机构,通过三种技术流对中介机构实行控制,先通过中介去联系资金需求方,关键是商业银行仅能与资金需求方产生联系,不能与资金提供者发生任何直接的关系,如资金、信息、服务和控制等,由此三方才可形成关系网。正规金融机构、非正规金融机构、微型金融机构三者可产生联结,但也存在微型金融机构或企业与互助小组产生金融联结,形成进一步的联结关系。紧密型农村金融联结有下面4个特征:一是中介机构的媒介功能,中介机构负责双向资金的回流。通常来说,中介机构会将生产资料提供给借款者,此生产资料一般为信贷资金,随着产品的售卖,便能转化为需求的现金。二是双向信息流,双向信息流是指中介机构与资金供给方需要与需求方形成单向信息流,由此汇聚成双向信息流。三是中介机构与资金供给方有相关的合作资金,需求方可要求中介机构提供与之相匹配的金融服务，如信贷和小额储蓄相关的服务等。做企业类相关服务的中介机构，其信贷业务会与上门的农业技术培训和指导相结合，除此之外，还有产品的质量控制、销售渠道控制等技术与企业管理措施相结合。四是资金提供方控制中介机构，资金需求者处于中介机构的控制中。在紧密型的金融联结中，中介机构需要处理好相关贷款对象的各类业务，如贷款对象的筛选与管理、贷款的发放与收回、贷后监管等，这都是中介机构负责的主要业务，这些业务所产生的任何风险中介机构都需要担责，其中的借贷利润由中介机构赚取，二者形成紧密的合作关系。在经营能力方面，中介机构不容小觑，特别是资金预算与风险控制方面，此方面能力决定了中介机构与资金提供者关系的紧密性。同时，有相当多的中介机构可供资金提供者选择，为了获得更多信息和更多可能存在的利润，资金提供者对中介机构的选择相当严格。印度尼西亚的农村紧密型金融联结有以下3种类型：一是中介机构与其他基金组织的联结；二是中介机构与商业银行的联结，其中一个核心便是小额信贷；三是商业银行与大中型农业企业的联结，这是最重要的一类，大中型农业企业一大特点是生产、销售并入联结，生产、销售与资金流、信息流、服务流和控制流相互联系、相互匹配，并且相互制约。总的来说，相较非正规金融机构，正规金融机构对中介机构控制力更强，在信息交换共享方面更容易与中介机构达成一致。但是中介机构也存在缺点，某些不够专业的中介机构在拓展服务的时候效果会大打折扣。

（二）松散型农村金融联结

松散型农村金融联结以商业银行为代表，商业银行既是金融机构，也是资金供给方，通过三个方面与中介机构形成控制关系，分别是资金流、信息流与服务流。与紧密型联结不同，松散性联结的资金需要保持三方的联结关系，需求方不但要与中介机构保持联结，而且要与资金提供者保持直接性联结关系。松散型联结有三个特征，第一个特征是中介机构不再负责资金和服务两个媒介职能，正规金融机构可利用自身的优势吸纳储金，并为农户和中小企业提供贷款与存款，提供"一条龙"服务。第二个特征是中介机构负责提供客户信息，中介机构必须保证自己筛选出的客户信息有用，并且能够产生相应价值。第三个特征是资金提供方可与中介机构互利互惠，合作共赢。松散型农村金融联结主要存在于两个方面，首先是印度尼西亚人民银行和人民信贷银行之间，其次是农村信贷基金组织和储蓄与信贷合作社之间。村行系统是印度尼西亚人民银行的重要子系统，其第一个作用就是可以向农户提供小额贷款，支持农户创业，除此之外，还有保险、汇款、支付、工资和养老金支付等"一条龙"服务。①

八、孟加拉国普惠金融发展实践及特点

在发展中国家的普惠金融实践中，孟加拉国一直是其中的佼佼者，孟加拉格莱珉银行无疑是许多发展中国家发展普惠金融的典范，是福利主义小额信贷的代表性机构。格莱珉银行多为弱势群体提供金融服务，特别是对贫困妇女，贷款可采取多种方式，其中包括无抵押、无担保、小组联保、分批贷款、分期偿还等，减轻弱势群体小额贷款的压力，以此来支持小型手工业等快速见效的生产活动。在帮助低收入群体方面，格莱珉银行有相当丰富的经验。1983年《特别格莱珉银行法令》批准颁布，格莱珉银行自此变成了一家政策性银行且专门为孟加拉国的低收入群体服务，全球首家小额信贷银行也由此诞生。格莱珉银行得到政府的补贴和各类社会人士的捐助，发展势头迅猛。格莱珉银行经过几年的高速发展，利润逐年增加，逐渐地摆脱了社会机构的捐赠，自1995年开启了自营自收的模式。格莱珉银行向下分层，从最基础至最顶层，层层而立。最基础的是借款小组和乡村中心。最顶层的总行下地区分行分层而立，一个分行由10个左右的支行组成，每个支行负责120—150个乡村中心的管理，且自负盈亏，一个乡村中心由5—8个借款小组组成，每个小组有5人。传统模式与第二代格莱珉银行模式大大促进了格莱珉银行的发展。② 在传统模式中，小组贷款是主要模式，小组成员们承担连带责任，一旦成员中有一个人违约，其他成员将不能继续获得贷款。放款期限为1年，贷款成功生效之后，办理贷款者须按期还款。根据其贷款制度的规定，放款具有先后顺序，优先获得贷款的必须是组里最贫穷的二人之一，之后才是另外的成员，最后得到贷款的是成员组的组长。2002年，格莱珉银行转变发展模式，推出第二代格莱珉银行模式，贷款责任不再连带小组，每个小组成员是一个独立的个体，贷款也无先后顺序，可同时获得。其还款方式也比以前更加灵活，可允许提前还款。此外，格莱珉银行不断创新，推出许多创新金融产品③，如退休储蓄金账户等。《格莱珉银行2021年年报》的统计数据表明，2021年4月末，格莱珉银行信贷成员户数达到939.02万户。从性别看，其中女性成员

---

① 李延敏、焦倩雯：《印度尼西亚农村金融联结制度的实践及启示》，《世界农业》2015年第8期。
② 欧永生：《孟加拉国小额信贷对我国的启示》，《北方经济》2007年第5期。
③ 关崇明：《普惠金融发展的国际经验及其启示》，《区域金融研究》2017年第8期。

908.52万户,占比96.75%,可见该银行依然坚持主要向女性发放贷款的传统经营理念。从职业看,其中乞丐成员8.34万户,占比0.89%。大批孟加拉国贫困人口在格莱珉银行的帮助下脱贫,其模式也被国际上很多国家借鉴与效仿。① 格莱珉银行发展模式见图3-8。

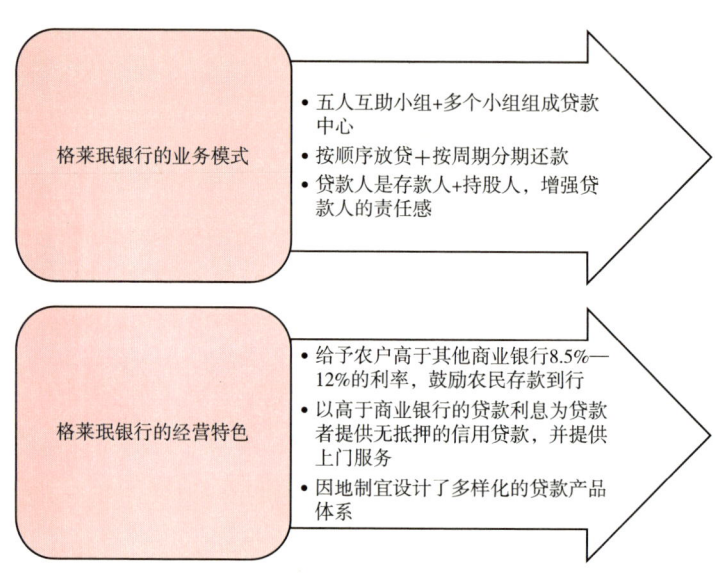

图 3-8　格莱珉银行发展模式

（一）格莱珉银行的业务模式

1. 模式一:"互助小组+贷款中心"

格莱珉银行贷款的申请必须以小组为单位,首先找到与自己有相似经济背景的其他四人,组成五人互助小组。组成互助小组后,小组成员经过组长的审批方可去向银行申请贷款。互助小组成员互相监督,一人违规,全员担责。互助小组实质上就是一种内生激励机制,这种内生激励机制直接代替了古板的担保抵押制度。每个小组成员被他人监督,也可监督他人,由此形成一种互相监督的模式。若干个小组组成贷款中心,每个贷款中心设有主任和助理主任,二者作为贷款中心的专门联系人。贷款中心要定期组织开会,并与银行交流、联系,以保证银行工作的顺利。这项制度大大提高了贷款小组的还款效率,且信息高度同步,保证了小组成员的良好信用。②

---

① 刘红艳:《普惠金融的全球实践》,《金融博览》2014年第2期。
② 宋智慧:《格莱珉模式对我国发展农村小额信贷的启示》,《财富时代》2021年第1期。

2. 模式二:"顺序放款+分期还款"

格莱珉银行在贷款互助小组成立后,会根据小组成员信用去选择贷款的发放顺序,但无论怎样,小组长都是最后一个得到贷款。放贷的顺序决定了小组长身份的重要性,"风险控制官"无外乎是最符合小组长身份的称呼,小组长由此变成了所有成员的监督官。格莱珉银行的主要贷款期限是1年,还款方式为每周分期还款,这种在日积月累中完成还款的方式,可以避免到期一次性还款造成资金压力过大的情况,从而保证了较高的还款率。

3. 模式三:三位一体的经营模式

格莱珉银行要求贷款人必须要存款,同时鼓励购买其股份,也就是每个贷款人同时也是存款人和持股人,这种三位一体的模式不仅增加了负债来源,也增强了贷款人的责任感。格莱珉银行的存款方式有两种,分别是每周定期存款和扣留小组基金(贷款的5%)。格莱珉银行根据存款情况调整贷款人的信贷额度。而购买了银行股份之后,贷款人的主人翁意识会增强,会更加关心银行的发展。目前,格莱珉银行94%的股权属于贷款者,剩下6%的股权属于政府。

(二)格莱珉银行的经营特色

1. 鼓励贷款人存款,扩大负债来源

在吸纳存款方面,格莱珉银行采取与其他商业银行不同的策略,通过给予农户高于其他商业银行8.5%—12%的利率,以此来鼓励农民存款。除此之外,还向贷款人普及存款、还款的各种理念,提高贷款人的存款与还款意识。通过这些举措,农户们逐一把手上的闲置资金存入银行,格莱珉银行的负债来源由此扩大。此外,格莱珉银行进行了大量的制度创新,不断拓展负债资金来源。例如,通过建立小组基金,将客户存款和因未按期还款而留存的贷款纳入其中。2001年2月,格莱珉银行将沉淀的基金合并成立了共同基金,由商业资产管理公司发行。基金不仅可以购买蓝筹股,还可以在当地市场进行超额公募。

2. 厘清贷款者需求,推行市场化贷款利率

格莱珉银行贷款主要面向广大贫穷农户,这些农户因为抵押物缺乏而无法从一般的商业银行得到贷款。格莱珉银行分析贷款者的情况后,以高于商业银行的贷款利息为贷款者提供无抵押的信用贷款。同时,信贷员直接上门为客户服务,减少了客户的间接成

本，因此广受农户欢迎。格莱珉银行市场化的贷款利率、宽松弹性的还贷条件和操作便捷性是赢得农村客户并迅速发展壮大的关键。

3.加强多元化产品开发，提供增值服务

格莱珉银行因地制宜设计了多样化的贷款产品体系，信贷产品包括基础贷款、机动贷款、住房贷款、教育贷款等。例如，教育贷款可以使贷款者子女通过教育提高文化水平，长期看可以提升家庭企业的经营水平，不仅降低了贷款的风险，而且子女未来成为格莱珉银行客户的可能性也会增加。

九、柬埔寨普惠金融发展实践及特点

爱喜利达银行（ACLEDA）作为柬埔寨普惠金融服务中最具影响力的代表，具有"直线职能制"的组织架构。该架构的特点是以直线权力为主导，下设分管部门，各部门各司其职，接受上级的统一调配，各部门设置主管，主管负责与上级沟通，起到共同议事的作用。股东大会统筹领导爱喜利达银行，除此之外，设立董事会和监事会作为股东大会的下属机构。银行作出重大决策之前，须经过股东大会的一致同意，其中包括许多有关银行发展的战略决策，如员工福利、人员分配等。董事会的权力仅次于股东大会，日常负责执行股东大会作出的决策。监事会的职责重大，要对几百个营业网点进行监督，还要对上级的决策合理与否进行监督，减少不合理决策可能带来的损失。爱喜利达银行运营模式见图3-9。

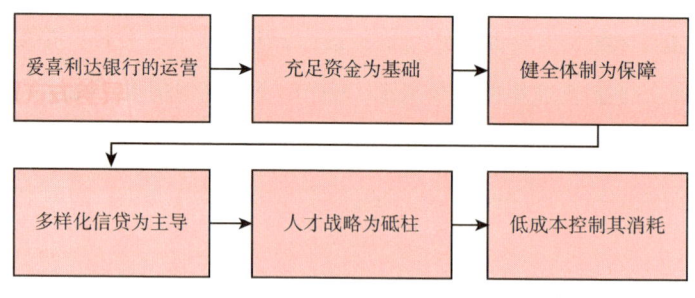

图3-9　爱喜利达银行运营模式

（一）爱喜利达银行的资金来源

资本充足率的高低代表银行应对金融风险的能力，是国际评级机构对银行评级的

重要参考指标。爱喜利达银行利用股份制改良的方法，合理调用国内外资本市场溢出资金，以每股1美元的价格广纳储金，吸纳了1700万美元的储金参股，并且经过不断打磨，爱喜利达银行资本不断壮大，在短短3年间从刚注册时的400万美元暴涨至3000万美元，增加了2600万美元。除此之外，爱喜利达银行还充分运用国际资本市场筹集资金。

（二）爱喜利达银行的管理体制

爱喜利达银行拥有健全的组织结构，联合制定银行发展计划与政策。董事会决议由执委会负责执行，执委会还可向上级申诉有问题的决议。日常管理由执委会负责，融资计划、财务报表、募集资金项目的风险等管理工作都由执委会负责。管理层确定各项业务的决策后，执委会确保各分支机构严格执行。但银行可持续发展的关键性问题是风险防范，风险防范能力的高低决定了一家银行的生命力顽强与否。爱喜利达银行充分学习国外先进风险管理经验，不断强化自身防范风险的能力。此外，爱喜利达银行还与普华永道公司展开相应合作，成立风险管委会，以最新的预警机制全方位关注银行的隐性风险。

（三）爱喜利达银行的信贷服务

为了更好拓展为低收入群体提供信贷服务的金融服务模式，爱喜利达银行不断进行金融创新，创造性提出各类最新金融服务供各类客户进行选择，365天无间断服务为银行终极服务目标。爱喜利达银行信贷服务包括以下两类：一是个人贷款，与小组联贷性质一样，上限金额为500美元；二是小中型企业的抵押贷款，小型企业上限金额为10000美元，中型企业额度更高，上限金额为70000美元。个人贷款需要有一定的条件，首先需要有固定居住地且居住时间至少1年，其次必须有固定工资收入。客户一经申请，银行必须进行核实，并且在7天内为客户提供贷款申请表。除此之外，爱喜利达银行还有多种灵活抵押形式的贷款可供选择。针对低收入群体没有相应的固定资产，无法进行固定资产的抵押，银行创新出抵押品抵押式贷款。[①]

十、玻利维亚普惠金融发展实践及特点

玻利维亚小额信贷发展与宏观经济发展密切相关。在经历20世纪80年代私有化改

---

① 祝淼：《柬埔寨小额信贷发展探究》，《亚太经济》2011年第5期。

革导致的经济危机后,20世纪90年代初期,玻利维亚经济开始恢复增长,地下经济获得了快速发展,1990—1995年国内生产总值年均增长率达到1.5%。根据世界银行统计,玻利维亚约100万人自谋职业或在家庭作坊工作,但大量微小型企业与个人投资者无法从正规金融机构获得贷款,融资瓶颈十分突出。正是在这种宏观经济背景下,非政府组织(NGOs)看到了以微小型企业和私人为主的地下经济发展的潜力,创新出一套与正规金融机构不同的贷款方法,开拓了一条新的融资通道。小额信贷机构为3.6万个客户提供金融服务,超过国家银行的2倍多。2006年与2000年相比,管理费用由占银行资产的16%下降到13%,这主要体现在贷款利率的大幅度下降上,贷款利率由2000年的26%下降到2006年的21%,这在拉美国家利率中是最低的。在玻利维亚小额信贷发展中,最具代表性的是阳光银行的发展。阳光银行相对来说是一家微型金融机构,因此必须发挥自身优势进行创新,做好商业化运营。商业化运营的首要目的就是利润,利润的来源是贷款的利息收入,因此阳光银行建立了自己的核心机制,为提高贷款的还款率做出了应有的努力。玻利维亚普惠金融发展特点见图3-10。

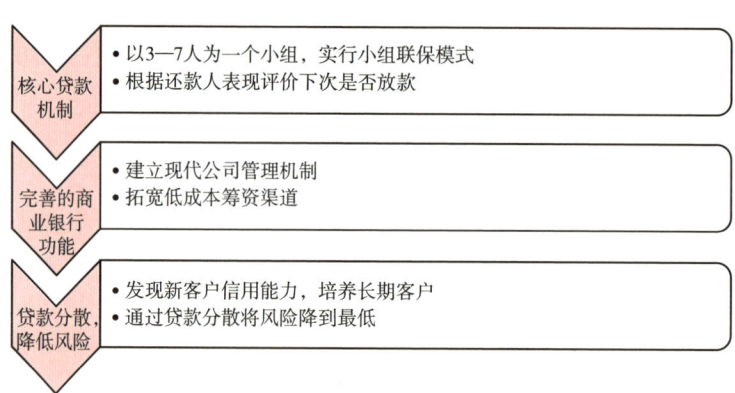

图 3-10 玻利维亚普惠金融发展特点

(一)阳光银行的核心贷款机制是其发展的基础

1. 小组联保贷款机制

小组联保是阳光银行的核心机制之一。小组成员为3—7人,成员对于贷款的获得无硬性顺序之分,不过连带责任由小组成员共同承担,一人还不上,全组受牵连,而后的结果是放款的中断。研究表明,充分利用好小组联保模式,可相应提高成员的还款率和信用度，进而提升相应的社会福利，增加人类福祉。究其原因，是处于相似风险中的小组成员会抱团取暖，所以可相应地分辨出高低风险的小组，实行差异性定价，且还能互相监督。①

2.递进贷款机制

银行会对贷款人的还款表现良好与否进行评估，信用越好，贷款额度就越高。在阳光银行的运营模式中，第一笔贷款是否归还最为重要，下一笔贷款的发放与否取决于小组成员第一笔贷款的还款完成度，续贷的条件取决于各个小组成员表现好坏。递进贷款机制是阳光银行的一项特色激励制度，信息不对称会造成不必要的损失，递进机制有利于解决信息不对称的问题，且能充分发挥阳光银行的优势。

（二）完善的商业银行功能是阳光银行可持续发展的保障

阳光银行建立了现代化治理机制，组织结构一应俱全，上设股东会、董事会、高层管理，下设各个部门各司其职。阳光银行拓宽筹资渠道，广纳储金，降低银行成本，不断提高储蓄人群借贷的归属感与幸福感，降低潜在风险。目前，玻利维亚有22个专业小额信贷机构，商业银行进入小额信贷市场，市场竞争使小额贷款利率逐年降低，阳光银行贷款年利率由90年代初的70%降至16.5%。但由于存款成本在年利率1%—2%，利润空间仍然较大。②

（三）客户信用能力培养和贷款风险分散是风险管理的关键

阳光银行在风险管理上有自己的特色：一是发现新客户信用能力；二是对客户长期培养；三是分散贷款，降低风险。阳光银行设立金额50—2000美元不等的小型贷款，可用于家庭的日常开支，其优点是金额小、利率高、期限短、还款灵活。该贷款具有一定的目的性，那就是对客户忠诚度的鉴定，客户还款状况良好与否决定了之后银行对客户放贷服务质量的好坏。若客户信用良好，得到银行的充分认可，那么银行就会为这些优质信用度客户提供更高额度的贷款。此类贷款比小型贷款额度高，起步是50美元，上限是2.5万美元。此外，客户还可以利用自己的良好信用度延长还款期限。

---

① 谢欣：《玻利维亚阳光银行的草尖金融》，《银行家》2008年第6期。
② 卢燕：《玻利维亚阳光银行模式对我国小额信贷发展的启示》，《黑龙江对外经贸》2009年第2期。

第二节 普惠金融发展的国际经验剖析

一、美国普惠金融发展的经验剖析

在普惠金融领域，美国社会工作界不断努力，在多个领域不懈探索。首先是理论发展领域，其核心是金融能力。何谓金融能力？诺贝尔经济学奖得主阿玛蒂亚·森对"可行能力"的定义可类比于社会工作者对"金融能力"的定义。金融能力是指个体的金融知识技能与他们所能享有的金融服务之间互促的一种状态。一个个体要想实现一定的金融能力，首要任务就是拥有一定的金融知识储备，并且有一定的金融服务可供享受。实现一个个体的金融能力须具备两个前提：一是受教育和金融培训，由此打牢个体的金融基础；二是具有社会工作的能力，使个体适应社会工作且与社会环境相融合。① 根据金融能力与资产建设的理论和概念，美国社会工作界提供相对完整的大纲，并提供专业的材料，对教育进行全面评估。除此之外，还付诸相当多实践去检验大纲的效果，实实在在地检验20多个社会工作教育机构，验证大纲的可行性。美国社会工作界不断拓展在教育实践阶段创新出教育方法与模式结合的最优解，并在60多个教育机构实践精心整合的大纲。同时，美国社会工作界相应地制订初步计划，对实务领域进行完善。简而言之，就是以实践促进个体各项知识技能的增长，来增强个体金融能力，并提升自身价值与福祉。

二、日本普惠金融发展的经验剖析

第二次世界大战后的日本，通过10年的迅猛发展，城市化水平逐渐提高，1970年日本总体上实现了城市化，但一些农村地区依旧面临着比较严重的农业户口与非农业户口混合问题。日本的城乡一体化建设离不开金融机构与农协的互助协作，以及政府性金融机构的大力支持。农协、信用农业协同组合联合会和农林中央金库构成了日本合作性金融体系。农协组织的职能是向旗下会员吸纳存款，发放贷款，提供不同类型的信用贷款。在农村，最基层的农协层层而立，又组成联合会，其职责重大，不但要解决贷款方

---

① 方舒、兰思汗：《金融赋能与资产建设——金融社会工作教育、研究与实务国际研讨会综述》，《开发研究》2019年第2期。

面的问题，还要解决农协的资金运作问题，统筹好资金的流转。最高一级为农林中央金库，国家颁布指导性政策，指导农林中央金库向会员传递有用信息，并进行资金的调配，同时一些大型的涉农企业也能得到资金的援助。日本农林渔业金融公库于1953年成立，其性质也是合作性金融机构，且作为合作性金融机构的重要一部分，它主要涉及农用设施建造、渔港维护、土地改良三个方面，其他金融机构对于这三个方面的涉及意愿较低，因此农林渔业金融公库是其他金融机构难以涉足领域投资的重要补充。合作性普惠金融是日本发展中的重要推力，对于日本基本实现城乡一体化功不可没。

三、英国普惠金融发展的经验剖析

西方工业革命后，英国兴起城市化建设的热潮。英国作为一个拥有悠久历史的发达国家，也是世界上最先以城乡一体化的理念发展的国家。20世纪，英国已实现90%的城市化覆盖度，总体上完成城市化建设。英国政府采取具有特色的政策支持城乡统筹模式的发展，其模式为以商业化的金融机构为主导，引领区位化发展。由于英国农业自身的特点，商业银行由此变成普惠金融体系的主体，并由其他金融机构辅助商业银行来实现普惠金融的覆盖。英国的商业银行存在很多分支机构，并且在各地广泛分布。商业银行提供各项无抵押贷款业务，贫穷农户能得到无抵押的贷款，满足了农户的日常生产需求。此外，政府部门还成立相关的信贷机构，如农业抵押公司、农业信贷公司等，这些机构组成了农村信贷联合会。农村信贷联合会向农场主提供长期贷款，这些贷款的利率通常低于银行，以此促进农村的发展。英国为了引领城市人口回流农村，完善城乡一体化建设，采取了很多激励措施：一是给予中小企业充分的融资，带动农村地区的就业。对于有发展潜力的企业，给予一定优惠力度的贷款，并且商业银行亲自提供担保，用资金与政策吸引人口流向农村发展。二是重视农村的科技建设，以农业科技促进农村地区的发展。政府不但给予机械类、自动化类的硬件支持，还提供农村软件的建设支持。英国政府通过统筹城乡一体化的发展来促进普惠金融的实现，在现代发展普惠金融国家中一直处于翘楚地位。

四、墨西哥普惠金融发展的经验剖析

墨西哥普惠金融发展的经验表明，一个完善的体系对掌控地区的发展至关重要，对

指导政策的调整必不可少，并对各个群体的实时需求能够作出动态回应。要发挥金融机构多方面的功能，打造多层次的商业金融机构，小型私营信贷机构与正规商业银行并行。除此之外，墨西哥非常重视对底层贫困人群的信贷资金支持，考虑弱势群体各方面利益，充分调控宏观政策，并构建相关的财政奖励补贴政策对初创人群和贫困人群进行补助激励。而且，专门建立普惠金融统计体系，重视对全国居民的普惠金融教育工作。

五、巴西普惠金融发展的经验剖析

在巴西，很多地区没有得到良好的金融服务，这些地区往往较为偏远和落后。为解决这一问题，巴西首创代理银行模式。具体做法是：商业银行与各种小型代理商展开合作，签订契约，如一些零食商店、加油站、邮政网点等。这些小型代理商可以代商业银行提供相对基础的金融服务，由此可解决边远、落后地区无法获得金融服务的难点问题。巴西的代理银行制度是一座沟通的桥梁，把信息技术与传统银行联结起来，无论是零售网点还是其他公共基础设施代理，都完美解决了金融服务难的问题，为低收入地区的金融服务作出了应有的贡献，降低了拓展普惠金融的成本，并对当地的经济发展起到了良好的推动作用，大大提高了居民的生活质量。

六、肯尼亚普惠金融发展的经验剖析

肯尼业作为发展中国家的典型代表，金融发展的局限性也非常大。倘若不是M-PESA的崛起，其普惠金融水平依旧处于很低的层次。在肯尼亚的城市化建设进程中，许多农村人口会涌入城市工作，大量的汇款需求随之出现。但由于肯尼亚国家自身生产力较低，各方面的金融基础设施都较为落后，无法满足日益增长的汇款需求。因此，肯尼亚人民只能自发寻找途径去汇款给家人，他们最先采用的是亲戚朋友帮忙携带给家人，而后是给各类巴士司机汇款让其带给家人，这类方式虽存在可行性，但是缺乏安全性的保障，汇款容易丢失。肯尼亚人民对改变汇款方式需求的呐喊日益高涨。2007年3月，肯尼亚移动运营商萨法利通信公司首推M-PESA移动货币支付业务，这项业务一经诞生，立刻解决了大量客户汇款难的痛点问题，只要用户拥有一部手机，经过代理网点的注册，就可完成所需的汇款服务，有效地保障了汇款资金的安全性。M-PESA业务完美地

解决了用户汇款的难点问题,对低端客户的需求作出了极大的贡献。

七、印度尼西亚普惠金融发展的经验剖析

印度尼西亚是世界第四人口大国,其发展相对落后,以农业为主,农业生产总值约占国内生产总值的60%,全国总人口一大半是农村人口,农业劳动力是国家的主导,全国劳动力总量的44.6%都是农业劳动力。从20世纪70年代开始,苏哈托政府颁布政策促进农村软硬件设施革新,简称"绿色革命"。其制定了各类农业优惠政策,从1984年开始,印度尼西亚实现了粮食的自给自足。20世纪90年代,工业化导向使印度尼西亚政府放弃了对农业的扶持,此后国家便陷入粮食供给困难的窘境。1994年,印度尼西亚国内米价疯狂上涨,下半年比上半年飙升了30%—40%,衍生国内通货膨胀,国家动荡不安。直到21世纪初,印度尼西亚政府一改之前的错误政策,重新开始扶持农业发展。在金融领域,印度尼西亚政府全面围绕农业制定政策,促进农业健康发展,给予各种信贷补贴以资助贫穷农户,至2007年,政府对农业补贴达到7450亿卢比。但是由于政策覆盖范围不够全面,贫困人群并不都能得以惠及,贫困化问题依旧严重,贷款违约率逐年提高。20世纪七八十年代,印度尼西亚政府转换思路,鼓励小额信贷等微型金融机构大力发展,并大力支持农户采用新技术发展农业。1983年,政府取消了之前的利率限制,并与多个国际金融机构展开合作,通过国际金融机构与微型金融机构对口,进行技术支持与援助。此措施一出,多个地区的微型金融组织得到了迅猛发展,推动了农业技术的大革命,农业走向复兴。但农业信贷补贴理论与农业金融市场理论在多个发展中国家实践失败,以至于不断被推翻,导致正规金融机构不能给予农户正规贷款,非正规金融机构大量涌入,但由于非正规金融机构在资金和技术方面的局限性,并未能解决问题,金融联结由此产生,这是行之有效且能较为妥善地解决正规与非正规金融机构互利互补的一项措施。微型金融机构在印度尼西亚的不断繁荣,农村金融联结的不断发展与实践,与金融管制较为宽松的背景是分不开的。[①]

---

① 孟娜娜、蔺鹏:《需求侧视角下普惠金融发展的国际比较——基于世界银行 Global Findex Database 的经验证据》,《普惠金融》2022年第7期。

八、孟加拉国普惠金融发展的经验剖析

格莱珉金融模式的成功理念是"相信穷人，关爱穷人"，而孟加拉国以前的观念是"穷人没有信用，不能为其提供贷款"，格莱珉金融模式的出现，从根本上打破了传统的理念枷锁。格莱珉金融模式坚持市场定价原则，避免了非市场化的套利。对于贫困妇女，格莱珉银行不但要减轻她们的贫困，而且尽量使她们能够在帮助下实现经济独立。无抵押信贷是格莱珉模式的精确定位，格莱珉的贷款利息政策宽松，而存款利息又相对较高，这就促使其广纳储金，不断壮大自身资本。穷人在面对格莱珉银行的高利率时可实现自我机会成本，但对于富人来说其优惠会自动排除，真正意义上实现需贷者所得，实现全方位的商业运作。格莱珉银行不断提升贫困户自给自足的能力，并保证了自我的良性发展。经过持续的发展和经营理念的不断创新，格莱珉银行表现出更为亲近穷困人民，初代的"相信穷人"理念经过不断革新，拓展为"关爱客户"理念。储蓄账户与资产经过格莱珉银行的不断完善，质量有明显改善，储金逐年增加，贷款业务良性循环发展。格莱珉银行坚守"服务穷人"的本心，并坚持两个原则，分别是利率市场定价原则和五人小组原则。格莱珉模式对银行的发展项目严格把关，对市场理念深入融会贯通，取得了不菲的成就，值得全球性推广。

九、柬埔寨普惠金融发展的经验剖析

柬埔寨爱喜利达银行是普惠金融发展的典型代表，也是唯一一家向小型从业者提供小额信贷的政策性银行，其客户60%以上都是妇女。爱喜利达银行践行自己的使命，为各类中小型企业提供相应的金融与资金支持，为这些企业的良性发展提供保障；为股东创造相应的利益，为各类客户提供各项高效便捷的金融服务，塑造客户的对应价值，给予银行员工未来发展的愿景，不断为服务社会贡献自己应有的力量。经过银行不断地发展和银行全体成员的努力，爱喜利达银行成为世界唯一在乡村运营的专业银行，国际知名的资信评级机构——穆迪投资者服务公司对其财务实力评级高于所有印度尼西亚的银行。爱喜利达银行用多样性的服务应对各类客户的多样需求，保障了银行的可持续发展。爱喜利达银行旗下主要拥有7种类型的产品与服务，分别是电子银行、信用证、存款、现金管理、贸易融资、资金转移、生命保险。经过不断拓展，银行分布网络不断

壮大，在柬埔寨王国各省和城市设立了261家分行，在当地和国际上赢得了众多奖项和认可。

十、玻利维亚普惠金融发展的经验剖析

玻利维亚阳光银行的成功经验表明，金融商业化在发展过程中需要相应的风险管理措施与之匹配。阳光银行的核心机制是贷款机制，此机制普遍运用于各类商业化金融机构中，用于防范潜在的信贷风险。阳光银行模式也表明微型金融机构的发展离不开政府的态度和政策的倾斜程度，政府对于机构发展的态度决定了机构的生存与发展。对于金融机构来说，不论是单个机构还是整个金融行业，都无法与政府和法律抗衡。商业化的微型金融机构是否会偏离初心与使命是每个低收入者和政策研究人员最为担心的问题。可持续发展的同时兼顾自我的初心服务底层劳动者的目标任重而道远，使命和责任是微型金融机构必不可少的一部分，有效地贯彻二者的前提必须是经得住利润的诱惑，而后才能更好地扶持弱势群体。当地的经济水平与结构也是一个较大的影响因素，它会影响商业化的微型金融发展的成功与否。而经济水平与结构应综合两方面考虑：首先，当地的经济状况要适应微型金融机构的需求；其次，金融机构的高利率是否能适应当地市场的平均利润水平。玻利维亚阳光银行在发展微型金融的过程中兼顾了二者，所以其商业化的成功是不容置疑的。

第三节 国际普惠金融实践经验的深刻启示

一、普惠金融机构的准入设置

（一）重视数字金融基础设施建设

借鉴国际经验，兼顾普惠金融工作小组跨部门工作的灵活性，探索出适合机构的工作准入协调机制。此机制最关键的部分是，必须突出政府部门在其中的导向性作用。[①]此外，自顶层而下设立各个部门，各个部门各司其职，定制适合的工作目标，颁布具体的实施措施，明晰各部门职责要求，健全严格的监督机制，提供多角度、多层次的金融

---

① Wenjing Wang, Taiyi He, Zhenhui Li, "Digital Finance Growth and Innovative"（2021）.

服务。① 同时，为保护金融消费者的合法利益，金融权益保护委员会的建立是必不可少的，其责任重大，不但要负责保护金融消费者权益，还要对金融服务工作进行监督与管理。②

（二）进一步加强农村金融基础设施建设

普惠金融发展理念表明，制定完整的法规，建立健全的金融体系，完善农村金融机构监管政策，明确农村金融机构的地位，加上合理的战略支持，才能发展好农村的金融设施建设。配套的基础金融设施是普惠金融有效开展的前提。金融基础设施既有硬件层面，又有软件层面。从硬件上，加强农村金融机构的物理网点建设、交通设施及网络通信设施建设，在保证安全的前提下降低成本，并提供数字金融服务，更好地服务贫困人群。③ 从软件上，加强对金融知识、法律知识的普及与宣传，尤其是金融风险和责任意识的培养，以此提高农民的金融风险意识，提升其各方面的综合素质。

二、普惠金融高质量发展的制度保障

金融体系最基本也是最重要的功能是配置金融资源和管理风险。在全球化时代，一国金融体系必然要进入国际金融市场、融入全球化进程，才能更好地完成配置资源和管理风险的目标。纳入正规金融体系亦可提高低收入家庭的可支配收入，并帮助他们消除贫困。④

（一）从立法角度完善普惠金融体系

法律法规具有监督和制约作用，政府对法律法规的完善程度决定了农村普惠金融的发展程度。首先，各类金融机构必须找准自身的定位，明确法律的明文规定，将政策研究透彻之后，才能更好地引导广大群众开展金融业务，从而提升农村落后地区的总体金融水平；其次，政府完善相关的法律细则，并严格规定金融机构的业务经营范围，从而能对潜在的金融风险做出有效管控。但是，因为目前金融方面的法律法规依旧不够完善，存在一定的纰漏，所以政府应该有针对性地制定法律法规，迎合地方普惠金融发展的实际情况，才能显著提升农村金融机构的服务质量。

---

① 李迎生：《新时代发展金融社会工作的意义及其路径》，《社会建设》2019年第2期。
② 闫晗：《农村金融消费者法律保护研究》，《法学研究》2021年第2期。
③ 罗清驰：《西部欠发达地区推进普惠金融发展的探索与实践》，《长春金融高等专科学校学报》2019年第5期。
④ Salman Mahmood, Wen shuhui, Shoaib Aslam and Tanveer Ahmed, "The Financial Inclusion Development and Its Impacts on Disposable Income," *Original Research*, No. 4 (2002): 1—5.

(二)完善农村普惠信贷交易制度

普惠金融的交易法律体系必须从宏观上进行完善,须细化到规章制度。[①] 完善的法律法规制度能释放新的活力,也有利于降低金融门槛。农村金融领域的良性发展很大程度上依赖于相关法律法规,农村金融领域能获得民间资本的准入依赖于优惠政策,因此,政府制定相关的优惠政策对于促进农村金融领域的发展尤为重要。农信社的垄断存在,很大程度上抑制了其他农村金融机构的健康发展,因此,从政策上打破农信社的垄断地位尤为必要,垄断消除后才能使其他的融资者得到融资。[②] 作为后起之秀的村镇银行、小额贷款公司等,都是新型农村金融机构的典型代表,对支持农业的发展起到了良好的促进作用。[③] 此外,具体的措施也极为重要,小微金融消费者是金融消费的主力军,其私人合法权益的维护对于金融领域的发展尤为关键。[④] 因此,要健全各类法律法规和各项规章制度,保障客户的合法权益,并与相关监管部门达成积极合作。要从源头上加强监管,对于金融机构的监管力度决定了其发展前景,对于有关"三农"的金融服务,应加强监管,尽最大努力保障金融消费者的合法权益。[⑤]

(三)多元化政策支持

1.资金支持

资金是金融机构运行的基础,没有充足的资金,金融机构就无法立足。因此,金融机构的健康发展离不开各国政府优惠政策的支持。首先,各国政府对于金融机构的优惠政策各不相同,但是一般在金融机构诞生初期,政府会直接拨入流动资金,并且与金融机构展开政策性合作,为其提供一些具有政策性优惠的长期信贷。其次是税收减免,一般来说,涉及"三农"的金融机构常常存在高信贷违约风险,这是由农业从业者的脆弱性导致的,因此,有力的税收减免措施在涉农金融机构的生长初期尤为关键。[⑥] 例如,美国、法国、日本等国家会颁布相关政策,直接对农村合作金融组织营业税和所得税进行税

---

① 中国人民银行武汉分行营管部编译工作小组:《欧元区房价进入上升周期对我国的启示》,《武汉金融》2016年第10期。
② 詹友生、宋发友、吴兴祝、许家权:《发展普惠金融的实践与思考——以福建省建阳市为例》,《福建金融》2016年第1期。
③ 张天行:《我国普惠金融的立法障碍及其完善——以美国法律实践为镜鉴》,《华北金融》2018年第4期。
④ 徐玉立:《基于普惠金融内涵的比较研究——以J省县域普惠金融改革为例》,《西部金融》2017年第6期。
⑤ Jessy Nair and Mohith Kumar Jain, "Unbanked to Banked: Reintermediation Role of Banks in Egovernment Services for Financial Inclusion in an Indian Context," *Journal of Asia Business Studies*, No.2(2020): 1–2.
⑥ Saibal Ghosh, "Political Empowerment of Women and Financial Inclusion: Is There a Link?" *Social Sciences & Humanities Open*, No. 5(2022): 2—7.

收减免。最后是财政贴息。为鼓励金融机构融资支持小微企业与农户，政府实行相关的财政补贴政策，对金融机构发放低于市场利率的低息贷款进行差价补贴。在美国、法国、日本、印度等国家，对于涉及"三农"的贷款，普遍采取财政贴息政策进行补贴。①

2. 深化政策指导

金融机构的良性发展离不开政府的积极政策指导。激励金融机构参与涉农信贷，有针对性地出台货币、税收相关的豁免政策促进其健康发展，其发展的好坏决定了农民能获得的金融服务质量。首先，政府应在财政政策上向农村普惠金融机构倾斜，以此保障涉农金融机构的利润，使其健康可持续发展；其次，政府应对相关的农业保险政策进行进一步完善以惠及农民，并推广农业险，不断加大补贴的范围。最后，政府应营造良好的外部氛围来促进普惠金融的发展，在提高贷款额度的同时兼顾资金使用成本，尽可能降低金融成本，为普惠金融的健康发展提供全方位的支持。②

三、普惠金融有序发展的征信体系建设

（一）完善征信系统

完整的征信系统决定了大数据时代普惠金融的发展方向。为了更好地服务企业与市场金融机构，金融征信系统的覆盖广度尤为关键。信贷是国家扩大再生产的根，也是国家立足的基础。③ 普惠金融中的信贷风险要依靠国家完备的征信系统进行把关，征信系统是互联网不断发展的产物，它体现了现代高新技术与传统普惠金融的有机结合。无论是大数据还是云计算，二者结合构建的高层次征信系统无疑可大大降低风控的成本，对于其中的潜在风险可有效监控。

（二）建立农业信贷风险保障机制

信贷风险保障机制的建立需要双重制度的保障。第一是农业保险制度，这是信贷风险保障机制的根本。农业保险机制的初心是给农户谋福利，具有一定的强制性，农户参保可获得一定的保险费补贴，在一定程度上降低了农户的负担。例如，美国颁布《农作

---

① 赵映兵：《普惠金融体系构建实践与思考》，《金融研究》2015年第1期。
② 苟聪聪：《基于国际比较的我国农村普惠金融可持续发展路径》，《农业经济》2019年第11期。
③ Ambrose Nnaemeka Omeje, Augustine Jideo, Michael Okike Ugwu, Joseph Amuka and Perpetual Ngozi Agamah, "Examining the Penetration of Financial Inclusion in the Agricultural Sector: Evidence from Small-scale Farmers in Enugu State, Nigeria," *Agricultural Finance Review*, No. 1 (2022): 2—4.

物保险法》，该法表明，农户一定要参加农业保险，才能获得各类优惠贷款和各类物价补贴相关的福利；在法国，有两类机构提供福利性质的农业保险，一是互助保险社，二是商业保险公司，二者都能得到政府财政补贴政策的大力支持，得到税收豁免；日本在此方面采取双向原则，首先是自愿为先，其次是部分强制，二者在一定程度上有机结合，目的都是为农业保险提供相应保费以减少涉农金融机构的压力。第二是建立农业信用担保机制，例如，法国建立农业相互担保机制；日本和印度成立专业服务农户的信贷担保公司；美国政府成立的农贷机构不但为农场主、农户提供信贷担保，而且为中小企业提供贷款担保，如农民家计局。①

四、普惠金融监管体系的动态性与多层次架构设置

（一）差异化的普惠金融监管实行的必要性

对于普惠金融机构来说，金融监管的合理性决定了其发展的前景，因此对普惠金融机构实行差异化的金融监管尤为必要。不同的监管政策适应不同的普惠金融机构，应对症下药，制定和实施不同监管政策制度，以营造良好的金融市场氛围，保障普惠金融机构在市场的平稳运行。除此之外，普惠金融的可获得性存在一定的波动，健全金融市场的相关制度有利于不断提高其可获得性。对于大型商业银行来说，作为银行金融机构的"领头羊"，应发挥领军作用。政府也应采取积极的政策引领商业银行金融机构惠及各类低收入群体和小微企业。对于比较小型的金融机构，如涉及"三农"的小型金融机构和小额贷款公司等，首先因为其规模较小，生命力较为脆弱，积极的经济政策决定了其生命的长度，政府不但要解决其资金流转的问题，更要解决一项"歧视性"问题，就是金融机构对小微企业的歧视，过去的金融机构对于放贷给小微企业，总会存在或多或少的疑虑与歧视，以至于很多小微企业因得不到资金而被遏制了生存与发展，因此要转变金融机构对待小微企业的态度，让其从存疑放贷转化为自愿放贷。其次，政府在鼓励涉农金融机构和小额贷款公司放贷的同时，对于金融机构的风控及监管也是必不可少的。②

（二）提高普惠金融监管的技术水平

普惠金融监管的技术水平是一项极为重要的指标，决定了普惠金融监管的效率。传统

---

① 董玉峰、戴婧妮、杜崇东：《国家政策支持农村金融普惠发展的国际经验与启示》，《农业经济》2018年第2期。
② 陈明荣：《构建农村金融差异化监管体系》，《观察思考》2022年第7期。

的普惠金融监管技术随着时代的发展不断被淘汰，所以对于普惠金融机构来说，提升机构的监管技术水平尤为关键。金融科技水平决定了国家普惠金融发展的高度，因此，提升各类金融机构的监管水平，健全金融市场的监管机制，对于普惠金融的发展具有重要意义。[1]

（三）建立多层次的普惠金融监管体制，提升监管效率

数字普惠金融的监管可分为四个方面，一是政府，二是金融业，三是市场，四是金融机构，四位一体的监管必不可少。首先，政府部门应统一全国准则规范，以政策引领监管发挥应有作用；其次，金融业应有足够的行业自律，且普惠金融机构应向数字化发展，加强机构组织之间的信息交流共享，防范潜在金融风险；再次，必须严格规范市场规章制度，明确准入与退出机制，打通市场，提升透明度；最后，各个金融机构应自觉维护金融秩序，制定适合各自机构的风控准则。[2]

第四节 发达国家与发展中国家普惠金融的创新发展比较

一、不同社会结构下的普惠金融服务形式

（一）发达国家：橄榄形社会结构

从10个国家的普惠金融发展来看，发达国家的普惠金融服务形式呈现出橄榄形社会结构，这种典型的结构正是当今发达国家的重要特征，在这种结构下发达国家不断发展，铸就了今日的辉煌。发达国家的中产阶级极为庞大，为社会提供源源不断的生命力，且对阶级的冲突有强大的缓和作用，因此发达国家普惠金融的主要受众是庞大的中产阶级。[3]

（二）发展中国家：金字塔形社会结构

金字塔形社会结构是相对于橄榄形社会结构而言的，是穷人占绝大多数而富人占少数，同时贫富差距较大的社会结构。

在发展中国家中，塔尖部分的群体可以说是凤毛麟角，而沿着塔尖往下，群体占的

---

[1] Joanna Stawska and Małgorzata Jabło′nska, "Determinants of Inclusive Growth in the Context of the Theory of Sustainable Finance in the European Union Countries," *Sustainability*, No. 14（2022）：1—10.
[2] Wenjing Wang, Taiyi He, Zhenhui Li, "Digital Inclusive Finance, Economic Growth and Innovative Development," *Digital Finance Growth and Innovative*, No. 9（2021）：5—10.
[3] 张志辉：《亚里士多德城邦政治的中庸思想》，《安徽文学（下半月）》2008年第7期。

比重越大。孟加拉国、墨西哥、巴西、肯尼亚、印度尼西亚、玻利维亚、柬埔寨等发展中国家大部分群体都处于低收入阶段，因此在发展中国家中，金融服务主要面向的是低收入人群。①

二、不同目标人群下的普惠金融服务重心

（一）农村居民

大多数农村家庭通过两种方式增加收入并摆脱贫困：一种是外出务工，以增加非农业收入；另一种是从事个体经营和其他创业活动。然而，创业作为有效增加农村地区永久收入的主要方式，在很大程度上受到了财政限制的阻碍。因此，金融服务在服务农村居民时，重点应做到如下三点。②

1.发挥现有金融机构的带头作用

吸引社会资本参与农村普惠金融建设可发挥其重要的融资作用。不仅要广纳社会资金，还要发挥现有金融机构的积极带头作用。传统的农业银行和农村商业银行的实力、资金、影响力都较强，它们的分支机构众多，分布广泛，较为齐全。因此，利用好目前现有的金融机构，为涉农贷款作出应有贡献，对促进普惠金融有序发展尤为关键。

2.大力发展村镇银行等新型银行

村镇银行是农村普惠金融建设的重要参与力量。加强村镇银行建设，就是为满足农村居民日益增长的金融需求。因此，在未来要进一步发展村镇银行等新型银行。政府要在审批、财税、资金等方面给予村镇银行更多的扶持政策，降低村镇银行运营成本和经营风险，从而吸引更多的资本成立村镇银行。

3.推动农村金融互助组织建设

发展中国家的普惠金融实践表明，正规金融机构在农村偏远地区的金融服务供给是远远不够的，此时需要一些其他的农村互助组织来弥补正规金融机构数量的不足，以满足农村偏远地区对金融服务的大量需求。未来国家的普惠金融建设，合作社的作用功不可没，农村金融互助组织的建设尤为关键，成员互相担保、相互合作，不断满足农村偏

---

① 陈德球、金鑫、刘馨：《政府质量、社会资本与金字塔结构》，《中国工业经济》2011年第7期。
② Shijiang Chen, Mingyue Liang and Wen Yang, "Does Digital Financial Inclusion Reduce China's Rural Household Vulnerability to Poverty: An Empirical Analysis from the Perspective of Household Entrepreneurship," *Original Research*, No. 4 (2022): 5—14.

远地区的金融服务需求。①

（二）城镇低收入群体

普惠金融是为了扶贫，为了让那些低收入、被排除在正规金融体系之外的人，也能够以合理的价格，稳定地、可靠地、有尊严地获得金融服务和产品。促进普惠金融发展、为低收入家庭提供更多获得金融服务的机会是重要的政策目标。② 社会总人口的绝大多数是低收入人群，普惠金融的内在要求表示，低收入人群的普惠金融需求若不能得到很好的满足，③ 就不能体现普惠金融的意义。小额信贷在一定程度上是普惠金融最直观的表现，小额信贷的出现，扩大了金融服务的覆盖度，将以前排除在外的低收入人群纳入了金融服务的范围，很好地体现了普惠金融在当今时代发展的关键意义。小额信贷机构不需要刻意追求自身财务的可持续性，应对穷人收取比其他金融机构更低的利息，因为对于低收入人群来说，它是金融服务缺失的重要补充。④

（三）贫困户群体

贫困户往往存在两种，一是物质上的贫困，二是精神上的贫困。物质上的贫困是指缺乏生活必需的资金；精神上贫困是指存在很多方面的认知障碍，主动脱贫的积极性较低，坐吃山空的思想严重。部分贫困户往往不能够很好地理解政策，对于贷款扶贫的概念不清，通常误认为小额贷款不用归还，忽略了"贷"的性质。由于对政策不甚了解，部分贫困户对小额贷款有所抵触，只会被动地等待分配，主动性和积极性过低。⑤ 因此，政府在扶贫的时候，有关部门一定要把小额贷款的政策落到实处，并构建完整的信贷体系，自上而下地逐步解决问题。此外，对下属金融扶贫组织的建立也是关键所在，下属金融扶贫组织是政策落实的主要执行者，部门的协调联动有利于政策更好落实，从而更好地保障小额信贷政策健康发展。在产业方面帮助贫困户脱困，了解贫困户的需求，帮助贫困户制定脱贫产业规划，打造当地特色产业，助其脱贫。⑥ 对于贫困户来说，普惠金融的目标就是减少贫困、促进共同繁荣、增加社会团结，简言之，是改善个人和社会

---

① 张炫炜：《M市农村普惠金融发展存在的问题与对策》，《今日财富》2022年第14期。
② Eyup Dogan, Mara Madaleno and Dilvin Taskin, "Financial Inclusion and Poverty: Evidence from Turkish Household Survey Data," *Applied Economics*, No. 19（2021）：1—2.
③ 中国银监会合作部课题组：《普惠金融发展的国际经验及借鉴》，《中国农村金融》2014年第2期。
④ 刘敏楼、蔡中舜：《普惠金融研究综述及其对中国的启示》，《上海立信会计金融学院学报》2017年第5期。
⑤ Muhamed Zulkhibri, Abdul Ghafar Ismail, *Financial Inclusion and Poverty Alleviation*（2017），pp. 9—10.
⑥ 徐杨一帆：《普惠金融下扶贫小额信贷之思考》，《现代商贸工业》2020年第25期。

的整体福祉。

（四）妇女群体

妇女是弱势群体，也是农业的关键角色，但是她们资源不足，特别是在金融方面，[①] 并且在大多数国家，很多弱势群体被排除在信贷机构的正式评级之外。[②] 格莱珉模式为服务妇女等弱势群体提供了良好的借鉴，不仅解决了弱势群体的贫困问题，还提升了女性的社会地位。因此，普惠金融对于弱势群体的服务重心应参考格莱珉银行模式，此模式首要考虑的就是相对贫困的弱势妇女，为贫困妇女提供相应的金融服务。小额信贷的优势是既可以因地制宜进行金融产品的创新，又可以克服信息不对称带来的逆向选择和道德歧视的问题。

（五）小微企业群体

普惠金融是为了让小微企业获得更大关注和更多优质服务，数字普惠金融还可为小微企业提供融资方面的帮助。[③] 为进一步减轻小微企业负担，应下调普惠小微贷款利率，降低企业融资成本；规范收费行为和收费管理，如承担普惠小微抵押登记费、抵押评估费和公证费，降低各类繁杂的手续费，以及取消不必要的业务收费。

三、不同科技理念下的普惠金融发展方向

（一）传统发展模式

传统金融发展模式盈利性目的较为明确，商业性强，服务对象比较明确，主要是为高收入人群和大中型企业提供贷款与资金担保。传统金融的发展较为固定，由于推广的成本高，且很难有利润回归，所以推广的意愿并不强烈。传统商业银行常常靠分网点来拓展业务，覆盖面大多是有一定经济实力的大中型公司及客户。在服务效率方面，传统金融商业银行的服务效率明显低下，且耗费人力、财力。[④]

[①] Ugwuja Vivian Chinelo, Ekunwe Peter Ayodeji, "Leveraging on Digital Technology for Financial Inclusion of Women Agripreneurs in Southern Nigeria," *F1000Research*, No.11 (2022): 2—6.
[②] "Financial Inclusionin the Digital Age" (2018).
[③] Zhiqiang Lua, Junjie Wu, Hongyu Lia and Duc Khuong Nguyen, "Local Bank, Digital Financial Inclusion and SME Financing Constraints: Empirical Evidence from China," *Emerging Markets Finance and Trade* (2022).
[④] 闫杰、强国令、刘清娟：《普惠金融、脱贫人口增收与乡村振兴——来自扶贫小额信贷的证据》，《江苏农业科学》2022年第50期。

(二)科技金融发展模式

1.互联网金融

数字技术可以为无法获得金融服务的群体提供负担得起的金融服务,如教育储蓄、支付、小额信贷、汇款和保险购买。[①] 在融合移动通信和互联网等多种现代信息科技后诞生的新型模式,就是所谓的互联网金融。互联网金融更为便捷,数字身份识别安全性更高,[②] 与传统金融业相比,互联网金融的特点是"协作、平等、开放"。从实际情况来看,互联网金融属于创新金融服务。该服务拥有金融行业的特点以及互联网精神和理念,对搜索引擎、社交网络、云技术和移动支付的依赖性极高。互联网金融的存在形式较为特殊,由于其虚拟化的特点,电子空间成了该行业的主要存在区域。需要注意的是,互联网金融与传统金融存在一定的相似之处,其概念界定和相关理论均借鉴了传统金融理论。不过,两者也存在细微差别。除此之外,互联网技术的迅速崛起,不仅推动了该行业的发展,也对传统金融行业造成了冲击。再加上移动支付的普及,使互联网金融的辐射范围更广,受众也随之激增。[③]

2.大数据金融

数字金融拥有巨大的潜力,在收集相关数据后,对其进行分析和归类,对客户需求和行为进行预测,就是大数据金融。简单来说,互联网金融平台可以利用数字挖掘技术,将海量数据加工成有效信息,完成对客户信息的归类。通过这种方式,能够有效提高金融产品的营销成功概率。[④] 大数据金融模式在运用过程中,拥有较高的成功概率。由于对客户需求的了解,能够帮助企业获得客户认可,使其更加顺利地开展后续工作。因此,该模式拥有巨大的优势。除此之外,对于数据和信息的运用,能够帮助企业完成风险评估,尽量避免可能出现的损失。需要注意的是,运用该模式的企业日益增多,满足了更多人的金融需求。与此同时,企业逐渐扩大服务范围,根据客户的实际需求,提供更多个性化服务。通过这种方式,提高顾客的忠诚度,扩大企业的利润空间。大数据

---

① Jingrong Li, Bowen Li, "Digital Inclusive Finance and Urban Innovation: Evidence from China," *Wiley*, No. 26 (2021): 1—2.
② "Digitisation and Informality: Harnessing Digitalfinancial Inclusion for Individuals and MSMEs in the Informal Economy" (2018).
③ 王慧慧、李宏畅:《金融科技创新及风险监管研究》,《改革与开放》2017年第17期。
④ 焦青霞、刘岳泽:《数字普惠金融、农业科技创新与农村产业融合发展》,《统计观察》2022年第18期。

金融不但能减少贷款人和借款人之间的信息不对称,还能降低交易成本。[1]

(三)区块链技术

从实际情况来看,区块链技术属于金融科技的范畴,是区块链在金融领域的技术应用,简单来说,就是将金融行业与现代科技融合到一起,使行业服务变得更为便捷。需要注意的是,保险业、证券业和银行业等领域,是区块链金融的主要使用场景。[2] 对于区块链金融来说,其涉及领域较广,与其他概念的关联性极强。尤其是自金融与传统金融,属于区块链金融的重要组成部分。在提供金融服务的过程中,需要用到中介机构,就是所谓的间接金融;[3] 交易主体能够独立完成交易,就是所谓的直接金融。随着各国群众的经济水平不断提高,金融需求也越来越强烈。[4]

四、不同竞争力下的普惠金融未来展望

(一)发达国家普惠金融机构竞争力排名(见表3-1)

表3-1　　　　　　　　　发达国家普惠金融机构竞争力排名

排名	经济体	全球金融竞争力分值
1	美国	85.1
2	英国	51.3
3	日本	44.8
4	德国	43.9
5	加拿大	42.2
6	澳大利亚	41.3
7	法国	41.3

美国的金融竞争力排名全球第1,其分值比排名第2位的英国高出33.8分,这是相邻两个经济体的全球金融竞争力分值差距最大的一组,可见美国在金融领域拥有显著的国际竞争优势。从5个一级指标来看,美国在金融业竞争力、货币竞争力、金融科技竞争力和国际金融治理能力4个指标上均排名全球第1,只有金融基础设施一项排名第5。

---

[1] Pengpeng Yue, Aslihan Gizem Korkmaz, Zhichao Yin, Haigang Zhou, "The Rise of Digital Finance: Financial Inclusion or Debt Trap?" *Finance Research Letter*, No. 10 (2021): 1—5.
[2] Ethan Loufield, Dennis Ferenzy and Tess Johnson, "Accelerating Financial Inclusion with New Data" (a joint report from the Center for Financial Inclusion at Accion and the Institute of International Finance, May, 2018).
[3] 冯贺霞、韦放:《金融科技(FinTech)助力普惠金融发展》,《山西农业大学学报(社会科学版)》2018年第9期。
[4] 邵婧妤:《浅谈普惠金融与传统金融的联系与发展》,《现代营销(创富信息版)》2018年第10期。

可见，支撑美国金融竞争力的基础是较为稳固的。此外，在美国领先的4个一级指标中，货币竞争力的优势最为突出，高出第2位欧元38.8分，说明美元的国际地位是美国维护其全球金融竞争力的最强大力量。

英国的金融竞争力排名全球第2，其分值为51.3分，充分显示出英国作为老牌资本主义国家在这一领域积累下来的优势，这也是支撑英国成为全球金融强国的关键因素。日本则紧随其后，其分值为44.8分。

（二）发展中国家普惠金融机构竞争力排名（见表3-2）

表3-2　　　　　　　　　发展中国家普惠金融机构竞争力排名

排名	经济体	全球金融竞争力分值
8	中国（不含港澳台地区）	41.2
20	南非	27.2
21	巴西	25.4
22	沙特阿拉伯	25.3
26	印度	22.4
29	墨西哥	19.1
30	印度尼西亚	17.6

数据来源：中国社会科学院世界经济与政治研究所：《全球金融竞争力报告2021》。

中国（不含港澳台地区）的金融竞争力排名全球第8，以0.1分之差位于法国之后。在5个一级指标中，金融业竞争力是中国（不含港澳台地区）与全球领先水平差距最小的，比排名第1位的美国低16.2分。在近20年时间里，中国的金融业实现了持续高速增长，培育出了全球规模最大、盈利能力最强的银行体系，建成了全球规模第2的股票市场与债券市场。与此同时，亚洲基础设施投资银行和新开发银行相继成立，中国在区域金融治理的影响力获得显著提升。

伴随新一轮的金融改革与开放，中国的金融业将会在国内和国际市场上与全球金融机构开展更加全面而深度的竞争与合作。全球金融竞争力评价指标体系的构建，有助于通过国际比较与量化分析来研判我国金融体系的竞争优势与不足，从而为政府推出新的金融改革与开放措施提供参考，为金融机构的创新发展提供借鉴。[1]

---

[1] Elisa Aracil, Gonzalo Gomez-Bengoechea, Olga Moreno-de-Tejada, "Institutional Quality and the Financial Inclusion-poverty Alleviation Link: Empirical Evidence across Countries," *Borsa_Istanbul Review*, No. 22（2022）3-8.

第四章 普惠金融在银行体系的实践及发展路径

银行体系是我国普惠金融服务的重要参与者，在国家政策的引导激励下，银行体系坚定不移持续推动金融业供给侧结构性改革走向深入，强化金融服务功能，找准金融服务重点，将普惠金融作为重点探索方向，为实体经济发展提供更高质量、更有效率的金融服务。系统总结银行普惠金融发展模式的优势与制约因素，有助于推动普惠金融的服务整合，持续完善普惠金融发展基础设施，不断优化政策和激励约束机制。国有大行、股份制银行、城商行、农商行、新型互联网银行发挥各自优势，或通过设立普惠金融事业部，采用差别化考核评价方法，或积极开展金融创新，利用互联网提供便民服务，抑或拓展涉农金融业务、扶持农村经济，发行小额贷款、增强银企合作，积极加大对小微企业的支持力度。系统总结银行普惠金融发展模式、服务优势与制约因素，更好为银行普惠金融发展的长效机制提出有益参考。

第一节 银行体系普惠金融的发展趋势

银行是为经营货币信贷业务而依法设立的金融机构，是商品货币经济发展到一定阶段的产物。在个人层面，银行主要负责存取款办理、计息业务，包括输入电脑记账、打印凭证、存折、存单，收付现金，办理营业用现金的领解、保管，登记柜员现金登记簿等；在企业方面，银行主要负责办理营业用存单、存折等重要空白凭证和有价单证的领用与保管，登记重要空白凭证和有价单证登记簿，掌管柜台各种业务用章和个人名章，办理柜台轧账，打印轧账单，清理、核对库存现金，结存重要空白凭证和有价单证，收检业务用章等。

中央银行、监管机构、银行业金融机构和自律组织组成了中国的银行体系。中国人民银行作为我国的中央银行，在国务院指导下，指导和实施全国经济货币政策，以防范和减少风险，维护金融稳定。国家金融监督管理总局对除证券业之外的金融业监管，而中国银行协会则是在民政部登记注册的全国性的非营利性社会组织，是全国银行业的自律组织机构。中国的银行业金融机构分为政策性银行（国家开发银行、中国进出口银行、中国农业发展银行）、大规模商业银行（中国工商银行、中国农业银行、中国银行、中国建设银行和交通银行）、中型商业银行（股份制商业银行和城市商业银行）、新型农村贷款机构（农村合作社、农村商业银行、村镇银行与农村资金互助社），还有邮政储蓄银行和外资银行。

银行作为我国的主要金融机构，掌握着大量资金，是我国主要的资本投资家，对社会经济起着不可或缺的作用。银行引导社会经济的发展，面对社会的经济变化开创出适应不同经济时期的金融产业。例如，面对严峻的生态环境和国家对"碳达峰、碳中和"的高度重视，作出绿色金融业务；面对疫情导致的社会经济低迷，在各行各业都有承受不住疫情的打压而倒闭时，加大普惠金融的政策力度和执行力度，让很多行业得以喘息，甚至有了东山再起的机会，普惠金融也因此成为我国社会经济发展的重要金融服务之一。

目前，国际经济形势呈现下滑趋势，俄乌冲突让整个国际经济形势更为严峻。受到疫情的影响和整个国际形势的压力，我国正大力推进"双循环"，逐渐形成以大循环为主、内外双循环互补的新发展模式。实体经济由于产能严重过剩以及疫情的影响，许多商品积压在仓库卖不出去，导致企业的资金无法回笼，员工的工资发不出去，许多企业不得不靠裁员来维持生存，特别是中小微企业，可以说是举步维艰，这些问题直接导致了就业压力增大，消费动力不足。但互联网企业经济在这些社会百态下，却形成了数据的垄断和价值财富的独享，它们不会和任何人分享自己的财富蛋糕，资本的累积、扩张，让它们毫无顾忌地去"打劫"企业、商家和消费者，进行劳动的剥削，导致社会经济极其不健康。这就是当今社会经济所面临的一系列问题。

从表4-1中我国近5年各个季度国内生产总值同比增长可以看出，我国社会经济在近5年都处于走下坡路的状态，特别是2020年第一季度出现负增长，这是由于我国在此时期暴发了大规模的公共卫生事件，新冠疫情导致全国上下停工停产，致使社会经济不景气。虽然2021年我国国内生产总值增长了10.7%，国内生产总值总量第一次冲破20亿元大关，但从目前社会经济增长来看，受世界经济形势的冲击，如中美贸易战、俄乌冲突、国际疫情形势等，大量中小企业因没能得到好的经济支持而倒闭，外贸市场失衡，特别是外贸成本变大、库存大压力，进出口程序变得烦琐使时间成本增加等，导致资金回笼慢，企业难以发展下去。纵观国内农业经济，中国作为农业生产大国，拥有庞大的农业劳动力数量，但由于疫情导致销路窄，甚至滞销，加上资本家过度的经济剥削，大多数农民个体工商户发展受资本限制，不敢投入，没有足够的资本去发展生产。放眼我国各行各业，特别是中小企业和个体工商户，它们受资本的限制大，对资本需求量大，这就要求银行把握好社区经济发展的趋势，为社区各行各业带来更好、更实惠的服务，帮助受疫情影响严重的中小企业复工复产，为村民带来更好的服务，来实现乡村振兴，为社区带来更多的就业机会，降低社区失业人口，增强社会有效吸收就业、再就业的能力，使社会主义经济步入正轨。普惠金融在这样的社会背景下，在银行体系金融政策的指引下，在面对现实社会经济发展中，起着举足轻重的作用。

表 4-1　　　　　　　近 5 年各个季度国内生产总值同比增长　　　　　　　单位：%

年份	1 季度	2 季度	3 季度	4 季度
2017	7.0	7.0	6.9	6.8
2018	6.9	6.9	6.7	6.5
2019	6.3	6.0	5.9	5.8
2020	-6.9	3.1	4.8	6.4
2021	18.3	7.9	4.9	4.0
2022	4.8	0.4		

注：同比增长速度为与上年同期对比的增长速度。
数据来源：《国家统计年鉴》。

面对严峻的社会经济形势，习近平总书记高度重视普惠金融发展，在中央深改委第二十四次会议上指出，要始终坚持以人民为中心的发展思想，推进普惠金融高质量发展，健全具有高度适应性、竞争力、普惠性的现代金融体系。中国特色普惠金融与政策性银行发展的政治要求高度一致、相互契合、同心同向。所以，在银行体系下的普惠金融是要符合政治立场，要准确把握政策性银行的合理定位和发展路径，促进普惠金融发展。[①]

首先，银行推进普惠金融发展要突出政策性银行的政治属性和主责主业。"政策的背后本质是政治，政策性就是政治性"是习近平总书记曾针对政策性银行作出的重要论断。政策性商业银行发展普惠金融服务需要贯彻党的领导，服务于国家战略，支撑实体经济，发挥引领和带动作用。特别是在特殊时期、困难时刻，增强市场微观主体信心，以更精准、有效的服务帮助普惠群体克服疫情影响，更好实现恢复发展。政策性银行有平息经济周期和战略结构调整的功能。发展普惠金融，既要落实好逆周期调节、跨周期支持的普遍性要求，采取超常规举措，出台差异化普惠信贷政策，又要发挥好支持特定领域的独特作用，在新发展格局中找准定位，全力帮扶"两基一支"、乡村振兴、对外贸易等关键领域的小微企业应对困难挑战，服务好国家稳住经济大盘的战略部署。

其次，银行业要利用好专业优势和独特经验。政策性银行发展普惠金融既要敢做，又要善做。一方面，突出专业特色，重点面向关键行业，并继续关注、扶持、发展战略性的新兴产业、先进制造业和专精特新产业，开发出覆盖广泛、层次丰富的政策性专项普惠信贷产品，对商业性金融支持不充分、覆盖不全面的方面形成补充。另一方面，加强对重点行业供应链上中下游中小微企业的扶持，帮助促订单、拓渠道、保运营，不断改善对中小微企业服务质效。

再次，还要充分发挥好普惠资金大额、中长期、低息融资的先导功能。政策性商业银行发展普惠金融服务，要充分发挥政策性资金时限长、资金投入大、对风险容忍度高、不谋求收益最大化等优点，以比商业性金融机构更为优越的利息、期限、保障条件，加大小微企业的信贷投放力度，将成本低、可持续的资金精准"滴灌"至普惠群体。用好"批发资金再贷款"形式，将政策优势、资金优势、规模优势与商业银行网络优势、人力优势相结合，形成逐点、逐面辐射，撬动更多资金，共同助力稳小稳微、稳就业、稳预期，扩大支持小微企业的示范效应。

最后，银行要坚持规模、质量、效益、均衡、可持续发展理念。政策性金融服务是稳定中国金融体系的主要保障，政府实施宏观审慎政策将更加有力，在发挥普惠性金融服务、主动担当责任的时候，必须保持企业稳定运营。应注意到，国家成立政策性银

---

① 梁涛：《以人民为中心推进普惠金融高质量发展》，《中国金融》2022年第9期。

行的目的是按市场规则来提高资源配置效率，弥补单纯靠财政手段提供纯粹公共产品的弊端。政策性银行发展普惠金融必将尊重市场规律与执行国家意志相统一，将让利小微企业和保本微利可持续发展相结合，按照银行规律配置资源、经营管理，提高市场化、专业化水平，提升稳健经营和风险抵御能力，实现规模、质量、效益的可持续发展。[1]

近年来，通过正确地掌握、用好政策性金融促进普惠性金融发展的合理位置与成长方向，我国普惠金融发展趋势总体向好，但发展水平仍处于较低水平，东部、中部、西部地区发展水平差异很大，尚未实现均衡发展。所以，地方政府部门和金融机构都要采取积极措施，以强化普惠金融服务能力的形成，推动社会金融间的协作，推动社会金融服务的改革创新，做好与普惠金融服务政策的衔接，促进开展大数字普惠金融服务工作，完善基础设施建设，缩小城乡发展差距，完善监管和征信体系。

自2015年12月国务院发布《普惠金融发展规划（2016—2020年）》以来，中国普惠金融发展突飞猛进。截至2021年末，平均每万人拥有ATM机具6.71台，同比下降6.55%；平均每万人拥有联网POS机具275.63台，同比增加1.52%，成年人通过电子支付的比率高达82.39%。2021年，银行业金融机构离柜交易笔数达2219.12亿笔；离柜交易总额达2572.82万亿元，同比增长11.46%；行业平均电子渠道分流率为90.29%。农村金融服务覆盖率持续扩大，截至2020年末，全国银行网点乡镇覆盖率达97.13%，较2019年稳步增加；平均每万人拥有银行网点1.59个，与2019年持平。2019年上半年，电子银行资金支付在农村地区实现63.54亿笔，移动支付47.35亿笔，分别价值74.27万亿元和31.17万亿元，普惠金融贷款的可获得性得到进一步改善。[2] 截至2021年末，中国银行业金融机构用于小微企业的贷款（包括小微企业贷款、个体工商户贷款和小微企业主贷款）余额达到50万亿元，其中单户授信总额1000万元及以下的普惠型小微企业贷款余额为19.1万亿元，同比增长24.9%；银行业金融机构涉农贷款余额43.21万亿元，其中普惠性涉农贷款余额8.88万亿元，较年初增长17.48%，超过各项贷款平均增速6.18个百分点。此外，普惠金融领域供给侧结构性改革成效良好，

---

[1] 李钧：《发挥政策性银行发展普惠金融优势》，《中国金融》2022年第15期。
[2] 《2019—2021年中国普惠金融发展报告》，据人民银行网：http://www.gov.cn/xinwen/2020-10/16/content_5551834.htm。

从大中型银行到地方城市商业银行、农村商业银行，从民营银行到保险等非银机构，都积极推进机制改革，创新普惠金融产品和服务手段。普惠金融体系逐步完善，2019年新上市小微企业进行了5000多次的直接融资，累计融资规模超过1000亿元。普惠金融重点服务领域的市场已形成良好的竞争环境，覆盖广、差异化服务格局显现。普惠金融配套政策支持力度空前，各级政府积极开展"银税互动""银商合作""信易贷"等工作，推动信用信息体系发展，货币财税政策协同发力，逐步优化担保增信体系，稳步推进风险分担机制，健全普惠金融法律框架。

当前，尽管我国金融资源分配不平衡，金融排斥的现象仍然存在，特别是农村及偏远地区的微型企业及农民在获得正规金融服务方面仍然面临困难，但农村对资金的需求量确实旺盛。至2018年末，中国人民银行统计资料表明，在全国农村地区累计开立单位商业银行农业融资结算业务账户2174.83万户，增长了10.59%；开通的手机银行业务数高达6.70亿户，产生了93.87亿笔电子支付服务，涉及交易总额超过了52.21万亿元；在农村地区开通网上银行数达到了6.12亿户，总增幅为15.29%，产生了102.08亿笔网银付款服务，总额达到了147.46万亿元。此外，金融机构涉农贷款占比也在不断提高。事实证明，农村居民对金融产品和服务的需求是巨大的，并且在稳步增长。

2021年，国家统计局数据表明，农村居民人均可支配收入达到18931元，实际增长9.7%，高于城镇居民收入增速2.6个百分点。随着收入的逐渐提高和金融知识的普及，他们不再局限于存款和信贷金融服务，而会选择更高层次、更多类型的金融产品与服务，如农村保险、理财产品、教育基金、抵押担保等。农村保险费用收入从2007年的51.8多亿元增长到2021年的约976亿元，提供的风险保障从2007年的1126多亿元增长到2021年的4.7万亿元，金融服务的农户群体人数从2007年的4981万人增长到2019年的1.8亿人。这表明，高水平、多样化的金融产品和服务在农村地区具有广阔的发展前景，农村对金融服务的需求也日益多样化。①

在此期间，我国的普惠金融业也取得了很大进展。一是普惠金融体系更加健全。"十三五"时期，我国已基本形成了开发性金融、商业性金融、政策性金融相辅相成的多样化、覆盖面广、有明显差异的普惠性金融体系。二是业务范围拓宽，便利性进一步

---

① 勾东宁、刘璐璐：《中国普惠金融发展现状和水平测度》，《经济研究导刊》2022年第5期。

增强。2016年起，我国面对乡村振兴、小微与民营企业等不同的金融机构，发挥各种资源优势来适应它们的发展需要，积极拓展业务范围。金融机构通过设置特色网点、代理、移动业务网点、自助业务网点，进一步把实体服务网络向偏远乡村拓展，使金融机构基层业务覆盖范围更广。按照监管部门披露的数据，截至2019年6月底，我国城市农村商业银行的机构覆盖面为95.65%；行政村基础金融覆盖面达99.20%，相较于2014年底增加了8.1个百分点；乡镇保险业务覆盖率达95.47%；银行卡的支取服务农户已达到82.33万户，部分区域也已完成了"村村通"。另外，金融机构还利用网络、云技术、大数据分析技术等现代信息化工具，通过新发展的手机银行、网络银行、直销银行等方式，逐步突破了实体网点的约束，进一步提升了普惠金融的覆盖率。三是金融产品与业务更加多样化。在信贷产品创新与服务领域方面，金融机构在贷款支持机制、损失承担机制、增信方式、付款结算模式四个领域进行了一系列创新。在贷款保障领域方面，不断扩大信贷抵押品领域，相继推出动产质押、"两权"质押（即农村承包地经营权抵押和农户住宅所有权抵押）、专利质押等信贷产品。在风险分担制度层面，通过引进保险机构，有效转移因自然损失及价值变化所带来的信用风险。在信用提升领域，通过融资担保和供应链融资等手段，合理地提高借款人信用等级，缓解中小微企业和农户由于信用不足而无法获得融资的问题。在支付清算服务领域，针对中小型公司和农户信用需求"短、小、频、急"的特点，对授信和贷款的环节进行了创新，一般采取借记卡和惠农卡的模式，以做到在信贷限额以下的贷款随借随还。在业务创新领域，金融机构利用互联网、云计算技术、大数据技术等现代信息化方法，提升服务水平与效率，并有效减少经营管理成本与信贷成本。部分中小型银行由于本身的技术力量欠缺，可以通过和金融技术公司合作，以联合贷款的方法大大拓展了自己的业务领域。在服务类型领域，金融机构注重解决顾客全面的金融需求。例如，为用户提供消费型贷款，以满足其生活需要；部分银行与电商平台合作，拓展使用者的认知领域，或者搭建一种可以满足需求的平台，满足用户的消费需要；部分银行利用网络平台，向顾客推出智慧投资咨询业务，以适应顾客的财务管理需要；保险公司运用保险科技，以较低成本扩大其风险保障范围。四是金融消费者素养明显提升。近年来，我国相继举办"金融服务基础知识传播月""小微企业金融基础知识传播教育""全国防范非法集资宣传月""3·15宣传周"等各种金融服务知识宣传活动，还通过媒体平台加大传播力量。此外，大力推动金融服务基础知识进入国民教育课程，针对中小学生举办"金融知识进校园"活动，组织与编撰中学生《金融基础知识》科普读本，举办银行基础知识公开课等。据中国人民银行发布的《消费者金融素养调查分析报告（2021）》，2021年我国消费者金融素质指标为66.81，相较2019年增加了2.04。[①]

自2005年联合国提出普惠金融的概念，以及2016年我国《政府工作报告》提出大力发展普惠金融以来，我国推动普惠金融的力度加大。2020年，中共十九届五中全会讨论通过《中共中央关于制定国民经济和社会发展第十四个五年规划和2035年远景目标的建议》，明确提出"构建有效支持实体经济的金融体制机制，提升金融科技水平，增加金融参与"。这意味着，"十四五"期间，普惠金融仍然是金融工作的重点。国家一系列政策的指导和扶持，预示着普惠金融的发展必定会欣欣向荣。

第二节 普惠金融的发展水平测度

近年来，我国建立了多元化的普惠金融体系，普惠金融的可得性、服务质量等得到显著提升，正规金融机构服务弱势群体的积极性有所提升，普惠金融发展程度也日益增强，但还存在成本高、质量差、地方与社会的发展程度差距大等问题。推动普惠金融市场平稳发展，就必须准确判断普惠金融市场的发展阶段，总结好过去的经验，从而更好地规划普惠金融的未来，侧重加大扶持现有缺口的力度，服务好社会，实现共同富裕。

普惠金融，也译为包容性金融服务，其目的是在过去小额贷款和小额信贷业务经营模式成功的基础上，逐步拓展金融业务范围，并力求克服社会所有群体的金融供求不匹配问题。我国普惠金融的雏形，最早可追溯到1994年河北易县小额信贷扶贫合作社的创建。随着2013年地方政府明确提出要发展普惠金融，不少中小银行也竞相发展普惠金融。随着传统的小额贷款、小微金融活动和发展普惠金融服务之间的边界日益模糊，普惠金融机构也初步形成。

普惠金融不但有助于缓解金融供给严重失调的问题，而且可以实现社会公正。于

[①] 曾刚：《"十四五"期间的普惠金融发展》，《当代金融家》2020年12月。

是，普惠金融的理念一经提出，便受到了全球各地政府部门与学术界的广泛关注，并从以下三个方面达成共识：一是关于普惠金融对象选择的社会公平性问题，普惠金融产品的目标对象主要为社会小微经营主体、农民家庭和社会弱势群体，但绝不可以仅对准这些，普惠金融服务的最终目标之一，是能够使具有直接投资业务使用主体的几乎全部社会经营市场主体，都能切实地按照最合理的价格，来获取最高效、便利的投融资产品业务；二是普惠金融服务内容应更加全面化，即普惠金融的业务范围不仅涉及储蓄、信贷、担保、消费等基本金融领域，还涉及投融资、理财、社会保障等业务，普惠金融已经更加完整；三是普惠金融的服务可持续性，即普惠金融不是社会扶贫等公益项目，服务的持久性也必须建立在自身业务持久性的基础上。在可持续性的基石上，金融企业必须利用持续、稳健的投入带来充分的收益，并增加内生力量，才能实现普惠金融服务的可持续性。

一、普惠金融发展水平指标体系的构建

（一）指标体系构建视角

学者们根据研究对象、研究问题，构建从不同角度评价普惠金融发展水平的指标体系，随着研究的不断深入，各种创新的构建方式也不断涌现。综合来看，主要涵盖以下三类。

1. 单维与多维视角

早期学者采用持有金融资产的成年人或家庭的比率作为评价普惠金融发展的标准。如果单纯采用一项或某一个数据来评价普惠金融发展水准，得出的结果是不全面的，甚至可能误导人们对普惠金融发展的评估。为了克服单一维度测量的偏差，学者们尝试使用普惠金融指标从多个视角来评估金融包容性。萨尔马（Sarma）和派斯（Pais）把普惠金融分成了经济系统的可及性、可用性和实用性三个维度，借鉴了联合国全球开发计划署所提供的人类发展指数和性别发展指数的构建方式，从银行渗透率、银行服务的便捷与使用的角度建立了普惠金融指标，并利用49个发展中国家的大数据分析，量化普惠金融与人类发展程度之间的关系，研究成果显示，人类普惠金融的发展程度与人类社会的发展水平正相关。阿罗拉（Arora）基于渗透率、服务便利性和成本三个角度建立

了普惠金融指标①，与萨尔马和派斯的研究相比，阿罗拉把使用视角替换为了成本视角，并且在相同视角下确定了更多指标。古普特（Gupte）等进一步扩展了普惠金融指数的覆盖面，从人类普惠金融的渗透率状况、产品使用状况、交易成本和便利性四个角度建立了普惠金融指数，并在产品渗透率角度中添加了每一千成年人的账户数指标，从而使数据更具有影响力。可见，多维普惠性金融指数将使对普惠金融市场的研究更为立体、完整，统计层次与方法将逐步完善。

2. 宏观与微观视角

早期文献中因为没有明确资料来源，所以主要是从宏观角度建立指标体系，尽管能够窥探普惠金融发展的一般现象和一般规律，但常常也存在盲点，不利于发掘微观群体的特殊规律，也无法根据具体现象给出合理的解释途径。所以，近期学者们的主要关注聚焦在从微观角度思考普惠金融的发展水平。王修华指出，渗透性是获取金融服务的基本条件，获取并有效使用是普惠金融的核心，而成本问题最关键，这就是依次递进的三个阶段。田霖等通过比较我国银行的统计调查资料和样本中的商业银行资金、有价证券、银行卡金额等，评价国家普惠金融服务能力水平，并提出了城市、农村普惠金融服务指数，以区别我国各个阶段普惠金融服务发展能力水平。张东浩和尹志超构建了村庄层面的普惠金融指数，包括渗透、使用和满意度三个角度的16项指标，由宏观到微观的综合分析，让人们对当前我国普惠金融的发展有了更为充分、全面的思考和理解。

3. 供给与需求视角

早期研究中构建的普惠金融发展水平指标体系，其供给与需求指标是混合在一起的，并没有强调供需的区别。为了解决金融服务供给与需求的不平衡问题，近期一些学者尝试从供给、需求及供需结合的角度分别构建普惠金融指标体系。需求方面，阿罗拉认为，从需求方的成本和便利性两个维度来衡量普惠金融的效果更好，成本主要是指获取各项金融服务的费用，可利用贷款利率、保险费率等来衡量②；便利性是获得金融服务的难易程度，可通过与银行网点距离等指标来衡量。供给方面，主要衡量金融服务的渗透性、使用效率等，渗透性可以利用每千人银行网点数、每平方公里银行网点数等来测量；使用效率体现在人均银行账户数、人均贷款额等方面。

---

①② Arora, R. U., "Measuring Financial Access," *Economics*, No. 7 (2010): 1—21.

科学评价普惠金融发展水平对后续研究非常重要，但目前没有统一的普惠金融发展水平评价标准，国内外学者有不同的研究方向。以上主流研究视角之间也并非完全独立，近年来大多文献都是在构建多维指标体系的基础上，又进行了供需侧和（或）宏微观的区分，还有一些学者根据研究问题的不同，在构建方式上开展创新性研究。

（二）指标选取与数据来源

在指标选取方面，世界银行普惠金融指标体系共设置了474个指标，国际货币基金组织设置了242个指标，均涵盖了银行、保险、证券等方面的内容。目前，国内学者的研究主要参考《G20普惠金融指标体系》和中国人民银行的《中国普惠金融指标体系》，缺乏保险、证券和普惠金融投资产品方面的信息，不能完全反映公众对普惠金融产品和服务的迫切需求，不仅在指标数量上远远低于国际水平，在指标来源和结构上也存在明显不足。

在数据来源方面，目前评价普惠金融发展水平的数据主要分为宏观数据与微观数据。宏观数据主要来源于各类统计年鉴、统计公报和数据库。中国普惠金融起步较晚，此方面统计的宏观数据并不全面，一些能够真实反映普惠金融发展水平的数据大多掌握在各级政府及职能部门手中，不向社会和公众公开，导致数据来源缺乏可靠性、稳定性和准确性。大多数微观数据来自各权威机构组织的抽样调查，如中国家庭金融调查、中国家庭普惠金融调查和中国家庭跟踪调查，由于这些调查数据最初仅供内部机构使用，公开时间存在滞后性，因此一些学者为了提高研究的时效性、实现普惠金融指标体系的全面性，在一定范围内进行了问卷调查，虽然这类研究数据的准确度有待商榷，但为建设并完善普惠金融体系数据库提供了有益探索。

二、普惠金融发展水平测度方法的选择

在科学地构建普惠金融指标体系的基础上，还需要运用适当的方法将普惠金融发展水平数量化，以便更直观地考察普惠金融发展的现实状况。

（一）普惠金融发展水平测度研究

萨尔马首次引入"欧几里得距离法"构建了普惠金融指数[1]。查克拉瓦蒂（Chakravarty）和帕尔（Pal）在此基础上增加了敏感性参数，类似于边际效应递减法则，使各维度等

---
[1] Sarma, M. and J. Pais, "Financial Inclusion and Development: A Cross Country Analysis"（2008）.

效的增量对普惠金融发展总体水平的提高呈递减效应。与此同时，萨尔马进一步改进原有方法，综合考虑普惠金融发展水平最优点与最差点的平均距离，使测度更加精准。除此之外，还有学者运用主成分分析方法、因子分析法构建普惠金融指数。

虽然合成普惠金融指数的方法很多，但目前大部分研究都是基于萨尔马的方法对普惠金融发展水平进行测度，该方法在不断改进中逐渐成熟，被学者们广泛借鉴。具体计算过程如下：（1）计算各维度权重 w_i。萨尔马认为，各维度对普惠金融体系的贡献是同等重要的，因而各维度应取相等权重，即 $w_1=w_2=\cdots\cdots=w_n=1$，然而由于其中两个维度数据的缺失，无法全面被量化，在与银行界和学术界专家讨论后将这两个维度的权重设定为"0.5"；（2）计算各维度指数 d_i；（3）计算各维度欧几里得距离。将普惠金融发展水平看作由 n 个维度组成的 n 维欧几里得空间，则现实普惠金融发展水平是 n 维空间中的一点 X（d_1, d_2, $\cdots\cdots$, d_n），分别计算该点到最差点 O（0, 0, $\cdots\cdots$, 0）的归一化欧氏距离 X_1、到最优点 W（w_1, w_2, $\cdots\cdots$, w_n）的反向归一化距离 X_2；（4）计算普惠金融指数。取 X_1 与 X_2 的平均值作为普惠金融指数，避免由于存在某点到最优、最差点的距离相等而导致的计算误差。

萨尔马的方法本质上是借鉴欧几里得的距离方法进行测度，该方法容易理解且计算比较简单，查克拉瓦蒂和帕尔按照公理化方法进行测度，与萨尔马的方法相比增加了敏感度参数，但由于两种方法中的权重和敏感度参数都由人为设定，主观性较强，较难准确衡量普惠金融发展的实际情况。主成分分析法和因子分析法在一定程度上可以解决上述两种方法主观性强的问题，但它们需要变量之间的强相关性，对研究数据有一定的要求和局限性。

（二）赋权方式差异

就赋权而言，主要分为主观方法和客观方法。主观赋权包括等权重法、不等权重法、专家排序法、层次分析法等。萨尔马认为，普惠金融注重各种基本服务的协调发展，每个分指标同样重要，运用等权重法赋权更适合。焦瑾璞等在金融服务的3个维度下建立了包含19项指标的普惠金融指标体系，并使用层次分析法（AHP）对指标进行了加权。客观赋权主要有变异系数法、熵值法、因子分析法、主成分分析法等。例如，徐敏运用主成分分析法来确定农村金融服务水平指标体系的权重，从金融基础设施建设、金融服务覆盖范围的角度衡量中国农村金融服务水平，并分析区域差异；王婧、王修华等基于变异系数法确定的权重构建了相应的普惠金融指数,分别评价中国各省和农村普惠金融发展水平。

主观赋权方式中,专家可以根据实际情况和经验判断指标的重要性,并对较重要的指标赋予更大的权重,缺乏客观性。客观赋权虽然具有客观优势,但权重完全由计算样本内部差异程度得来,指标的重要程度与样本内部差异程度可能并不相符,也可能无法反映专家对各指标重视程度的差异,导致权重结果与实际情况不一致。因此,为了实现主观与客观的统一,主客观相结合的赋权方法逐渐出现,如郭峰等结合层次分析法与变异系数法对其编制的数字普惠金融指标体系进行赋权,使评价结果更具科学性。[①]

研究方法的选取直接决定了研究结果的准确性,即便数据、指标体系相同,只要采用不同方式进行测度,结果也一定会产生些许差异,由于不同方法侧重点不同,即便存在测度结果整体趋势相近的情况,但敏感度也可能不同,因此,还需根据具体研究问题选择测度方法。[②]

第三节　银行体系普惠金融的实践模式

迈克尔·波特(Michael Porter)曾提出"通用竞争战略"理论,用于指导企业在竞争中采取长期进攻或防御行动,主要包括三种基本战略——总成本领先战略、聚焦化战略和差异化战略。总成本领先战略要求企业积极建立规模化、高效化的设施,通过经验积累降低成本,严格控制成本和管理费用,将研发、服务、销售团队管理、广告等领域的成本降到最低;聚焦化战略侧重于特定的采购群体、产品类别或区域市场;差异化战略将公司提供的产品或服务差别化,并侧重于创造特色效益。当前,商业银行是我国普惠金融的主力军,主要包括大中型商业银行、地方中小银行和具有互联网基因的新型银行三类主体。总体来看,风险控制技术与服务市场规模两个维度是区分商业模式的主要特征要素,商业银行开展普惠金融主要采取以下三大基本战略,分别对应三类商业模式(见图4-1)。

---

① 曹健、范静、王珏:《普惠金融发展水平评价研究述评》,《社会科学战线》2021年第7期。
② 郑素娟、许登杰、郭君默:《福建省普惠金融发展水平评价分析》,《金融理论与教学》2020年第6期。

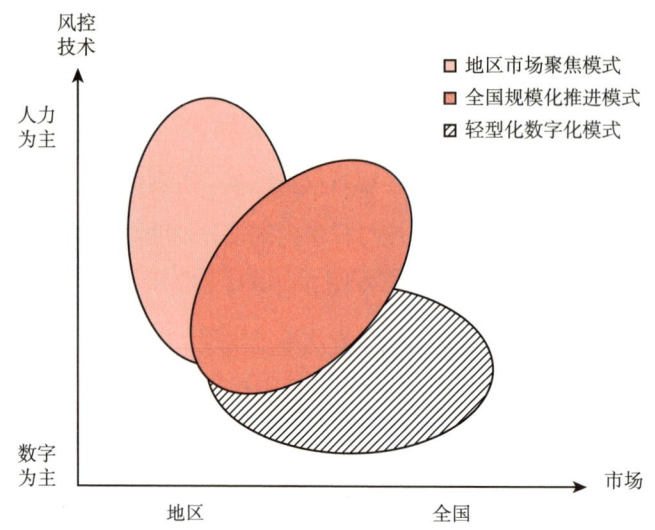

图 4-1　商业银行开展普惠金融的三类商业模式

数据来源：张兴荣、周科、郭显照：《中银研究：中国商业银行普惠金融商业模式比较研究》。

第一，全国规模化推进模式。采取总成本领先战略，要求银行具备规模化的网点和员工数量，能够依托其大规模的客户基础获取低成本存款，规模化推广金融业务，借助集约化的中后台支撑和较为领先的信息科技水平等降低成本，实现全国范围普惠服务，典型代表为中国工商银行、中国农业银行、中国银行、中国建设银行等大型银行。

第二，地区市场聚焦模式。采取聚焦化战略，要求银行聚焦于特定的目标客户群体，依托对特定地域、特定目标群体的服务实现利润；有一定的实力进行科技创新，但受制于资本规模限制无法形成较大范围的金融服务，风险控制主要依托人工识别与一定的技术支持，典型代表有泰隆银行、常熟银行等城市商业银行或农村商业银行。

第三，轻型化、数字化模式。采取差异化战略，基于海量移动支付客户基础与交易记录信息，开展依托于大数据、人工智能等技术的差异化服务，其服务客户范围突破地域限制，但授信总额较小，无法满足更多客户需求，典型代表是具有互联网基因的银行，如微众银行和网商银行。

一、全国规模化推进模式

（一）中国工商银行：数字化升级普惠金融服务

中国工商银行主要以数字化为手段，通过线上线下协作，构建一站式、立体化、综合化金融服务体系，打造以"融资+融智+融商"为核心的普惠金融服务模式。围绕发展快、结构优、风险控制好、能力强的要求，实施普惠金融服务能力提升工程，激发市场活力。坚持"做活线上、做专线下"一体化发展路径，线上强化集约运营模式，构建与数字普惠特征兼容的系统支撑体系，线下激活网点动能，推动标准化程度高、操作难度低的产品下沉。全面推进"专家治贷"，改善小型和微型中心的集约化运营、专业分工和流水线运营模式。围绕经营快贷、网贷通、数字供应链三大产品线，打造拳头产品。推进智能决策与专家判断结合，打造以数字化准入、智能化风控、线上线下交叉验证、集约化运营为特征，涵盖准入、审批、贷后管理全流程的数字风控体系。[①]

为实现数字化普惠金融服务升级，中国工商银行持续推进渠道转型发展，通过完善"智能+人工、线上+线下、远程+近场"服务供给，不断深化线上线下渠道一体化建设。在完善普惠金融产品体系方面，构建"一平台、三产品"（工行小微金融服务平台+快速贷款运营、线上信贷、线上供应链融资）普惠金融综合服务体系，有效提升服务的覆盖面和便利性。在普惠金融特许经营机构建设中，不断提升小微金融业务中心的服务质量和效率。截至2019年底，中国工商银行共有288家小微金融商业中心。为支持脱贫攻坚和乡村振兴，在总行和一级分行层面设立普惠金融业务推进委员会，全面推进普惠型涉农金融服务。截至2021年末，中国工商银行银保监普惠口径贷款余额10990.12亿元，涉农贷款余额达到26613.17亿元，普惠性涉农贷款余额2427亿元，比年初增加905亿元。

2019年底，中国工商银行发布了以"金融+智能+业务"为核心的"万家小微企业成长计划"和"普惠金融服务2.0"。"万家小微企业成长计划"以未来目标市场定位为基础，计划在3年内优先支持万家有市场的产品、有潜力的行业、有信誉的公司，提供"滴灌式"精准服务，培养一批客户成为细分行业的领军者，打造一批有影响力的知名品牌，支持一批公司成长为中型企业，带动数百万小微客户共同成长。截至2021年末，

---

① 中国工商银行：《2021年社会责任报告》，http://icbc.com.cn/ICBCLtd/。

中国工商银行已在全国500多个城市组建近9000个服务小组,为超1万家入库小微企业定制"一对一"专属服务方案,提供全方位综合金融服务。"融资+融智+融商"的服务体系是该行发展普惠金融的商业模式技术方案,在产品、渠道、目标市场等因素方面进行有效结合。①

(二)中国农业银行:"'三农'+小微"双轮驱动的普惠金融

2019年初,中国农业银行制定"推进数字化转型再造一个农业银行"的战略构想,积极推进普惠金融数字化转型,实施小微金融数字化转型"四个一"工程,即构建一套产品品牌体系、建设一个经营管理系统、打造一个客户服务平台、搭建一个智能化风控体系,深化"'三农'+小微"双轮驱动的普惠金融服务模式。

在普惠金融建设上,推进分层分类管理,加强专营机构和示范支行建设,799家专营机构发挥示范引领与骨干支撑作用,借助100家"小微企业金融服务示范支行"形成市场品牌,增强网点小微金融服务能力。在产品体系方面,推出"农银e贷"数字化产品体系,包含惠农e贷、小微e贷、个人e贷、产业e贷四大系列,为农户、小微企业、个体工商户、小微企业主提供方便快捷的线上化信贷支持。在渠道建设方面,与国家政务服务平台、全国中小企业融资综合信用服务平台、地方政府政务服务平台等合作对接,构建开放、共享的普惠金融服务生态,构筑普惠金融数字化营销管理体系,打造开放式小微客户服务平台。在风险治理方面,建设普惠金融数字化风控体系,运用金融科技手段,加强内外部数据挖掘,引入智能化风控手段,实现对小微企业信贷业务贷前、贷中和贷后的全流程风险管控,提高风险管理主动性、精准度和有效性,确保普惠金融业务资产质量稳定。

在"三农"金融特色服务方面,实施"三农"和县域业务数字化转型,切实加强产品创新和渠道建设,建立适应业务特点的三农事业部管理模式、进一步强化支持保障作用。以"县域和涉农"确定管理边界;以"部门+中心"搭建组织架构;以"双委员会+双线考核"建立治理机制,即在董事会、高管层设置"三农"/普惠发展委员会与管理委员会;以"六个单独"作为管理机制,即单独的信贷管理机制、资本管理机制、会计核算机制、风险拨备与核销机制、资源配置机制和考评激励约束机制;以"外部政策+

---

① 中国工商银行:《2021年社会责任报告》,http://icbc.com.cn/ICBCLtd/。

内部政策"（事业部实施单独配置县域信贷计划、单独安排"三农"固定资产投资预算、单独核定工资总额等倾斜政策）来增强发展动力。

2019年，中国农业银行战略性新兴产业贷款余额4950.5亿元，较2018年末增长53.7%。中国农业银行持续深化普惠金融服务，不断完善"'三农'+小微"双轮驱动的普惠金融服务体系，提高普惠金融服务水平，帮助缓解民营、小微企业融资难和融资成本高的问题。2019年末，中国农业银行普惠型小微企业贷款余额5923亿元，较2018年末增加2179亿元，增长58.2%，高于全行贷款增速46.3个百分点；贷款客户达110.92亿户，比2018年末增加68.6万户；全年累计发放贷款的平均利率为4.66%，客户的总融资成本较2018年下降了1.2个百分点；普惠型小微企业剩余不良贷款81.34亿元，不良率为1.37%，实现"双降"。降准口径普惠贷款增量占全行人民币新增贷款的22.05%，满足央行第二档降准要求。县域公司存款余额21404亿元，较2018年末增加423亿元；公司类贷款（不含票据贴现）余额24864亿元，较2018年末增加2078亿元。县域个人存款余额55878亿元，较2018年末增加5380亿元；个人贷款余额19268亿元，较2018年末增加2865亿元。其中，惠农e贷余额1986亿元，较2018年末增加1114亿元；授信户数174万户，较2018年末增加100万户。[①]

（三）中国银行："普惠金融事业部+村镇银行"双线并进

按照"建设新时代世界一流银行"战略要求，中国银行积极实施支持小微企业发展的国家战略措施，以普惠金融业务部为统筹，持续改进完善普惠金融服务，形成包括商业银行、中银富登、中银消费金融、中银通支付"四驾马车"的普惠金融板块，核心业务包括信贷工厂模式支持小微企业授信、个人金融产品服务个体工商户和农户等微贷业务，通过旗下子公司中银富登村镇银行服务"三农"客户等。

在产品创新方面，中国银行完成普惠线上模型开发与投产，升级"中银E贷"产品功能，持续加强社保、公积金、税务数据对接，融入消费场景创新产品服务。投产"中银E贷·经营贷""中银E贷·税易贷""中银来聚财·商户贷"等普惠贷款产品，落实减税降费要求，重点解决小微企业融资难、融资成本高问题。为国内个体工商户量身打造产业链线上贷款产品，入选《香港商报》和中国开发性金融促进会"2019金融创新

---

① 中国农业银行：《2019年社会责任报告》，https://www.abchina.com/cn/AboutABC/CSR/CSRReport/。

服务实体经济十大案例"。提供"跨境撮合"特色普惠服务，为全球中小企业搭建互联互通合作平台，更好帮助中小企业融入全球资金链、价值链、产业链。2014年以来，共开展了61场跨境配对活动，吸引了来自全球125个国家和地区的3万家中外企业参加。

中国银行出台内部转移资金价格优惠、经济资本占用计算减免、专项信贷额度、尽职免责制度、"五专"机制等措施，通过加大对民营企业、普惠金融的考核，引导行内资源向普惠金融业务不断倾斜。2019年末，中国银行普惠型小微企业贷款余额4129亿元，比2018年末增长38%，高于全行各项贷款增速；客户数近40万户，高于年初水平；投放贷款平均利率4.3%；不良率1.37%；净资产收益率11.45%。

中银富登战略目标为"建设新时代全球一流村镇银行"，始终坚持"立足县域发展，坚持支农支小，与社区共成长"的目标定位。通过规模化发展、集约化管理、专业化运作的模式，中银富登逐步建立起一套行之有效的机制，兼顾业务增长、风险管理和成本节约，提升资产回报和客户服务水平，支持县域经济成长，助力国家乡村振兴战略。中银富登高度重视金融科技的探索与应用，不断推进数字化普惠金融模式的创新，搭建满足数字普惠金融要求的数据治理体系，升级数字普惠商业模式，规划业务架构与数据应用架构，打造线上与线下一体化模式，在场景驱动建设方面不断改革升级。中银富登已建成中国最大的村镇银行体系，截至2019年末，贷款余额444亿元，已服务200多万客户，发放贷款约1000亿元，为近25万客户提供贷款服务，户均贷款约21万元，其中农业贷款、小微贷款占比超过90%，整体不良率1.68%，净资产回报率（ROE）达14.91%。

（四）中国建设银行：金融科技支持下的"双小"战略

2018年5月，中国建设银行宣布实施"双小"（行业细分演进状态下的"小行业"、小微企业和个体工商户等"小企业"）战略，将普惠金融与住房租赁、金融科技并立为"三大战略"。

面对"双小"的海量需求，中国建设银行提出金融科技解决方案。加强大数据技术及新一代系统应用，探索出以"批量化获客、精准化画像、自动化审批、智能化风控、综合化服务"为特色的普惠金融新模式。推进"惠懂你"（线上贷款）、"惠助你"（移动办公平台）、"惠点通"（可视化营销平台）"三惠"合一，打造普惠金融运营管理一站式平台，实现普惠客群、银行同业、地方政府、核心企业、第三方服务机构等实时交互；

融入客户生产生活场景，与住房、购车、餐饮、出行等服务应用连接，挖掘潜在商机；集聚客群，经营内容，生成流量，从而实现数据积累，再把数据作为资产来经营。创新"小微快贷"系列产品和平台化经营模式，实现客户聚合、场景接入、数据集成，输出产品、实现服务。

在体系建设方面，中国建设银行落实三级垂直架构与"五专"机制，实现普惠金融事业部在一级、二级分行全覆盖，组建小企业中心288家；配备专项信贷规模，建立专项绩效考核制度，加大对一级分行和协同部门的考核，推动普惠金融发展形成合力；开展基层机构特色化布局，挂牌784家普惠金融特色网点；深化网点效能提升，开办小微企业信贷业务的网点占比超过90%；充分整合人力资源，将运用金融科技节省的大量柜台工作人员充实到普惠金融的基层服务中；创新打造"建行裕农通"乡村振兴综合服务平台，推动普惠金融服务重心下沉乡村。

2019年末，中国建设银行普惠金融贷款余额9631亿元，较2018年增加3530亿元，增长57%；客户数133万户，较2018年末新增31万户；当年累计发放普惠型小微企业的贷款利率4.95%，获得中国银行业协会最佳普惠金融成效奖。在县域设立物理网点4341个、自助银行8656个，涉农贷款余额18124亿元，较2018年增加478亿元，涉农贷款客户数175万户，贷款平均利率4.92%。"小微快贷"累计投放贷款超1.7万亿元，惠及小微企业近103万户。

二、地区市场聚焦模式

（一）浙江泰隆商业银行：专注小微、聚焦区域市场的城商行模式

浙江泰隆商业银行是一家股份制城市商业银行，自创办起始终坚持"服务小微企业、践行普惠金融"。2019年末，拥有9861名员工，开设台州等13家分行和300多家支行，在浙江等地发起设立或筹建13家泰隆村镇银行。浙江泰隆商业银行始终坚持小微市场定位，以"内涵式、高质量"为发展理念，以"好银行"为发展目标。

浙江泰隆商业银行服务小微客户的风控模式以人力密集型为主。通过人员与机构的"双下沉"，最大程度贴近客户，通过"三品三表""两有一无"等标准化方法识别客户风险，通过推进数据模型化提升风控效率，通过"一户一价"的市场化定价方式保障收益水平。在"敢贷"机制上，通过加强企业文化建设、强化员工培训、健全内部机制等

方式防范道德风险,在此基础上给予客户经理充分的自主权。完善尽职免责制度,制定"218"标准,即对无道德风险因素的业务,执行"两一致、一相关、八免责",也就是说,如果认责内容与履职内容一致,认责标准与制度要求一致,认责事项与出险原因存在相关性,则对不可抗力、模型审批、意外事件等8种情形予以免责。同时,实行不良贷款适度容忍,明确容错指标。

浙江泰隆商业银行提出"文化是最'廉价'的风控"理念,积极营造员工的主人翁意识,积极倡导职工持股的方式(最大的股东就是职工持股会),共享企业发展红利,防范道德风险。"员工队伍是泰隆最大的财富"的观念反映出该行聚焦区域商业模式对人力资本的重视程度,例如,浙江泰隆商业银行坚持90%以上的人才自主培养,新员工入行先进泰隆学院封闭培训,到岗实践后实行师徒制"传帮带",在正式上岗前即具备初步独立营销调查能力;通过"严爱一体"的"家文化"与员工持股等措施提升员工归属感,使员工将浙江泰隆商业银行的发展当作自己的事业来看待。

2018年,浙江泰隆商业银行已累计服务小微企业上百万户,存量贷款户有35万多户,户均贷款30多万元。2019年末,浙江泰隆商业银行各项贷款1356亿元,较2018年增长24%,其中,涉农贷款707亿元,占全部贷款52%;绿色信贷余额32亿元,笔均贷款32万元,贷款余额500万元以下的绿色信贷业务占比99.8%,贷款余额100万元以下绿色信贷业务占比95.39%;净息差4.88%,净资产收益率21.57%,不良贷款率1.1%。浙江泰隆商业银行在中国银行业协会2018年"陀螺"评价体系中获资产规模2000亿元以下城商行综合评价第一名。截至2021年末,浙江泰隆商业银行500万元以下客户数占比99.73%,100万元以下客户数占比92.97%,户均贷款34.92万元,信用保证类贷款占比90.77%。①

(二)常熟银行:专业化的区域龙头中小银行

常熟银行是全国首批农商行之一,坚持服务"三农两小"市场定位,围绕服务实体经济、民营小微企业和乡村振兴领域,坚持走差异化、特色化发展道路。超6成信贷资金用于支持小微企业,超7成投向涉农领域。2019年末,全行员工数6432人,远高于可比农商行2000人左右的规模;员工结构中,业务人员5540人,中后台人员约900人。

---

① 泰隆银行:《2016—2021年社会责任报告》,http://www.zjtlcb.com/eportal/。

2017年，常熟银行确立服务小微企业、个体工商户、"三农"的战略定位，致力于成为现代化零售银行。其业务模式采取"IPC+信贷工厂"的特有模式，核心在于通过客户经理高频的现场调研并将关联信息进行交叉验证来识别客户风险水平，具体调研情况通过标准化模板汇总上报至总部，由总部专业化分工进行集中审批。截至2019年末，已在江苏省设置70家分支行、164家分支机构，远高于其他上市农商行，同时，通过兴福村镇银行在江苏省外控股30家村镇银行，分布在湖北、河南和云南等地。

常熟银行的业务模式关键在人。新员工一般从本地招聘，倾向于培养没有从业经验的毕业生，从头培训小微文化。在薪酬激励机制上，采取"固定工资+不封顶的奖金"模式，设置80多个客户经理级别，每月依据贷款金额、户数、资产质量指标表现调级，还设置有完善的职业生涯晋级路径与内部转岗通道。

目前，常熟银行已成为江苏省内优质的微贷业务服务商，2019年各项贷款总量1099亿元，较2018年增长18%，其中个人经营贷约380亿元，占各项贷款业务34%。多年来，不良率未超过1%，净资产收益率保持在12%左右。[①]

三、轻型化、数字化模式

（一）微众银行：既普惠又盈利的互联网银行

微众银行将普惠金融作为战略目标，秉持"让金融普惠大众"的理念，致力于覆盖传统金融服务未覆盖的"长尾客户"，定位于小微企业与大众客户。2019年，微信活跃用户达11.5亿，微信生态圈的庞大用户基础为微众银行的发展提供有力支撑。

微众银行在产品上以"微业贷"服务小微企业、"微粒贷"服务消费金融、"微车贷"服务汽车贷款客户。"微业贷"是微众银行推出专门服务小微企业的产品，2019年末为23万户普惠型小微企业提供信贷服务，贷款余额和企业数量分别为年初的2.5倍和3.4倍，授信的企业客户中61%属首次获得银行贷款。行业投向以制造业和高科技企业为主，还包括批发零售、物流、交通运输、建筑等行业的企业，户均授信金额为传统银行小微贷款的10%。

2019年末，微众银行有效客户超过2亿人，法人客户90万家，覆盖31个省、自治

---

① 江苏常熟农村商业银行：《2019年度社会责任报告》，http://www.csrcbank.com/tzzgx/gszl/shzr/。

区、直辖市；授信的个人客户中，大专及以下学历、非白领从业者和个人借款客户单笔借款成本不足100元的客户占比均超过70%，近20%为首次获得银行贷款。服务海量小微客户的微众银行全行员工数量仅有2500人左右，其中科技人员占比近6成，每年研发费用占营业收入比重近10%。其商业模式主要依靠科技手段支撑产品创新，运用金融科技手段简化业务流程，充分整合征信、工商、税务等方面的市场数据，构建小微企业贷款全流程智能化全面风控体系。

微众银行2019年营业收入148亿元，总资产2912亿元，贷款总额1630亿元、较2018年度增长36%，不良率1.24%，净资产收益率28%，被《金融时报》评为"2019年度最佳服务小微企业民营银行"。

（二）网商银行：互联网普惠金融探索与实践者

网商银行以普惠金融为使命，其实践模式定位为网商首选的金融服务商、互联网银行的探索者和普惠金融的实践者，为小微企业、大众消费者、农村经营者与农户、中小金融机构提供服务。

在服务小微客户战略上，网商银行借助移动互联网等技术，充分利用阿里巴巴、蚂蚁金服等丰富的线上电子商务平台、线下支付交易场景的优势，以及阿里巴巴B2B、淘宝、天猫、支付宝等平台上客户积累的信息，向那些通常无法在传统金融渠道获得经营性贷款的小微客户提供金额小、期限短的纯信用小额贷款及综合金融服务。在农村市场，网商银行通过数据化模式提供与"三农"用户实际需求和风险承受能力相匹配的信贷支持。[①] 2019年以来，该行积极与各地政府展开"普惠金融+智慧县域"合作，借助"大数据+互联网技术"，结合政府在行政和公共服务过程中产生的数据，协同各地政府建立区域专属授信模型，为农户提供无抵押、免担保的纯信用贷款，支持农户生产经营。网商银行进一步将服务拓展至小店、农户、卡车司机等客户群体。[②]

网商银行商业模式的落地离不开"阿里生态圈"。阿里巴巴上千万电商小微商户为网商银行提供客户基础，蚂蚁金服的大数据风控体系则提供超过10万项的指标体系、100多个预测模型和3000多种风控策略等，可将不良率控制在1%左右，所支持的"310模式"（3分钟申请贷款、1秒钟到账和零人工干预，全流程线上提供信用贷款）

---

① 浙江网商银行：《2015年年度报告》，https://os.alipayobjects.com/rmsportal/MIOnRNCIWDcDehP.pdf。
② 浙江网商银行：《2019年年度报告》，https://gw.alipayobjects.com/os/bmw-prod/。

可满足小微企业"小、急、频"的碎片化贷款需求。[①]

2019年末，网商银行各项贷款余额700亿元，较2018年增长47%；户均贷款余额3.1万元，不良率1.3%；营业收入66亿元，同比增长5.7%；净利润12亿元，同比增长90%；净资产收益率12%。2021年，网商银行实现营业收入139.0亿元，实现净利润20.9亿元，资产总额4258.3亿元，负债总额4078.9亿元，所有者权179.4亿元，资本充足率12.5%，不良贷款率1.53%，拨备覆盖率363.95%。[②]

第四节　银行体系普惠金融的发展意义

2018年10月11日，国务院发布《中国普惠金融蓝皮书（2018）》，此份蓝皮书首次充分阐述了普惠金融的概念。由此，普惠金融的发展现状和未来趋势引起了业界的广泛关注，成为金融业从业者和公众讨论的焦点。普惠金融，又称包容性金融，是一种创新的金融理念，是指基于合理的成本控制，为需要金融服务的人提供全面的金融服务，促进普惠金融发展的根本目的也是为整个社会创造更好的金融发展环境。普惠金融业务的全面发展有利于整个金融体系的完善和发展，积极建立健全普惠金融体系也是为了让人民特别是一些弱势群体获得更平等的金融权利。普惠金融的发展可以为国内许多小微企业创造更好的金融福利，党中央、国务院高度重视国内普惠金融业务的发展，这将使普惠金融真正惠及更多的小企业和弱势群体。

在国家政策的进一步指导和鼓励下，各大银行在实际发展过程中将重点放在普惠金融服务上，特别是在新的发展时期，全面促进普惠金融服务的蓬勃发展是推动商业银行业务转变和提升的关键问题。不仅如此，全面推进普惠金融服务的建设和发展是企业加强经营、分散风险的重要措施。在发展过程中，大力投身社会，承担社会责任，是大型商业银行践行普惠金融的重要体现。在政府的广泛支持和积极发展的基础上，我国大型商业银行在公益事业发展和扶贫方面赢得了巨大的社会赞誉，将普惠金融和服务小微企业视为促进社会发展不可推卸的重大责任，共同促进经济社会发展，为社会更好地发展作出贡献。对于一些区域性、地方性商业银行等中型商业银行来说，由于整体客户群

---

① 浙江网商银行：《2021年年度报告》，https://gw.alipayobjects.com/os/bmw-prod/。
② 张兴荣、周科、郭显照：《中国商业银行普惠金融商业模式比较研究》。

相对较少，将面临资本流失、信用危机等问题。对此，2017年3月5日，李克强总理在第十二届全国人民代表大会第五次会议上指出，鼓励大中型商业银行设立普惠金融事业部，国有大型银行要率先做到，实行差别化考核评价办法和支持政策，有效缓解中小微企业融资难、融资贵问题，发挥好政策性、开放性金融的作用。[1] 2015年12月，国务院印发《推行普惠金融发展计划（2016—2020年）》，制定了普惠金融总体规划，使中国银行业在如何发展普惠金融方面得到更准确的指导。

普惠金融在银行体系下具有重要意义，要了解普惠金融在银行业的意义，就必须明确普惠金融的定位。一是"以人为本"的基本立场。马克思指出，商品经济和社会再生产的运行规律是通过完成从商品到货币的"惊险一跃"实现商品价值增值向社会消费福祉的转变。普惠金融的发展目标正是实现人民福祉与价值增值的统一。政策性金融还特别关注和支持人民利益和社会发展需要的关键领域和基本环节，在畅通的国民经济周期中促进人民福祉的广泛和深化。政策性银行普惠金融的发展体现了以人为本的金融发展理念，突出了金融工作的政治性和人民性，能够解决金融供给不足、结构不合理、价格不合适的问题，推动金融服务改革朝着尊重舆论、顺应民心、造福人民的方向发展。二是"服务实体经济"的初衷。普惠金融的本质是包容性金融，将金融资源输送到社会经济体系的远端、末端，为参与实体经济的小微企业等微观力量提供金融支持，有助于畅通资本要素与实体经济之间的良性循环，解决从现实到虚拟的结构性失衡。政策性金融还坚持"以实为本"，为符合国家产业发展方向、主营业务相对集中在实体经济的企业提供大量强有力的直接信贷支持，在实体经济稳定发展中发挥反周期、跨周期调整作用。[2] 政策性银行普惠金融的发展体现了支持实体经济、制造业、创新创造、绿色发展，探索形成普惠金融与服务实体经济深度融合的发展范式。三是"实现共同富裕"的本质要求。共同富裕是中国特色普惠金融发展的动力。普惠金融探索经济要素和发展资源的均衡配置，加强收入水平增长与改善不平等发展的协调统一，从而减少贫困发生，维护社会公平正义，最终实现共同富裕。政策性金融作为国家宏观调控的政策工具，以资源配置的社会效用最大化为目标，全面支持国家重大区域战略，反映国家扶贫的战略意图，促进区域平衡、协调发展，对促进共同富裕发挥着不可替代的作用。以共享发展

---

[1] 李颖：《商业银行发展普惠金融的难点及对策分析》，《经济研究导刊》2021年第12期。
[2] 曾丽卿：《深化金融供给侧结构性改革中的开发性金融——基于福建的实践与思考》，《福建金融》2020年第1期。

理念为导向的政策性银行发展普惠金融，可以将更多的金融资源分配到关键领域、薄弱环节和特殊群体，促进共同富裕目标的实现。四是"完善现代金融体系"的实现路径。解决普惠群体融资难和融资贵是一个复杂多元的问题，既有总因素，也有结构性矛盾，仅仅依靠一种金融机构提供普惠服务体系供应刚性不足，需要完善协调、合理分工、功能齐全、竞争有序的中国特色现代金融体系。政策性金融是中国金融体系的重要组成部分，具有补短板、逆周期的功能，充分发挥其在普惠领域的"开垦"效应，吸引市场资金继续深耕，形成与其他金融形式互补、合作的局面。①

一、银行发展普惠金融对改善民生的意义

（一）推进农村产业现代化

很多银行的普惠金融都在精准扶贫和乡村振兴上起到很大的作用，为农村经济发展作出了表率。例如，中国农业银行持续加大对农村多元经营主体支持力度，注入农村产业发展新动能，截至2020年末，中国农业银行农业产业化龙头企业、农民专业合作社等新型农业企业贷款余额3712亿元。② 中国农业银行一直深入实施"三农"普惠战略，努力为乡村振兴提供全面金融服务，截至2021年末，涉农贷款余额47570亿元，农户贷款余额6033.92亿元。全力支持巩固拓展脱贫攻坚成果，与国家乡村振兴局共同创设"富民贷"，已实现在160个国家乡村振兴重点帮扶县投放全覆盖。强化乡村振兴重点领域金融支持，围绕粮食安全、乡村特色产业、新型城镇化建设等方面，持续为农业农村发展输送金融"活水"，截至2021年末，粮食安全重点领域贷款余额1926亿元。着力拓展农村金融的广度和深度，将传统网点与新型电子渠道、互联网金融有机融合，不断优化"惠农e贷"产品和服务，解锁包括金融服务在内的农村金融"最后一公里"，截至2021年末，共有县域网点1.26万个，县域个人掌银注册1.86亿户，"惠农e贷"贷款余额5447亿元，惠及农户368万户。加快"三农"产业链金融和智慧场景建设，推广农村集体"三资"管理平台，已在全国908个县上线。③

---

① 李钧：《发挥政策性银行发展普惠金融优势》，《中国金融》2022年第15期。
② 中国农业银行：《2020年社会责任报告》，https://www.abchina.com/cn/AboutABC/CSR/CSRReport/202103/t20210330_1978190.htm。
③ 中国农业银行：《2021年社会责任报告》，https://www.abchina.com/cn/AboutABC/CSR/CSRReport/202203/t20220331_2128548.htm。

台州银行结合各地特色产业、农业产业链、乡村旅游业、美丽乡村建设，不断创新贴合村居百姓需求的金融产品，持续加大向村居产业的信贷投放，持续满足村居百姓的金融服务需求，强化巩固拓展脱贫攻坚成果同乡村振兴有效衔接的金融支持。2021年末，台州银行涉农贷款余额912.52亿元，较年初增长14.50%。在黄岩北洋镇设立了黄岩北洋乡村振兴特色支行，支行的瓜果行业拓展部专门支持周边乡镇的瓜农，农民把西瓜种到哪里，台州银行的金融服务就跟到哪里，累计为2500多户瓜农授信10多亿元。将着重加大浙江山区26县所在地的乡村振兴特色支行建设，大部分乡镇支行将建成乡村振兴特色支行，例如，支持天台县坦头镇、仙居县下各镇等乡镇的农业特色产业电商，支持仙居县横溪镇、白塔镇等乡镇的乡村旅游产业及其衍生产业，支持三门县的特色种养殖业、渔业。全力解决乡村产业发展在生产、经营、物流等各环节的信贷需求与金融服务需求，帮助农民增收致富，全力支持乡村产业兴旺。

台州银行专注于普惠金融，截至2022年4月底，台州银行发起村镇银行各项贷款余额1962.60亿元，不良率仅为0.89%，客户经理人均创收92万元，普惠小微（单户授信1000万元及以下）有余额客户数16.87万户，普惠小微贷款户数占比99.6%，户均贷款仅为45万，信用保证贷款户数占比95%，抵押贷款户数占比仅为5%。[①] 推出"兴农卡"，在农村地区推进"整村授信，覆盖到户"的批量服务，让村民足不出户就能办妥授信，获得生产周转款、生意启动金、家庭备用金，已有效惠及10600多个村、41.15万户农民，授信598.11亿元。例如，在路桥区蓬街镇水缺头村批量授信支持家庭小作坊，直接带动就业400余人，形成兴旺乡村产业、提高村民收入的社会效益。推广出"安居贷""宜居贷""养老贷""兴居卡"等不同场景的消费信贷产品，累计授信69.66亿元，满足农户建房、装修，以及失地农户养老保险缴纳等方面的融资需求。鼓励发放农村承包土地经营权抵押和农民住房财产权抵押"两权"抵押贷款，盘活农村资产，为乡村创新创业注入资金"活水"。为贴合农村家庭风险承担能力，较好地兼顾村居百姓对资金流动性和投资收益两方面的需求，推出"共富1号"半年期理财产品，为农村家庭定制理财方案。[②]

除以上银行外，其他绝大多数银行都在以最普惠的金融服务支持全国各地的特色农

---

① 中国普惠金融研究院CAFI：《普惠大视界（13）|商业银行具备哪些能力才能稳健开展普惠信贷业务？》。
② 台州银行：《2021年社会责任报告》。

业产业。通过为农业产业提供精准的普惠金融服务，使当地的农业产业得到关键性的资金支持，为全国各地的地方性产业提供了稳健发展的保障。产业的发展，为当地人民群众带来了大量的就业机会，特别是农村地区和贫困地区，不仅带动了当地经济发展，而且农户们也能通过就业增加收入，减轻家庭负担，从而提高生活质量。

（二）助力乡村振兴，实现共同富裕

习近平总书记在《扎实推动共同富裕》一文中指出："坚持以人民为中心的发展思想，在高质量发展中促进共同富裕。"各银行积极践行"金融为民"初心使命，探索创新以金融力量和手段加快解决经济发展短板、弱项的有效机制，加快构建高效服务实体经济的现代普惠金融体系，通过更均等化、更高质量的金融服务助力乡村振兴，促进共同富裕。[①]

中国建设银行以金融科技助推乡村普惠金融服务，帮助当地复工复产，在给予金融服务的同时给予科技便民服务。江西省分行依托"裕农通"手机软件，创新构建"橙心橙意"综合服务平台，推出"赣南脐橙贷"线上全流程贷款产品，有效解决了当地脐橙养殖户的融资难题。通过"我要贷款""质量溯源""我要卖橘子""我要买橘子"四个功能板块，实现了赣南脐橙全流程管控、全方位服务。平台"橙心橙句""赣南脐橙贷"向田间地头交付精准金融服务，让手机成为橙色运营商的新农具。重庆市分行以"裕农通"服务点为主要抓手，不断将金融"活水"引入田间，探索出了一条金融助力解民忧、纾民困、察民情、暖民心的乡村治理新路径。通过创新残疾证预审核项目，将年审申请、政府审核、残疾人领证等全流程迁移至"裕农通"线上系统，原本平均耗时20天的残疾证年审压缩至半小时，截至2021年末，已服务1.4万残疾人群众。通过创新"裕农通+社保待遇资质认证"功能，实现"裕农通"与社保局系统对接，让"裕农通"业主成为社保认证"探头"，在便利村民认证的同时，有效防止了骗领、冒充领取问题，截至2021年末，已服务8.06万乡村群众。通过创新开发"裕农通+返乡人员登记"功能，实现务工人员基础信息、就业情况、收入状况、往返轨迹等完整线上记录，有效满足各地政府加强务工人员管理、常态化开展疫情防控等需求，春节期间，该系统在重庆

---

① 中国建设银行：《2021年社会责任报告》，http://ccb.com/cn/investor/notice/20220329_1648565034/20220329223741491348.pdf。

市19个区县上线运行，服务外出务工人员登记16万人次。①

（三）助力小微企业发展

面对疫情对经济社会前所未有的冲击，各大银行深入贯彻以人为本的发展理念，牢固树立金融为民理念，在实体经济中打好"组合拳"，勇敢担当普惠金融的"领头羊"。中国农业银行持续优化"'三农'+普惠"经营的普惠金融服务体系，打造差异化小微信贷政策和业务流程，完善"小微e贷"产品体系，促进持续增长。截至2020年末，中国农业银行普惠小微企业贷款余额9615.2亿元，比2019年增长62%。小微企业中的普惠性贷款超过30万户。农业银行竭尽全力保护市场主体、就业和民生，积极为受疫情影响的中小微企业提供贷款，支持延期还本付息，通过多方面努力帮助企业克服困难。中国农业银行为人民的生计发展了强大的消费金融，文化、教育、医疗、卫生和其他领域的贷款迅速增长，消费者权益保护取得扎实成效。强化金融科技赋能，全面推进数字化转型，着力提升线上经营能力，利用科技让金融服务更加普惠、更加可得、更有效率。②

小微企业是中国国民经济和社会发展不可或缺的重要力量，在增加就业、提高公民收入、维护社会和谐稳定等方面发挥着至关重要的作用。它们是国家经济增长的重要推动力，在全国实有各类市场主体中占据绝对数量优势。2016—2020年，全国实有各类市场主体从8705.4万户上升到13840.7万户，而小微企业占比也从94.1%增长到96.8%，占据我国市场主体的96.5%，国内生产总值贡献达60%，解决了近80%的社会就业。中国人民银行行长易纲在2018年《关于改善小微企业金融服务的几个视角》报告中指出，我国小微企业的终端产品和服务价值约占国内生产总值的60%，纳税额占全国税收总额的50%以上，提供70%以上的技术创新和城镇劳动就业贡献。③ 2021年我国小微企业对国民经济和社会发展的贡献情况见图4-2。

所以，银行加大对小微企业的普惠金融力度，不仅能帮助小微企业在严峻的社会经济形势下活下来，还能为它们提供更好的金融服务，让其发展好。小微企业是社会经

---

① 中国建设银行：《2021年社会责任报告》，http: //ccb.com/cn/investor/notice/20220329_1648565034/20220329223741491348.pdf。
② 中国农业银行：《2020年社会责任报告》。
③ 艾瑞咨询：《2021年中国中小微企业融资发展报告》，http: //baijiahao.baidu.com/s?id=1717374960022456120&wfr=spider&for=pc2021.11.25。

济发展的重要组成部分，通过提供就业机会，促进社会经济发展，提高人民群众的生活质量。

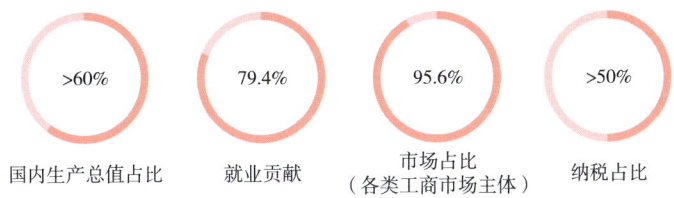

图 4-2 2021年我国小微企业对国民经济和社会发展的贡献情况

数据来源：易纲：《关于改善小微企业金融服务几个视角》。艾瑞咨询研究院自主研究及绘制。

二、银行发展普惠金融对自身的作用

发展普惠金融是银行提升息差水平的重要手段。普惠金融与银行其他业务相比，是银行提高息差水平的主要突破口之一，也是实现长远息差增长的重要途径之一。[①]

发展普惠金融有利于银行改善客户结构。普惠金融业务涉及多种客户群体，发展前景广阔，非常有利于银行改善客户结构，直接带来三个"有助于"——有助于银行扩大和改善运行模式，有助于银行快速降低金融风险集中度，有助于银行调整息差比例和结构。[②]

发展普惠金融有利于银行分散风险。当前，金融风险防范和服务实体经济是金融发展的两项重要任务，普惠金融自然拥有分散风险的优势。以小微金融为例，小微业务等均金额较小，不易形成风险聚集。此外，小微业务分散的客户群体和灵活的操作方式引发系统性风险的可能性较小。即使存在逾期或不良贷款，放款主体不仅可以依靠技术手段准确催收，还可以通过资产证券化等方式进行批量管理。

发展普惠金融是银行社会责任担当的重要体现。截至2018年底，全国小微企业法人约2900万户，个体工商户约6300万户，中小微企业占市场主体的90%以上，贡献了80%以上的就业，70%以上的发明专利，60%以上的国内生产总值，50%以上的税收。由此可见，小微企业涉及的人群很多，已经成为改善民生的重要载体。银行应该把发

[①] 戴妮娜：《浅谈地方性商业银行发展普惠金融的意义和途径》，《新金融世界》2019年第12期。
[②] 张亚辉、余小丽：《县域商业银行普惠金融发展的路径探析》，《现代金融》2012年第12期。

展普惠金融、服务小微企业作为自身的社会责任，真正赢得社会公众的良好认知与高度评价。①

发展普惠金融是银行应用金融科技的重要方向。随着技术发展，以大数据、云计算和人工智能为代表的金融科技可以支持普惠金融业务在获取客户的渠道、营销方法、信用评级和风险控制方法方面的创新，是银行大规模发展的有力途径。工商银行、建设银行、交通银行、民生银行和浙商银行等在内的大中型商业银行都利用金融科技实现小微金融的效率提升。大力发展普惠金融成为银行金融科技落地的主要方向。②

第五节　银行体系普惠金融面临的挑战

一、我国普惠金融总体上面临的挑战

近年来，虽然我国的普惠金融发展趋势总体向好，但在一定范围内仍存在"普而不及""普而不足""普而不惠""普而不优"的问题，研究推广行之有效的商业模式具有重要意义。通过总结各类商业模式发展的优势与制约因素，发现建立我国商业银行普惠金融发展的长效机制十分重要，为此，需要及时研究制定"十四五"普惠金融发展规划，发挥数字化普惠金融的支柱作用，发挥开发性、政策性金融机构的基础作用，推动普惠金融的行业整合，持续完善普惠金融发展基础设施，不断优化政策和激励约束机制。

从范围上看，"普而不及"在一定区域和人群中存在。普惠领域客户的金融服务需求额度普遍较小，无论是小微企业贷款还是农户贷款，都具有金额小、分散和异质性的特点，这种"长尾市场"决定了金融服务难以全面覆盖的客观现实。③ 在老少边穷地区，以及小微企业、农民、城市低收入人群、贫困人群和残疾人、老年人群中，仍一定程度存在正规金融等未能触及的情况。

从总量上看，在一定区域和范围内存在"普而不足"。截至2020年6月末，全国小

---

① 杨龙见、吴斌珍、李世刚、彭凡嘉：《"以税增信"是否有助于小微企业贷款？——来自"银税互动"政策的证据》，《经济研究》2021年第7期。
② 顾雷：《国有大中型银行发展普惠金融的瓶颈和路径》，http：//cafi.blog.caixin.com/archives/206305。
③ 陈一洪、梁培金：《我国中小银行发展普惠金融面临的难题与破解路径》，《南方金融》2018年第12期。

微企业普惠型贷款余额占商业银行贷款余额的9.74%，比2019年同期提高1.08个百分点，其中，大型银行对小微企业的普惠贷款贡献率为29%，与2019年同期相比，提高了3.8个百分点，而其他股权银行、城商行和农商行对小微企业普惠贷款的贡献则有不同程度的下降。2019年，我国中小微企业总数约为1.2亿，而获得贷款的小微企业主体仅占25%左右，与实际需求相比，仍存在较大的融资缺口，特别是在新冠疫情的持续影响下，普惠金融的需求空间更大。[①]

从价格上看，"普而不惠"在一定时期可能难以解决。普惠金融客户融资难体现在信息不对称程度加深、风险识别技术难度加大、单项边际业务成本较高、风险溢价要求较高上。利率定价水平应涵盖资金成本、业务成本和风险成本，并留下一定的合理利润，以保证普惠金融的商业可持续性。近年来，普惠型小微企业贷款利率逐年下降，降低小微企业综合融资成本成为当前商业银行监管考核的重要指标之一。尽管有"定向降准""专项再贷款"等配套政策，以及大型银行让利实体经济等政策措施，但银行面临的经营成本挑战给让利模式的可持续性造成一定的压力。

从质量上看，"普而不优"的风险值得关注。2019年，全国普惠型小微企业贷款不良率为3.22%，比银行业各类贷款平均不良率高出1.36个百分点，其中，农村商业银行平均不良率为4.05%。此外，一些地方银行的合规问题已经出现，大银行的资产质量在普惠贷款的飞速发展中还有待时间的检验。[②]

二、政策上的挑战

（一）及早制定普惠金融"十四五"规划

事实证明，普惠金融的长远规划具有重要的战略性，《推进普惠金融发展规划（2016—2020年）》的启动有效引导我国建立与全面建成小康社会相适应的普惠金融服务和保障体系，推动我国普惠金融的发展取得长足进步。当前，我国普惠金融发展正处于爬坡过坎的关键时期，在完成"十三五"脱贫攻坚任务后，提高经济发展包容性和可持续性的任务仍然非常艰巨。建议在全面评估的基础上，及早研究并发布关于未来推进普惠金

---

① 张漫游：《大中型银行下沉普惠市场 农村金融机构探路自救》，http://www.cb.com.cn/index/show/bzyc/cv/cv13473701640。
② 张兴荣、周科、郭显照：《中银研究：中国商业银行普惠金融商业模式比较研究》，http://baijiahao.baidu.com/s?id=1675344080224114941&wfr=spider&for=pc。

融发展的规划，正确指引银行业作出符合自身发展的规划，推动普惠金融的持续发展。

（二）加大开发性、政策性银行对普惠金融的支持力度

当前仍然存在尚未被正规金融覆盖的普惠客群，特别是贫困人口、残障人群、数字化普惠尚未触达的农村落后地区等，需要大力发挥开发性、政策性金融的作用。要更多依托国内、国际开发性政策性银行的力量，来加大非商业性普惠金融的覆盖面，为商业性金融机构的跟进服务创造基础条件。此外，可考虑新设全国性小微企业政策性银行，或者选择区域合作试点，如设立"国家西部大开发小微企业银行"，扩大在欠发达地区的机构布局和金融服务。

（三）推动普惠金融领先机构开展行业整合

打造普惠领域市场化竞争环境，鼓励金融机构间的合理竞争，细化金融机构兼并重组的规范化、市场化运作指引，鼓励领先的普惠金融机构兼并整合低效或高风险商业银行，以支持成效良好的普惠业务模式的复制推广。针对不良率较高的商业银行，加强预警管理，及时预防、处置潜在风险，通过完善存款保险制度和商业银行破产制度，助推"坏银行"的接管与处置。在符合金融控股集团监管的前提下，鼓励先进银行与科技公司、综合经营公司等合并组成金融控股公司，培育更多有能力提供低成本、高效率、综合化普惠金融服务的机构，实现强强联合、优势互补，形成百花齐放的商业模式，为更广泛的普惠客户群体提供多元化金融服务。

（四）持续优化普惠金融政策环境

为商业银行普惠金融业务提供贴息、免税等政策支持，通过财政预算适当增加普惠领域风险补偿资金量，保持普惠金融风险分担机制的长效性。试点"首贷户"专项贷款风险补偿金，充分发挥风险补偿金在弥补普惠客群风险溢价方面的作用。深化普惠金融领域定向、宽松、精准的利率传导机制，减轻银行业整体资金成本压力，拓展普惠业务让利空间。进一步加强金融业监管"放管服"改革，持续完善监管基础设施，提高数字化监管水平。建立常态化的普惠金融逆周期调节机制，确保普惠金融供应的稳定性。持续优化银行业金融机构普惠金融考核指标，在领导干部任用、尽职免责制度落实、快速核销机制建设等方面实施更为精准的激励约束机制。[①]

---

① 张兴荣、周科、郭显照：《中国商业银行普惠金融商业模式比较研究》，https://finance.sina.com.cn/zl/china/2020-08-18/zl-iivhuipn9305909.shtml。

三、国有大中型银行发展普惠金融面临的主要挑战

(一)金融资源分配不均衡,普惠金融供给缺口依然巨大

总的来说,我国当前的金融体系仍存在显著的双重结构特征。一方面,大中型企业、高净值客户和发达区域的金融资源较为集中,甚至出现供应过剩和过度竞争;另一方面,小微企业、农村、经济落后地区等弱势区域的金融供给远无法适应现实需要。据统计,目前约90%的直接融资市场投向了大中型企业,只有10%的融资空间留给小微企业,且融资成本高。[1] 国有大中型银行普惠领域的小微企业贷款余额仅占各项贷款余额的7%,而农民生产经营所获得贷款仅占总贷款的5%,个体工商户贷款占比仅为2%。[2] 世界银行发布的《中小微企业融资缺口:对新兴市场微型、小型和中型企业融资不足与机遇的评估》表明:无论是在亚太地区还是全球发展中国家范围内,我国的中小微企业群体规模都是较大的。我国中小微企业的潜在融资需求量达4.4万亿美元,占全球发展中国家8.9万亿美元潜力投融资需求量总额的一半,但融资供给仅为2.5万亿美元,面临巨额融资缺口。其中,更为弱势的微型企业更难获得融资,融资供给仅为0.03万亿美元。[3]

(二)普惠金融的商业可持续性尚不稳固,尚未探索出有效的商业模式

近年来,大型国有银行虽然先后成立起了普惠金融事业部,但并没有真正形成一套符合我国普惠金融发展特点的管理体系和商业模式。面对普惠金融领域客户普遍存在的经营管理不规范、信息披露透明度低、抵御市场风险能力差、抵质押物缺乏等问题,商业银行防控能力普遍不足。特别是普惠金融领域的客户普遍对金融服务需求的额度较低,大型银行业务流程冗长、程序审批烦琐、运营效率低且成本高,导致普惠金融盈利性较差,开展普惠金融业务内生性不足,基层机构业务拓展积极性不够高。加上近来一些非银行金融机构打着"普惠金融"的旗号,开办网络小额贷款、私募基金、P2P和投资顾问等业务,虽然对拓宽弱势群体融资渠道发挥了一定的作用,似乎缓解了"融资难",但是这些非银机构或互金平台明显提高了小微企业融资成本,加重了"融资贵",多家P2P平台相继违约、频繁爆雷,对社会稳定产生了重大负面影响,

---
[1] 何潇伊:《新形势下商业银行普惠金融发展策略探讨》,《经济研究导刊》2021年第24期。
[2] 关晶奇:《深化普惠金融供给侧改革》,《新理财-公司理财》2019年第4期。
[3] 何飞:《商业银行大力发展普惠金融的意义、战略和对策》,《上海证券报》2018年9月26日。

积累了大量金融风险,在一定程度上动摇了商业银行对民营企业和小微企业放贷的信心。①

(三)普惠金融产品多样性欠缺,商业银行创新动力不足

小微企业客户、"三农"机构和个体工商户的金融需求多样化、个性化,对金融产品创新有很高的要求。传统的金融产品和服务难以满足客户的个性化需求,而且规模效应不显著,风险不容易控制,运营成本往往难以获得合理的补偿。因此,国有银行提供服务的意愿薄弱,产品创新动力不足。相反,国有银行依托大企业和大项目,逐渐形成了依靠扩大信贷规模创造盈利的粗放型增长模式,造成国有大中型银行趋向于"垒大户",普遍认为给国有和大中企业提供贷款不仅风险低,而且收益高,而给民营和小微企业贷款风险大且收益低,投入的人力、时间也并不少,经营成本居高不下,可谓是"费力不讨好"。

(四)金融基础设施不完善,普惠金融发展环境有待优化

从普惠金融发展环境上看,我国金融基础设施仍存在短板:一是共享性征信体系没有建立,普惠金融对象基本上没有被纳入传统金融体系,客户信用信息不对称和"道德风险"导致国有商业银行"不敢贷"。二是信贷保障系统较为薄弱,全社会对普惠金融的风险分散能力欠缺。大部分小微企业的治理结构仍不完善,财务管理不够规范,缺乏必要担保,很多地区小微企业逃离银行债务的问题较为突出,仅靠商业银行一己之力难以有效防控风险。三是农村地区金融服务体系不完善。我国农村地区范围广,涵盖了不同的经济主体,经济发展程度不一,各个区域、各个经济主体在各发展阶段面临不同的投资要求,现有金融制度无法有效覆盖。四是法律体系不够健全,对普惠金融服务供求主体权利义务的保护与业务规范不明确。五是面向公众的金融常识普及仍然不足,特别是偏远地区人群、城乡低收入人群、残疾人和老年人长期被排除在金融体系之外,对金融产品的了解和现代金融理念较为匮乏。②

四、金融科技的技术挑战

通过对目前社会经济发展的洞察,发现我国很多方面在技术上都是有所欠缺的,特

---

① 胡浩:《新时代大型银行发展普惠金融的若干思考》,《金融论坛》2018年第12期。
② 顾雷:《国有大中型银行发展普惠金融的瓶颈和路径》,http://cafi.blog.caixin.com/archives/206305。

别是从中美贸易战中可以发现，美国对我国技术方面的制裁尤为重要。在信息化社会，数字技术发展是社会经济发展的重中之重，银行发展普惠金融也需要技术上的发展，用更加稳妥、方便的金融服务来满足人民群众的需求。我国数字普惠金融发展取得成效的同时，我们也要清醒地认识到，我国数字普惠金融发展在从业机构数字化能力、消费者数字金融素养、信用信息体系建设、产品服务定位等方面仍然面临一些亟待破解的问题和挑战。

一是中小普惠金融从业机构数字化能力有待提升。受资金、技术、人才等限制，中小普惠金融从业机构数字化水平总体不高。根据中国互联网金融协会与新华社瞭望智库面向51家商业银行联合开展的数字化转型调研，调研银行的数字化能力平均得分为3.01分（总分为5分），刚刚过及格线，其中34家地方中小银行得分仅为2.75分，与大中型银行（3.41分）和新型互联网银行（3.87分）相比存在较大差距，仍有较大提升空间。

二是消费者数字金融素养有待提高。根据中国人民银行2019年的调查数据，全国消费者金融知识平均得分为6.64分（满分为10分），金融行为平均得分为6.51分。根据《第47次中国互联网络发展状况统计报告》，截至2020年底，我国非网民规模为4.16亿，有51.5%的非网民不上网的原因是网络使用技能缺乏，可见提升消费者数字金融素养依然任重道远。[1]

三是信用信息体系建设有待完善。当前，我国征信数据覆盖面仍有待进一步提升，中小微企业和个人用户数据主要集中在政府部门、大中型金融机构、科技公司和供应链核心企业，社会信用信息体系建设仍然不同程度存在"孤岛化""碎片化"等问题，数据互联互通和融合应用有待加强，部分普惠金融从业机构尤其是中小机构缺乏足够的信贷决策支撑数据，难以发挥数据在营销获客、风险控制等环节的作用。

四是数字普惠金融产品定位和服务范围有待明确。部分普惠金融从业机构为拓展业务，以数字普惠金融为名，未能充分根据普惠金融客群的真正需求研发设计产品，存在伪创新、创新不当等问题。同时，我国数字普惠金融的定位主要集中在城市中青年客群的消费信贷需求，尚未完全满足小微企业、个体工商户、农民等重点客群的个性化金融需求，数字普惠金融客群定位有待进一步明确，服务精准度有待加强。[2]

---

[1] 杨农：《共促数字普惠金融高质量发展》，《清华金融评论》2021年第5期。
[2] 孟江：《中国数字普惠金融发展现状、挑战和机遇》，《现代商贸工业》2021年第21期。

将数字化普惠模式作为普惠金融发展的重要支柱，已经被验证是解决普惠领域融资难、融资贵的有效方式之一，虽然不同银行有着不同的商业模式，但均重视对客户数据信息的收集与处理。数据作为一种要素资源，是破解普惠金融领域信息不对称、融资难、融资贵的重要基础。建议将智能化政务建设放在更为突出的位置，推进普惠金融相关领域政府数据开放共享。通过立法，明确信息数据的所有权与授权使用范围，逐步规范与发展信息数据交易市场，打造信息数据产业链。借助市场化手段合理体现数据资产的价值，促进信息数据质量不断提升，有效降低普惠金融供给端的信息处理成本，为数字化普惠金融发展创造更好条件。[①]

第六节 银行体系普惠金融未来的发展方向

从我国现有的银行体系中普惠金融发展情况来看，我国普惠金融发展中存在金融资源配置不均衡、金融基础设施建设有待加强、金融素养有待提升、商业可持续性有待提高等问题，特别是偏远地区普惠金融服务仍亟待加强；数字金融迅速发展，"数字鸿沟"现象值得关注，消费者权益保护面临挑战；普惠金融相关配套政策和机制有待完善；对创新创业和弱势群体的金融支持力度不够；普惠金融发展中的风险防范等问题要重点关注。而且，当前及未来一段时期，我国普惠金融发展面临的有利和不利因素并存。[②] 突如其来的新冠疫情给经济社会运行带来严重冲击，极大影响了普惠群体的正常生产生活；全球疫情形势复杂严峻，国际经济深度衰退，产业链、供应链循环受阻，消费、投资、出口仍有待逐步恢复；全球保护主义盛行，不稳定性、不确定性明显增强。但同时应该看到，我国经济韧性强、回旋余地大，具有广阔的内需市场和完整的工业体系，新型基础设施建设不断取得新的突破，产业智能化、数字化转型加快推进，经济稳中向好、长期向好的基本面没有改变。数字普惠金融基于广泛触达、便捷、低成本、下沉服务等独特优势，有助于破解普惠金融"成本可负担""商业可持续"难题，能够更好赋

---

① 张兴荣、周科、郭显照：《中银研究：中国商业银行普惠金融商业模式比较研究》，https://finance.sina.com.cn/zl/china/2020-08-18/zl-iivhuipn9305909.shtml。
② 中国人民银行金融消费权益保护局：《2017年中国普惠金融指标分析报告》，http://www.gov.cn/xinwen/2018-08/13/content_5313588.htm。

能小微企业等普惠群体的生产生活。预计在各方因素综合影响下，未来一段时期我国普惠金融发展将呈现以下态势。

一是在金融使用方面。随着支持小微企业的相关政策和举措深入实施，普惠小微贷款等有望继续保持较快增长，贷款覆盖面持续扩大，首贷户比例增加；随着社交商务办公线上化等数字经济的快速发展以及金融科技投入的不断增加，电子支付普及率有望继续提升，移动支付、非银行支付机构、网络支付业务继续快速增长，普惠群体将更便捷地使用金融产品和服务；居民保险意识逐步提升，保险产品和服务不断创新发展，保险深度、保险密度有望继续稳步提升，保险保障作用得到进一步发挥。二是在金融可得性方面。随着全面完成脱贫攻坚任务以及深入实施乡村振兴战略，偏远地区金融服务空白村有望进一步减少，基础金融覆盖面继续扩大；数字技术运用在提升金融可得性过程中将发挥越来越重要的作用，对传统物理渠道有一定替代作用，传统银行网点、ATM机具、POS机具等指标可能继续小幅下滑。三是在金融质量方面。随着社会信用体系建设的深入推进，金融信用信息基础数据库收录的自然人数、小微企业数有望持续稳步增加，数据共享平台等新型基础设施建设将会不断取得新的进展，成为数字普惠金融发展的重要基础支撑；多维度替代性数据在解决小微企业、农户、创新创业者融资方面将发挥越来越重要的作用；随着金融对个人生活的影响加深、疫情冲击下经济运行波动加大以及金融消费权益保护意识加强，金融消费权益保护的需求将持续快速上升，金融消费权益保护制度建设将不断深化。[①]

一、总体发展方向

普惠金融要继续深入贯彻落实党的二十大精神、全国金融工作会议精神和中央经济工作会议精神，坚持以习近平新时代中国特色社会主义经济思想为指导，坚持以人民为中心的发展思想和新发展理念，巩固普惠金融发展成果，解决发展难题，不断优化完善政策，更好服务实体经济，使金融发展成果惠及更广大人民群众。此外，还应继续巩固特色做法、加强创新，以服务好实体经济为导向，因地制宜，推动普惠金融更高质量发展。

---

① 中国人民银行金融消费权益保护局：《中国普惠金融指标分析报告（2019）》，http://www.gov.cn/xinwen/2020–10/16/content_5551834.htm。

（一）继续加强对创新创业、弱势群体等的支持

银行要精准有效开展金融知识普及宣传，持续提高国民金融素养。部分消费者对较为复杂的金融产品和服务了解较少，家庭财务规划、应急支出管理等还较为欠缺，特别是农村居民和老年群体，他们的金融素养更为薄弱。所以要进一步提升金融教育的针对性和有效性，帮助消费者知晓最新金融政策，选好用好金融产品，树立"买者自负"的风险责任意识，提高家庭收支管理能力，切实守好自己的"钱袋子"。此外，还要持续做好消费者金融素养问卷调查，科学评估金融教育成效，完善金融教育体系。金融机构要优化贷款申请审批流程，方便各类困难群体将创业担保贷款政策用好用足。继续开展集中性金融知识普及活动，关注重点人群尤其是低净值人群的金融知识需求，加强对数字金融产品和服务的知识普及，提高公众特别是弱势群体的金融素养和防风险能力。通过以上方式，加强金融产品和服务创新，完善对残疾人、老年人等特殊群体的无障碍金融服务；鼓励各地巩固特色做法，加强创新，因地制宜发展普惠金融。

（二）加强普惠金融领域的风险防范和管理

一是加强宣传教育，提高各界对普惠金融的正确认识；二是加强电子支付管理和风险防范，严厉打击破坏支付安全的行为，营造便捷、安全、可靠的电子支付环境；三是密切关注普惠金融领域的信贷风险，避免过度发放贷款。持续改进小微企业金融服务方式，提高小微企业信贷可得性，降低信贷风险。部分省份普惠小微贷款增长较为缓慢，既有经济下行带来有效信贷需求不足等方面的影响，又有小微信贷政策传导不充分、信贷产品创新不够、数据共享等基础设施不完善、风险补偿和分担机制不健全等方面的原因。所以，银行要常态化开展银企对接和交流，精准创新金融产品和服务，及时向小微企业宣传最新政策和金融产品，根据企业实际需求和风险状况合理确定放贷规模和资金价格，确保资金精准、直达小微企业。统筹推进小微企业税务、电力、社保等涉企公共服务数据共享，建立统一的数据标准，强化数据安全和隐私保护，为小微企业数字普惠金融产品和服务发展提供基本支撑。此外，金融机构也要创新发展线上信用贷款、数字供应链金融等产品和服务，稳妥提升信用贷款比例。信贷增信和风险补偿机制始终是银行发展普惠金融的重点，要充分发挥政府性融资担保机构的引导作用，推动银行与融资担保机构、保险机构有效对接，促进信贷资源惠及更多小微企业，降低小微企业综合融资成本。

(三)积极推进金融服务供给侧结构性改革,优化金融市场布局

要以金融体系结构调整优化为重点,优化融资结构和金融结构体系、市场体系和产品体系,为实体经济发展提供更高质量的金融服务。在商业银行系统中,增加直接融资的比重,发展私人银行和社区银行。证券市场方面,充分合理进出口,健全挂牌、交易、信息公开、退市等基础性机制。债券市场要完善证券市场投资结构,指导民营企业运用各种债务的投资工具改善筹资结构。金融机构产品创新就是要适应市场需求,发展差异化、针对性、定制化的金融服务产品,同时兼顾高风险回报。通过推进金融的供给侧结构化改造,提高公共服务于实体经济的整体质量。

(四)健全解决民营企业和小微企业融资难的制度与体系

当前,民企融资困难问题已成为我国经济增长的"拦路虎",通过健全配套政策框架,以破解银行信用难题,增强商业银行对中小型民企的投资能力。首先,政府应在有效满足当前市场监管需求、有效管控银行自身风险的情况下,充分利用永续债融资手段支持民间对小微企业投资,以补充资金实力,增强市场风险容忍度,助力负债端有序扩展。其次,在对民营企业和小微企业的投资活动中,要兼顾民营企业的投资规模和商业银行投资质量,形成科学合理的清障容忍度和免责机制。

(五)满足多层次差异化的金融服务需求

目前,农业金融还相对薄弱。例如,部分偏远乡镇道路交通十分不便,个别乡镇还缺乏金融网点、通信和互联网信号,所以数字银行普惠金融的推广与运用受到限制。在部分后发区域,银行仍以原有的企业担保或担保机构担保为贷款的基础。信用贷款、林权质押贷款、无形资产质押等特色信贷发展速度较慢,投资范围受限。对此,首先,进一步健全农村道路、通信等重要农业基础设施,并通过农村移动金融服务等大数据金融服务补充农村偏远地区线下业务的缺失。其次,继续加强农村社会信用制度建设,加强应用农户家庭信贷评估中的消费、政务、医疗等行业的替代数据,提高在风险控制条件下的社会信用比重,健全与贷款有关的个人权利证明、评审、记录、交换的运作标准。最后,农村商业银行要主动在乡村产业开发、农户创业就业、乡村小环境生活圈建设等关键难点方面,开发针对性、差异化、定制化的金融产品,并切实拓展农村涉农资金担保范围,做实地方政府实际指导推动农村普惠金融服务建设。[1]

---

[1] 李林鸢:《普惠金融呈三大特点》,《中国银行保险报》。

二、数字技术赋能金融

我国银行数字化转型持续加速,"马太效应"逐渐显现。2018年中国银行业整体IT投资规模为1121亿元,2020年达到1351亿元,未来几年内将持续增长。不同类型调研银行的数字化能力差异明显,国有大行、股份行、新型互联网银行的数字化能力相对较高,多数中小银行没有将金融科技作为一个单独的体系推动发展,在数据协同处理方面的能力尤为薄弱。我国的数字普惠金融已经形成以银行等金融机构、非银行金融机构、互联网巨头、金融科技企业等为服务主体,以"三农"服务、精准脱贫、小微企业融资和智慧城市建设等为服务对象,以支付体系、信用体系、产权交易市场、资本市场等为基础设施,以政策体系、法律体系等为制度保障的生态系统,这也将是银行体系发展普惠金融的方向之一。

(一)创新融资工具,满足多样化金融需求

为满足实体企业多样化的金融需求,银行应积极创新融资工具,尤其结合民营、小微企业实际经营情况提供有针对性的服务。在传统贷款的基础上,银行可提供不同种类的质押融资方式,如知识产权、应收账款、收费权等,有效拓宽创新型企业和服务业企业融资渠道。与此同时,银行可考虑将信贷服务与企业顾问咨询等服务相结合,有效纾解实体企业经营困难,降低实体企业违约风险,帮助实体企业做大做强。[①]

(二)推进"线上+线下"业务发展,降低数字鸿沟影响

数字普惠金融在提供新的金融服务渠道的同时,对物理服务点、传统机具等线下服务渠道形成冲击,在一定程度上带来数字鸿沟和数字排斥问题。一是引导金融机构对物理网点及机具进行合理布局,稳妥推进线下网点智能化改造。对具有明显社会价值但商业价值不显著的物理服务点和机具给予一定的补贴或激励,保障线下服务不缺位。二是持续关注数字普惠金融发展可能带来的数字鸿沟问题,指导金融机构优化服务流程,协调推进线上、线下服务,对于依赖传统金融服务的老年人等群体,适度推广使用数字金融工具,在保持传统服务功能、满足消费者多元化选择的同时,设计推广更人性化、更有针对性的服务规范。

---

① 中国银河证券研究院:《行业研究报告/银行业》,https://www.chinastock.com.cn。

第五章　普惠金融在保险体系的实践及发展路径

保险业是普惠金融体系的重要组成部分，保险的保障与增信功能对于微弱经济体的发展具有重要意义。普惠保险凭借其普惠性、精确性、高效性的优势，逐渐成为治理贫困和推动共同富裕的重要动力。普惠保险的普及不仅提高了农村居民保险服务的可得性，而且缓解了低收入群体的保险保障缺口，为农村居民提供了有效的风险防范工具，有利于实现农民收入持续稳定增长，防止农村居民返贫，有利于解决地区保险资源配置不均衡现象，在促进低收入群体增收的实践中积累了诸多成功的案例和经验。普惠保险不仅通过降低门槛效应、缓解非均衡效应、减贫效应对弱势群体产生直接影响，而且通过经济增长效应和社会发展效应对其产生间接影响。我国普惠保险始终呈现出区域差异化发展态势，因此，要结合普惠保险的特性，从"提质""扩面""增效"三个维度推进普惠保险的高质量发展。

第一节　普惠保险的概念界定

虽然普惠保险已经渐入人们的视野，但是学术界对于普惠保险的概念界定仍然众说纷纭。普惠保险作为普惠金融的衍生品被更为深入地研究，并且大部分都是围绕普惠金融展开的，所以可以通过梳理普惠金融发展的概念来明确普惠保险的定义。自从普惠金融的概念进入人们视野，学者们对普惠金融的定义也在持续深化。星焱认为，普惠金融的目的是让所有弱势群体都能利用普惠金融，根据适当的需求，使用价格合理、便利、优质的各类金融服务等。这里的"弱势群体"是指贫困阶层、老年人、残疾人等,由此分类的金融服务主要包括小额信贷和微型金融[1]。随着普惠保险逐渐从一般金融体系中分离出来,相关研究也在逐渐增加。国外学者在确定普惠保险时,普遍认为小额保险是普惠保险最主要险种之一。赫恩肯达(Heenkenda)认为,普惠保险发展目的是为低收入和贫困人群提供适当的保险服务[2],并且不断向弱势群体提供更加深入的保险服务,从而达到减少和消除贫困的目的[3]。2018年"普惠保险发展10周年"学术大会将普惠保险定义为小额保险,针对低收入群体的要求,提出在发展过程中地方政府应该关注农村地区包括收费保险发展的意见。

国内学者更多地结合中国的实际情况界定普惠保险的概念。董冬基于普惠保险发展指数研究中国普惠保险的整体现状,剖析影响当前我国普惠保险发展状况的主要因素。不过,并没有明确地界定普惠保险的具体含义,只是提出为弱势群体和低生活收入人群提供全面的生活保障政策[4]。岳一帆考虑到普惠保险对社会发展的影响及与保险概念的差异,提出普惠保险的概念,即普惠保险主要是为低收入阶层提供的各类保险服务[5]。孙蓉等在罗尔斯主义视角下对普惠保险的概念进行分析,认为普惠保险的目的是以普惠的概念为指导,通过市场化发展和政策引导,帮助弱势群体实现利益的最大化[6]。尹晔等认为,普惠保险要发展没有歧视的原则,有效促进区域协调发展[7]。徐妍超认为,应坚持国家政策的引导,以可负担的价格为社会弱势群体提供便利的保险服务,满足其在传统保险市场被忽视的保险需求,提高应对风险的能力,并应考虑到可持续发展的原则[8]。从目标人群方面看,大部分学者们认为,普惠保险对象是弱势群体、低收入人群,也有学者按照收入、年龄、风险应对等元素将应对人群分为低收入人群、老年人、农业生产者、贫困地区群众、小微企业五大类[9]。从发展方向看,普惠保险主要包括普惠小额保险和农

---

[1] 星焱:《普惠金融的效用与实现:综述及启示》,《国际金融研究》2015年第11期。
[2] Heenkenda, S., "Inclusive in Surance Sector: An Innovative Business Model for Micro-insurance Delivery in SriLanka," *Journal of Asian Business Strategy*, No. 6 (2016).
[3] Claessens, S., "Access to Financial Services," *World Bank Research Observer*, No. 2 (2006): 207—240.
[4] 董冬:《我国普惠保险发展水平衡量指标设计及测算》,硕士学位论文,首都经济贸易大学,2017。
[5] 岳一帆:《环长株潭城市群普惠保险的功效研究》,硕士学位论文,湖南大学,2017。
[6] 孙蓉、吴剑、崔微微:《普惠保险及其发展水平测度》,《保险研究》2019年第1期。
[7] 尹晔、许闲、王颖俐:《我国区域普惠保险水平测度及影响因素分析》,《保险研究》2020年第10期。
[8] 徐妍超:《普惠保险发展水平对农村居民收入的影响研究》,硕士学位论文,山东大学,2021。
[9] 王静仪、王国军:《普惠保险在民生保障中的实践探索与发展建议》,《台州学院学报》2021年第4期。

业保险。农业保险可以减少农业生产中的各种风险，是有效促进全面金融发展的重要指标[1]。张晓琳指出，小额保险的方案要与普惠保险概念相结合，在小额保险的风险管理和资金融通功能上，要提高普惠金融多样性[2]。普惠保险的本质属性和精准扶贫是相同的，即减轻弱势群体和低收入群体的贫困[3]，增强其抵御风险的能力[4]。

普惠保险的定义如下：根据机会平等原则，通过政策指引，在全面金融的情况下，以丰富的形式向广泛的弱势群体提供负担得起的保险服务。普惠保险是以市场为导向的政策性保险的总称，旨在使弱势群体的利益最大化。

这一定义包括以下三个基本要素：第一，它符合普惠保险的初衷，即所有人获得普惠保险的可能性是平等的，能够确保最不受惠者的最大预期利益；第二，它是市场导向行为的一部分，即对保障服务的各个参与者都担负着价值维护和实现的责任，服务提供者与受益人之间是直接对应关系；第三，基于我国保险供应政策法规现状，普惠保险实质上是商业保险，即它具备了商业保险的大部分功能，包括资本的融通、经济的补偿和社会的管理功能。凡是满足这些要求的，都能够归为普惠保险。而以上三点，充分表现出了我国普惠保险制度的基本特征：以国家普惠保险的定义标准为理论基础，以市场公平原则为政策引导，有地方政府财力作为有力保证，这也是我国普惠保险制度与一般的社会保险制度最本质的区别。根据普惠保险的定义和特性，普惠保险产品可以分为农村保险产品和农业小额保险[5]。

第二节 普惠保险的理论基础

一、可持续生计理论

党的二十大以来，将实施乡村振兴战略作为解决农民贫困问题的重要决策。党和国家不断尝试调和新时代社会的主要矛盾，即人民日益增长的美好生活需要与不平衡不充

---

[1] 李建军、韩珣：《金融排斥、金融密度与普惠金融——理论逻辑、评价指标与实践检验》，《兰州大学学报（社会科学版）》2017年第4期。
[2] 张晓琳：《普惠金融视角下农户信贷供需障碍及改进研究》，博士学位论文，山东农业大学，2018。
[3] 吴洪、罗承舜：《小额保险精准扶贫机制研究》，《金融与经济》2019年第10期。
[4] 徐淑芳、何江波：《小额保险影响研究述评》，《金融理论与实践》2014年第8期。
[5] 潘辉、王子源、刘妍：《江苏省普惠保险发展指数测量与政策建议》，《现代金融》2022年第4期。

分发展之间的矛盾，探索"三农"经济的可持续发展，通过"可持续生计"的概念打造可持续生活的框架，不断以农民日常生产和生活为中心，探索减贫、扶贫的根本途径，发挥农民的热情和创造力，合理利用地区资源，充分考虑地区条件，加强促进乡村振兴发展。

20世纪80年代末，世界环境与发展委员会为解决贫困问题首次提出"可持续生计"的概念。从现有的研究来看，可持续生计的分析框架主要用于贫困地区和生计薄弱地区的农户贫困问题研究。可持续生计这个概念最早由印度经济学家森（Sen）[①]、钱伯斯（Chambers）和康韦（Conway）在1992年的联合国环境与发展会议上提出[②]。现在科学界已经普遍认可人们对未来可持续生计发展的基本定义。斯库恩斯（Scoones）认为，人类生计是由人类生活所需要的能力、有形与无形资产以及活动组成。一旦生计成为可以在不过分消耗现有资源基础上的理想状况下得以保持并持续提高生产力的一种能量源泉和物质资本，生计也就完全可以自我恢复和自我对抗各种挑战和冲击，并具有连续性[③]。

可持续生计理论是国际减贫理论研究学者和从事减贫工作的非政府组织在理论和实践探索的基础上不断发展起来的，他们提出了一个基于战时意识形态的解决贫困问题的理论框架，包括各国政府、国际组织和非政府组织在内的国际社会，正在聚焦研究可持续生计理论的分析框架，为国际减贫工作提供宝贵经验。

国内可持续生计研究主要是围绕可持续生计分析框架展开的实证研究。在脆弱性背景、生计资产、政策组织过程、生计战略和生计出口五个组成部分中，该研究对生计资产和生计战略的研究占很大比重，对农户生计脆弱性的定量研究取得一定进展。李小云等认为，民生资产缺乏统一性和多样性是导致脆弱性的主要原因[④]；梁义成等认为，政府的救济措施应从改善自然资产转向改善人力和金融资产[⑤]。

自20世纪80年代以来，可持续发展的理念深入人心，已成为减贫的核心概念。"可

---

① Sen, A., *Famines and Poverty* (London: Oxford University Press, 1981).
② Chambers, R., Conway, G., "Sustainable Rural Livelihoods: Practical Concepts for the 21st Century" (IDS discussion paper no. 296. Brighton, UK: Institute of Development Studies, 1992).
③ Scoones, I., "Sustainable Rural Livelihoods: A Framework for Analysis" (Institute of Development Studies, 1998).
④ 李小云、董强、饶小龙等：《农户脆弱性分析方法及其本土化应用》，《中国农村经济》2007年第4期。
⑤ 梁义成、李树茁、李聪：《基于多元概率单位模型的农户多样化生计策略分析》，《统计与决策》2011年第15期。

持续"有两个主要含义。第一,"人"的可持续性。由于目前主要依靠外部支持和援助的"输血式"扶贫,并不能有效地减少贫困,因此,提高贫困人口的生活技能,使其拥有更优越的生活条件,是实现持续减贫的重要手段。扶贫要以人为核心,重新培养人类可持续的能力。第二,可持续的生态环境。在非洲、中亚、拉丁美洲的一些地区,人们竞相开发自然资源,导致环境被破坏进而使贫困恶化,这是积贫积弱和掠夺性破坏生态环境的恶性循环。因此,有必要制定更有效和可持续的生存发展模式,以解决这些区域的生态系统退化和贫穷问题。

自可持续生计理论出现以来,许多国际组织和机构已开始利用该理论制定可持续战略、目标和政策,民生理论在应用过程中被细分、聚合和细化,形成了不同的分析框架。英国国际发展部的可持续生计分析框架(SLA)具有代表性。英国国际发展部成立于1997年,它致力于全球减贫和可持续发展,其可持续生计分析框架不仅是一个理论和思维框架,也是一种实现手段,该工具指导英国国际发展部在世界各地贫困地区的减贫工作。生计资本是个人或家庭能够拥有并获得长期改善生活条件的能力、财富、收入的可持续生计分析框架的核心,具体可分为人力资本、自然资本、物质资本、金融资本和社会资本,如图5-1所示。在特定的脆弱性背景下,贫困人口只有持续获得这5种生计资本,才能摆脱贫困[①]。

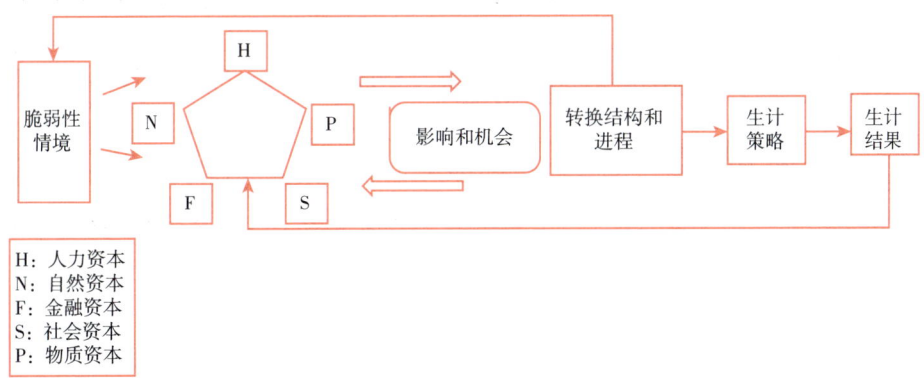

图 5-1 英国国际发展部的可持续生计理论分析框架

---

① Camey, D., "Implementing the Sustainable Rural Livelihoods Approach" (paper presented at the DFLD Natural Resource Advisers' Conference, London, Department for International Development, 1998).

二、二元经济结构理论

(一)阿瑟·刘易斯的观点

阿瑟·刘易斯通过对世界主要发展中国家社会经济发展状况的回顾,提出发展中国家二元经济结构理论。他认为,至少应有两种经济性质完全不同的部门,即现代部门(或资本主义部门)和传统部门(或农业部门)。传统部门尽管相对落后,但所占的比重却较大;现代部门尽管工业技术很发达,但所占的份额微乎其微。阿瑟·刘易斯还认为,这两个部门有巨大的差异。农业部门作为"生计型"产业,劳动生产率极低,边际劳动生产率接近零,甚至低于零,非技术性工人几乎没有报酬,虽然大部分劳动力包括在其中,但该领域隐藏的失业者众多;现代部门利用再生产性资本来获取利润,虽然劳动者少,但是劳动生产率高、工资高,可以说是典型的资本主义[1]。

(二)费景汉、拉尼斯的观点

20世纪的60年代,费景汉、拉尼斯等意识到刘易斯的模式忽视了传统农业部门的经济功能,因此他们提出了一个可以区分传统农业部门与现代工业部门的二元经营结构,并对其进行修正实验。二元结构包含产业和地域的差异。他们强调农业的重要性,注重农业的剩余作用,强调农业部门依赖于剩余劳动力的生产,为实现发展,农业积累的生产和剩余劳动力从农业部门的流出是同步的。工业部门是可持续发展的唯一源泉,为了积累更多的剩余农业劳动力,应该实施资本的产业整合政策。但是,只有在农业剩余劳动力消灭后,农业剩余才能实现,并随着农业劳动力的大量移出而减少,即结构转型和经济发展的机制是农业剩余劳动力与产业资本有机结合[2]。

(三)乔根森的观点

乔根森进一步完善刘易斯提出的模型,他在古典主义理论框架范围内重新讨论工业部门收入的增长。在该理论框架下,乔根森假设所有离开农业的劳动力的边际产出都是正的,农业剩余的发展程度决定工业部门的发展。也就是说,农业剩余生产是工人从传统部门向现代部门转变的必要前提。农业剩余量越大,现代农业发展得越快,农业劳动力的移动就越顺畅。如果各工业部门领域的工资等于其边际生产率,农业领域的工资等

---

[1] 阿瑟·刘易斯:《劳动无限供给条件下的经济发展》,《现代国外经济学论文学》1984年第8期。
[2] 费景汉、拉尼斯:《增长和发展:演进观点》,洪银兴译,商务印刷馆,2004,第12—13页。

于其平均劳动生产率，劳动力资源就完全能够实现在这两个经济部门领域间的自由分配流转，农业领域就能够形成其经济发展赖以生存的基础。

此外，托达罗等还引入城市问题，进一步修正刘易斯提出的二元经济学说，使其二元经济学说理论体系进一步完善。无论是刘易斯、费景汉、拉尼斯还是乔根森等，都认为农业和劳动力向工业部门转移是工业化的路径，结构变化和经济发展是农业部门剩余劳动力和工资资本之间的有机联系，农业剩余为工业发展提供资本。

三、福利经济学理论

福利经济学是西方经济学的一个重要分支，主要根据道德标准来评价社会，考察社会福利最大化的条件。

福利经济学的发展分为两个阶段，即旧福利经济学和新福利经济学。边沁的功利主义原则是福利经济学的哲学基础。边沁认为，人生的目的都是使自己获得最大幸福，增加幸福总量。

旧福利经济学的代表人物是庇古，他认为货币的边际效用是递减的，即富人的货币边际效用小于穷人。庇古认为福利有广义和狭义之分，广义的福利涉及影响福利的一切因素，过于复杂和不切实际，因此福利经济学关注的是用科学的方法直接或间接用货币测量的那部分狭义的福利。

新福利经济学是在旧福利经济学基础上发展而成的。勒纳、塞缪尔森和卡尔多等经济学家认为福利经济学应当研究效率而不是研究水平，只有经济效率问题才是最大福利的内容。他们主张用序数效用论代替基数效用论，即用人们对某种商品的主观评价的先后顺序或优劣对比来表示与分析效用。

四、包容性增长理论

第二次世界大战结束后，发达国家和发展中国家都开始参与经济复苏和发展。20世纪70年代的经济危机让大部分西方国家屈服，使经济放缓。相反，到了20世纪90年代，发展中国家的经济呈现出越来越强的发展趋势。但令人困惑的是，强劲的经济增长不仅没有带来预期的减贫效果，反而成为贫困的原因，让贫富差距正在逐渐扩大。此外，大量资源消耗，环境破坏，社会矛盾逐渐加深①。进入21世纪后，这个问题越来越严重。学术界由此提出包容性增长的概念，这有助于发展中国家摆脱"没有发展的增长"的实际困境。国际机构的调查指出，发达国家经济与社会发展不均衡主要是由于人们只关注经济发展的总量，却忽略了经济发展的品质。结果，经济发展的成果并没有给大多数人带来利益，反而对资源和环境造成了极大的破坏。包容性发展的核心理念是，只有大多数人从社会经济发展的结果中受益，发展过程才能正当而有价值地形成。国外部分学者认为，必须坚持机会平等的原则，确保大多数人参与整个经济和社会增长进程，共享经济社会发展成果，保障以国民为中心的社会持续发展。因此，亚洲开发银行提出的包容性增长的概念，重视机会平等的重要性。克拉森（Klasen）认为，包容性增长的贫困群体的收入比非贫困群体的收入增长快。2010年10月14日《人民日报》刊文指出，包容性经济增长理论的真正含义首先应该明确两点，即"参与"和"共享"，才能促进经济的积极效应。很多学者都持有这种想法，他们认为，包容性经济增长就意味着让包括社会贫困和阶层分化在内的几乎每个特定人群都有机会积极地参与经济增长、平等地参与国际竞争，最终实现发展机会的均衡，为包容性经济增长目标作出积极贡献，进而实现合理的共享经济增长成果②。顾绍梅指出，包容性增长的本质是一种理论体系和发展理念，它促进和保障经济增长过程中的平等机会，使增长成果能够为所有人广泛共享③。王红茹认为，包容性增长应该有不同的含义，包括环境保护、社会和谐等，但最重要的是经济增长对低收入群体有益④，使弱势群体能够得到实惠的可持续增长。尽管学者们对于包容性增长概念的界定和内涵有不同的理解，但基本观点都侧重于机会平等、成果共享和可持续发展。孔凡河提出，包容性增长是一种促进机会平等、尊重参与和分享、促进公正与正义的经济增长模式，也是追求经济、社会、生态界和谐与均衡的可持续增长模式⑤。同时，包容性增长是扶贫增长的又一延伸。在强调实现经济快速增长的同时，社会所有成员都应参与经济和社会发展进程，并更多地关注社会中的弱势群体，使他们不仅有机会平等地参与经济和社会活动，而且能够分享经济发展的成

---

① 王雪冬：《包容性增长理论的研究现状及未来展望》，《经济研究参考》2018年第37期。
② 蔡荣鑫：《"包容性增长"理念的形成及其政策内涵》，《经济学家》2009年第1期。
③ 顾绍梅：《包容性增长的历史纬度和现实趋势》，《党政论坛》2011年第12期。
④ 王红茹：《什么是"包容性增长"》，《中国经济周刊》2010年第38期。
⑤ 孔凡河：《基本公共服务均等化：实现包容性增长的战略抉择》，《上海行政学院学报》2013年第6期。

果，实现经济高质量增长。简言之，包容性增长既强调经济增长的结果，又关注经济增长的过程，提倡协调、可持续的经济社会发展和恢复人的全面发展。综上所述，包容性增长意味着全面、协调、可持续增长，所有群体都能平等参与经济增长的进程、分享经济的增长成果。包容性增长的目标应该是经济社会发展与可持续发展相协调，而不是仅仅追求经济增长。

现阶段社会发展的许多领域都重视实现包容性增长，而普惠金融的发展与包容性增长的理念不谋而合。国内外学者以各自不同的理论和观点为基础，深刻分析了普惠金融的意义，认为普惠金融的发展在于解决金融排斥，促进包容性增长，达成普惠金融的金融共识[1]。目前，我国保险市场中各种保险存在排斥现象，而普惠保险的发展旨在解决现实中弱势群体的保险支持问题，有效缓解保险排斥现象，与包容性增长理念一致。

五、金融排斥理论

金融排斥是20世纪90年代由外国金融地理学家提出的新概念。因为金融排斥涉及层面广，所以很难形成一个统一的界定。莱森（Leyson）和思里夫特（Theift）较早提出金融排斥的定义，从金融的角度分析居民与金融服务提供者之间的实际距离对金融服务便利程度的影响[2]。而后也有学者指出，因考虑到风险和成本，如果撤销或合并农村和城市偏远地区的一些分支金融机构，这些不发达地区将缺乏金融服务。凯普森（Kempson）和怀利（Whyley）提出，金融排斥包括从未接触过金融商品的人和虽然接触过金融商品但被排除在主流金融商品之外的人[3]。这是一个复杂的变化过程，除了地理上的通达性之外，还有其他原因造成金融上的排斥，包括可达性排斥、条件排斥、价格排斥、营销排斥和自我排斥五个方面。英国金融服务管理局（FSA）的一项研究发现，金融排斥的原因不只是金融服务机构的缺乏，还有多种形式的影响[4]。例如，由于经济、社会或其他因素，人们在获得各种金融服务方面存在障碍。在此基础上，陈颖

---

[1] 唐亚晖、刘吉舫：《普惠金融的理论与实践：国内外研究综述》，《社会科学战线》2019年第7期。
[2] Leyshon, A. and N. Thrift, "The Restructuring of UK Financial Services Industry in the 1990s," *Journal of Rural Studies*, No. 9（1993）：223—241.
[3] Kempson, E. and C.Whyley, *Kept Out or Opted Out*（Bristol UK: The Policy Press, 1999）.
[4] Kempson, E., Whyley, C., Caskey, J., and Collard, S., "In or Out? Financial Exclusion: A Literature and Researchre View"（FSA, 2000）.

嘉（Sherman Chan）主张，金融排斥是一些人难以在整个金融系统中获得金融服务的原因，包括金融机构缺乏适当的方法或途径，在购买金融产品或服务方面存在障碍和困难等。

在我国，普惠金融已经成为一个国家战略，社会各阶层都逐渐开始关注普惠金融的发展。近年来，越来越多的国内专家和学者开始从事金融排斥理论的研究。胡国晖和王婧在《金融排斥与普惠金融体系构建：理论与中国实践》一书中对金融排斥定义如下：处于弱势地位的金融服务需求者无法以可承受的成本从正规金融体系获得公平且安全的金融产品或服务，因此不得不承受短缺，或求助于正规金融体系以外的替代金融渠道的现象或过程[①]。

综上所述，结合我国的实际情况，对金融排斥定义如下：一些经济主体，特别是低收入群体和弱势群体，受制于金融机构内部和外部的制度缺陷，以及其他因素，没有办法获得必要的金融商品或金融服务[②]。

第三节 普惠保险的基本特征

一、普惠保险服务对象的特殊性

普惠保险以政府向全社会的困难阶层人员和低收入群体免费提供生活保障和服务保障为主要目的，重点应放在社会弱势群体和城市低收入人群中。传统保险具有追求利益的特性，即保险服务属于高收入群体，穷人被拒之门外，然而穷人更需要保险，但往往存在买不到保险的尴尬境地。普惠保险的服务对象是具有保险服务需求的社会各阶层，特别是社会弱势群体，让这些社会弱势群体在经济不发达的地区可以享受保险服务。普惠保险为这些特殊阶层提供了多种风险保障。

二、普惠保险价格的合理性

一方面，对于普惠保险的需求方，即社会弱势群体，可以以合理的价格购买保险，

---

① 胡国晖、王婧：《金融排斥与普惠金融体系构建：理论与中国实践》，中国金融出版社，2015。
② 陈思：《普惠金融背景下我国农村金融排斥问题研究》，硕士学位论文，西南大学，2013。

实现消费群体的下沉，这也是普惠性质的重要体现；另一方面，针对普惠保险的供给方，即提供普惠保险的保险机构，需要合理定价让自身既能做到成本可负担，又能做到商业可持续，以此实现普惠保险发展的良性循环和多方面共赢。

三、普惠保险具有公平性

普惠保险的原意是公正地保证人们享有同等的保险服务。普惠保险的发展可以将生产要素分配到贫困地区，形成多地区间的良性循环体系。全民保险持续努力将弱势群体的优惠最大化，所有群体都可以平等地享受全民保险。发展普惠保险可以较大程度降低保险服务的门槛，从保险覆盖性和保险可得性等角度改善与发展保险服务，使更多的社会弱势群体能享受到保险服务、控制自身风险、稳定现金流，从而使全体社会成员能够享受到保险服务，进一步维护和促进社会的公平正义。

四、普惠保险具有保障性

普惠保险的持续发展，可以从渗透性、可用性等角度有效地消除传统保险"厌贫求富"的弊端，解决我国发展中贫富差距大、收入分配不平等方面的问题，进一步促进我国金融业和经济的可持续发展，切实增强保障性，减少社会弱势群体"疾病相关贫困"和"灾难相关贫困"的发生率。一方面，可帮助客户在陷入贫困后尽快恢复生产生活，有助于减少收入等级和消除贫困，使社会财富在高收入群体和低收入群体之间、高风险地区和低风险地区之间进行再分配；另一方面，风险的分散功能有助于风险在时间和空间上的转移，使其具有延展性，减少了贫困[①]。

五、普惠保险具有政策性

普惠保险需要政府的参与或政策上的引导，但是政府并不是直接进行物质上的支援，它与政府救济有所区别。普惠保险实质上是一种商业保险，具备经济风险补偿、资金融通、社会风险管理控制等多种功能，同时具有普通商业保险的所有功效。普惠保险的普惠范围很广，保障本金但利润低的定价原则很特别，因此需要政府的政策支持，如

---

① 徐婷婷、陈先洁：《农村普惠保险减贫的机制及空间效应研究》，《保险研究》2021年第1期。

开发政府背书商品、规范商品、提供税收优惠政策等。例如，普惠保险是政府发展和支持农业的重要手段之一，政府实施的补贴政策能够在规避农业风险的情况下有效降低农业补贴支付的压力，使农民以最低的经济成本和时间成本购买和使用保险产品和服务。这将有助于保障农民收益，促进生产要素投资，客观上改善空间缺陷。

六、普惠保险具有市场性

普惠保险本质上是市场化的，虽然也具有一定的社会性和公共性的特征，但它强调商业的可持续性，削弱公共政策的功能，与政策性保险有所区别，能够满足客户多元化的风险保障需求。在政府政策支持下，提供普惠保险的各保险机构可以进行良性竞争，不断优化创新自己的商品和服务，提高商品核心竞争力，扩大市场份额。普惠保险将政策性与市场化相结合，使政府和保险机构各尽其责，发挥好各自的专业优势，总体上达到进一步维护消费者权益的效果。例如，普惠保险是由市场运作的，保险提供商可以向贫困农民提供多样化的保险产品，提供的服务对农户而言更具有针对性和精准性，帮助贫困农民合理利用资源，减少流动性瓶颈，提高产量，减少贫困，增加收入。同时，普惠保险还具有融资和社会管理功能，在满足农民农业风险管理基本需求的同时，还能拓宽业务利润的领域和范围，充分发挥融资功能，为农民提供担保抵押，帮助农民通过贷款扩大生产规模。

第四节　普惠保险的减贫机制分析

普惠保险不仅可以直接降低农村贫困家庭的脆弱性，还可以补充其他金融行业的普惠发展。普惠保险在减轻贫困、降低脆弱性等方面，起了积极的作用，保证银行的信用支援和支付服务能够满足农村家庭生产生活中金融服务需求的多样化。因此，普惠金融的发展可以说是一个系统工程。通过相互共有的金融服务，可以消除家庭的贫困，将家庭的幸福最大化。此外，普惠保险等金融行业可以对其他行业的发展起到补充作用。保险业在风险保护和赔偿方面具有其他金融业务不可替代的专业优势。建立全方位的风险防范体系，扩大农户补偿范围，更好发挥预防贫困的作用，能有效缓解贫困问题。包括银行在内的金融部门，可以通过金融产品和服务提供金融支持和支付选择，促进农村家庭的生产和扩大，进一步在农民脱贫方面发挥自给自足的作用。例如，在农业生产方面，银行和其他金融机构可以提供小额贷款、信用贷款或保险期货等金融产品，同时为农村贫困家庭等弱势群体提供保险。[①]在生命和健康方面，在通过低水平医疗保险向弱势群体提供某些医疗补偿的基础上，还可以通过小额贷款或医疗低息紧急贷款弥补医疗费用缺口[②]。

普惠保险作为普惠金融的衍生商品，成为独立的主体并逐渐发展起来。结合其特点和服务范围、脱贫理论的深化和发展，以及当前中国国情，可从多维度分析农村普惠保险减贫机制（如图5-2所示）。通过发展农村保险，以较低的价格为人民群众提供多样的保险产品和服务，农业保险、小额人身保险、小额信贷保险、商业健康保险、大病保险等保险的门槛降低，可得性增强，进一步发挥农村普惠保险的功能。农村优惠保险可以有效缓解"保险排斥"，缓解农村多层次贫困，促进包容性增长。

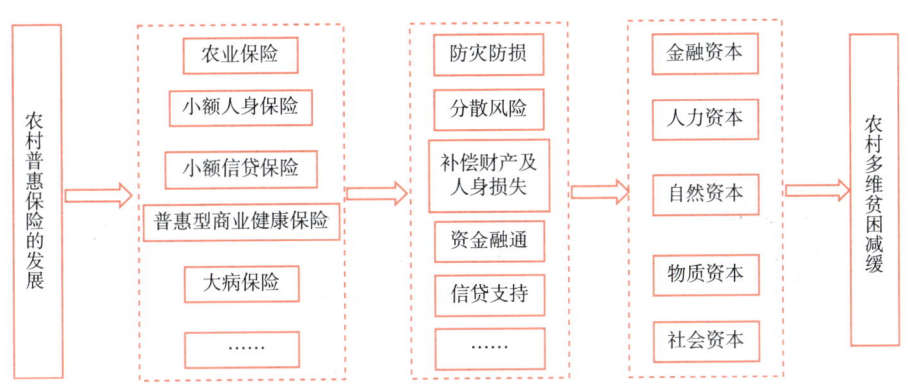

图 5-2 农村普惠保险缓解农村多维贫困机制示意图

一、金融资本效应

金融资本是指农村居民能够使用和筹措的资金，包括存款和流动资金，具体有存款、工资、养老金、政府补贴及从外部获得的其他资金等。农村贫困群体存在融资风险，主要是由于农村贫困群体收入来源的单一性，农业生产经营收入不稳定，主要以家庭为基础，导致储蓄、工作、养老等家庭整体收入偏低。在小额信用贷款方面，农村贫困人群金融知识欠缺、投资及其他方面经验不足，存在投资失败的风险。另外，农村贫

---

① 林凯旋：《农业信贷与保险联动支持农业发展：内在逻辑与改进路径》，《保险研究》2020年第4期。
② 吴传俭：《健康保险融合普惠金融和医疗救助的应急救助机制研究》，《保险理论与实践》2020年第6期。

困人群预防疾病和灾害危险的能力不足，小额信贷不履行债务的危险性相对较高，因而银行不愿意向农村居民提供贷款，导致贫困阶层很难得到金融援助。

农村普惠保险可以有效促进农民金融资本的增长。一方面，农村地区的综合金融发展降低了金融服务的门槛。通过存款和转账服务，帮助农民积累资金、分散风险，为贫困人口提供人身和财产保护。普惠保险的发展是农户收入的"稳定器"和"减震器"，大大提高了农民从事农业生产抵御自然灾害的能力。另一方面，通过提高农村中小企业创业积极性和创业能力，刺激农村中小企业增长和创造就业，不创业的贫困农户也可通过非农产业就业增加收入，促进农民金融资本的增长。保险公司发展小额金融保险，促进金融整合，支持和鼓励创新，为扶贫产业提供良好融资渠道。因此，农村普惠保险既有利于合理分配和使用农村居民资源，又有利于农村经济的增长。

二、人力资本效应

人力资本是指农村家庭的劳动力，不仅包含劳动力的数量，还包含劳动力的质量，如劳动者身体健康情况、教育水平及技术能力等。人力资本代表农户调整和运用其他生活资本的能力，不仅是实现可持续脱贫的基础，还促进贫困阶层人力资本的提高。人力资本可能面临的风险主要有两种：一是家庭劳动力数量减少，二是质量降低。具体而言，数量上的风险主要表现为家庭劳动力发生重大疾病、意外事故、无法再就业或家庭面临较大的经济压力；质量风险是指劳动者因资金不足或缺乏劳动技能培训等，而无法继续进行农业生产或就业。

从人力资本的效果看，农村普惠保险主要从健康和教育的角度，通过特定保险产品和服务缓解贫困。由于农村地区生活水平较低，医疗服务不完善，缺乏与此相关的健康类保险服务，农户整体健康程度相对较低，抵御健康风险的能力较弱。农村普惠保险通过特定的保险种类，有效减轻严重疾病和事故对农村居民及其家庭的影响，解决农村居民健康和缺乏保障的服务问题，如作为补充性商业健康医疗保险的惠民保险产品。政府组织实施的大病保险充分减少了农村居民的重大疾病治疗费用，惠民保险产品是补充的商业健康医疗保险，因城制定，对法定医疗保险进行有效、合理的补充。小额人寿保险和小额人身意外伤害保险等都能合理、适当地保障农村家庭成员，特别是主要劳动力的生命和身体，提高农村家庭抵御风险的能力。推进小额信贷保险，可以形成"政银保"

联动、共同承担风险的发展模式，由保险公司提供贷款信用保障，以便大幅降低农村居民的信用风险，助学贷款政策可持续发展，提升劳动力质量，提高教育水平，为农村居民提供自主创新和创业的资金保障。

三、自然资本效应

自然资本主要是指各种生态资源，包括土地、林木、水资源等。自然资本存在的风险主要是生态资源遭遇自然灾害或发生意外事故，如台风、洪水、干旱、地震、火灾、爆炸等，会破坏农村居民的自然环境，影响农业生产和农民的生计。

农业生产经营风险是"靠天吃饭"的典型特性，由于自然灾害和意外事故的发生，农户很容易遭受规模较大、程度较高的损失。一方面，风险事故发生后，政府可以利用财政资金对受灾的村民和农作物给予一定的经济补贴；另一方面，在灾害发生前，通过政府的保单等方式鼓励村民购买农业保险，使保险公司参与到农业生产过程中，以分散和转移相关风险。在此过程中，不仅要发挥事前风险管理的优势，因地制宜发展好农业保险的地方特色，还要调查好灾害风险，充分发挥保险支付的经济补偿功能，帮助农村居民进行经济补偿、恢复生计，让农户安心从事农业生产。

四、物质资本效应

物质资本是指住宅、车辆、农业机械、工具等用于维持生计的生产资料和基础设施。农民拥有的物质材料依赖于他们的财富和金融服务的覆盖范围；农民享有的基础设施水平依赖于地区经济发展水平和地方财政收入的水平。物质资本的风险性是指农村贫困人群在农业生产和日常生活各方面物质上的不足，主要是指自然灾害或事故造成的损失。由于物质资本遭受损失，农村居民的风险防范能力弱，政府补贴有限，难以及时恢复更新，从而影响农村居民的正常生产和生活。

通过保险的模式，特别是根据农村普惠保险的特点和创新险种，可以有效地将物质资本的风险从农村居民转移到保险公司，从而保证农村居民同水平的物质资本价值。近年来，洪涝等自然灾害频繁发生，给农村居民的物质资本带来较大损失。农村居民积极投保农房保险和农机保险，避免因灾倒房、因灾停产，使住房、仓库、畜圈与播种机等农用机械和工具得到充分保障。

五、社会资本效应

社会资本是指农民能够使用的社会资源,包括他们加入的社区组织和农民家庭建立的社会网络。与前面四种资本效应不同,社会资本更多是从精神层面出发的。传统情况下,除行政组织之外,农村社区组织缺失,农民参与某种协会或组织的积极性不高[①]。农户社会网络关系较为简单,主要是基于血缘和地缘关系的亲属网络和乡邻网络[②]。由于贫困群体社会地位较低,受到社会交往成本和自身综合素质的限制,社会网络和人际关系比较简单,所以在社会活动中很难有发言权。普惠金融的发展给贫困农户带来更多的社会生产和人际交流的机会。一方面,普惠金融的发展促进农户创业,带动农村经济增长,为贫困农民提供更多的就业机会,调动贫困农民参与生产活动的积极性。创业、就业带来的收入增加和社会地位的提高,也有助于贫困农户加强自我激励,更加积极地工作和生活。另一方面,普惠金融机构的发展带来农村机构的创新。大量合作基金会和资金合作社的相继成立,使贫困农户在这些社会组织中获得参与权和发言权。随着农村组织的不断发展,贫困农户的社会关系网也逐步扩大或深化。

社会资本的风险主要体现为贫困人口在社会交流中的劣势。客观上,农村文化体育类基础设施不足,大众文化生活条件匮乏;主观上,农村居民收入低、教育水平不高,所以娱乐方面的消费支出和投资较少。农村普惠保险的发展由物质层面进一步深入精神层面,通过前面4个层面的资本可以加强贫困农户在物质上的底气,进而在精神层面提升他们的社会参与能力和社交网络上的地位。通过农业保险,提高农村居民抵御风险的能力和投入农业生产的积极性,鼓励农村居民创业、就业,带动其收入的增长和社会地位的提高,从而使农村居民以更加主动的精神状态进行工作和生活,也方便进一步完善社会保障和管理。另外,农村普惠保险的实施在带动农村经济发展的同时,推动了农村文化体育设施和社区建设,农村居民的风险意识、金融素质、社会信用状况等也得到相应的改善和提高。

---

① 杨云彦、赵锋:《可持续生计分析框架下农户生计资本的调查与分析——以南水北调(中线)工程库区为例》,《农业经济问题》2009年第3期。
② 李琳一:《农户生计与资产配置的发展学研究——以宁夏盐池县青山乡研究为例》,硕士学位论文,中国农业大学,2004。

第五节　普惠保险的发展水平测度

一、普惠保险发展水平测度研究

大部分学者建议，在特定层次上增加保险标准。例如，马或菲和杜朝运认为在可获得性维度下添加每1000平方公里内保险公司数和每十万人拥有的保险公司数两项指标[1]；刘金全和毕振豫[2]、孙继国和赵俊美[3]建议在使用情况维度下添加保险密度和保险深度两项指标；郑家喜等认为保险的可获得性通过保险机构及保险从业人员的地理密度和人口密度来衡量，使用状况用农业保险的密度来衡量，服务效率用农业保险的深度、农业保险人的人均赔付率、保险费收入的同比增减率等指标来衡量[4]。还有部分学者将保险作为普惠金融的业务分项来单独衡量其普惠性。例如，李建军和卢盼盼使用保险密度、保险深度、人均赔付三项指标合成普惠金融体系下的保险服务指数[5]。可见，学者们在指标选择上具有一定的趋同性。但由于对普惠保险概念的定义尚未达成共识，所以选择的指标大多数只能表示"普"，而不能表示"惠"。另外，学术界对于特定层次应该分类为哪个层次也有争议。在2008年全球性的国际金融危机出现后，普惠金融指数体系的建立也开始逐渐受到国内外金融研究专家的关注。

目前，对普惠保险指数评价的相关研究相对较少，构建方法多基于普惠金融指数的构建方法。因此，对普惠保险发展指数的测度，主要从普惠金融发展水平的测度入手。贝克用每百平方公里金融机构网点数、每万人金融机构网点数、每百平方公里ATM机数、每万人ATM机数等8个指标对地区普惠金融指标进行构建[6]。萨尔马和派斯进一步简化普惠金融指标的构建，从可及性、可用性和实用性三个维度进行衡量[7]。阿罗拉等

---

[1] 马或菲、杜朝运：《普惠金融指数测度及减贫效应研究》，《经济与管理研究》2017年第5期。
[2] 刘金全、毕振豫：《普惠金融发展及其收入分配效应——基于经济增长与贫困减缓双重视角的研究》，《经济与管理研究》2019年第4期。
[3] 孙继国、赵俊美：《普惠金融是否缩小了城乡收入差距？——基于传统和数字的比较分析》，《福建论坛（人文社会科学版）》2019年第10期。
[4] 郑家喜、杨东、宋嘉豪：《中国农村普惠金融发展水平的时空分异》，《统计与决策》2020年第6期。
[5] 李建军、卢盼盼：《中国居民金融服务包容性程度与空间差异》，《经济地理》2016年第3期。
[6] Beck, Thorsten, Asli Demirguc-Kunt and Maria Soledad Martinez Peria, "Reaching out: Access to and Use of Banking Services across Countries," *Journal of Financial Economics* 85, No. 1 (2007): 234—266.
[7] Sarma Mandira, "Index of Financial Inclusion" (Indian Council for Research on International Economic Relations, 2008).

进一步考虑成本的因素，增加成本角度对指标进行构建①。古普特在综合前人研究基础上，进一步改善普惠金融体系，将多维度因素整合成指数，以测度各维度对普惠金融发展水平的贡献度。在借鉴国际经验的基础上，我国学者主要从两个方面对普惠金融发展指数进行衡量，一是直接通过萨尔马指数或将其改进、完善后进行测量。王婧和胡国晖从金融服务的范围和金融服务的使用两个主要方面，使用变异系数法对我国31个省（自治区、直辖市）普惠金融进行测量。焦瑾璞等进一步完善我国普惠金融指数构建，从可获得性、使用性、服务质量三个维度对我国普惠金融发展情况进行测量，在前人研究的基础上加入农业保险普及率和商业保险普及率两个测量角度。二是通过各地金融排斥程度对各地普惠金融发展情况进行测度。例如，田霖通过主成分分析法、因子分析法等，对我国金融排斥水平进行分类，将我国金融排斥水平分为5个等级，以此衡量各地区的普惠金融发展水平②。张艳萍在研究综合保险方面，首次将指数体系评价方法和普惠保险相结合③。中国保险发展指数（IID，Index of Insurance Development）以普惠保险为研究对象，从渗透性、接触性、使用效率三个维度测算我国31个省（自治区、直辖市）的普惠性保险发展指数，但该指数侧重于体现我国保险业的发展水平，而非针对弱势群体的普惠保险的发展水平。孙蓉等改善普惠保险的测度方法，将农村地区视为保险发展的主要地区，采取对农业保险相关指标给予支持等加权值方式，通过测算2008—2015年各省普惠保险发展水平，得出我国普惠保险发展水平的变化趋势和地区间的差异④。

二、普惠保险指标体系的构建思路

（一）指标体系的设计思路

关于普惠保险指标体系的构建，学界还没有形成统一的标准或固定的范式，但就目前已有的普惠保险指标体系而言，在形式上，借鉴普惠金融指标体系的构建框架；在内容上，体现普惠保险的内涵和特征。普惠保险指标体系还处于不断更新和完善的阶段，学者们在确定维度和指标时，也都力求从更深层次、更全面的视角，综合性地反映普惠

---

① Rashmi Umesh Arora, "Measuring Financial Access"（Discussion Papersin Economics, 2010）.
② 潘辉、王子源、刘妍：《江苏省普惠保险发展指数测量与政策建议》，《现代金融》2022年第4期。
③ 张艳萍：《普惠性保险发展指数及影响因素分析——基于排序选择模型》，《现代经济信息》2016年第3期。
④ 孙蓉、吴剑、崔微微：《普惠保险及其发展水平测度》，《保险研究》2019年第1期。

保险的发展现状和特点①。

（二）选取指标的原则

通过梳理之前的文献，笔者认为构建普惠保险指标体系，应遵循三个原则。一是兼顾广度和深度，站在全面性和系统性角度，选取的每一个指标都应有针对性地衡量普惠保险的某一方面，不同的指标具有不同的侧重点，综合各指标才能完整地测度普惠保险发展水平。二是体现客观性和准确性，确定指标时应充分考虑数据的可得性和计算的科学性，从而减少衡量偏误，保证结果的相对客观。三是考虑地区和时间的差异，普惠保险的发展是一个动态的过程，受经济、政治、社会等多方面的影响，其发展水平在同一时点的不同地区或同一地区的不同时点上均呈现出差异化，因而普惠保险指标体系的构建应突出其在空间和时间上的变化。

（三）指标体系的总体框架

笔者立足于上述三个原则，选取可获得性、使用情况、服务效率三个维度。根据前文对普惠保险的界定，目前我国普惠型保险产业发展中的几种主流发展路径是农业保险、小额保险、普惠型的健康类保险等。一方面，由于小额保险的数据尚未公布，这里所构建的普惠保险指标体系暂不包含小额保险的内容；另一方面，由于小额健康保险是我国小额保险发展的一大支点，考虑到普惠型健康保险的实践与推广，这里在构建指标体系时选择短期健康险的相关指标进行替代。

保险服务和产品的渗透性，即保险机构和保险从业人员的覆盖广度是否与保险需求者的需求相匹配。由于缺少地级市层面保险从业人员的数据，只能以保险公司的人口密度和地理密度两个指标来衡量普惠保险的可获得性。"使用情况"维度侧重于需求角度，主要反映保险需求者实际享有的保险服务和产品，采用农业保险密度、短期健康保险密度和农险、短期健康险保费收入占总保费收入的比例来衡量弱势群体对普惠保险的接受度。"服务效率"维度侧重于质量角度，主要反映保险在提高保险需求者的保障程度以及推动经济增长方面所起到的作用，即保险服务民众和实体经济的能力。而赔付率和保险深度可以有效地衡量保险的效用性，从而作为服务效率的衡量依据。提高普惠保险发展水平，不仅要增加保险服务的供给，拓宽保险需求者的获取途径，形成有效需求并提

---

① 徐妍超：《普惠保险发展水平对农村居民收入的影响研究》，硕士学位论文，山东大学，2021。

高真实使用率，也要提升保险服务的质量，增强保险需求者的使用感受。

由于整个评价指标体系被设计成多个指标，主体采用层次分析法和变异系数法更科学地确定了各指标的权重。由于各项指标的层次不同，在处理各指标数据时，需要进行无层次处理，即各指标数据的正规化[①]。

三、普惠保险衡量指标的构建依据

根据普惠保险的定义：在国家政策的指导下，坚持机会平等和商业可持续原则，以可负担的价格为社会弱势群体提供保险服务，满足其在传统保险市场被忽视的保险需求，提高其风险管理能力，促进我国地区间均衡发展。我国地区间的不平衡发展主要体现在城乡差距上，而弱势群体主要是农村居民。尽管我国监管机构没有直接提出普惠保险的定义，但监管机构对普惠金融扶贫的讨论表明，保险主要与农村扶贫有关。因此，在编制普惠保险指数时，应该关注我国农村地区的保险发展。一些学者认为，普惠保险应包括小额保险。在指标构建框架方面，普惠保险指数框架参考萨尔马[②]提出了被广为采纳的三个测度维度——渗透性、可获得性和使用性，并参照安巴尔卡尼塔尔（Ambarkhaneetal）的构建方法，选取了刻画普惠保险水平的三个维度的五项指标：用 D_i 表示每类指标的观测值；D_1 表示每百万公顷的农用地面积拥有的农险公司数；D_2 表示每百万农村人口拥有的农险公司数；D_3 为农村人均农业保险赔款/农村人均可支配收入；D_4 为农村人均农业保险保费支出/农村人均可支配收入；D_5 为保险赔付率，用以刻画保险服务的使用水平[③]。其中，前两个指标的加成计算代表了保险业的渗透性，既考虑了地理维度的渗透性，又考虑了人口维度的渗透性；人均农业保险赔款和人均农业保险保费支出在一定程度上可以反映消费者接触到保险产品的程度与比例，笔者将农村人均农业保险赔款/农村人均可支配收入和农村人均农业保险保费支出/农村人均可支配收入作为 D_3 和 D_4，代表了保险业的服务可得性；D_5 代表了保险服务的使用情况。具体的指标体系如表5-1所示。

---

① 曲声乐：《中国保险业发展的区域差异及影响因素分析》，硕士学位论文，吉林大学，2014。
② Sarma, Mandira, "Indian Council For Research On International Economic Relations," *Index of Financial Inclusion*, No. 6 (2008): 1—26.
③ 刘伟、许宪春、汤美微：《国民经济核算视角下的保险产出及中国的实证》，《金融研究》2018年第10期。

表 5-1　　　　　　　　　　　　普惠保险指标体系

指标维度	具体指标	符号
保险服务渗透性 A_1	每百万公顷农用地面积农险公司数	D_1
	每百万农村人口农险公司数	D_2
保险服务可得性 A_2	农村人均农业保险赔款/农村人均可支配收入	D_3
	农村人均农业保险保费支出/农村人均可支配收入	D_4
保险服务使用性 A_3	保险赔付率	D_5

四、普惠保险指数测算与区域比较

目前，普惠金融对不同指标权重的确定方法不同，可分为主观加权法和客观加权法。主观加权法有平衡法和层次分析法，主要依靠专家经验为不同的指标赋予权重。客观加权法仅根据数据特征对指标进行加权，而不是基于行业专家的经验，它可以为研究人员在调查问题的早期阶段提供适当的参考。笔者参考戈埃尔（Goel）、塞西（Sethy）、王婧、王业斌等的研究，选择变异系数法来衡量包容性保险的发展水平。每个指标的客观信息直接用于测量每个观察值的变化程度，以降低主观因素对权重的影响。理想的指标构建应反映各指标含义的差异，并直接赋予具有高度普遍性的保险活动更大的权重。在变异系数法中，取值差异越大的指标越难实现，越能反映评价对象之间的差异，权重越高。除了确定指标权重的方法不同外，综合指标的方法也不同。萨尔马、约鲁马兹（Yorulmaz）等采用算术平均加权法合成指数，内森（Nathan）等采用欧氏距离变换，这种基于距离的测算方式可以满足单调性、一致性等许多数理特性。考虑到简便性，这里使用算数平均加权法。各个指标的原始数据来自《中国保险年鉴》、各省份的《金融运行报告》、各省份统计年鉴，以及万得（Wind）数据库。需要说明的是，农村人口并非采用户籍人口，而是采用常住人员进行衡量；各省份农民人均可支配收入指标仅有2013年及以后的数据，2013年前的统计口径为农民人均纯收入，故2013年以前的数据采用农民人均纯收入的增长速度进行倒推；各省份农险公司数由历年《中国保险年鉴》中通过计数统计各省份有农业保险保费收入的公司数而得。指标构建的具体步骤如下。

1.无量纲化处理

因为各指标存在量纲差异，不同指标的绝对值相差较大，所以必须采用无量纲化处理。无量纲化函数的选取，一般要求严格单调、取值区间明确、结果直观、意义明确、不受指标正向或逆向形式的影响。本书使用联合国人类发展指数所用的线性功效函数法，得到无量纲指标D_{ij}，从而映射到[0，1]区间中。

计算公式为：

$$D_{ij}=\frac{D_{ijt}-min_{jt}}{max_i-min_i} \quad (j=1, 2, \cdots, 5; 2007 \leqslant t \leqslant 2017) \quad \text{（式5-1）}$$

其中，D_{ijt}为i省份在t年度j指标的实际值，min_{jt}为第j指标在t年度的最小值，D_{ijt}一定满足$0 \leqslant D_{ijt} \leqslant 1$，$D_{ijt}$越大，表明$t$年度$i$省份在$j$指标上表现得越好。

2.计算各个指标的变异系数

在得到各个指标每年的无量纲化处理数据后，应进行权重确认工作。考虑到普惠保险指数研究仍处于初期阶段，学界尚未形成统一的普惠保险指标权重意见，本书采用变异系数法确定各指标的权重，即尊重数据本身规律，不添加主观权重。

计算公式为：

$$CV_{jt}=\frac{S_{jt}}{D_{jt}} \quad (j=1, 2, \cdots, 5; 2007 \leqslant t \leqslant 2017) \quad \text{（式5-2）}$$

其中，S_j为各个指标D_{ij}的标准差，D_j为各个指标D_{ij}的均值，CV_j为变异系数。

3.计算各个指标的合理权重

得到变异系数后，为了使指标呈现方式更加直观，这里进行归一化处理，使所有指标的变异系数ω_{jt}之和为1。

计算公式为：

$$\omega_{jt}=\frac{CV_{jt}}{\sum\limits_{1}^{n}CV_{jt}} \quad (j=1, 2, \cdots, 5; 2007 \leqslant t \leqslant 2017) \quad \text{（式5-3）}$$

4.计算普惠性保险发展指数

通过算术平均和计算得到i省份t年度的普惠性保险发展指数。

计算公式为：

$$IID_{it}=\sum_{j=1}^{j=5}\omega_{jt} \times D_{ijt} \quad (2007 \leqslant t \leqslant 2017) \quad \text{（式5-4）}$$

5. 模型与变量

为验证假说"2013年国家推行的普惠保险政策促进了中西部普惠保险发展，使其发展速度超过东部"，设定如下双重差分模型：

$$IID_{it}=\alpha_0+\alpha_1 year \times midwest+\beta X+u_i+\lambda_t+\varepsilon_{it} \tag{式5-5}$$

IID_{it}为i省份t年的普惠保险发展指数，为被解释变量，由上文中计算得出。α_0为常数项。解释变量为交互项$year \times midwest$，其中，由于普惠保险政策在2013年生效，故$year$在2013年及以后年份取1，2012年及之前年份取0；$midwest$当省份为中西部省份时取1，为东部省份时取0。α_1为本书关注的解释变量系数，若其显著大于0，则差异化的农业保险补贴政策促进了中西部普惠保险以超越东部的速度发展。u_i为省份固定效应，用以控制各省份不随时间变化的不可观测的影响因素。λ_t为年份固定效应，用以控制各年不可观测的影响因素。ε_{it}为残差项。X为一系列控制变量，本书借助之前国内外学者关于普惠金融、普惠保险影响因素的研究成果挑选控制变量，主要包括收入水平[1]、就业状况[2]、教育水平[3]以及城镇化水平占比[4]。

考虑到中央财政补贴力度逐年增加，在交互项中加入2013年以后每年中央的补贴金额，更加细化的双重差分模型为：

$$IID_{it}=\alpha_0+\alpha_1 year \times midwest \times subsidy++\beta X+u_i+\lambda_t+\varepsilon_{it} \tag{式5-6}$$

第六节 普惠保险的发展现状及存在问题

一、我国普惠保险的发展历程

我国普惠金融的主要服务对象是小微企业、农民、城市低收入人群、残疾人、老年人等特殊群体。因此，普惠保险主要是指为上述特殊群体提供特定的保险产品及服务，如小额保险、农业保险、大病保险、信用保证保险、信贷担保保险等。

---

[1] 王婧、胡国晖：《中国普惠金融的发展评价及影响因素分析》，《金融论坛》2013年第6期。
[2] 李涛、王志芳、王海港等：《中国城市居民的金融受排斥状况研究》，《经济研究》2010年第45期。
[3] 张号栋、尹志超：《金融知识和中国家庭的金融排斥——基于CHFS数据的实证研究》，《金融研究》2016年第7期。
[4] 宋丽智、韩晓生、王研：《我国农业保险发展影响因素研究——基于地区面板数据的实证分析》，《宏观经济研究》2016年第11期。

（一）我国小额保险发展历程

我国的小额保险始于没有最低生活保障的农村地区。2008年6月，原中国保险监督管理委员会人身险监管部启动小额保险试点，到2012年，所选区域从8个省（自治区、直辖市）扩大到24个省（自治区、直辖市），扩大了3倍，试点产品从原来的意外险和寿险扩大到健康险，小额人身险的保障群体也从239万扩大到2400万。

我国在小额农业保险、小额财产保险、小额寿险、小额意外保险、小额健康保险等方面取得了一定成绩。但总体来说，我国小额保险发展速度不快、产品丰富程度较低、保障范围较小，目前主要为新型农村合作医疗提供小额补充医疗保险。

（二）我国大病保险发展历程

自2012年8月国家六部委联合发布《关于开展城乡居民大病保险工作的指导意见》，大病保险制度试点开始推行，这是我国医保体系建设由实现"病有所医"向解决"因病致贫、因病返贫"的重要转折点。

2015年，国务院办公厅出台《关于全面实施城乡居民大病保险的意见》，充分肯定大病保险的试点效果及政府主导与市场机制相结合的模式，以此为指导，大病保险制度开启全国实施。2017年，党的十九大报告对大病保险制度提出新的目标和要求——"完善统一的城乡居民基本医疗保险制度和大病保险制度"。随后出台的《关于实施健康扶贫工程的指导意见》《医疗保障扶贫三年行动实施方案（2018—2020年）》，为大病保险制度赋予了"促进健康扶贫"的价值内涵[①]。

（三）我国农业保险发展历程

我国农险政策发展历程可以分为三个阶段：初步发展（2003—2006年）、快速增长（2007—2018年）、深入发展（2018—2021年）。2004年，原中国保险监督管理委员会在9个省份启动农业保险试点；2007年，7个省份试点推行由中央财政补贴的政策性农业保险，保险费由中央财政、地方财政和农户共同承担。此后，中央财政补贴的政策性农业保险试点地区不断增加。根据党的十九大提出的乡村振兴战略，2018年起，我国在6个省份试点开展三大粮食作物完全成本保险和收入保险，随后保险覆盖率不断提升，2021年试点范围扩大至13个省份。2020年，我国农险保费815亿元，增速远

---

① 王向楠、尹振涛：《普惠保险模式及其在我国的进展》，《保险理论与实践》2019年第3期。

高于产险行业[①]。

二、我国普惠保险发展取得显著成效

（一）推动小额人身保险发展

支持欠发达地区、困难行业和低收入群体发展小额人身保险，进一步规避传统产业保险的缺陷，提高对特定群体的保护水平。保险机构在全国省级行政区和国家计划明确指定的城镇的农村地区开展小额人身保险业务，为低收入群体亟须预防的疾病、死亡和残疾等特定风险提供综合保障服务，有效解决农村低收入群体最严重的现实问题。

（二）全面实施大病保险

近年来，我国大病保险总赔付支出金额不断增加，赔付人数占比逐年攀升，为越来越多的参保患者提供了大病保障。截至2020年底，18家商业保险公司承办大病保险涉及全国31个省（自治区、直辖市），覆盖12.2亿城乡居民（包括部分城乡职工），累计赔付超过5535.88万人次，最高报销金额111.6万元。截至2021年底，大病患者支付水平在基本医保之上约提高18个百分点，有效缓解了大病患者高额医疗费用负担。针对特困人群，绝大多数的大病保险项目采取了倾斜性赔付，包括降低起付线、放宽报销范围、提高报销水平等，有效减轻了此类人群的医疗负担，为打赢脱贫攻坚战作出了重要贡献[②]。

我国将继续实施城乡居民大病医疗保险制度，加强社会保险与商业保险的联系，实现重大制度创新，积极探索出中国方法解决医疗改革全球问题的有效途径。

（三）促进农业保险快速稳定发展

近年来，在国家政策的支持和推动下，我国农业保险发展迅速。根据中国银行保险监督管理委员会发布的数据，2022年1月至9月末，我国农业保险保费规模达1059亿元，同比增长26.7%，保持农业保险保费规模全球第一。农业保险产品不断发展，价格保险、指数保险、种子生产保险等产品类别进一步丰富。价格保险和指数保险分别达到72个和67个，制种保险开办省份也达到29个[③]。

---

① 数据来源：国家统计局网站《中国保险年鉴》。
② 数据来源：国家统计局网站。
③ 中国银行保险监督管理委员会：《中国普惠金融发展情况报告（摘编版）》，《中国银行业》2018年第10期。

（四）开展中小企业保险金融试点

充分发挥保险信用提高功能，强化与其他普惠金融的相互作用。以信用保证保险等为基础，探索形成"政府、银行、保险"多方参与和风险分担的合作方式。部分信用风险由保险公司承担，政府筹集专用资金，提供一定的风险补偿、保费补贴和利息补贴，支持中小企业融资。目前，全国多数省份已经代表政府发布小额信贷担保保险指导意见。

三、我国普惠保险发展存在的问题

（一）对普惠保险的认识不足

普惠金融产品是对传统金融结构中财产再分配体系的一种补充配置，获得联合国组织和世界银行的大力支持。它最终的发展目标是在常规金融工具体系以外，为包括贫困家庭和私营小企业等在内的全球大多数中低收入人群，广泛提供综合金融服务，其核心业务为小额信贷。事实上，随着普惠金融的普及推广，其内涵和外延也得到拓展。最初，普惠保险产品作为一种不局限于小额信贷的产品形态出现，G20的普惠金融指标体系和世界银行的普惠财务指标体系都包含保险指标。普惠保险由于发展时间短，没有得到真正的重视和认可。尽管我国在普惠保险领域做了大量工作并取得良好的成绩，但与其他国家的普惠保险、贸易保险、政策性保险等还有差距。实际上，我国的普惠保险与政府控股事业和政府减贫之间的关系并不明确，需要在今后的实践中持续理顺和改善。

（二）可持续发展问题

普惠金融如何实现企业可持续发展是另一项全球性问题。国内外众多专业保险机构都在保险这一专业领域内开展长期的研究探索与保险实践，在农业保险、小额信用资金质押与借贷保险、大病保险、小额人身保险等领域取得显著进展和一些有益经验。"三农"、中小微企业保险服务的覆盖面、渗透性和便利性不断提高，"因病贫困"面临的严峻形势将得以更加有效的解决。与此同时，保险公司目前还普遍存在保险销售的保障能力范围较低、经营管理成本较高、熟练销售人员数量不足、信息及时获取较难保障等问题。单纯依靠政策的支持很难构建有效的商业模式，客观上严重影响其传播和深化。因此，建立和完善普惠保险制度和机制，以促进普惠保险的持续健康发展是非常必要的。

（三）潜在的金融风险

普惠保险涉及的金融风险不容忽视。在互联网金融快速发展过程中，面对各种混乱局面，相关部门实施相应整治措施，但主要是针对网上结算、网上贷款、股份型众筹基金等金融领域，针对普惠保险领域的措施有待加强。例如，一些非保险公司利用互联网平台，以"互助合作""联盟"等名义，打着"普惠"的旗号，非法推出各种类似互保的"协作计划"，由于其商业模式没有可持续性，难以有效保障相关承诺的履行和资金的安全，而且个人信息的隐私机制不完善，有一定的潜在金融危险。

（四）政府职能不明确

普惠商业健康保险大多是在地方医疗保险部门或地方政府的支持下推进，虽然有政府信用背书，但是政府在其中发挥的功能和作用并没有达成共识。现在，地方政府对"惠民保"的参与程度不同，有的深入干预，如政府部门直接采购或下发正式指导文件，中标企业则负责运营；有的地方政府几乎不参与，只公开相关信息和名单，由保险公司负责市场运营。由于政府的作用不明确，一些保险公司打着政府的幌子，通过公关来获得消费者的信任。在国家层面上，对于是否支持该项目的发展，国家医保局并没有明确的态度。这说明"惠民保"本身还有很大的改进空间。

（五）保险覆盖率不高，保障力度不足

尽管普惠保险已经获得政府在政策上的大力扶持，但它也是我国近年来迅速发展成长的一个新兴保险，与其他市场成熟的传统保险产品相比，其保障的范围广度和服务深度方面仍有待加强。以新型农村惠民保险制度为例，尽管该险种较大地降低个人投保的门槛，有效增加了个人投保的人数规模，但目前仍有相当部分病种还未完全被大病保险涵盖，投保人自身的医疗健康权益无法真正获得全面保护。

（六）参加保险的意愿不高

普惠保险是从根本上依赖风险管理大数量法则的保险产品，为了分散风险需要大量的资本，这也对参保人数提出高要求。但是，目前人们投保普惠保险的意愿不高，而且越贫困的地区，对普惠保险的需求意识就越低。如果国民投保热情不高，被保险人人数不足，保险公司的法律不确定性增加，难以有效分担风险，保险公司的损失率就会大幅增加，成为全面保险进一步发展的绊脚石。

第七节 普惠保险未来的发展趋势分析

一、明确发展和服务导向

坚持普适惠民惠企，重点面向小微企业、民营企业、科创企业、个体工商户、新型农业经营主体等市场经营主体，重点服务农民、新市民、城镇低收入人群、相对贫困人群、残疾人、老年人等群体，发展专业化、定制化、优惠化的保险产品，提升保险服务的充裕性、适配性、精准性，增强人民群众和市场主体的获得感、幸福感、安全感[①]。

二、夯实发展基础和水平

（一）建立专有机制架构

明确普惠保险管理责任人和牵头部门，归类管理普惠保险工作，制定中长期发展规划，在考核体系中纳入普惠保险相关指标并匹配适当权重，逐步构建完善上下垂直管理体系。法人机构将普惠保险发展规划纳入公司发展战略。分支机构积极争取总公司支持，整合普惠保险人财物和科技资源，加大内部保障力度和资源倾斜。

（二）探索专业发展模式

立足普惠服务对象群体特点特征，加快从"以产品为中心"向"以客户为中心"发展模式转变。建立完善以普惠客群为核心的业务开发、销售及管理信息系统，持续提升对普惠客群的识别、统计、分析能力，持续提升普惠保险精算水平，持续提高适销对路普惠保险产品研发能力。

（三）运用专新保险科技

积极运用保险科技提升服务质效，加强普惠保险数字化、智能化、线上化建设，积极应用人工智能、大数据、无人机、远程遥感等技术开展承保理赔服务，通过科技手段提升保险服务的精准性，强化风险管理能力。

（四）打造专精人才队伍

培育打造对普惠保险有情怀、有专长、有担当的专精人才队伍。调动一线机构和业

---

① 重庆监管局：《重庆银保监局等8部门联合出台〈推进重庆普惠保险高质量发展指导意见〉》，http://www.cbirc.gov.cn/branch/chongqing/view/pages/common/ItemDetail.html?docId=1052245&itemId=1998&generaltype=0。

务人员积极性，加强对销售人员、协保人员规范系统的培训管理考核，推进普惠保险从业人员专业化、规范化，为人民群众提供标准、高效的服务。

（五）加强专属渠道建设

系统规划区县、乡镇网点规划布局，优化与银行机构、农业合资企业、供销合资企业等组织机构的合作。通过底层网络管理，推动网络、人、资源、服务向社区、乡镇、村社下沉，更加贴合普惠服务群体。

（六）提供专门特殊服务

打造符合老年人、残疾人等特殊人群习惯的语音版、大字版APP，提高电话客服系统的智能识别能力，提供远程视频服务、上门服务。设置无障碍通道、爱心座、老花镜、放大镜等设施，开设绿色通道，提供专人讲解引导、资料填报等全流程服务帮助。

三、突出重点领域和对象

（一）为全面推进乡村振兴提供坚强保障

围绕农业产业、农业企业、农业生产、农户脱贫提供一揽子保险产品服务。以"保险+期货""保险+信贷""农业保险+雇主责任险"等形式，提供生产、融资、人力资源管理等全方位、全链条保险保障和服务。因地制宜综合运用农业保险、农机险、农房险、货运险、小额人身险等，为农户提供一揽子保险解决方案，守住粮食生产安全底线，发展特色优势农业产业。

（二）提高市场主体抗风险能力

围绕小微企业、民营企业、科创企业、专精特新企业、个体工商户提供针对性保险产品服务。积极发展出口信用保险、国内贸易信用保险、科技保险、融资性信保业务，综合运用企财险、雇主责任险、团体意外险等产品，主动定制保险方案，促进降低经营风险和融资成本。

（三）丰富养老服务，保障老有所安

持续推进城乡居民大病保险、城镇职工大病保险、城市定制型商业医疗保险、长期护理保险等，促进医养、康养结合，提高健康保障水平。规范发展具有长期性、安全性

和领取约束性第三支柱养老保险，助力完善多层次的养老保险体系。不断创新满足残疾人、老年人、儿童等群体风险保障产品，支持构建多层次医疗保障体系。

（四）强化低收入人群兜底保障

不断优化综合防贫保、惠民济困保等保险方案，根据不同低收入人群特点，综合提供医疗补助、意外伤残身故、房屋损失、升学补助等一揽子保障，降低低收入人群致贫返贫风险，守住防范城乡居民规模性返贫的底线。

四、加强多方合作和协同

（一）整合数据资源，强化信息赋能

加快建设综合服务平台和数据运用平台，相关政府部门联合推动各地政务和公共事业数据对接整合共享，在符合数据信息使用法律法规条件下，为保险机构运用大数据开发和推广普惠保险产品提供支持和便利。

（二）整合行政资源，强化政保合作

普惠保险缓解贫困是显著的空间溢出效应，所以地方政府要整合行政资源，破除地区限制，在保险市场、技术、人才、资金方面加强交流、共享资源，逐步实现地区保险中心；发挥辐射作用，扩大普惠保险服务范围。以政府引导、公司让利、群众受益为原则，搭建平台、共同推广，提高普惠保险产品惠及面。对于政策性强、创新性强、优惠性强、示范性强的普惠产品，财政资源积极给予风险补偿和奖励。

（三）聚合行业力量，打造示范品牌

在充分考虑消费者权益保护、特殊群体覆盖面、商业可持续性的前提下，多种方式调动辖内保险机构组织打造辖内普惠保险试点示范产品，加快形成普惠保险系列特色品牌。

（四）加大宣传，树立良好社会形象

加大宣传，提高农民的保险意识，使贫困农民充分实现自己对各种保险工具的合理利用积极发挥行业协会作用，采取群众喜闻乐见的形式，充分运用网络视频、电视、流动宣传车、报刊、展板、宣传条幅、固定信息公开栏等多种媒介渠道，讲透产品保障，展现鲜活案例，提升普惠保险的社会认知和社会认同，不断增强参保意识。

五、强化监管监测和引领

（一）建立监测报告制度

保险机构定期向属地银保监局报送普惠保险工作情况报告及相关统计数据，通过产品分类、被保险人识别、保单打标、建立数据统计规则等方式识别、清分普惠保险业务，确保完整、准确完成统计报送。

（二）建立评优奖励机制

银保监局对普惠保险发展情况建立专门评估评价体系，激励引导银行保险机构主动作为、大胆创新，将评估评价结果跟评优奖励等挂钩。行业协会对有特色、有亮点、有成效的机构、产品，制定专项评优评选方案。

（三）强化"普惠"品牌建设

鼓励保险机构开发符合普惠保险特征的产品，探索在产品名称中使用"普惠""普惠型"字样对产品命名，持续更新普惠保险产品清单，方便服务对象全景式挑选，坚决防止"伪创新""乱创新"等扰乱市场的行为[1]。

六、普惠保险政策建议

保险机制鼓励弱势群体管理自身风险，促进中国区域保险制度的公平发展。基于这一理论和实证结论，提出以下三点政策建议。

（一）在政策方面加强对普惠保险的支持

我国中西部地区的经济发展水平低于东部地区，因此该地区的居民对普惠保险有着强烈的需求。国家发行的普惠保险可以有效促进中西部地区普惠保险的发展，从而在一定程度上满足中西部地区的保险需求。展望未来，为促进普惠保险，继续服务中西部地区经济社会发展，国家应加大制定普惠保险政策的力度。关于中部、西部和东部地区的农业保险计划和差别化农业保险的相关财政补贴政策，国家可考虑给予经济欠发达地区适当优惠，以缩小区域经济发展差距，并考虑到普惠保险的积极作用。

（二）重视社会经济体系建设

我国农村普惠保险发展水平相对较低，保险在其中发挥的作用十分有限。保险的风

---

[1] 徐天宇、郑军：《乡村振兴下普惠保险与区域间社会保障服务均等化》，《长沙大学学报》2022年第2期。

险保障、融资和社会管理功能在农村弱势群体中发挥着重要作用,对乡村振兴战略的落实作出重大贡献。因此,呼吁政府在普遍服务的理念下发展社会机构,在保险领域为农村弱势群体制定适当的优惠政策,加强对他们的支持,并与他们进行政策对接。同样,要求保险公司提供政策支持,特别是要降低农业保险和小额保险门槛,完善保险工作监督管理,做好普惠保险工作,推动普惠保险创新,更好地服务乡村振兴。

(三)促进向欠发达地区分配社会资源

在推进地方普惠金融发展的过程中,政府更应该关注地区的贴近性。对于农村普惠金融发展水平高的地区,要致力于充分发挥和引导农村普惠金融市场的内生动力,并在这些地区促进农村普惠金融的市场指向性程序,从而减少政府的介入。以普惠金融发展水平较低的农村地区为例,有必要结合这些地区的经济发展水平,根据地区条件制定政策。例如,对甘肃、宁夏、青海等经济落后地区,要持续投入金融资源,增加农村金融市场基础设施建设,提高农村地区金融资源吸纳能力和农村居民金融服务准入;浙江、江苏、广东及其他经济发达省份,自身经济发展良好,减贫对脱贫攻坚的要求不高。为了实现国家共同繁荣的目标,要发展本国特色经济,推动不发达地区的发展。政府还可通过在普惠保险产业发展相对薄弱、滞后的农村地区逐步减少对外资保险企业的经营准入审批权,引导部分国内外资保险企业投入地方农村经济发展,并通过一些税收优惠和政策激励,提升农村欠发达地区普惠性保险产业发展环境的整体品质,从而真正为实施乡村经济振兴发展战略作出贡献。

七、普惠保险发展方向前瞻

普惠保险作为健康管理领域的重要研究,可以缩小基本健康保险与商业健康保险的差距,为更多样化的人群提供保险保障,有效、全面地提高人民医疗安全。因此,"惠民保"的发展模式是对未来保险发展趋势的探索,同时也是未来全面保险的重要发展方向[①]。

(一)扩大人口覆盖面,提高渗透率

全民健康保险的重要价值在于其更低的价格和更广泛的覆盖范围。全民健康保险应

---

① 许闲、罗婧文、王佳歆、李兆:《普惠保险在健康管理中的应用——基于惠民保的深度分析》,《保险理论与实践》2020年第12期。

以解决看病困难和看病费用贵为重点，先在一二线城市实施，再逐步向其他城市覆盖。在互联网和其他渠道的帮助下，它可以更方便地接触用户，并扩大覆盖范围。未来，全民健康保险应重点发展衰落的市场，扩大覆盖面，有效降低居民医疗成本，提高居民医疗水平。

（二）保障全面保险的可持续发展

今后，普惠保险的发展主要依靠大数据、人工智能等技术加强医疗监督联系，帮助保险公司提高效率、节省费用，提高保险欺诈行为的识别，有效控制风险。

（三）扩大增值服务，完善健康管理功能

近年，"保险＋医疗"的概念频繁出现在大众视野中，健康保险当然需要健康的管理。保险公司与医疗保健公司的融合发展也成为后疫情时代"大健康""大保健"产业布局的重点。"惠民保"在实践中整合运用众多政府部门力量和其他众多相关行业组织的力量。这是我国对"保险＋医药"发展模式进行的一项重点研究，可以尝试把我国政府政策、保险产品、医疗健康服务等与现代医学科技发展联系在一起，促进我国医疗健康服务管理事业的发展。未来，普惠保险还应积极与政府有关医疗企业进行协同，担当起医药健康服务保障与公共卫生服务管理并重的重要角色，拓展一些预防严重传染性疾病风险和防治慢性病风险有关领域的保险增值业务，建立公共卫生网络，加强医疗服务和保险产品的健康保险数据管理。

第六章　普惠金融的风险管理实践与思考

长期以来，普惠金融致力于解决小微企业等市场主体融资难、融资贵问题，推动经济发展新常态下大众创业、万众创新的浪潮。中国人民银行、国家金融监督管理总局等监管机构多次发布政策文件，明确要求大中型银行要设立普惠金融事业部支持小微企业发展。伴随着突发的新冠疫情及宏观经济下行，聚集在传统低端制造业和批发零售业、存在部分过度扩张及跨行业经营的小微企业陷入经营困难，停产停工现象频发，因此，在发展普惠金融业务中，若解决不好风险管理问题，将会给我国防范化解金融风险、守住不发生系统性金融风险底线带来挑战。因此，需要从一种更系统、更全面、更具整体性的理论框架视角，对普惠金融风险管理的相关理论进行研究和重构，为有效防范潜在风险、落实国家普惠金融政策、破解小微企业融资难题、推动经济转型发展提出有效管控风险的理论依据和政策建议。

第一节　普惠金融的信用风险管理理论

一、现代资产组合理论

（一）现代资产组合理论简介

现代资产组合理论（Modern Portfolio Theory，MPT）是现代金融理论和投资理论的基础，它主要研究在各种不确定的情况下，如何将可供投资的资金分配到更多的资产上，以寻求不同类型投资者所能接受的收益和风险水平相匹配的最适当、最满意的资产组合的系统方法。① 现代资产组合理论最早是由经济学教授马柯维茨（Markowitz）1952年在《金融杂志》（Journal of Finance）发表的题为《资产组合选择——投资的有效分散化》的文章中提出的。

（二）现代资产组合理论的发展

现代资产组合理论虽然在理论上很好地证明了组合投资分散风险的机制，但是由于其模型是以投资者是追求效用最大化、厌恶风险的"理性经济人"，市场有效且具有充分供给弹性，以及投资者能在有效的时间内计算出投资项目在各概率下的收益率等一系列假设作为前提，在实际运用中，会因为无法满足假设条件或计算过于复杂烦琐而失去一定的运用价值。

所以，现代资产组合理论主要从理论体系的完善和简化计算两方面将理论模型进一步实用化。对于简化计算作出显著贡献的是威廉·夏普（Willian.F.Sharpe），他在1963年发表了题为《资产组合分析的简化模型》的论文，引入了资产组合分析的单指数模型，大大降低了资产组合理论运用的门槛。

在马柯维茨的现代资产组合理论模型上，进一步延伸出了两个定价模型，分别是资本资产定价模型（CAPM）和套利定价理论（APT）。资本资产定价模型主要研究证券市场中资产的预期收益率与风险资产之间的关系，以及均衡价格是如何形成的，是现代金融市场价格理论的重要理论基础。套利定价理论认为，预期收益与风险之间存在正比例关系，由于套利活动本身会改变标的资产的价格，最终导致套利机会的消失，投资者面临的只有较高的收益与较大的风险相匹配的投资局面。②

二、信息不对称理论

信息不对称（Asymmetric Information）理论最早由三位美国经济学家——约瑟夫·斯蒂格利茨、乔治·阿克尔洛夫和迈克尔·斯彭斯提出，是指在市场经济活动中，各类人员对有关信息的了解是有差异的。对于造成信息不对称的原因，众多学者都提出了各自的见解。范慧芳提出，社会分工与知识专业化是信息不对称产生的根本原因③。夏

---

① 宋培林：《现代资产组合理论探析》，《贵州财经学院学报》2000年第3期。
② 周革平：《现代资产组合理论的产生与发展综述》，《金融与经济》2004年第8期。
③ 范慧芳：《酒店行业信息不对称现象的形成原因及解决路径》，《市场论坛》2013年第11期。

广军研究信息不对称理论在银行经营中的效应时,认为信息不对称产生的原因大致可以分为市场的分割、信息识别和处理能力存在问题、信息传导机制不健全以及信息传递过程中的噪声污染、人为因素造成的信息不对称四类。[①] 虽然学者们对于信息不对称产生原因的看法有所差异,但归纳起来,不外乎主观和客观两个方面。主观方面,不同的经济个体获取信息的能力差异较大;客观方面,经济个体获取信息的数量受到多种社会因素的影响。

在市场经济活动中,掌握信息比较充分的人员,往往处于比较有利的地位,而信息贫乏的人员,则处于比较不利的地位。不对称的信息可能导致事前的逆向选择和事后的道德风险。在商品市场,卖方知道商品的真实质量,而买方不知道。为了追求利益最大化,卖方可能会以次充好,买方难以了解某一商品的真实质量,只知道市场的平均质量,所以就会以平均质量给出中等价格。这样一来,那些高于中等价的上等商品就可能会因无法成交而退出市场。接下来,由于上等商品退出市场,买者会继续降低估价,次上等商品也会退出市场。最后的结果便是:市场上充斥着最劣质的商品,也就是俗称的"劣币驱逐良币"。这个过程就是事前的逆向选择。道德风险是指在信息不对称条件下,不确定或不完全合同使风险制造者与风险承担者存在不对称,为了自身收益最大化,具有信息优势的一方作为风险制造者将风险转嫁给信息劣势一方,从而攫取不当利益。

三、分散风险理论

分散风险理论的代表人物是凯夫斯(R.E.Caves)和斯蒂文斯(G.V.Stevens)。他们从马科维茨的证券组合理论出发,将对外多样化投资作为分散风险的结果。"不要把鸡蛋放在同一个篮子里"这句俗语就体现了分散风险理论的基本思想,即将多项风险资产组合到一起,可以对冲部分风险而不降低平均的预期收益率。

但是在现实中,证券交易市场不是一个无摩擦的市场,考虑到管理成本、税收和交易费用等因素,证券投资组合存在边际效用递减的现象,不仅投资组合规模有一个限度,而且投资风险的降低也同样存在一个限度。资产分散风险理论的研究目的是在不影响收益的情况下,如何确定一个合理的投资规模,最大限度地降低风险。

[①] 夏广军:《信息不对称理论在银行经营中的效应研究》,硕士学位论文,青岛大学,2007。

根据资产分散风险理论的研究，我们可以得出：一是市场风险分为系统性风险和非系统性风险，组合资产的分散化投资可以消除非系统风险，但不能消除系统风险，并且分散投资风险是有成本的，如果组合中资产的种类过多，其管理费用、研究成本等就会增加，投资效果也会适得其反。二是选择那些不相关或相关程度低的证券构成的资产组合，能够在收益率基本不变的情况下，最大限度地分散非系统性风险，[①] 但是为了降低风险，将低风险、低收益的股票、债券纳入组合中，也会降低收益。

第二节 普惠金融的风险管理现状

一、小微企业发展现状分析

小微企业是小型企业、微型企业、家庭作坊式企业的统称。我国小微企业遍布各行各业，数量占全部企业的90%以上。小微企业是目前存续量最大且最具活力的企业群体，作为我国实体经济的重要基础，是国民经济的重要组成部分。小微企业有经营方式灵活、市场适应能力强、产品专业性强、投入成本较小、税收负担低等优势，但也存在技术和管理水平落后、生产规模小、市场地位弱势、抗风险能力弱，以及获得银行贷款困难、融资成本高等一系列问题。

小微企业目前的生存状况日益严峻，从数据上来看：

一是，小微企业的生命周期非常短。小微企业发展面临"一年成立，二年盈利，三年倒闭"的困境。小微企业从创立到消亡平均仅用时4年零2个月，其中存活时间小于3年的小微企业占比接近50%，近一半小微企业没有存活过一轮经济周期，抵御风险能力显著低于中大型企业。

二是，小微企业的注册量严重下降。根据天眼查数据，2016—2021年，企业注册注销比均呈下降趋势，其中，小微企业注册注销比更是大幅下降。2021年，小微企业注册注销比为0.88，首次破1，这个数据意味着现在倒闭的小微企业比注册的还多。

三是，小微企业就业岗位供给降低。中国就业市场景气（CIER）指数是用来反映就业市场整体走势的指标，其计算方法是：CIER指数＝市场招聘需求人数/市场求职申

---

① 王芳：《基于模糊概率的Markowitz投资组合分散风险的理论及实证研究》，《统计与信息论坛》2008年第5期。

请人数。CIER指数以1为分水岭，大于1时，表明就业市场中劳动力需求多于劳动力供给，就业市场竞争趋于缓和，就业市场景气程度高，就业信心较高，且指数越大，就业市场的景气程度越高；小于1时，说明就业市场竞争趋于激烈，就业市场景气程度低，就业信心偏低。2020年，小微企业CIER指数曾一度显著领先。2021年1月，小微企业CIER指数达到1.67，而大型企业为0.72。但受到新冠疫情冲击，2021年下半年小微企业的CIER指数已经低于大型企业。2022年，各类企业CIER指数均在低位徘徊，其中小微企业（0.48）处于最低位。

二、主要金融机构的小微企业贷款总量及投放情况

（一）金融机构小微企业贷款总量

2021年末，普惠小微贷款余额19.2万亿元，同比增长27.3%；普惠小微授信户数4456万户，同比增长38.0%；全年新发放普惠小微企业贷款加权平均利率为4.93%，比2020年下降0.22个百分点，国有大型银行新发放此类贷款加权平均利率为4.25%，降幅大于企业贷款利率整体降幅。

小微企业贷款难的情况得到了相对缓解，主要得益于政策制度的大力指引。首先，2020年以来，小微企业支持政策持续加码，政府不断强化金融政策，支持小微企业发展工作，引导金融机构加大对小微企业尤其是受疫情严重冲击企业的信贷支持，促使信贷投放进一步向普惠小微这一重点领域和薄弱环节倾斜。[①] 其次，在政策的指引下，主要金融机构也立足于新发展阶段、贯彻新发展理念、服务新发展格局、推进高质量发展，将普惠金融高质量发展作为更好服务实体经济、提升自身竞争力的重要举措，围绕小微客户需求，持续推进产品创新、强化服务渠道、完善综合服务，推进普惠金融业务高质量、可持续发展。

通过政府和金融机构的合力，切实降低小微企业融资成本，拓宽融资渠道，从量、价、质三方面服务好小微企业，即信贷投放精准有力、贷款利率稳中有降、融资方式持续创新，提升金融服务的普惠性、适应性，满足了小微企业多元化融资需求。

（二）主要金融机构小微贷款投放情况

2020年《政府工作报告》提出，大型商业银行普惠型小微企业贷款增速要高于

---

① 王宝会：《聚力服务中小微融资需求》，《经济日报》2022年8月24日第7版。

40%，主要是因为国有大型银行等大型金融机构在普惠金融中发挥着"头雁"作用。大行机构网点多，遍布全国各地，资金成本较低。因此，大型商业银行在普惠型小微企业贷款中的增速要求，有利于发挥大行的比较优势，在支持小微企业贷款量增、面扩、价降等方面发挥积极的作用。2021年六大国有银行普惠小微贷款情况见图6-1。

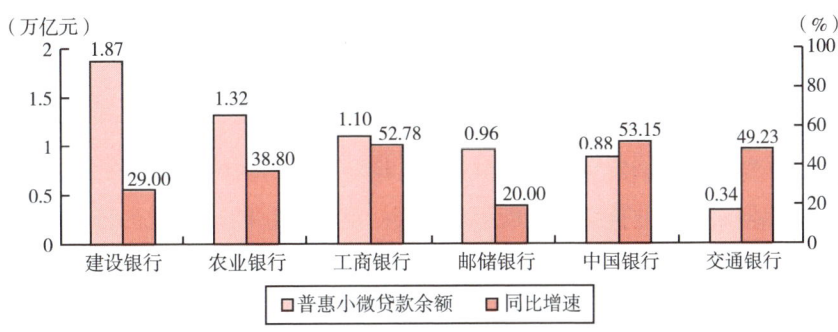

图6-1 2021年六大国有银行普惠小微贷款情况

1.中国工商银行

中国工商银行将普惠金融高质量发展作为更好服务实体经济、提升自身竞争力的重要举措，其围绕小微客户需求，持续推进产品创新、强化服务渠道、完善综合服务，推进普惠金融业务高质量、可持续发展。根据中国工商银行2021年度报告显示，2021年末，普惠型小微企业贷款10990.12亿元，比年初增加3784.48亿元，增速52.5%；普惠型小微企业贷款客户79.5万户，增加20.4万户；新发放普惠贷款平均利率4.1%；小微金融业务中心342家，比2020年末增加18家。

2.中国农业银行

中国农业银行坚持以服务实体经济、支持小微企业为己任，深入推进数字化转型，创新普惠金融服务模式，筑牢风险合规防线，推动普惠金融业务实现高质量发展。2021年末，中国农业银行普惠型小微企业贷款13219.62亿元，较2020年末增加3693.23亿元，增速38.8%，高于全行贷款增速25.6个百分点；普惠型小微企业贷款客户191.55万户，较2020年末增加34.83万户；2021年累放贷款年化利率4.1%。

3.中国建设银行

中国建设银行秉持"服务大多数人而不是少数人"的新金融愿景，坚持以人民为中心，围绕支持实体经济和促进共同富裕，持续做好顶层设计，完善体制机制，创新金融产品，设立服务专区，不断夯实普惠金融服务能力。2021年末，中国建设银行普惠金融贷款余额18736.83亿元，较2020年末增加4213.28亿元，增速29%；普惠型小微企业贷款客户193.67万户，增加23.6万户。

4. 中国银行

中国银行贯彻落实国家支持小微企业发展的政策措施和监管要求，持续推进普惠金融业务发展。围绕"增量、扩面、提质、增效"总体要求，持续完善普惠金融服务，以产品创新为突破，以模式升级为依托，以数字普惠为方向，构建线上线下双轮驱动的服务模式，全力打造中国银行普惠金融品牌，推动普惠金融服务提质增效。2021年末，中国银行普惠型小微企业贷款新增创历史新高，贷款余额8815亿元，较2020年末增长53.15%，高于全行各项贷款增速；客户数近62万户，高于年初水平；全年新发放普惠型小微企业贷款平均利率为3.96%。

5. 中国邮政储蓄银行

中国邮政储蓄银行始终践行服务"三农"、城乡居民和中小企业的初心，坚守"普惠城乡，让金融服务没有距离"的使命，深入落实乡村振兴战略，深耕小微金融蓝海市场，全力服务有灵气、有活力的广大小微企业客群。2021年末，中国邮政储蓄银行普惠型小微企业贷款余额9606.02亿元，占全部贷款比例超过14%；有贷款余额户数171.07万户，较2020年末增加10.24万户；线上化小微贷款余额7130.99亿元，较2020年末增长56.02%；全年新发放贷款平均利率5.19%；普惠型小微企业贷款不良率较2020年末下降0.35个百分点，资产质量稳中向好。

6. 交通银行

交通银行积极践行普惠金融理念，立足机会平等要求和商业可持续原则，精准滴灌小微企业，全面助力乡村振兴，实现普惠金融扩面、增量、提质、降本；持续优化金融服务水平，为社会各阶层和群体提供优质、高效的金融服务。2021年末，交通银行普惠型小微企业贷款余额3388.19亿元，较2020年末增长49.23%；有贷款余额的客户数21.22万户，较2020年末增长43.49%；普惠型小微企业贷款累放平均利率4%，小微客户综合融资成本下降0.49个百分点。

7. 农村信用社

农村信用社持续推动小微企业金融服务提质扩面，构建小微企业金融服务"敢贷、愿贷、能贷"长效机制，切实满足小微企业贷款"两增"要求。2021年末，小微贷款余额居同业第一。

8.网商银行

网商银行作为一家科技驱动的银行，不设线下网点，借助实践多年的无接触贷款310模式（3分钟申请，1秒钟放款，全程0人工干预），为更多小微经营者提供纯线上的金融服务，让每一部手机都能成为便捷的银行网点。网商银行始终坚持服务小微的初心，截至2021年末，数字信贷业务累计服务的小微经营者达到4553万，是我国服务小微个体最多的银行。作为普惠金融的有益补充者，网商银行更加关注"空白市场"和"薄弱地带"，2021年的新增用户中，超过80%的用户此前从未获得过银行的经营性贷款。

三、主要金融机构的普惠金融贷款质量

自2020年以来，新冠疫情对经济运行造成较大冲击，一些受疫情影响严重的地区、行业的小微企业停工停产时间较长，经营收入不稳定，难以按期偿还银行贷款，银行客观上确实面临一定的不良贷款反弹压力。截至2022年4月末，银行业普惠型小微企业贷款不良余额为4476.21亿元，不良率为2.18%，虽略高于整个银行业不良贷款率1.82%，但仍保持在合理水平。

（一）中国工商银行

按照五级分类，2021年末正常贷款199617.78亿元，比2020年末增加20433.48亿元，占各项贷款的96.59%；关注贷款4120.38亿元，增加1.38亿元，占比1.99%，下降0.22个百分点；不良贷款2934.29亿元，减少5.49亿元，不良率1.42%，下降0.16个百分点。其中，公司类贷款不良贷款金额为2548.87亿元，占不良贷款比例86.86%；小微企业贷款不良率为2.75%，比大型企业高1.7%，高于行业平均水平，单户授信500万元人民币以下的小微企业贷款不良率更高。公司类贷款总不良率为2.09%。

（二）中国农业银行

按照五级分类，截至2021年12月31日，该行不良贷款余额2457.82亿元，较2020年末增加86.69亿元；不良率1.43%，较2020年末下降0.14个百分点。关注类贷款余额2530.71亿元，较2020年末减少512.64亿元；关注类贷款占比1.48%，较2020年

末下降0.53个百分点。其中，公司类贷款不良贷款金额为2039.39亿元，占不良贷款比例83%。普惠型小微企业不良率为0.62%，低于行业平均水平，较2018年末下降了0.54%。公司类贷款总不良率为2.22%。

（三）交通银行

按照五级分类，截至2021年12月31日，该行不良贷款余额967.96亿元，较上年末减少9.02亿元；不良率1.48%，较上年末下降0.19个百分点。关注类贷款余额886.29亿元，较上年末增加61.02亿元；关注类贷款占比1.35%，较上年末增长0.06个百分点。其中，公司类贷款不良贷款金额为535.03亿元，普惠型小微企业贷款不良率为0.62%，较2018年末下降了0.54%。公司类贷款总不良率为2.22%。

第三节 普惠金融风险管理中存在的问题及成因

一、外部环境因素作用下的贷款主体情况分析

普惠金融贷款主体分类见表6-1。

表6-1　　　　　　　　　普惠金融贷款主体分类

	按经济体类型	按经济体细分	按主体数量	按融资规模
贷款主体	小微企业	小微企业	0.48亿户	1000万元以下
		个体工商户	1.03亿户	
	个体劳动者	无工商注册劳动者	约0.5亿户	
	生产性农户	专营农户	约1.8亿户	500万元以下
		普通农户		
		贫困农户		

受新冠疫情影响最严重的普惠金融贷款主体是小微企业和个体工商户，它们占我国市场主体的96.5%，贡献了60%的国内生产总值和80%的就业。遇到的主要问题是疫情的反复使企业线下业务始终无法正常开展，各地交通管制也严重影响了物流运输的效率。对于许多劳动密集型企业来说，疫情还导致企业用工遇到困难，最终影响企业的正常生产运营。中国中小企业协会对中国中小企业发展指数3000家样本企业2022年4月

开工率的调查显示，完全开工的企业占17.85%，开工率在75%—100%的占14%，在50%—75%的占23.9%，小于50%的占28.8%，未开工的占15.5%。2021年第二季度至2022年第二季度，小微企业的现金流平均维持时长从3月下降到2.4月，整体现金流维持能力依然走弱，平均每个季度下滑6.3天。资金链断裂可能导致贷款逾期，将风险传递到金融机构。为了维持普惠小微企业贷款不良率稳定，需要金融机构对受疫情影响的贷款主体进行贷款延期、还本付息等操作。

二、金融机构内部管理因素下的潜在风险分析

金融机构风险是指金融机构在日常经营过程中，受到来自内部和外部不确定性因素的影响，使金融机构遭受损失的可能性。

对于金融机构风险的分类，可以参考巴塞尔银行监管委员会对银行风险的划分，即划分为信用风险、市场风险、利率风险、流动性风险、操作风险、国家风险、法律风险和声誉风险等。在这几类风险中，与内部管理因素关系最紧密的是操作风险。

操作风险是因为商业银行有关人员操作失误或程序运转失灵，由银行自身管理或外界突发事件造成损失可能性的风险。公司治理机制和银行内部管理失控是操作风险产生的主要原因，这种失控突出表现在：商业银行工作人员因职责不清、监督不力、职业道德缺失或内部系统运转失效致使银行产生资金损失的风险。[①]

我国金融机构操作风险的管理主要从业务授权、业务流程与规制控制、法律审查、监督稽核和考核评价保险等几个方面进行，虽然采取的管理措施对控制操作风险的发生起到了一定的作用，但由于管理实践尚不成熟，我国的金融机构对操作风险尚处于认识、深化阶段，在风险管理理念、思想、制度和管理工具等方面与国际银行业有很大的差距，金融机构操作风险案件数量仍居高不下。我国金融机构操作风险管理中面临潜在风险的具体原因整理如下。

1.我国金融机构对操作风险的认识、评估不足，强化管理理念没有真正到位

首先，许多金融机构对操作风险的真正含义理解不清、认识不全、把握不透，在实际管理中往往不善于分析不同的操作风险产生的根源，而只注意操作风险发生的事件

---

① 张宇婧：《我国商业银行风险管理研究》，《区域金融研究》2013年第1期。

表面现象，就事论事。其次，对操作风险存在的普遍性、长期性和顽固性缺乏足够的认识，容易把操作风险事件看成偶然的、局部的，因而存在侥幸心理，导致对操作风险管理的重视不够。目前，我国金融机构对信用风险和市场风险的管理相对重视，但对操作风险则没有配套、完善的防范和控制措施。①

2.金融机构不落实操作风险内控制度，制度上存在缺陷

金融机构有风险管理委员会，但是不同类型的操作风险由不同的部门负责，缺少对操作风险进行管理的协调部门，而且我国许多商业银行都实行总分行制度，从总行到基层网点经营机构都要经过3—4个层级，过多的管理层级既容易诱发操作风险，又增加了操作风险管理的难度。首先，多级管理模式难以对操作风险的特性、度量和控制达成共识，不易在认识一致的基础上实现操作风险管理目标。其次，多级管理模式使风险信息难以快速、真实、有效地传递，极有可能出现操作风险事件应对措施不及时，甚至措施得不到有效执行的情况。此外，多环节的多级管理模式本身给操作又增添了一系列风险隐患，为操作风险管理带来诸多问题。这种多级管理、层层授权的管理制度，使操作风险管理过于分散，风险的决策者与风险的最终承担者分离，往往会因过于追求经营业绩而忽视对操作风险的管理，引发操作风险。所以，有较大比例操作风险的发生并非完全是执行中的操作失误，而是源于制度本身的设计缺陷。②

3.金融机构对业务流程中的操作风险难以量化和管理不足

我国的金融机构在操作风险管理上更多是依靠各级风险管理人员的经验和直觉，以及员工的自律。由于业务风险管理流程方面的落后，操作风险管理方式基本还停留在行政管理和手工操作上。在操作风险的识别、评估和控制等各个环节上还不能做到定量分析，对操作风险的大小和危害只是定性估计和主观感觉。对操作风险的管理大多是以事后补救为主的方式，缺乏有效的事前防范和事中控制。对易发生操作风险的环节、岗位缺乏有效的防范措施，发生操作风险事件后往往只是突击检查、查找漏洞、进行整改、处理有关责任人，等等。通常情况下，整改的结果就是加强防范，而防范的措施往往就是修改或增加现有的管理条款，增加一道防线，加人加环节，再出问题就再加一道防

---

① 钱浩辉、徐学锋:《我国商业银行操作风险管理问题解析》，《浙江金融》2011年第12期。
② 李玲、胡磊:《从经济学角度看银行操作风险管理》，《中国农业银行武汉培训学院学报》2013年第3期。

线，如此反复，导致管理制度既交叉重叠又漏洞层出，使人难以适从。[1]

三、宏观配套政策下的制度因素分析

《国务院关于2021年度中央预算执行和其他财政收支的审计工作报告》中提到，在审计中发现：

普惠金融政策执行中存在变形走样。中小银行普惠信贷不精准，中小银行的主责主业是支小支农，但23家中小银行至2021年3月普惠小微企业贷款余额占比10.33%，仅为亿元以上大客户贷款占比的五分之一，其中6家涉农贷款余额也已连续3年下滑。大型银行投放不精准，4家大型银行通过人为调节贷款企业类型等虚增普惠小微企业贷款87.18亿元；有24.96亿元实际流向房地产或大型集团；抽查517户小微客户有364户无实际经营。利用普惠信贷管理漏洞套取资金问题凸显，2家大型银行的13.66亿元被一些个人或团伙通过注册空壳公司或虚构贸易背景等方式套取，用于购买商品房、偿还债务等。

从以上审计问题不难分析出现在宏观政策下的制度还存在一些缺陷。首先，政策指标主要压给大型商业银行，对于中小银行的指标要求缺失。普惠小微贷款从2018年第一季度开始以普惠口径统计以来，2019—2021年分别要求大型商业银行要实现普惠型小微企业贷款全年增长30%、40%、30%以上的目标。普惠小微贷款余额从2018年第三季度末的7.73万亿元增长到2022年第二季度末的21.77万亿元。这表明普惠贷款的总供给水平大幅提升，但是在政策性因素驱动下的提升，对于没有政策压力的中小银行普惠贷款余额和增长率仍然较低。

其次，对于不同类型银行的服务对象，政策有明确要求，国有商业、股份制等大型银行以服务小微金融头部客户为主，如大型企业的子公司、孙公司等，创新的发力点是担保贷款领域，而农商行、城商行等地区性中小银行需要将客群下沉，把更优质的服务带到如微型企业、个体工商户、经营性农户等客群，在信用贷款领域实现创新。而且，大型国有商业银行和中小银行的统计口径也有所差异，对涉农贷款占本行各项贷款比例较高的农村中小金融机构，经属地银保监局同意，可选择将对其监管考核的口径扩大为

---

[1] 钱浩辉、徐学锋：《我国商业银行操作风险管理问题解析》，《浙江金融》2011年第12期。

"单户授信总额1000万元以下(含)小微企业贷款和普惠型其他组织及个人经营性(非农户)贷款、单户授信总额500万元以下(含)的普惠型农户经营性贷款"(以下简称扩大口径),并可比照规定,以扩大口径适用差异化考核要求。但在审核的23家银行中,有6家涉农普惠贷款余额连续3年下降,说明政策落实情况还有待加强。

2022年第二季度末,我国普惠小微贷款余额21.96万亿元中信用贷款仅占比19.5%。这说明普惠小微贷款大部分还是抵押贷款模式,而对于很大一部分难以拿出符合要求的房产、存货、应收账款等抵押品的小微经济体,获得普惠贷款的比例远没有现行统计口径显示的数据那般亮眼。信用贷款的风险客观上就是比抵押贷款的要高,这需要政府给出更大力度的宏观配套措施才有望扭转形势。

第四节 普惠金融风险管控的国际经验及启示

一、美国银行小企业业务发展及信用风险管理经验

(一)美国银行业如何支持小企业

在美国,小企业管理局给出定义——员工不足500名的制造业企业、员工不足100名的服务业企业,均为小企业。整个美国一半以上的就业机会由小企业创造,同时还贡献了全国一半以上的国内生产总值。因此,美国经济离不开小企业的发展。苹果、英特尔等大型企业也是从小企业一步步发展到如今的规模。

企业要生存、要发展,就必须有银行这一坚强后盾作支撑,大企业和小企业是一致的,相比之下,小企业对银行的依赖程度明显更大,但银行同样也是企业的一员,也需要盈利。为了小企业的发展能得到银行的支持,政府既要以法律途径赋予银行力所能及的责任,还要创造风险可控和盈利良好的金融市场环境,以此激发银行自行加入支持小企业的队伍中来。

1.政府利用法律的强制性

与大企业相比,小企业存在抗风险差、财务透明度低的问题,使小企业更难以从资本市场直接融资。人们常说,银行普遍更青睐为"富"服务,且嫌"贫",从本源上说,小企业无法激发银行的"助人之心",而银行仍愿意为小企业提供服务,其主要原因之

一是迫于法律的强制要求。

美国国会于1977年颁布了《社区再投资法》（以下简称CRA），这就需要银行在所在社区（包括中低收入社区以及借款人）中满足信贷需求。与此同时，银行履行CRA义务情况将受到美联储等四个联邦金融监管机构的考核，内容为贷款、服务、投资三方面，重中之重为贷款考核，只有贷款考核达到"满意"以上等级时，最终的考核结果才能达到最高级别的"优秀"等级。银行发生开设分支机构、兼并等行为时，还需要凭考核结果进行申请并评审。

在此背景下，20世纪90年代，许多大银行加入为小企业提供贷款服务的浪潮中，甚至成立了专门部门，为小企业办理贷款等业务，这些服务常常伴随着CRA的评级。除此之外，许多大型银行不仅向监管部门提出CRA评级靠前的证明，还承诺向小企业追加贷款，以此使收购兼并更快获得批准。

自1989年，每一年的CRA评定结果都向社会大众公开，以此来保证该评定的透明性，美联储也会定期公布银行对小企业发放贷款的具体情况。

2.政府提供强有力的担保

从宏观来看，小企业在促进经济发展、解决民生就业等方面具有无可替代的作用，但是美国的经济支柱仍然是大企业（含金融机构），美国不愿为扶助小企业打击银行基本利益。银行向小企业提供贷款，不但还款风险高，而且利润有限，而审核大额贷款和小额贷款耗费的时间和精力成本相差无几，因此，银行向小企业发放贷款的意向很低。为此，美国制定了一套制度，保证小企业能从银行贷款，又不至于影响银行的稳定运营。

美国国会于1953年7月颁布了《小企业法》，美国小企业管理局（以下简称管理局）得以成立，1958年，其又进一步成为"永久性联邦机构"。小企业可以从管理局获取咨询、帮助、保护或者直接援助等相关服务，管理局本身并不是管理性质。与此同时，管理局还会不定期为小企业主提供各式各样的培训，并作为贷款的担保方，帮助小企业争取政府的订单。

（1）小企业融资方面。管理局与市场上的信贷机构进行合作，为小企业的贷款提供担保，而非直接提供贷款。银行要想发展已获取管理局担保的贷款业务，还必须获得管理局的认可。目前，与管理局建立合作关系的商业银行达到7000多家。

(2) 具体贷款项目方面。小企业数量多，自身的业务架构也参差不一，以至于贷款需求也有所不同。管理局为了满足小企业的需求，同时为银行与小企业在贷款的过程中提供便利，对贷款项目进行了细化。

第一类，微小贷款计划（Microloan Program）。该类贷款由该计划下的直接资金支持，通过与管理局合作的小企业贷款中介机构代为发放，常见的形式为小额、短期贷款。

第二类，7(a)贷款计划。该计划部分贷款项目对资金的用途有限定，主要是为了支持小企业拓展海外市场，管理局在美国共设有21个出口资助中心，与美国商务部和进出口银行合署办公，向小企业提供流动资金、预付款和应收款融资担保，支持其拓展出口业务。最高贷款额500万美元，资金用途包括流动资金、机器及存货采购、店面装修、偿还商业贷款等。15万美元以下的贷款，管理局担保85%；15万美元以上的贷款，管理局担保75%，但不超过375万美元。贷款的期限根据用途而定。

第三类，504/CDCs贷款计划。该计划主要是中长期贷款，为小企业在购置固定资产方面提供长期固定利率融资支持，贷款用途包括购买商业房产、重型建筑机械及设备等，贷款的架构一般是管理局合作机构提供50%融资、小企业管理局504计划融资40%、贷款人提供10%首付。

第四类，薪酬保护计划（PPP）和经济伤害灾难贷款（EIDL）。这两项计划目的是缓解新冠疫情后小企业的经营紧张局面。

由此可以看出美国政府对于小企业贷款的重视程度，其渗透程度很深，从多角度、多方面为小企业提供贷款便利。

（二）美国银行信用管理体制的结构

美国银行的信用管理体制是全球最为完备的，其信用管理体系由国家信用管理、行业信用管理，以及包括立法、惩罚机制、教育和科研在内的信用环境共同构成。其中，国家信用管理是核心，主要对信用进行宏观管理，为市场创造一个健康的社会信用环境，促进信用交易的发展，推动国家经济增长。发挥这些功能的政府部门和司法机构被称作信用监督或执法机构。

信用管理机构分为以下三类：

(1) 信用信息管理机构。信用信息为该机构的业务主体，包括运营数据库的征信公司、进行资信评估的资信评估公司等。

（2）信用经营机构。该机构主要是控制和降低在信用经营活动中产生的信贷风险，降低因信贷风险带来的各种损失，从而提高盈利水平，保证企业的正常经营和发展。

（3）信用服务机构。该机构为信用活动提供相关服务，其职能包括代理商账追收、信用保险、保理和担保等。

若想信用行业健康发展，就要对信用管理相关的法律体系进行完善，如美国制定了银行相关类和非银行相关类的信用管理法律体系。除此之外，还有在民间操作、自愿实施的不良信用惩罚机制。美国的基本法律中，与信用管理相关的有规范授信、平等授信、保护个人隐私等方面的法律。

（三）美国银行信用管理的特点

1. 专设贷后监控部门对原有信贷部门所评信用等级进行随机性再评估，并对有关贷款文件进行抽查，拥有对贷款信用等级调整的最终发言权。

2. 重视信用风险量化分析，将分析结果作为审批信贷业务及政策制定的重要依据。

3. 央行单独设立信用信息服务机构，信用信息透明度高，银行需依法将有关情况报送至银行信用信息局，法律建设的实用性得到加强。

（四）经验启示

1. 破解小企业信贷融资难题需要政府的深度参与

小企业在就业和创新方面所扮演的重要角色决定了其融资自然带有一定的公共产品特征，与政府供给公共产品的属性契合。美国政府对小企业立法极为重视，管理局融资担保主要针对弱势小企业群体，信贷担保分担了传统商业银行潜在风险损失，能撬动更大规模的商业资金供应，相当于政府信用的增信行为，故而时至今日管理局在小企业融资体系中居于核心地位，我国银行改革可借鉴其信用体系的建设。

2. 完善的征信体系是提升金融机构风险偏好的基础

征信一直是中国金融体系的短板，也是造成小企业融资难、融资贵现象的深层次原因。美国征信行业的百年变革充分说明了征信体系的发展对于提升小企业融资体系效力的重要性。

3. "大帮小"的效益要高于"小帮小"

许多小银行自身也属于小企业，存在抗风险能力弱、资金与资源有限等问题，而大银行资金雄厚，整体更趋于成熟。因此，美国在深入扶持小企业发展的时候，选择把重心放在大银行和大型的储蓄机构上。

二、美国互联网金融下小企业业务发展情况及经验

（一）美国互联网金融的发展历程

20世纪90年代，互联网技术逐渐在美国普及，传统金融选择与时俱进，尝试运用新型技术从事金融业务，互联网金融开始萌发。在近30年间，互联网金融经过三个阶段的发展，已经演变成为一种崭新的金融模式。

第一阶段，20世纪80年代至2000年初。在20世纪后半叶，美国金融业至少经历了3次金融脱媒。在这之后，美国的传统金融发生了许多变革，并影响深远。美国的传统金融逐渐归于混业经营，这迫使金融机构加快转型的速度。凭借新兴技术和积极创新的金融环境，使用互联网开展业务的银行和券商越来越多，传统金融开始互联网化。但该阶段并不属于真正意义上的互联网金融。在这段时间里，美国安全第一网络银行（Security First Network Bank，SFNB）成立，身为纯互联网经纪商的E*TRADE诞生，但它们实质上也只是用线上服务取代了原来的线下柜台服务，大部分号称互联网金融的业务仍归属于传统金融。

第二阶段，2005年至2010年。这一阶段产生了直接融资模式，如P2P（Peer to Peer Lending）、众筹（Crowdfunding）等。P2P是协助个人或机构利用第三方网络平台进行债务融资的新模式，如美国借贷俱乐部（Lending Club）、繁荣市场公司（Prosper Marketplace Inc）等。众筹平台使互联网金融的去金融中介化得以实现，平台通过整合相关资源，使价值与利润之间达成等效流通，金融业务就此正式进入创新阶段。

第三阶段，2010年至今。在这一阶段，金融机构充分利用互联网技术，标志性事件为金融科技（Fintech）的兴起。金融科技属性的复杂程度和概念含义之广都要大于互联网金融。目前，美国学术界尚未界定"Fintech"的概念，但该词汇已经被用在许多分析报告中，描述当下互联网金融领域的发展势态。在此阶段，美国金融科技板块的表现引人注目，阿尔法公社追踪分析了Venture Scanner上的1885家Fintech公司，并将其划分为16个大类，跨越了58个国家，总融资金额更是高达536亿美元，这一系列

的发展也带动了金融科技公司的飞速发展,带来了许多创新创业的机会。与此同时,随着时代发展,人工智能、大数据等新兴技术纷纷在金融领域得到运用。2015年5月,纳斯达克正式推出产品Nasdaq Linq,这是首个依托区块链技术建立的金融服务平台,使用的公司可以在私有股权交易平台上,获取权益变化时间轴图、投资者个人股权证明等资料信息,让发行公司和投资者能更好地跟踪和管理证券信息。相较于原来经常采用的纸币和电子表格的记录方式,区块链技术使交易和管理效率得到飞跃式提升,未来还可能成为金融资本市场的技术系统核心,成为美国乃至世界金融创新的发展方向。

自互联网金融诞生,可以看出,传统金融与互联网技术是相辅相成的,金融借助互联网技术发展不断自我革新,随着互联网金融越来越规范化,融合也在不断深化,产生了全新的金融模式。互联网金融起步之初曾一度打破传统金融对某些业务的垄断,但没有从根本上颠覆传统金融的商业模式,不过它仍对美国金融界产生了深远的影响。

(二)互联网金融下小企业业务情况

1.电商平台与商业银行之间实时交换信息

商业银行的借贷系统与电商平台对接,可以实现信息的实时交换。商业银行可以随时获取小企业的活跃程度、交易记录、物流记录等,从而实施监管,并且可以通过大数据技术分析小企业的客户群体画像,以此判断小企业的未来发展情况,进而挖掘有潜力的小企业,提供更具有针对性的服务,也可以扩展新的优质客户,扩大自身的市场份额。

2.完善的监管制度

在美国,网络贷款公司产生的贷款服务隶属于证券的范畴。贷款流程通过网络平台进行,不存在点对点交易,受到委员会严格的管理监督。在美国互联网贷款平台第一次出现的时候,美国政府便给予了支持,并为之完善了相关法律法规,促进了这个行业的健康发展。美国立法部门明确表示,监管机构可以获得联邦安全与交易委员会以及联邦和州的金融安全体系的保护,以此发展互联网借贷市场。这意味着金融保护部门正式对网络贷款负责,也意味着之前的多部门管理转变为单部门管理,从而更具权威性和针对性。除此之外,金融保护部门会根据行业的变化及时修订相关法律法规,并不断提高执法力度,国家的审计部门也有权力调查网络贷款公司。网络贷款平台的监管,形成了以金融保护部门为主,其他多部门共同协作的体系。

3.Fintech为小企业信贷市场注入新动力

在美国，Fintech在普惠金融发展领域的潜力巨大已是普遍共识。线上融资虽然不是近年来的革新，但是它的迅速发展和在整个融资过程中的深度运用已成为目前的发展趋势，经济信息化和消费习惯线上化也为它的蓬勃发展奠定了基础。

总而言之，完善的生态环境能更好地为小企业融资体系提供发展空间，这离不开政府、企业、银行和其他机构的共同协作，也离不开相关法律制度的保障。

（三）美国富国银行（Wells Fargo）经验借鉴

美国富国银行在小企业信贷市场中是佼佼者，它首创在零售业务基础上，成立小企业业务集团，专为年销售额1000万美元以下的企业提供信贷支持；后续又推出"企业通"，对象为年销售额低于200万美元的小企业，信贷额度不得超过10万美元，并对整个信贷流程进行简化。富国银行察觉到小企业信贷市场存在巨大商机，因此十分注重运用新兴互联网技术来拓展自身旗下小企业的信贷业务。1998—2006年，其活跃于网络上的小企业的复合增长率高达55%。除此之外，在小企业管理局的贷款项目里，富国银行从2007年起，为小企业提供信贷业务的总额一直独占鳌头，其在该领域所占的市场份额超过了花旗银行（Citibank）和摩根大通（J.P.Morgan Chase & Co）的总和。

1.重新划分客户群体

虽然小企业管理局已经给出了小企业的定义，但富国银行应用信用评分技术开发小企业信贷模型，使企业信息与业主个人信息的关联，进一步细分小企业。

富国银行在对小企业成长周期和现有规模进行分析的基础上，依据银行标准放贷程序，对小企业贷款平均盈利水平进行了评估，以银行的净收益最大化和风险最小化作为目标函数，建立了基于零售信贷流程模式的小企业授信模型。该模型不仅能解决传统商业银行小企业授信问题，而且可以有效降低商业银行成本。基于此，富国银行将小企业细分为加工作坊、初创企业、家庭工厂、个体创业者、无利润企业、服务型小微企业、一般利润企业、科技型企业、高速成长企业和现金牛企业10类。其中，标准放贷程序下前6种公司无法获利。

富国银行根据统计得出，绝大多数小企业年销售额在100万美元以下，它们实际上并不需要大额信贷支持，而是需要可迅速获得的小额贷款以供资金周转。这些小企业绝大部分成立超过10年，并有一定的信用记录积累。

2. 优化贷款程序

传统金融中，贷款需要小企业主到线下柜台实地申请贷款，而富国银行利用互联网技术，让客户可以通过电子邮件、网络平台等形式申请贷款，节省了往返的时间成本，同时也提高了银行工作效率，并冲破了地域限制。对于信贷的审批，富国银行采用自动化审批，节省了人工成本，尽管存在部分信息纰漏，但低成本和小微贷款的高利率解决了上述问题。

3. 运用"行为评分"模型进行贷后管理

在信贷体系中，客户售后业务管理发挥着极其重要的作用，它要求银行对每一个账户都进行管理和评估，对每一类客户群也要进行分析和管理。

富国银行创新应用"行为评分"模型，以此评估小微贷款风险，监测中小微企业借款人信用状况。在模型中，拖欠贷款额、贷款目的和超额授信额度被视为小企业信用评分的重要因素。通过计算每个月各指标得分和累计分值，可得出每一笔借款的违约概率。同时，还可根据借款人的还款情况确定下一年度的还款计划。小企业借款人信用风险的变化也将被"行为评分"模型动态跟踪，并实时判断是否会对还本付息产生影响。

模型数据主要来自个人征信机构的信用信息、小企业贷款数据及银行存款账户数据，这些是密不可分的，富国银行依据评估结果实时调整措施，包括贷款定价调整、上调授信额度、账户关停及实行预先核准交叉销售等，其中贷款定价调整是基于风险评估结果进行动态调整的过程。

4. 对风控管理进行创新

美国有着十分发达的企业征信系统，富国银行利用该系统，加上自身多年累积的丰富的内部数据，可以对小企业的信用数据进行核对，排除潜在的欺诈客户。同时，富国银行还自行建立了信用评分制度，分析行业、企业经营年限、经营场所等7大因素，从而得出小企业的评分，在排序后可以筛选出信用合格者、淘汰者以及需要进一步审核者，再对需要进一步审核者进行人工审核。

富国银行的成功离不开合理利用美国成熟的征信体系、优化的流程化信贷管理以及交叉销售。

三、德国银行业小企业业务发展及信用风险管理经验

德国是发达的工业国家,拥有接近400万家小企业,占德国企业的99%,因此,小企业在德国又被称为"就业的发动机与经济的心脏"。相较于美国和其他欧洲国家,德国的资本市场并没有那么发达,企业获取资金的途径大多是银行,但是小企业的融资几乎没有困难,这是因为德国政府与各类金融机构各司其职,形成了功能互补的小企业融资体系。

(一)以政策性银行作为核心

德国复兴信贷银行属于政策性银行,其8成的股权被联邦政府持有,州政府则持有剩余2成。它是德国小企业信贷体系的核心,小企业可从其旗下所属银行获取资金支持。据估算,德国境内的小企业超过200亿欧元的新增贷款都由德国复兴信贷银行提供。

1.长期低息贷款

德国境内的小企业所需的一般性贷款和创业贷款均可以从德国复兴信贷银行获取。一般性贷款的总额度不超过25万欧元,期限控制在20年以内,利率通常都会比市场低,维持在2%—2.5%;创业贷款总额度不超过10万欧元,期限为5年或10年。德国复兴信贷银行的资金来源主要是发行债券,凭借股东的信誉,发债利率较低,从而实现较低的筹资资本。

2.流程化的风控管理

在德国复兴信贷银行中,有200人负责贷款的审批工作,占全部员工的五分之四,这说明其运营的核心是风控管理。一方面,审批申请小企业贷款的项目;另一方面,用一套公开的流程和标准来筛选转贷银行。一般情况下,德国复兴信贷银行主要负责审核贷款项目是否达到了政策的要求,而审核企业的财务情况及主体信用的是商业银行。

3.市场化的运营机制

德国复兴信贷银行利用转贷方式放款。小企业到商业银行申请贷款,商业银行对该项目进行分析,并交由德国复兴信贷银行审批,德国复兴信贷银行会将贷款委托给商业银行。在转贷的过程中,由于德国复兴信贷银行的利率比市场的低,商业银行可以从中获取利差收益,有些情况下利差收益甚至会比自营贷款收益更高。德国复兴信贷银行只

承担转贷银行的信用风险，贷款的偿还风险由商业银行承担，这避免了商业银行与政策性银行的恶性竞争，促成了与商业银行优势互补、风险共享的协作模式。

（二）以担保银行作为核心

随着德国小企业贷款需求不断增加，商业银行根据资金缺口向担保银行提出担保要求。据不完全统计，在德国境内有关小企业的信贷项目中，有40%为足额抵押，15%为纯信用，占比最大的是与担保相结合的项目，占45%。受益于德国的担保体系，小企业得以发展成为德国经济的中坚力量。

德国担保银行（以下简称担保银行）是商业银行、保险公司和工商业协会发起成立的股份制公司和公益性组织。担保银行虽为独立的银行机构，但政府是其强大的后盾。首先，德国《信贷法》规定，担保银行承担的贷款风险为80%，剩下的20%由商业银行承担，而在担保银行承担的这部分中，政府承担80%（联邦政府48%，州政府32%），即产生信贷损失时，担保银行需要承担16%，承贷银行需要承担20%，剩下的64%交由政府承担。其次，担保银行的损失率上升至3%甚至更高时，风险补偿机制被触发，政府会增加损失承担比率。再者，担保银行可享受政府税收优惠政策——担保银行利润持续用于担保业务时不需要缴纳任何税费。由于政府为担保银行提供了有力支撑，担保银行的抗风险能力大幅提高，使可持续发展得以维系，间接助力了小企业的融资。

除此之外，担保银行采用贷款利率与信用评级挂钩的模式运营。小企业的信用评级在德国信贷业务中有十分重要的作用，它关系到企业是否能获取信贷支持，也决定了相关利率。担保银行会从企业的年报、业务情况、规模、抵押物质等方面对小企业进行评级，共18个等级，信用评分越高，利率越低，而小企业为了获取低利率的贷款，会主动公开企业年报，这也使小企业的运营情况更加透明。

（三）以商业性银行作为依靠

据统计，在德国的信贷市场中，储蓄银行为小企业提供的贷款最多，占比41.3%；政策性银行占比29.3%；合作银行占比16.4%；最后是大型商业银行，占比13%。为了避免恶性竞争，德国的金融机构都采取差异化战略，使自身优势最大化，进而为小企业提供信贷服务。

四、西班牙桑坦德银行小企业业务发展及信用风险管理经验

西班牙桑坦德银行（Santander Central Hispano S.A）成立于1857年，前后发展了160多年，其间盈利的总资产已超过西班牙国内生产总值。2016年，小企业资产占比34%，负债为40%，手续费收入占比45%，利息收入为36%。西班牙桑坦德银行的主要盈利来源于小企业的金融业务。

（一）西班牙桑坦德银行小企业业务发展情况

1. 精心优化产品和服务

西班牙桑坦德银行在产品设计上围绕"简单化"的主题，利用便利性向大部分客户销售。金额在50万欧元以下的贷款业务，系统会自动对借贷企业给予评分并审批；金额在50万欧元以上的，会有风险分析师介入，进行人工审核。其中，98%的业务都由系统自动化审批，风险占全行风险的48.6%。效率的提升与自动化的发展密不可分，这也使潜在客户资源得到深度挖掘。据统计，西班牙桑坦德银行销售的产品中，无客户经理销售模式成交的占比高达40%。

2. 注重服务供应链融资

西班牙桑坦德银行首创保兑业务，并与保理业务一同组建平台，批量为供应链融资企业给予服务。保兑业务根据付款指令，面向具备资格的采购商，为其业务上游的小企业提供付款服务，这使付款企业的管理运营成本大幅降低，更重要的是，在整个付款过程中，银行都直接参与并甄审单据，降低了为上游小企业提供保理业务的风险，较好地规避了应收账款拒付等情况的发生，使银行对上游企业吸引力提升，同时可以借此扩展客户群体。保兑业务时至今日仍是西班牙桑坦德银行的领先特色业务。2016年，办理保兑业务的客户有4000余户，办理保理业务的有20万余户，其中70%的客户是从保兑业务衍化而来；共支付280亿欧元的款项，从而带动了140亿欧元的保理业务，业务量占本地将近三分之一的市场份额。

3. 打造紧密且可靠的银企关系

"信贷承诺"是西班牙桑坦德银行诸多产品中最受欢迎的产品，同时也是支柱产品。使用该产品，客户需要按照承诺，每个月从工资代发、缴纳税费、海外业务、结算等业务中选取两项使用，即可获取更低的优惠利率进行按季付息。西班牙桑坦德银行可以借

此提高产品的覆盖率和使用率，引导客户进一步使用旗下相关服务，使服务系统化，优化用户体验。

4.部分业务零收费

西班牙桑坦德银行在部分结算、咨询等业务上实行零收费，降低企业的负担，同时更好促进"信贷承诺"的使用，而不是为了增加手续费收入而一味提高产品的覆盖率。与客户的深度联手合作，是西班牙桑坦德银行最注重的部分，如海外业务等，这可以更好地增加手续费收入，并提高客户的满意度。

（二）西班牙桑坦德银行信用风险管理经验

1.细分客户群体

西班牙桑坦德银行根据企业规模、营业收入等多项指标进行综合考量，对参与合作的企业进行分类，年营业额500万欧元以下的为小企业，500万—5000万欧元的为中小企业，5000万—20亿欧元的为大型企业。西班牙桑坦德银行十分重视客户资源的深度开发，通过分析客户群体来扩展新的潜在客户，并为企业提出建议性的业务方案，覆盖政策优惠、产业结构分析等。西班牙桑坦德银行将企业划分为4个等级，即至尊、优先、一般活跃、不活跃，不同等级享有不同的产品。

2.实时跟进银行服务

西班牙桑坦德银行为每一位客户经理都制定了明确指标，要求持续跟进银行向小企业提供的服务，从而探索更多的业务机会，例如，每个礼拜需要走访的客户数，至少每3个月与客户进行一次会面，向客户推荐产品的数量，提出一定建议数等。银行对客户经理完成的指标进行考核，可以督促客户经理与小企业共同发展。

3.强化风险管控

西班牙桑坦德银行利用互联网技术，实时跟踪客户。银行依据客户本身风险程度划分出4个等级，并给予针对性管控措施，如加大监控力度、增补担保、降低贷款限额、拒绝服务等。分析师也围绕风险较大行业小企业客户进行深入剖析，从而充分把握客户业务风险演化趋势，提出相关业务策略，及时调整自动决策系统相关参数，有效加强小企业客户信用评级与准入管理。西班牙桑坦德银行通过与专业咨询公司等外部机构合作，系统地采集客户信息，以便于全方位了解客户，从而提高对客户的管理能力，并提高风控能力。

五、国外金融机构风险管控的经验总结

（一）基于风险状况，做好客户细分

市场在不断变化，用户的消费习惯也在不断变化，银行找到自己的核心客户群体很重要，这就需要银行切实做好客户的细分。当前，商业银行的竞争十分激烈，没有一家银行能够成为所有客户心中的最佳。在商业银行运营之初，就应该对客户群体进行慎重划分，但是从整个中国银行业的市场匹配来看，大多数银行并没有对客户群体进行标准化的差异分析，只是通过扩大产品的覆盖面来满足客户需求。实际上，银行要想提高用户的黏性，更具针对性的产品带来的效果会比大而全的产品更好。不同的城市级拥有不同的客户群体，对于二三线城市的中小银行来说，要想建立优势产品，就得有针对性地满足核心客户群体的金融服务需求，并以此挖掘潜在的客户群体。

商业银行"以客户为中心"的模式已经逐渐取代了"以产品为中心"的模式。银行最重要的资源显然是客户，注重客户的管理、客户价值的挖掘已经成为银行业的发展核心。在中国，微型金融客户群体的家庭和个人属性更强，很难以经营主体的角度分析，所以应将分析重点放在个人和整个家庭的财务状况，以及借款人本身的软信息。客户群体的细分，可以使银行更容易识别某个群体的共同点，进而掌握核心风控点，以此设计有针对性的产品，同时在加强客户分析的基础上，定期进行客户细分，提供差异化服务。

（二）有效利用各种渠道，做好客户服务和管理

商业银行应该专门设立一个金融服务部门，专为小微企业服务。小微企业在自身规模、资金储备等方面与大企业有较大的差距，它们所需要的信贷服务也更有特殊性，因此有必要在银行内设立专门负责小微企业金融服务的部门，起到提供贷款、风险管理和市场营销的职能。

小微企业在发展的过程中，会遇到如财务管理不完善等各式各样的问题，在不影响其成长的前提下，银行可以为小微企业客户设置"护航期"。如果银行以大中型企业的标准对小微企业进行评级，会出现低评级，甚至将小微企业界定为压缩退出类客户。除此之外，小微企业本身资产少、营业收益总规模低，难以被客户经理团队关注到，也会导致阶段性的客户管理中断，服务质量会有所降低且得不到较好保障。

发展小微企业业务不仅是银行自身盈利增长的需要，更是银行养成优质大客户、优化客户结构的重要途径。与银行长期合作下成长的小微企业，是银行经过多年培养的资源，也是银行价值得以展现的闪光点。

（三）强化产品创新，提供综合化金融服务

产品创新需要对存量客户进行整理，特别是熟客对于产品的需求，其中包含了存量结算的客户以及有贷款、信用卡等业务需求的小微企业。银行可以在加深"速贷通""信用贷""小额贷"等主要业务覆盖的情况下，推出重点围绕小微企业使用的产品和服务，如供应链融资贷款等风险可控且拥有良好市场前景的业务。

商业银行对于小微企业的金融支持不应该局限于提供贷款，还应当提供切实有效的金融服务，强化交叉销售，加深产品的渗透，客户在享受银行针对性、差异化的服务时，银行也可以提高用户黏性。同时，银行要把重点放在信贷承诺上，以此促进银企双赢。依据客户采用产品中的金额或数量，银行可以实行浮动利率式的综合化服务。通过对贷款申请表及信贷合同的优化，促使客户承诺增加产品的使用率；每个月按时检查客户履约进度，贷款利率可以基于合同利率酌情下调；具备条件的机构，可以采用银行自身系统自动化处理。综合化服务可以引导客户使用更多的金融服务，增加用户黏性，扩大客群基础，深化银企双赢，同时也降低了客户的负担。

银行可以优先选择享有政府担保或获取了政府创业投资基金等的小微企业，利用其背靠政府的基础，较好地规避部分风险，进一步提高营销的效率；利用政府对小微企业的资金支持，将贷款企业组织起来，共建风险补偿资金池，构建新兴小微企业信贷模式，与传统抵质押及担保区分开。

（四）完善流程设计，提高业务运作效率

在传统的信贷体系中，财务报表是银行评价企业的主要凭据，但这并不能准确反映出企业业务运营情况。银行可以将小微企业信用状况、资产规模、履约能力等信息作为评分标准，根据评分分级有针对性地提供差异化服务，简化业务操作。在标准化评分分级的基础上，可以精简业务，如为经常使用小微企业信贷的客户提供"绿色通道"，即可以根据客户的评分分级，500万元以下的贷款业务直接给予办理，精简申报手续。

小微企业普遍存在财务制度不健全、信息不充分等问题，银行可以运用对公信贷流程管理系统、柜面系统等内部信息系统来分析企业实际运营情况。除此之外，银行也要

利用好征信、税务、海关系统等外部信息，进一步提高掌握综合运营情况的能力。对于拥有健全财务制度的小微企业，除了充分运用有关内外系统进行综合研判，还可以对企业的财务状况实时分析，从多角度提升分析客户的能力。

小微企业数量庞大，对于信贷需求大且急，为了应对客户的需求，可以实行授信预审批制。对于采用评分分级并已成功实现零售化的业务，可以通过系统自动化进行授信预审批，而非标准化业务则重点筛选符合条件的优质客户，进行差别化预审批处理。

（五）强化风险监控，提高风险精细化管理水平

目前，国内大多数小微企业仍普遍存在运营困难的情况，民间高利贷风险的威胁也层出不穷，风险监控难度不断增大。因此，银行做好风险监控也是一项重要的任务。

第一，做好客户选择。把业务重心放在符合国家产业政策、有偿还意愿及能力、有可持续发展性的小微企业上，从源头下手，对客户及其行业进行把关。

第二，加强款项用途的监测。可以采用主办银行对销售款项专用账户监测等方式，控制企业的现金流；构建小微企业信贷业务的反诈调查体系。

第三，及时获取客户的软信息。通过客户经理走访，可以直接观察并分析客户的财务状况，同时加大客户经理走访的频率，间接获取客户的个人品德等软信息，做到防患于未然。

第四，利用预警机制提高风险预判能力。客户的预警信息要采取每周检测的制度，根据客户所使用的产品和结算量等的变化来分析风险。

第五，服务外包。第三方专业机构对抵押登记、海关信息查询、税务信息查询、行业信息分析等非核心业务环节负责，以此减轻客户经理负担，使其把工作重心放在合适的位置，还可以充分发挥外包公司这一独立第三方所具有的优势。

第五节 完善我国普惠金融风险管理的相关思考

一、建立小额化、集约化、专业化的经营管理模式

（一）坚持小额化定位，提高风险分散水平

普惠性小微贷款指的是银行向从事国家非限制和禁止行业，且同时符合年度应纳税

所得额不超过300万元、从业人数不超过300人、资产总额不超过5000万元三个条件的小微企业发放的一种用于生产经营活动、单户授信总额在1000万元（含）以下的贷款。根据2021年数据，我国普惠性小额贷款每户平均贷款余额仅为43.1万元，单户贷款额度符合小额化定位。

小微企业抗风险能力弱、生命周期短、经营风险较高，客观上产生不良贷款风险较高。银行需要依托小微企业数量众多、地域分布广泛、经营行业范围广的特点，以小额化定位，利用小微企业单户贷款金额低和贷款户数多的特点降低单户不良贷款的非系统性风险影响。

根据不同小微企业的特点，推出特色化小微信贷产品。金融机构针对小微企业生命周期、所属行业、交易场景和融资需求等特点，持续推进信贷产品创新，合理设置贷款期限，优化贷款流程，继续推广主动授信、随借随还贷款模式，满足小微企业灵活用款需求。

（二）加强小微企业经营机构建设，提高业务集约化水平

普惠金融经营机构的建设是实施普惠金融工程的重要载体。随着金融的数字化和科技化，普惠金融经营机构建设呈现出线上线下一体化的特征。大型国有商业银行，区域性的农信社、城商行、村镇银行以及互联网银行各自发挥其自身优势，建设了各具特色的普惠金融经营机构。

1. 大型国有商业银行

2017年5月3日，李克强主持召开国务院常务会议，明确要求大型商业银行2017年内要完成普惠金融事业部设立。次月，国有商业银行设立普惠金融事业部具体方案出台，总行普惠金融事业部正式挂牌。

大型国有商业银行普惠金融事业部是为实施普惠金融服务专业化经营而采取的一种内部组织管理模式。大型商业银行应明确事业部业务边界，建立普惠金融条线型垂直管理体系。普惠金融事业部承担全行普惠金融业务的政策研究、规则制定、产品研发、风险管理等职责。按照利于管理、体现特色的原则，分支机构科学合理设置普惠金融事业部的前台业务部门和专业化经营机构，合理界定职责范围，按照贴近市场和客户的原则，下沉经营重心，下放审批权限。

以中国农业银行为例，该行在总行、一级分行设立普惠金融事业部，初步形成了具

有农行特色的"三农金融事业部+普惠金融事业部"双轮驱动的普惠金融服务体系，建立了总分两级普惠金融专营机构体系，将小微金融业务权限下放到2.2万个网点中，有效地扩大了普惠金融覆盖面，让县域地区、偏远地区、贫困地区的小微企业能够通过农行网点，获得全面、丰富的金融服务。同时对机构网点实施"一集群一对策""一园区一措施"的精细化管理、差异化授权，给予网点小微业务专项激励、经济资本和内部资金转移定价优惠，为服务人员配备专项工资，实施尽职免责，充分激发网点服务小微企业的动力。

2. 区域性中小银行

近几年来，随着信息技术和大数据的日趋标准化、普及化，股份制银行、城商行、农商行、地方商业银行的技术劣势正在缓解，而个性化服务、非标准化服务和供应链服务区在大幅提升普惠金融服务效率，依托区域网点的深度覆盖，基本盘和主场优势更为明显。

以广西农村信用社为例，广西农村信用社立足地方金融主力军定位，依托自治区、市、县、乡、村"五级全覆盖"的银行网点和金融便民点线下渠道，充分发挥遍布网点多、金融便民点下沉的线下渠道优势，同时，强化金融科技赋能，构建起"线上+线下"的普惠金融经营机构体系，成功打通了金融到户的"最后一公里"。

3. 互联网银行

互联网银行是指脱离柜面实现线上交易的银行。互联网银行是电子信息技术应用于银行业的具体表现，允许消费者在线上获得信息类和交易类两方面的服务。互联网银行的提供主体既可以是具有分支机构的大型银行，也可以是不设任何网点、纯网络运营的虚拟云端银行。[①] 本小节讨论的互联网银行特指纯网络运行的虚拟银行。

互联网银行通过大数据和互联网技术，利用远程信息收集、网上申请、网上审核和线上投放资金服务，让抵押担保缺乏、经营风险成本高、地处偏远地区的小微企业和个体工商户等传统银行难以覆盖到的客户也能够享受到普惠性的金融服务。

目前，我国规模最大的互联网银行是网商银行。网商银行首创和发展了"310贷款模式"，即3分钟申请、1秒钟放款、0人工干预，依托低门槛、低成本和广覆盖的能力，

---

① 乔海曙、许可：《互联网银行理论研究的最新进展》，《金融论坛》2015年第6期。

有效推广了面向小微客群的普惠金融服务。互联网银行最突出的贡献是通过互联网大数据，把银行经营设施搭建在了手机上，最大限度消除了不同群体获取贷款的难度差别。2021年，在消除城乡差别方面，网商银行达成了贷款投放的客户50%是县域及以下地区的小微经营者和经营性农户；在缩小行业差别方面，网商银行达成了85%信贷资产都投向传统金融机构相对难以达及的群体当中，如卡车司机、新型农业经营主体、街边摊贩等；在消除区域差距方面，网商银行达成了在西部地区省区贷款投放增速远远超过在东部地区的贷款增速，增速排前五名的分别是宁夏、西藏、新疆、贵州、陕西，为西部地区经济发展作出了贡献。

（三）打造流程银行，提高业务专业化水平

普惠金融与其他金融服务有显著区别，银行等金融机构需要根据普惠金融的业务特点，量身打造全流程的银行信贷服务，更专业服务我国普惠金融。

为了能良好发展普惠性小微金融，银行需要在政策支持与引导下，打造流程银行，提高业务专业化水平。

1.打造流程银行

流程银行是通过对银行的业务、管理、支持保障和监督评价等流程的重新构造，从而形成以流程为核心的全新的银行经营管理模式。与传统的部门银行相比，流程银行具有明显的竞争优势，代表了现代商业银行体制机制改革的未来方向。[①]

流程银行强调"以客户为中心"的理念，围绕及时、有效地向客户提供高质量的金融产品（服务）的经营理念，对业务、管理等流程进行根本性的重新思考，对经营和管理模式进行变革，进而重新对银行的业务、管理、支持保障和监督评价等流程进行彻底性的再设计。

流程银行对组织架构的重新设计和改变是以流程为基础的。根据流程的需要，调整原有部门的职责或设置新的职能部门，使之满足流程"便利、畅通"的运行需要，实现"组织为流程而定"的管理目标。

流程再造过程中，应当以业务流程为主导。在银行的各类流程中，业务流程是面向客户、直接创造价值的核心流程，其他流程均不直接创造价值，而是直接或间接地服务

---

① 贺根庆、王伟：《构建流程银行的内涵及实施路径研究》，《金融理论与实践》2013年第10期。

于业务流程,如管理流程、监督评价流程和支持保障流程(见图6-2)等。

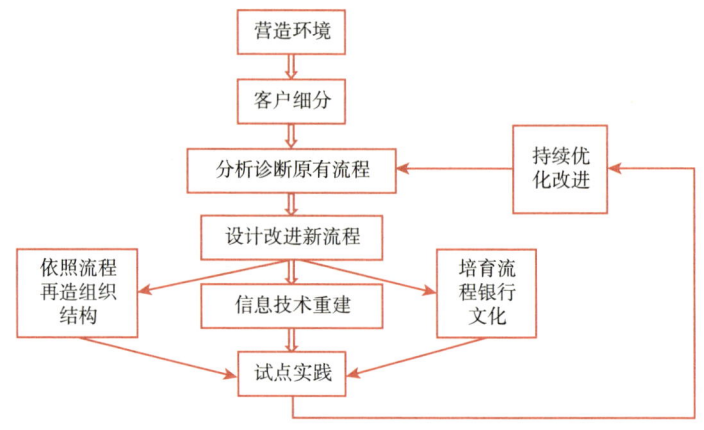

图6-2 管理流程、监督评价流程和支持保障流程

流程银行是商业银行为适应市场环境的变化和实现发展战略,按照最有利于价值创造的原则对流程进行再设计,基于流程对组织架构、信息系统、人力资源及企业文化等进行系统性、彻底性的变革,在质量、效率、成本、风险和公司价值等方面获得根本性提高,由此形成以流程为核心的全新的银行管理模式。因此,流程银行的实施路径主要包括观念重建、流程再造、组织再造、信息技术和企业文化重建等步骤。

2.银行小微业务专业化

小微业务专业化要求银行围绕增加小微企业、个体工商户有效金融供给,结合区域差异化金融需求,继续完善普惠金融专营机制,加强渠道建设,推动线上线下融合发展,探索形成批量化、规模化、标准化、智能化的小微金融服务模式。持续推动普惠金融服务网点建设,有序拓展小微业务营销和贷后管理职能,适当下放授信审批权限。加强跨条线联动,做好小微企业账户、结算、咨询等服务工作,促进多元化融资,健全分层分类的小微金融服务体系。开发性银行、政策性银行要加强对转贷款资金的规范管理,确保用于小微企业信贷供给,并围绕核心企业创新供应链金融模式,探索为其上下游小微企业提供直贷业务。全国性银行要发挥"头雁"作用,充分运用网点、人才和科技优势,切实满足小微企业综合金融服务需求,提高融资可得性和便利性。地方法人银行要强化支农支小定位,将增加小微信贷投放与改革化险相结合,充分发挥贴近基层优势,形成特色化产品和服务模式,重点支持县域经济和小微企业发展。

强化金融科技手段运用,加大金融科技投入,加强组织人员保障,有序推进数字化转型。充分发挥金融科技创新监管工具作用,合理运用大数据、云计算、人工智能等技术手段,创新风险评估方式,提高贷款审批效率,拓宽小微客户覆盖面。聚焦行业、区域资源搭建数字化获客渠道,拓展小微金融服务生态场景,提升批量获客能力和业务集约运营水平。优化企业网上银行、手机银行、微信小程序等功能及业务流程,为小微企业提供在线测额、快速申贷、线上放款等服务,提升客户融资便利性。科技实力较弱的中小银行可通过与大型银行、科技公司合作等方式提升数字化水平,增强服务小微企业能力。

3.政策支持与引导

2005年国家开发银行引进德国IPC技术,我国小微信贷商业化之路已经走过了18载。但是在前面十几年中,小微信贷依旧在"风险—成本—收益"三角困难泥潭中螺旋式发展。直到2018年,中国银保监会发布《关于2018年推动银行业小微企业金融服务高质量发展的通知》,首次提出单户授信1000万以下小微企业贷款的考核指标,将普惠金融业务的重视程度提升到前所未有的新高度。2019年,规定"国有大行小微贷款要增长30%以上",2020年《政府工作报告》又提出"国有大行贷款增速要高于40%"。通过政策要求,倒逼银行资源向普惠小微贷款倾斜。为了促进普惠小微金融业务持续发展,实现对小微企业敢贷、愿贷、能贷、会贷,中央主要给予了以下支持:

(1)健全容错安排和风险缓释机制,增强"敢贷"信心

首先,优化完善尽职免责制度,探索简便易行、客观可量化的尽职免责内部认定标准和流程。在有效防范道德风险的前提下,对小微企业贷款不良率符合监管规定的分支机构,可免除或减轻相关人员内部考核扣分、行政处分、经济处罚等责任。贷款风险发生后需启动问责程序的,要先启动尽职免责认定程序,开展尽职免责调查与评议,并进行责任认定。要通过案例引导、经验交流等方式,推动尽职免责制度落地,营造尽职免责的信贷文化氛围。

其次,加快构建全流程风控管理体系。强化贷前客户准入和信用评价、贷中授信评级和放款支用、贷后现场检查和非现场抽查,提升小微企业贷款风险识别、预警、处置能力。积极打造智能化贷后管理系统,通过大数据分析、多维度监测等手段,及时掌握可疑贷款情况,有效识别管控业务风险。

最后，改进小微企业不良贷款处置方式。用好批量转让、资产证券化、重组转化等处置手段，提高小微企业不良贷款处置质效，并积极开展银政保担业务合作。

(2) 做好资金保障和渠道建设，夯实"能贷"基础

首先，发挥好货币政策工具总量和结构双重功能。各金融机构要充分运用降准释放的长期资金、再贷款再贴现等结构性货币政策工具提供的资金，将新增信贷资源优先投向小微企业。人民银行分支机构要运用好普惠小微贷款支持工具，推动金融机构持续增加普惠小微贷款投放，更多发放信用贷款。全国性银行分解专项信贷计划要向中西部地区、信贷增长缓慢地区和受新冠疫情影响严重地区和行业倾斜。人民银行分支机构要及时调研，了解辖区内金融机构普惠小微专项信贷计划制定和落实情况，并加强督促指导。

其次，拓宽多元化信贷资金来源渠道。鼓励金融机构在依法合规、风险可控前提下，通过信贷资产证券化等方式，盘活存量信贷资源。通过加大利润留存、适当控制风险资产增速等，增加内生资本补充。继续支持中小银行发行永续债、二级资本债，配合有关部门指导地方政府用好新增专项债额度，合理补充中小银行资本，鼓励资质相对较好的银行通过权益市场融资，加大外源资本补充力度。

(3) 指导金融机构小微贷款流程专业化，落实"会贷"

首先，牢固树立服务小微经营理念。各金融机构要切实增强服务小微企业的自觉性，在经营战略、发展目标、机制体制等方面作出专门安排，对照小微企业需求持续改进金融服务，提升金融供给与小微企业需求的适配性。

其次，优化提升贷款精细化定价水平。将贷款市场报价利率（LPR）内嵌到内部定价和传导相关环节，统筹考虑小微市场主体资质、经营状况、担保方式、贷款期限等情况，提高精细化定价水平，推动综合融资成本稳中有降。对受新冠疫情影响严重行业和地区的小微企业，鼓励阶段性实行更优惠的利率和服务收费，减免罚息，减轻困难企业负担。

最后，强化金融科技手段运用。充分发挥金融科技创新监管工具作用，合理运用大数据、云计算、人工智能等技术手段，创新风险评估方式，针对性提高小微贷款审批效率。开发特色化金融产品，针对小微企业生命周期、所属行业、交易场景和融资需求等特点，持续推进信贷产品创新，合理设置贷款期限，优化贷款流程，继续推广主动授

信、随借随还贷款模式，满足小微企业灵活用款需求。

二、完善小微企业业务信用风险管理机制

（一）加强市场研究和客户筛选，从源头控制业务风险

小微企业遍布各行各业，每一个行业所面临的市场状况有所不同，不同行业的小微企业资金风险特点各有所异。为了能更好地控制普惠性小微贷款的业务风险，银行需要加强市场研究，根据小微企业经营情况和需求特点筛选好客户，精准投放合适的普惠金融产品，从源头控制业务风险。其中，业务风险又可以细分为欺诈风险和信贷风险。市场研究和客户筛选对于信贷风险都非常重要，而客户筛选主要防止出现欺诈风险。

1.欺诈风险

对于欺诈风险，最关键的是能够正确识别出借款人的身份是否真实，以及是否有偿付意愿。在小微贷款业务中，存在一些借款人通过伪冒申请、提供虚假资料和虚假联系人等方式获取信贷资源的情况。更有甚者，通过黑色产业的代办包装，组团骗贷。信贷黑中介会反复冲击各家贷款机构的审批模块，试图破解其审核规则中的漏洞，并通过各种手段对申请人进行包装以突破信贷机构的风控规则，给发放普惠信贷的银行机构带来严重的损失。

这就需要银行通过多渠道获取真实可信的用户数据，利用电商、支付、物流、银行、税务、保险、视频、外卖、交友、航旅等诸多平台的海量数据交叉验证，将碎片化的低可用性普惠金融数据进行整合来有效化解风险，为客户筛选、避免欺诈提供信息和模型支持。

同时，在模型上，面对黑色产业层出不穷的新手段，反欺诈技术也需要不断迭代。需要有多套备份规则同时运行，将当前最可靠的规则作为业务规则使用，其他规则在后台同时使用，如同"暗哨"一般，作为储备规则，和前台规则交叉对比。一旦发现业务规则的通过率出现异常波动，该后台的储备规则就会被立刻转移为业务规则，进行有效防护。这种高频率、多规则的应用，能够显著降低各类欺诈风险问题的发生概率。

2.信贷风险

在做好客户筛选的前提下，还需要充分了解贷款群体所在市场，这样才能评估好信贷风险。通过科技了解市场成为一条可行的路径，网商银行对农业领域普惠小微贷款创

新就是一个很好的例子。

一直以来,由于农民缺乏抵押和担保,农业生产、加工和流通环节的风险高,再加上农村信息化程度相对较低,金融机构难以给农户"精准画像",无法准确评定农户的信用情况,农户贷款难一直是行业痛点。为更好满足农户贷款需求,解决生产端农户贷款难问题,网商银行首创名为"大山雀"的卫星遥感信贷技术,积极探索通过卫星遥感技术,结合人工智能模型算法,获取可信动态数据,将识别结果应用到涉农信用贷款模型中,服务全国的种植大户。

卫星遥感信贷技术"大山雀",根据卫星照片和光谱识别农作物,可以识别出水稻、玉米、小麦、苹果等多种作物。农户在手机上圈定自己的地块,网商银行通过了解农户的种植情况和作物生长趋势,同时结合气候、地理位置、行业景气度等因素,利用风控模型预估产量和产值,给予农户精准的授信和信贷支持。

(二)建立集群客户批量化营销模式,进行集中式风险管理

针对不同行业、不同类型的客户,分类开展精准服务。针对不同集群小微客户的特点,定制化的普惠金融产品不仅能批量化营销,降低营销成本,更能集中式风险管理,保证风险可控。

目前,小微企业的集群化发展主要有产业链发展模式、商圈发展模式和平台发展模式三种,商业银行应根据不同集群的特点采取相应的批量营销模式。

产业链发展模式是以大型、特大型企业为核心,形成为核心企业提供生产、物流、配套等方面服务的小微企业集群。商业银行应通过分析和掌握核心企业与上下游小微企业间的交易信息、合同信息,合理计算出其与上下游小微企业间的业务往来情况,并以此提供基于产业链的综合金融服务,重点加强对有真实交易的小微企业客户的信贷支持,避免客户经营风险。在统一规划下,通过对产业链的总体评审、统一开发和管理,实现产业链上小微企业客户的批量化拓展,提高客户拓展能力和信贷风险管控能力。

对于商圈发展模式,商业银行应通过与市场管理方、园区管委会等的合作,做好商圈发展规划和评估,分层级、分类别对商圈内聚集的小微企业客户群进行差异化管理,并通过差异化的财务规划、市场策划、信贷审批等工作,形成具有商圈特色的"1+N"业务模式。

对于平台发展模式,商业银行应通过与政府部门、行业协会等合作,利用其管理优

势、信息优势和资金优势，共同建立平台，用于小微企业客户的贷前筛选、优质客户推荐引导、缺乏担保品客户的增信扶持等工作，合作建立风险补偿基金等，为小微企业融资提供全方位支持。[1]

（三）建立和优化客户评价模型，准确识别客户信用风险

对于传统小微企业贷款，最常见的信用风险管理模型非常依赖抵押资产，但是绝大部分需要普惠小微贷款的企业均缺乏抵押资产，所以建立不依赖抵押资产的客户评价模型成为普及普惠小微贷款的前提之一。大数据风控模型是一种可替代传统银行根据抵押资产管理评价和财务数据进行风险控制的风险模型。目前，最前沿的大数据风控模型是人工神经网络模型。人工神经网络是指由大量处理单元（神经元）互相连接而形成的复杂网络结构，是对人脑组织结构和运行机制的某种抽象、简化和模拟，它以数学模型模拟神经元活动，是基于模仿大脑神经网络结构和功能而建立的一种信息处理系统。神经网络不需要数据满足特定的分布形式，也无须对自变量与因变量之间的函数关系作出描述。这种模型给研究带来了许多好处：第一，对样本数据的分布要求不严格，不要求满足正态分布和组间协方差相等的假设；第二，本身是非线性模型，对非线性世界的模拟能力比线性模型强；第三，具备自学习、自组织、自适应能力，使神经网络可以处理不确定或不知道的系统；第四，能处理定量和定性变量，具有很强的信息综合能力，适用于处理复杂非线性和不确定对象。[2] 人工神经网络所具备的这些能力让普惠金融人群数据碎片化、分散化和关联性弱等问题迎刃而解。

同时，将已经完成的贷款数据输入系统，模型能有效地自学习和自适应，实现风险评价模型的动态性进化。客户评价模型从数据输入模型给出风险情况，再到对贷款后产生的数据复盘分析，最后成为可供学习的数据，整个客户风险评价系统将成为一个完整的闭环。

以人工神经网络为核心、多维度大数据为基础的客户评价模型将帮助金融机构准确识别用户风险。

（四）加强系统工具研发应用，提高风险管理精细化水平

长期以来，我国一直存在小微金融服务的"不可能三角"，风险、成本与规模三大要素的限制难以突破。加强系统工具研发应用有可能在成本可控的前提下精细化管理小微企业

---

[1] 邓大松、赵玉龙：《我国商业银行支持小微企业发展的难点及对策》，《经济纵横》2017年第10期。
[2] 黄蕾丹：《基于大数据算法的商业银行企业客户信贷风险评价模型建立与实证研究》，《当代经济》2018年第22期。

风险，实现"不可能三角"的突破，其中，将系统工具数字化和科技化是一条可行的路径。

1. 数字化贷前调查工具

贷前调查离不开强大的数据库。数据是数字风控的前提，大数据功效在很大程度上取决于数据的数量和质量。因此，商业银行首先要加快发展，通过本身系统积累客户的若干数据信息；其次要通过合法的交易或政策的支持获得相关信息。从数据风控的角度，外源信息来源包括工商、法院、行业主管、人民银行、行业协会、媒体等，通过信源多元化，不断扩大信息面、信息量，拉长数据信息时间跨度，扩大行业关联度，让每一个服务对象都能用数据语言完全表达出来，使服务对象在大数据面前成为一个透明载体，让银行与企业的信息处于完全的对称状态，从而为贷前调查的决策提供强有力的数据支持。[①]

2. 数字化贷款审批工具

搭建信贷风险评估系统，实行评分制。传统体制下的信贷审批往往通过审贷组织、审批人等形式来实施，难免带有很强的主观性、经验性特征。可通过搭建信贷风险评估决策模型系统，输入相关的贷款企业指标，由系统自动进行评分、评级，以此作为审批的重要依据。信贷风险评估系统指标越多、输入的信息量越大，得出的结论也就越准确。同时，要实行人、数分类审批或共同批准制度。对于小额度、标准化、批量化的小微贷款产品，由模型系统自动审批，不仅效率高、更客观，而且可以节省大量的人力成本；对于特色化或风险较高的小微贷款产品，可以人、数共审共批，再将结果相互验证，找差求证，将任何可能的风险点与风险源控制在审批之前。

3. 数字化贷中预警工具

建立数字化风控模型对贷中的预警主要有两个优势，一是拥有大数据，二是借助机器学习模型。与依赖传统数据与评分卡模型的传统银行风控模型相比，大数据风控模型对违约的预测更加准确。这种风控效率的改进，既有信息优势的成分，也有模型优势的贡献。小微企业的大数据往往并不包含完整、准确的财务数据，如果能获取小微企业的实时交易数据，就能够反映最新的经营状况，相对于财务报表上滞后的信息，实时数据对于预测未来的业务状况有明显的优势。另外，借助大数据不仅能预警小微企业的风险，还能分析个人的行为信息，小微企业相较于大企业，个人因素对企业风险影响更显著。与传统的评分卡模型方法相比，机器学习模型更擅长于处理数量庞大的数据，能够

---

① 陆岷峰、王婷婷：《基于数字银行背景下数字信贷风险控制管理的战略研究》，《金融理论与实践》2020年第1期。

抓住一些复杂的非线性关系，以及解释变量之间的交互作用。①

（五）完善业务流程，提高风险管控的有效性

小微企业金融需求"短、小、频、急"的特点，导致传统信贷经营理念不适应普惠小微贷款，这决定了商业银行小微企业信贷业务应另外建立专业化、标准化的经营管理模式，打造专属于普惠小微贷款的业务流程。

完善的业务流程本质上就是打造流程银行。首先，要提供标准化的信贷产品，对普惠小微贷款审批发放的流程进行必要的简化和标准化，使用统一标准系统，按照规范去处理。其次，要明确岗位职责分工，明确产品营销职责、信贷评价职责、信贷审批职责、贷后管理职责。最后，要将业务实施流程进行梳理，明确流程职能划分，同时将业务流程中仍可能出现的风险问题在事前逐一列举，明确细分具体风险问题的责任归属与分成。对于业务流程做到管理无死角，风险无真空。

三、构建小微企业业务早期预警体系

（一）早期预警系统设计的基本原则

银行风险前期预警系统作为一种独立的风险分析系统，具有重要的现实意义。从世界各国监管实践来看，传统风险评估技术已发展得较为成熟，有了确定的程序与方法。很多国家的风险评估均在骆驼评级体系（CAMELS）中进行，这让银行的风险预测更具前瞻性。银行风险早期预警系统不属于监管评级、风险评估及其他监管方法，它是银行风险预警与风险分析独立开展工作的平台。骆驼评级体系采用了标准定量分析技术，从方法到时间周期都凸显了风险预警这一特点，为我国银行风险监管技术提供了新路径。

1. 单体银行与银行体系预警系统分开建设

从单体银行的角度来看，即便每个银行都健康，也不能保证银行体系是稳定且健康的，这背后还与宏观经济、市场结构和金融相关制度等挂钩；稳定且健康的银行体系也不能保证所有银行都不会破产。因此，预警系统需要将单体银行与银行体系分开来建设。

2. 灵活组合运用多种预警方法

每一种预警方法都存在自身的局限性，不同的预警方法用来应对不同的预警目标

---

① 黄益平、邱晗：《大科技信贷：一个新的信用风险管理框架》，《管理世界》2021年第2期。

所产生的结果也不一样。实践中应合理运用多种预警方法，进行组合并施。预警系统将同质同类、典型分析等方法组合起来，单一机构的报警次数会被标识，进而可对其未来的状况进行总体判断，预警最大机构边界也将由所有方法产生的预警机构名单汇总而成。

（二）早期预警系统的设计框架

现今的大数据信息运用传统的算法处理时，准确率不高，会影响预警系统评估的准确性，为此，学者们从不同角度给出了预警系统的框架设计。菲茨帕特里克（Fitzpatrick）以19家企业为样本，运用单个财务比率将样本分为破产与非破产两组，利用先进统计分析方法建立各样本财务比率信用风险预测模型[1]。威廉·比弗（William Beaver）收集了美国1954—1965年单一破产企业、非破产企业各79家，运用统计分析方法得出30个单一财务比率，构建了一个预测信用风险的模型[2]。祖米卓斯基（Zmijewski）在研究企业财务风险的过程中运用了概率回归模型[3]。王克敏、姬美光在单层次分析有效性因素的预警模型基础上，对消费者权益的保护、中国金融公司的治理等因素进行了相关介绍，根据企业财务指标的非财务有效性因素预测或治理模型的财务指标和企业财务综合预测指标几种因素进行了数据对比分析[4]。吴晓楠以国内金融公司的财务和现金流量作为信用评级指标，建立了商业银行对公司的企业财务困境预警模型——Logit模型，该模型是基于中国金融企业财务有效性困境预警模型[5]。卡埃隆尼萨（Khaerunnisa）在研究企业财务风险的过程中运用了比较模型[6]。王棣华、易燕红运用Z-score模型，选取总资产收益率、现金率、财务费用率和长期资产负债率四个指标，构建了预警系统的有效变量体系[7]。科茨（Coats）和芬特（Fant）在金融风险预警

---

[1] Fitzpatrick, P. J., *A Comparison of the Ratios of Successful Industrial Enterprises with Those of Failed Companies* (New York: Certified Public Accountant, 1932).

[2] Beaver, W. H., "Financial Ratios as Predictors of Failure, Empirical Research in Accounting: Selected Studies," *Journal of Accounting Research* (1966): 179—199.

[3] Zmijewski, M. E., "Studies on Current Econometric Issues in Accounting Research ‖ Methodological Issues Related to the Estimation of Financial Distress Prediction Models," (1984).

[4] 王克敏、姬美光：《基于财务与非财务指标的亏损公司财务预警研究——以公司ST为例》，《财经研究》2006年第7期。

[5] 吴晓楠、刘凯敏、黄安定：《财务困境预警模型与银行信贷风险的识别与防范》，《金融理论与实践》2010年第1期。

[6] Khaerunnisa, "Analisis Perbandingan Modle Prediksi Financial Distress Altman," *Feugeb Skripsi*, No. 12 (2014): 81—88.

[7] 王棣华、易燕红：《国有上市公司财务危机预警研究》，《产权导刊》2015年第11期。

中融入了神经网络模型（ANN）[①]。韩健提出基于层次分析法的架构，将预警系统的构建分为三步，其中需要构建BP神经网络，并将信息的输入层、输出层和拓展层三个层面有机整合起来，以此将预警系统和信贷信息系统连接起来。首先，利用层次分析法结合RS-BP算法，分出银行信息的准则层和目标层，准则层通过财务、客户、内部业务等角度分出A、B、C、D四级，依次包含贷款收益率、市场占有率、创新能力等；其次，运用德尔菲法来优化预警系统的权重；最后，用风险评估的权重完善预警系统[②]。马秀云提出，确定衡量风险的指标类型后，运用AHP法确定指标权值大小，再用功效系数法对风险进行评估，最后用GM（1，1）模型结合数据做预测。其中，只需将银行在连续周期内所发放的贷款业务相关数据输入模型当中，即可获取当期信贷风险信息。管理人员可清晰地知晓风险状况，从而针对性地制定相关应对措施。将当期风险数据计算出对应数列之后，构成GM（1，1）模型，可分析小微企业下一周期产生的信贷风险，提前获取预测结果并防范相关风险的产生。马秀云的银行中小企业信贷风险预警模型见图6-3。[③]

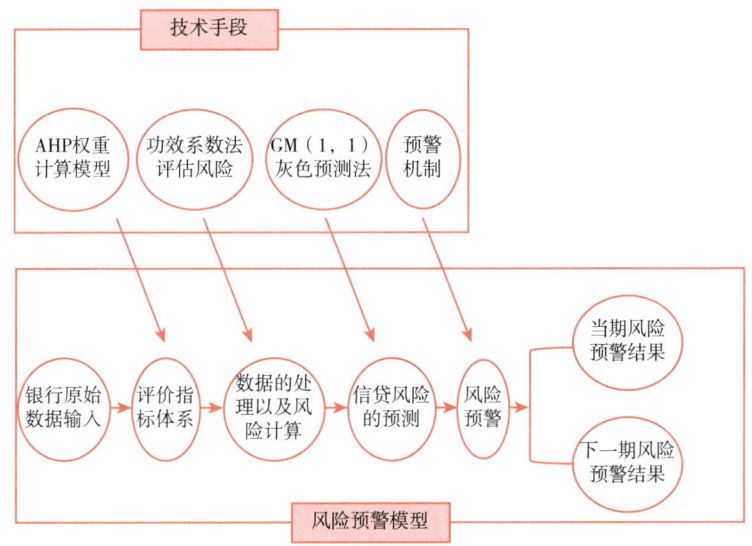

图6-3　银行中小企业信贷风险预警模型

[①] Coats, P. K., Fant, L. F., Christie, B., "Recognizing Financial Distress Patterns Using a Neural Network Tool," *Financial Management*, No. 6 (2016): 145—155.
[②] 韩健：《基于大数据分析的银行不良信贷风险预警系统设计》，《电子技术与软件工程》2018年第1期。
[③] 马秀云：《M银行中小企业信贷风险预警系统设计及其应用研究》，硕士学位论文，青岛科技大学，2020。

随着时代发展，金融早期预警系统理论逐渐丰富和创新。伴随着各类信用分析数据处理软件的发展，以及计量经济学中信用数据分析处理模型的完善，国外很多商业银行都结合本国特点和实际情况研发出多种信用风险防范模型。相比国外相对先进的预警系统而言，我国仍缺少一套符合我国实际的早期预警系统。

（三）早期预警系统的指标设计

预警系统所采用的指标是根据预警目标设计的，在选取指标时，应遵循以下五点：一是预测性，如果指标不能做到提前预警，给银行处理问题以降低损失的时间，则指标无意义；二是系统性，根据指标可以反映具体内容协调各项指标，形成不矛盾、不重叠的体系；三是科学性，指标要基于一定科学理论来选取，可以量化，并且要经得起推敲和检验；四是重要性，每个指标都必须有针对性、代表性，并发挥重要作用；五是可操作性，指标的计算简便且准确，相关数据不难获取。

胡乐群等认为，预警指标分为先行指标和脆弱指标两类[1]。先行指标反映早期预警信号性信息，这些指标在对银行问题进行预报时并不是同步报警，且报警的指标个数通常是逐渐增加的，即呈现扩散特征，但先行指标也存在缺陷，即预警时间水平较长且准确性不太高。脆弱性指标反映的是银行短期内的风险状况，从时间上来说也可以归于同步指标，其监管目标是监管评级降级的群体。

韩健[2]选取银行不良贷款的属性、决策、信贷信息的属性作为指标，分别记为A、D、U，具体架构如下：

（1）令P_1，P_2……P_{ni}代表不良信贷业务存在的风险，B_{1i}，B_{2i}，B_{3i}……B_{ni}代表相对的权重，不良信贷的风险指标i对银行的影响公式如下：

$$P_1=\sum_{i=1}^{N}B_iP_{1i} \quad \text{（式6-1）}$$

（2）针对银行不良信贷业务风险指标构建预警系统准则层，计算其向量平均值，公式如下：

$$\overline{w}=\sqrt[4]{A+B+C+D}, \text{其中n=1, 2, 3, 4} \quad \text{（式6-2）}$$

（3）在进行检验时，如果检验结果小于0.1，意味着预警系统有很高的准确性。

最后，取得风险评估的权重，以此完善预警系统，步骤如下：

---

[1] 胡乐群、李嘉、王凤朝、刘志清、单继进：《银行风险早期预警系统的研究与实现》，《计算机系统应用》2009年第4期。
[2] 韩健：《基于大数据分析的银行不良信贷风险预警系统设计》，《电子技术与软件工程》2018年第1期。

(1) 将此层系统权重与上层权重相乘，若上层仍存在延续层，则将计算结果继续与延续层相乘，得到第二层的权重。

(2) 构建预警模型，原始数据由不良信贷的指标和权重得来，该模型公式如下：

银行不良信贷风险指数 =（第一指标 × 权重）/ 系统权重之和　　（式6-3）

将风险预警指标转换为公式，进一步简化系统工作过程，公式如下：

$$f(x) = 0.24 \times A_1 + 0.061 A_2 \cdots\cdots + 0.021 \times D_5$$　　（式6-4）

在该指标体系下，若指数越低，说明银行对于不良信贷的管理能力越强，相反则越差。

商业银行建立小微企业业务的信用风险评价体系是十分重要的，可以及时给予银行工作人员相关信息，以此来制定应对措施。早期预警系统的指标体系对于信贷风险客观规律变化和特征的反映也是其科学性的衡量标准。

（四）风险预警指标筛选

我国学者对于风险预警指标的筛选也提出了相应的观点。李新提出以财务指标为依据的预警机制，其中分为盈利能力指标、成本控制指标、流动性预警指标、安全性预警指标[1]。欧阳芳提出将指标分成三类：一是长期定量的评价指标，用于评价企业在市场经营和其他财务活动中商业信贷的相关性和影响力因素；二是定向指标，用于评价信贷业务的非财务因素；三是定性指标，也属于财务因素，以《企业绩效评价标准值2016》作为主要依据[2]。郭田田将解释变量按照财务状况（营运能力、未来成长趋势、负债或担保是否过度）、小微企业主个人基本信息（年龄、婚恋、学历等）、结算信息（交易数量、交易金额等）、小微企业主个人财务情况（住房、用车、个人信贷等）分组，从中筛选出最显著的指标[3]。王旭东认为，现阶段银行在小微企业信贷损失数据的样本积累有限，且判断规则仍局限于传统的财务指标，没有独特性，因此提出定性分析与定量分析、内部数据与外部数据、静态分析与动态分析三者分别相结合的指标体系，并结合小微企业所在地区、所属行业来分析小微企业客群风险指标[4]。完善后的小微企业信贷风险预警指标可以快速且准确地对每个地区信贷质量和变化进行分析，有效提高非现场勘查

---

[1] 李新：《我国商业银行信贷风险预警系统的构建——以中国工商银行为例》，《合肥师范学院学报》2010年第5期。
[2] 欧阳芳：《商业银行小微企业贷款风险预警体系优化研究》，硕士学位论文，景德镇陶瓷大学，2020。
[3] 郭田田：《基于风险预警视角的小微企业融资支持探析》，《北京金融评论》2019年第4期。
[4] 王旭东：《小微企业财务预警模型应用探讨——以银行风险管理为视角》，《财经界》2022年第8期。

的准确性和及时性，同时还可以有机整合小微企业内外部信息，产生该区域内信贷风险的综合评价，使商业银行在管理小微企业信贷风险时可以更系统化、先进化。

小微企业的盈利质量指标相比传统的偿债能力指标而言，更能反映其在某一时段内的偿债能力，在指标体系中应该获得更高的权重。稳定且可靠的现金流，才能保证小微企业稳健发展。

（五）早期预警系统的应用策略及建议

1.选取科学指标，构建小微企业专用模型

运用大数据加工处理和分析技术以及机器学习算法，对小微企业的行为进行多维度洞悉，可以从各方面构建小微企业经营能力、投资偏好和融资行为预警指标，实现风险预警监测指标在信贷业务贷前、贷中、贷后全过程中的渗透。除此之外，综合小微企业所属行业、所处地域的风险状况，反复对比之后可以有效减少决策的失误。若强行套用中大型企业的预警模型，将会造成难以匹配，或者难以对某些特定的指标赋值，进而导致评价失真，模型也有可能失灵。

预警指标体系可以全面描述小微企业信贷业务内的所有信贷风险，并基于行业为小微企业提出信贷组合方案。同时，预警系统会定期公布小微企业所属行业和信贷风险等级，以此提高信贷运行的效率。

2.扩大数据来源，增强预测的精准度

预警模型可以结合人工智能和大数据技术，持续收集小微企业的经营情况和公司内部的数据资料，弥补人工操作下的薄弱环节，增强预警系统的准确性，改善传统模式下风险分析的表面化、滞后化，更好地应用于新环境下的信贷业务。在人工智能和大数据加持下，税务、海关、工商等系统数据都得以载入，银行结合自身内部数据库多个要素，可以形成小微企业的用户信用画像，分析小微企业在经营中的风险，提供实时更新的财务风险分析，以及突出的个性化指标参数。通过交叉检验，小微企业的财务信息更加透明，模型运行更加真实可靠。

3.建立反馈机制，保障预警系统的时效性

商业银行可以建立快速响应机制，以保证模型的时效性，缩短业务需求的提出以及产品交付过程中的时间。预警模型还应该根据整体的运行情况、外部环境的变化以及产生的偏差程度进行实时修正，确保预警系统能够正常对小微企业的风险进行评价和分级，并提前预测小微企业可能会产生的经营风险。

四、健全小微企业业务信用风险管理的保障措施

（一）健全责任管理体系，提升信贷执行水平

在美国，金融消费者是金融机构的监管目标，美国政府设立了特殊机构，并完善了相关的法律法规，使金融领域得以稳健发展。然而，我国在金融消费者权益的维护方面，体系尚未健全，相关制度的建设也比较晚，与美国相比还存在明显的差距。

随着互联网金融的出现，融资的渠道趋于扁平化，交易边界也在不断延展。互联网中出现了大量的金融消费者，其中也包含许多与传统金融客群不同的"长尾"，他们对于金融知识的掌握程度不高，金融风险的识别和风险承担能力也较弱。随着我国互联网金融普及度的提高，金融消费者权益被侵犯的现象频频出现，社会各界已经关注到了金融消费者的权益保护问题。因此，为了帮助互联网金融稳态、健康发展，"普惠"理应落实到位。

在过去，我国在金融消费者保护方面存在的问题还不够突出，法律上仍未确立该概念。在互联网金融发展的浪潮中，产生了各式各样的金融创新，《中华人民共和国消费者权益保护法》中"消费者"的定义已经不能囊括金融消费者。因此，有关部门应该尽快出台相关保护办法，从法律层面确定"金融消费者"的概念，以便在遇到互联网金融相关案件的时候，可以有法可依。再者，可以借鉴美国政府的做法，为互联网金融设立专门机构，专职负责保护金融消费者的权益，也可以在消费者协会中成立互联网金融纠纷专门机构，让我国的金融消费者能够获得更直接、高效的帮助。

（二）完善小微企业业务绩效考核体系

自2018年8月，国务院多次提出完善正向激励机制以解决金融机构不愿贷、不敢贷的难题。在实践中，虽然银行内部差异化的考核激励机制正逐步落地，开始为小微企业信贷业务设置单独的指标并增加权重，但是总体进展仍不明显。一方面，在大部分民营小微企业信贷业务中，实际信用风险仍较高，一味要求银行降低利率，可能会造成贷款盈利急剧减少，甚至破坏商业上的可持续性；另一方面，小微企业的信贷业务属于"劳动密集型"作业，贷款金额不大，有悖于银行把重心放在大规模企业业务和逐利的意愿。此外，小微企业缺乏监管部门的引导和监督。有的银行为了应付绩效考核，打划型

"擦边球"、"化整为零"或人为调整划型，造成信贷业务的相关指标虚高。

因此，尽快改进银行绩效考核体系，是完善金融系统正向激励机制中的一个重要环节，可以较好地解决小微企业融资难题。

第一，以权重调整为核心完善指标体系。建议完善《商业银行绩效评价办法》，构建风险与收益兼顾的绩效考核体系。首先，增加合规经营和风险管理类指标的考核权重，重申两类指标权重之和应该超过40%。其次，提高社会责任考核权重，督促银行完善小微企业等普惠金融的考核指标，提高普惠金融的服务质量。最后，淡化对规模和发展速度的考核，效益类和规模指标的上限应该控制在40%以下。

第二，股东适当降低回报要求。大多数银行都存在考核要求不合理的现象，究其原因，在于股东未能在战略层面上审视和把握银行风险和收益的跨周期平衡。建议各级财政部门降低回报预期，以此适应发展要求。这既有助于在根源上减轻银行冲高利润的压力，也能激励银行让利小微企业。

第三，强化外部监管。一是将绩效考核实施情况纳入年度监管评价内容，对绩效考核的全过程动态监管，并与监管激励措施挂钩。二是加大执法力度，对绩效考核未达到监管要求的银行，依法责令其限期整改，整改不力的依法采取监管措施或行政处罚。

（三）落实合规管理，提升案防效能

美国的互联网金融监管体制在发展过程中也出现了许多问题，如职责不清、交叉监管、监管不到位等。而我国面对互联网金融的迅猛发展以及交易量的暴增，同样会出现许多问题。2023年3月，中共中央、国务院印发了《党和国家机构改革方案》，决定组建国家金融监督管理总局，统一负责除证券业之外的金融业监管。进行调整的目的是构建现代金融监管框架，方便统筹协调监管，进而顺应金融创新的趋势，解决互联网金融监管主体的问题，但在具体的监管实施等方面仍有许多不足。

因此，当务之急是制定周密的监管举措，行业的审查、退出、处罚机制也需进一步明确。与此同时，大数据、云计算、信息披露等涉及互联网金融的领域也需要制定标准，为互联网金融企业的稳健发展护航。

除此之外，还需完善尽职免责机制。银行需要恪守风险管理底线，进一步细化不良贷款容忍度政策。一是考核贷款组合整体的质量以及综合回报情况，摒弃单笔或者单户责任的追究。二是激励有关责任人员积极做好不良贷款的清收和化解工作，对不良贷款责任

确认之前的有关人员予以一定的宽限期来清收，效果较好的可以从轻处理或者免予处理。

另外，明确案防信息报告路径，关键是明晰案件或风险的信息报告主体。省、市级行内控制合规部门为案防信息归口管理部门、各级行及部门为案防信息上报主体，将行内和该条线路上出现的案（险）情统一上报行内（或上一级行内）内控合规部门，再由内控合规部门逐级上报，一直报告至总行内控合规部门。汇报期间，案件发生行和发生部门要着重强化对案件性质的掌握和判断，对于与案件相符或者风险较大的问题，要按规定时间、流程要求逐项上报总行内控合规部门，同时上报属地监管部门，及时追踪案件（风险）发展情况。

（四）充分发挥政府支持小微企业的引领作用

政府信用是金融支持小微企业最有效的担保。金融支持小微企业发展的方式多种多样，但其核心都是可持续发展。美国政府早期尝试过直接发放贷款或者是直接对小微企业投资，但最终由于政府资金有限和缺乏人力等问题失败，之后转由政府信用担保的方式。该方式有四个好处：一是，仅需少量的担保资金就可以带动商业银行为小微企业提供贷款支持；二是，政府担保有一定的比例限制，并不是全额担保，借款企业一旦还不上借款，就由政府承担大头、银行承担小头，双方都承担风险，可以限制银行无节制放款从而搞利益寻租；三是，政府只复核，小微企业资信、风险的评估工作交由商业银行负责，既提高贷款效率，也减轻政府负担；四是，有了政府信誉与现金一同担保，银行收贷得以保证，相较于商业担保而言更可靠，比处置借款人抵押担保更为高效、便利，避免出现担保人倒闭等问题。小微企业也可以直接从政府取得担保，不再需要商业担保公司，也无须企业之间相互担保，以此节省担保费用，还可以防止因为互相担保而牵连正常经营的企业。

政策性金融机构有"不以营利为唯一目的"的性质，与商业性金融相得益彰，两者共同合作，发挥双方优势，一同为实体经济服务。可借鉴德国复兴信贷银行的做法，逐步研究和充实涵盖小微企业全生命周期金融产品。一是加强与国家融资担保基金的合作，为获得担保的小微企业提供如利率优惠等相关贷款服务的支持。二是设立风险保障金，以地方政府专项资金作为背书，形成"银保"合作格局，为小微企业的稳态发展提供帮助。三是研究中长期贷款，通过发放期限在3年以上的贷款，帮助小微企业在成长期稳步发展。

第三篇

创新发展篇

第七章　技术进步助推下数字普惠金融的发展研究

在金融科技快速发展的大环境下，我国宏观经济实现了从高速发展向高质量发展的实质性飞跃。伴随着云计算、大数据、人工智能、区块链、物联网、5G等数字技术迅速发展，"提升金融科技水平，增强金融普惠性"的发展理念深入人心，普惠金融开始了数字化跨越式转型，普惠金融与金融科技在战略协同层面实现了融合发展，形成了数字普惠金融。数字普惠金融作为普惠金融发展的高级阶段，可以提高金融服务覆盖率，提高金融服务可得性，提高金融服务满意度，为普惠金融领域提供强有力的驱动力。持续深入推进数字普惠金融建设，能够突破传统金融服务的地域限制，弥补传统普惠金融产品和服务的短板。发展覆盖更广、服务种类更多、成本负担更低、服务效率更高的农村金融服务体系，进而解决普惠金融在农村地区推广过程中存在的问题，从根本上增强普惠金融助推实体经济发展的能力。

第一节　数字普惠金融的内涵与特征

随着多年的金融经济建设和普惠金融方案的提出，我国金融体系建设成效卓著。放眼当下，如何在国际金融体系中实现弯道超车、立足于国际金融的顶端成为当前我国金融建设的主要任务之一。[①] 回顾近几年我国金融体系建设，普惠金融的建设自始至终都是在政府的主导下完成，凸显了成本负担高、服务回报低、服务范围狭窄等问题。随着

---

① 钟廷勇、黄亦博、孙芳城：《数字普惠金融与绿色技术创新：红利还是鸿沟》，《金融经济学研究》2022年第5期。

互联网的发展和大量数字化技术在经济领域的应用,数字普惠金融应运而生。全球普惠金融合作伙伴组织(GPFI)撰写的报告《数字普惠金融的新兴政策与方法》中的各国政策见表7-1。

表7-1　　　GPFI《数字普惠金融的新兴政策与方法》中的各国政策

数字普惠金融高级原则	政策经验	典型国家
倡导利用数字技术推动普惠金融发展	普惠金融发展国家战略	巴基斯坦、菲律宾等
	普惠金融综合平台	印度
	出台数字金融指导意见	中国
	数字化政府转移支付	巴西、墨西哥等
平衡数字普惠金融发展中的创新与风险	监管沙盒	英国、美国等
	保险服务的数字渠道	加纳、南非等
构建恰当的数字普惠金融法律和监管框架	支付机构的分层监管	中国
	行业自律协会	中国
	分层级的客户识别机制	墨西哥、坦桑尼亚
	个人身份验证技术	尼日利亚、乌干达
	监管科技	奥地利、卢旺达
扩散数字金融服务基础设施生态系统	完善支付基础设施	中国
	建立健全征信体系	中国
	跨平台互联互通	坦桑尼亚、秘鲁
	在线交易数据库	墨西哥
	零售业推广数字支付	肯尼亚、墨西哥
	公共产品基础设施投资	赞比亚、秘鲁

一、数字普惠金融概念的界定

数字普惠金融是指通过借助计算机的信息处理、大数据分析、云计算等一系列数字信息技术在金融领域的应用,促进信息共享。与传统普惠金融服务相比,数字普惠金融服务结合互联网、大数据、云计算、区块链、人工智能等数字技术,通过降低金融交易成本和金融服务门槛,构建了全新的金融服务体系。G20杭州峰会大致列出了数字普惠金融的各类金融产品及服务,如数字支付、数字保险、线上转账、证券服务等。数字普惠金融通过一系列便捷、智能的服务，为传统小微企业、低收入群体等社会弱势群体提供普惠金融服务有效途径及保障的同时，推动普惠金融高质量发展。[①] 数字普惠金融的内涵及应用场景见图7-1、表7-2。

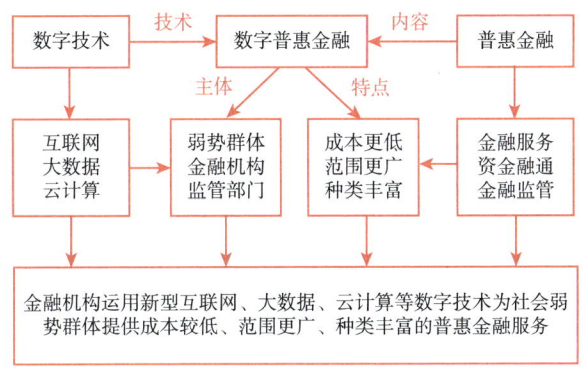

图7-1　数字普惠金融的内涵

表7-2　　　　　　　　　　数字普惠金融应用场景

项目	互联网	大数据	人工智能	区块链
支付与清算	互联网支付	点对点汇款	智能支付系统	数字支付
借贷与融资	网络借贷	大数据征信	智能贷款系统	智能合约
投资理财	互联网证券	量化投资	智能投顾	资产证券化
风险管理	互联网风控	大数据风控	智能风控	区块链风控
基础设施	金融信息服务	大数据监管	智能科技监管	分布式监管
其他	网络金融超市	大数据分析	智能营销	数字货币

资料来源：中国普惠金融研究院。

二、数字普惠金融研究综述

（一）积极探索与初步成效

2015年，国务院首次明确普惠金融的定义：立足于机会均等，致力于为社会各阶层提供多样化、便捷化的金融服务。数字普惠金融是基于普惠金融发展背景下，运用互

---

① 张磊：《时空分异视角下数字普惠金融发展的差异性与收敛性研究》，《中国物价》2022年第8期。

联网、大数据、云计算、区块链、人工智能等数字技术与金融产品和服务相结合，通过数字技术广泛服务于普惠群体。"数字普惠金融"于2016年和G20杭州峰会被首次提出，泛指"一切通过数字金融服务促进普惠金融的行动"。随着数字技术的发展，数字普惠金融逐渐代替传统金融服务体系，我国将数字普惠金融置于金融体系建设的重要位置。

经过几年的发展探索，我国数字普惠金融已取得初步成效。第一，数字普惠金融经历了早期的高速发展后，已取得一定成果。虽然因新冠疫情等问题，数字普惠金融的发展速度放缓，但仍维持了一个可观的增速，侧面证实了数字普惠金融模式的可行性、稳定性和可持续性。第二，数字普惠金融需要依托数字技术进行高质量发展。新型数字技术的更新迭代，促进数字普惠金融的优化和完善，中国的数字普惠金融已经走过了粗放式的圈地时代，进入了有待深度拓展的新阶段。第三，早期数字普惠金融区域间差异收敛速度明显，但近两年有所放缓，未来差异能否进一步缩小，主要取决于使用深度上的地区差异能否进一步缩小。第四，早期数字普惠金融发展中，我国南方地区与北方地区存在一定差距，通过近几年的不断发展，差距也在不断缩小，但缩小的速度有所放缓，数字普惠金融的使用深度是造成南方地区和北方地区数字普惠金融发展差异的主要原因。第五，城市和乡村两个层面也存在一定差距，不同地区数字普惠金融发展水平与不同地区的城市化水平呈正相关，但深入研究高发展水平城市内部，其人口集中度与数字普惠金融发展呈负相关。[①]

（二）数字普惠金融发展的有利因素

首先，数字普惠金融的出现就是为了解决大量没有被满足的需求，传统的金融服务体系实际上只服务于国有企业、大型经济项目等金融强势群体，客观上抑制弱势群体的服务需求，主要表现为：第一，将金融资源倾向于国有经济，对民营经济和个人的需求"视而不见"；第二，重视生产性的融资需求，忽视消费者的金融需求；第三，相关的金融政策过于片面地侧重于下调利率，没有考虑金融服务发展的多样性以及适当高利息业务的存在，导致金融市场出现服务扭曲、发展不平衡等问题，最终造成整个金融服务市场的服务不足；第四，随着改革开放以及国家的城市化建设，大量农村金融资金流入

---

① 黄益平：《北京大学数字普惠金融指数》，2021，第2—4页。

城市，而城市对于农村建设的资金流入微乎其微，导致农村金融供给不足。

其次，我国政府在重视国家经济发展的同时，兼顾乡村振兴、助农脱贫等扶贫工作，在农村地区实施优惠的金融政策，同时投入大量资源兴建基础设施，使金融机构具有便捷的途径向落后地区提供数字普惠金融服务。长期以来，政府通过农村信用社、农业发展银行、村镇银行等金融机构对农村地区实现金融服务全覆盖，以保障落后地区金融服务的平稳运行。

最后，我国金融监管对数字普惠金融寄予厚望，不断激励金融机构转型升级。初期采用鼓励方式，吸引并催生大量数字普惠金融服务企业，加速数字技术与普惠金融的结合创新。大量金融服务企业通过新颖的数字普惠金融服务，大幅提高金融服务的覆盖率，同时降低运营成本和金融服务门槛，有效满足小微企业及个人的金融需求。

（三）数字普惠金融存在的问题分析

数字普惠金融的高速发展，满足了大量普惠群体的金融需求，使大众对其寄予厚望，认为其可以解决普惠金融发生的任何问题。但对于数字普惠金融，我们应该有正确的认识，在发展中进行不断实践与改进才能够恰如其分地运用数字金融服务。

普惠金融的兴起是金融服务历史发展的结果。金融有着悠久的历史，又在现代伴随着工业及资本的发展，其主要的功能就是作为中介对资本进行调节，提高资本的效率和利用率。金融服务本身也是一个特殊的产业，必须遵循市场发展的目标，追求利润最大化，才能实现可持续发展，但金融服务行业始终将一些经济实体排除在外，导致资本不断流入富裕阶层，从而出现两极分化，这与我国共同富裕的发展目标背道而驰，不利于社会的可持续发展。

数字普惠金融依托于互联网、大数据、区块链、人工智能等数字技术运行，其中不乏一定的金融风险，主要涉及系统安全、数据安全、信息安全、交易安全等。金融机构要利用数字技术提供金融产品与服务，不仅要具备很强的风险管控能力，还要保证用户的隐私不被泄露。同时，数字普惠金融还要跨越"数字鸿沟"，对于缺乏互联网交流的群体，如偏远地区人员和老人，这些群体往往是传统金融服务不到的人群，如何跨越普惠群体中的数字鸿沟，是数字普惠金融建设中的重要任务。

（四）对我国现阶段实施数字普惠金融的展望

我国现阶段的数字普惠金融发展应坚守"以客户为中心"的初心，对用户多样化的需求进行分析，以此不断创新数字普惠金融服务。数字普惠金融面对的群体不仅包括金融市场的活跃主体，还包括落后、偏远地区的长尾群体，因此普惠群体的需求也复杂多样。面对各种各样的需求，金融机构要全面认识并围绕用户需求，针对普惠群体的各类特征，设计出合适的产品，从而提高用户的整体满意度，保障金融机构与数字普惠金融协调发展。

数字普惠金融旨在为社会所有用户提供金融服务，但也要认识到各个用户的区别，为不同用户提供不同的服务，摒弃传统金融服务体系中片面、单一的服务。在满足用户需求时，也要注重用户自身的能力与需求相匹配，减少金融风险的发生。同时，数字普惠金融与各个领域相结合，融入人们的日常生活，提高了金融服务的使用率和普及率，例如，线上支付、网络购物等嵌入人们生活的服务。数字技术的不断发展，从各种方面影响人们的生活，数字普惠金融将成为人们日常生活中的一部分。[①]

三、数字普惠金融的特征

数字普惠金融实现数字技术与普惠金融的结合，弥补了传统普惠金融的不足。相比传统普惠金融，数字普惠金融有以下四大特征。

（一）覆盖地区广泛

传统普惠金融需要依靠设立线下营业点和分支机构为偏远、落后地区提供服务。为提高资源利用率，减少运营成本，金融机构往往倾向于将金融资源投放至人口密度大、经济繁荣的地区，同时减少地理位置偏远、人口稀少的地区的金融资源投入，造成贫富区域金融差异逐渐增加。相比传统普惠金融，数字普惠金融运用互联网、大数据等数字技术，为所有用户搭建了一个优质的数字金融服务平台，能够有效地突破各地区的地域限制，为用户提供优质的跨地区、无差别金融服务，实现向城市、县城、乡镇的大范围推广。

（二）服务成本低廉

数字普惠金融相对于传统普惠金融而言，服务成本更低，这主要得益于两个方面：一方面，金融机构增加线下营业点和分支机构需要花费大量的人力、资源、时间

---

① 贝多广、莫秀根：《数字普惠金融的中国经验》，2020，第81—84页。

等固定成本，对于偏远和人口稀少地区的营业点，如果长时间获得较低的收益甚至出现亏损，金融机构便会大大减少对营业点的资金投入，抑制普惠金融服务的资源供给。数字化技术平台可以取代传统的线下营业点和分支机构，大大减少物理网点的人工费、租赁费等，同时使服务新增的边际成本降低，为金融机构节省资本，使资本获得更好的流动。另一方面，由于金融服务行业的复杂性及多样性，容易出现市场信息不对称、金融风险高、金融风险易发等现象，导致传统金融产品产生推广效率低、交易复杂烦琐等一系列问题，这无疑大大增加了金融机构的运行成本。数字普惠金融利用现代数字技术实现科技创新，利用新型技术从根本上解决金融行业的痛点问题，为金融服务机构增效减负，例如，运用大数据多维度分析用户数据，精确识别各类用户的需求，提供高效便捷的智能化服务。通过人工智能技术将大量数据用于构建模型，精准识别存在的各类风险，并对风险实施智能化管理，为企业节省成本，促进金融机构的可持续发展。

（三）服务对象普遍

世界银行2017年的普惠金融调查显示，目前全球仍有大约17亿成年人未注册金融账户，该类人群的主要特征包括：收入较低、受教育程度低、存在大量失业等。报告指出，该类人群没有金融账户的主要原因在于他们认为没有开户必要、金融服务成本高、服务距离较远等。虽然普惠金融开展已有数年，各国也在积极实施普惠金融政策，但是部分特殊群体和困难群体对获得金融服务仍存在较大障碍。由于传统金融服务中存在数字鸿沟，因此依靠传统的金融服务并不能将这些人群纳入金融服务对象中。

（四）服务效率更高

数字普惠金融依靠各类数字技术提供服务，其中也会留下相应的用户数据和交易数据，金融机构利用现有的数据进行分析整合可以更好地了解行业和客户需求，适应用户的交易习惯，间接提高金融机构的业务开展效率和服务效率。

数字普惠金融在普惠金融的基础上存在服务对象大众化的目标，同时有更先进的技术为金融服务的落实提供可靠保障。例如，在传统普惠金融下难以获得金融服务的小微企业和个人，可以通过大数据获得可靠的信贷、投资等金融服务。互联网新技术所催生出的新型业务如贷款平台、众筹平台等也大大增加了弱势群体与金融服务之间的接触机会。

第二节 数字普惠金融的理论基础

一、内生金融发展理论

什么是金融发展的内生源泉？有些国家在金融实践中形成与经济发展成正相关的金融体系，促进国家经济高速发展；有些国家没有形成金融与经济发展的正相关体系，甚至出现负相关，导致国家经济发展出现倒退。20世纪90年代以来，相关学者认为金融发展与国家经济发展之间存在重要联系，由此展开金融的演变过程研究，逐渐形成古典内生金融发展理论和现代内生金融发展理论两派观点。

（一）古典内生金融发展理论

以阿罗—德布鲁（Arrow-Debreu）模型为基准的古典内生金融发展理论重点考察信息不对称、风险管理和交易成本等因素与金融发展的关系。

首先，信息不对称与金融发展。作为投资者联合体的金融中介能够有效降低信息不对称，金融市场通过对投资者信息的搜寻和公开也有利于缓和信息不对称，降低信息不对称的机制越完善，金融发展就会越趋于正向。其次，风险管理与金融发展。风险管理是金融发展中的重要功能之一，金融中介可以通过收集市场上的金融信息，从而有效降低交易双方的流动性风险。风险管理水平越高，金融的发展越好，所以风险管理也是衡量一定时期内金融发展程度的重要指标。最后，交易成本与金融发展。金融发展的核心功能之一是减少交易成本，金融中介机构利用借贷两方面的规模经济，降低金融交易的技术成本，金融市场在信息获取和传播方面的比较优势也有利于降低交易成本，因此交易成本越低，金融就会越发达。

（二）以制度为视角的现代内生金融理论

现代金融发展中，经济学家越来越重视制度对金融发展的影响，认为制度的发展改变了信息不对称、风险管理水平和交易成本大小，由此形成以制度为视角的现代内生金融理论，它主要强调文化传统、法律制度、利益集团等因素与金融发展的关系。

首先，文化传统与金融发展。主要强调当地民风民俗，如宗教、语言等在金融发展中的作用。斯图尔兹（Stulz）和威廉姆森（Williamson）的研究发现，一个国家的宗教信仰、语言习惯对债权人权利的法律保护以及法律执行效率存在显著影响,[①] 从而与金融发展有着密切关系。吉索（Guiso）、萨皮恩扎（Sapienza）和津加莱斯（Zingales）分析表明，金融发展与市场主体的信用之间有着非常密切的联系，在市场主体之间存在高信任度的地区，金融发展水平较高。[②] 其次，法律制度与金融发展。一个国家的法律制度越完善，对投资者权益的保护越充分，金融市场及中介就会越发达，公司的治理能力越强。最后，利益集团与金融发展。小规模、有共同利益目标的、易集中的利益团体，能够通过多方合作并采取相同的方案措施影响经济活动。拉詹（Rajan）和津加莱斯通过研究利益集团对金融发展的影响，发现政治因素是决定一个国家金融活动的关键因素，这些利益集团往往影响着国家金融的发展。[③]

从古典内生金融发展理论来看，减少信息不对称、提高风险管理能力和降低交易成本是促进金融发展的主要因素，但究其实质不难发现，制度才是决定金融发展的重要因素，一个国家金融发展的过程，不仅是金融总量的增加和结构不断合理变革的过程，更应该是制度不断革新、完善的过程。在我国，影响金融发展的因素主要有以下六个方面：产权制度改革与金融发展、法律制度的完善与金融发展、改革开放与金融发展、城市化与金融发展、金融的自由化与金融发展、地区收入差距与金融发展。我国实现经济高速增长的同时，也带来金融的高速发展。改革开放以后，我国通过不断扩大和发展市场，带来微观经济主体收入水平的提高，使金融发展的需求数量与质量不断上升，因而促进了金融的发展。

二、信息不对称理论

信息不对称的研究源于20世纪70年代的三位美国经济学家乔治·阿克罗夫（G.Akerlof）、迈克尔·斯彭斯（M.Spence）和约瑟夫·斯蒂格利茨（J.E.Stigliz）对于市场经济的研究，为市场经济开辟了一个崭新的视角。信息不对称在生活中无处不在，就像周身遍布的各种名牌商品。按照这一理论，名牌本身也在不断折射这一现象，人们对于品牌的追

---

① René M. Stulz, Rohan Williamson, "Culture, Openness, and Finance," *Journal of Financial Economics* 70, No.3（2003）: 313—349.
② Luigi Guiso, Paola Sapienza, Luigi Zingales, "The Role of Social Capital in Financial Development," *The American Economic Review* 94, No.3（2004）: 526—556.
③ Raghuram G. Rajan and Luigi Zingales, *Saving Capitalism from the Capitalists*（Currency, 2003）.

求，从某种程度上说明品牌商品相对于一般商品而言提供了更完全的信息，间接降低了双方的交易成本。这一理论也同样适用于广告，在相同条件下，投入巨资进行广告的商品会比没有广告的商品销量好，因为广告为用户提供了更多的信息，所以商品更容易被用户接受。信息不对称的存在，可能会引起普惠弱势群体和金融机构沟通链条的断裂，直接导致普惠弱势群体的融资出现困难，处于融资弱势地位。金融机构同时也难以把控风险，处于承担风险地位。信息不对称对于传统普惠金融市场的影响主要有以下三个方面：

（一）信息不对称制约普惠金融群体的可获得性

传统金融机构进行信贷业务，倾向于资本积累多、资金回报率高的客户，而普惠弱势群体明显不具备相应条件，且缺乏相应的风险管控能力，导致金融机构实施普惠金融的内因不足。金融机构对于信贷业务需要大量的信息，主要是对用户进行多方位考量和评估，掌握服务用户的实际经营情况，当市场上现有的信息不完全、不充分时，金融机构基于规避风险的视角，倾向于拒绝为普惠弱势群体提供服务，进而制约普惠金融的可获得性。

（二）信息不对称提高普惠金融双方的交易成本

普惠弱势群体大多为小微企业、低收入人群、农村居民、老年人及特殊群体等，当下这类群体又是普惠金融的重点服务对象。市场约束少、信息不透明、投资回报率低是普惠弱势群体的广泛特征，这与金融机构利润最大化的目标背道而驰，导致金融机构对该类群体的供给减少。由于普惠弱势群体信息不透明，金融机构需要耗费更多的成本去进行信息采集，相对于大型优质客户而言，普惠弱势群体投资回报率低、投资风险高，因此金融机构往往要求借款方提供抵押物品，这无疑增加了普惠弱势群体的成本。综合来看，信息不对称提高了普惠金融主体双方的交易成本。

（三）信息不对称增加普惠金融风险的管控难度

实时性、关联性、复杂性是金融数据的主要结构特征，同时金融交易又具有频繁性、跨期性、传染性等传输特征，这些特征结合会引起金融监管的弱化，增加金融风险的发生概率。普惠金融交易双方信息不对称，大多表现为金融机构缺乏识别普惠弱势群体的优劣情况，当信息传递者对交易信息进行隐瞒、扭曲时，金融机构就会被动地置于风险之中,造成金融机构经营状态的不稳定。①

三、长尾理论

"长尾"(The Long Tail)由美国企业家杰夫·贝索斯(Jeff Bezos)于1994年提出,但当时他并未对此作出系统的解释。美国杂志主编克里斯·安德森(Chris Anderson)于2004年在研究中发现长尾现象,并发表相关文章来具体阐释"长尾"的内涵,经过多年探索,于2006年形成了系统的长尾理论体系,出版了《长尾理论》一书②,描述了类似于亚马逊网上书店的网络经营模式。"长尾理论"是指当商品的储存和流通渠道不断增加至足够大的情况下,原先销量不佳或需求量低的商品所共同占据的市场份额就可以和少数畅销商品市场份额相匹敌,甚至出现超越,企业的销售量不在于传统需求曲线代表畅销商品的"短头",而是那条代表冷门商品、经常被消费者遗忘的"长尾"。克里斯认为,随着现代经济的不断发展,市场的服务对象逐渐由少数群体掌握的主流产品转变为多数人掌握的冷门产品,当长尾群体的需求量与主流市场的需求量相等甚至超越主流市场,那么长尾市场将对整个市场产生重大影响。亚马逊网上书店就是一个最典型的例子,假设一家普通的大型书店通常可以放置约10万本书,但整个亚马逊网上书店的销售额中,排名10万名后的冷门图书销量占据了总体销量的四分之一,而且这些冷门书籍的销量仍在不断增长,预计将能达到总销量的一半。当消费者的选择趋于多样化,消费者的真正需求以及取得途径发生重大变化时,伴随而生的是一套崭新的商业模式。"长尾"所涉及的商品复杂多样,能满足更多消费者的需求,当有了需求,商品的销量便会不断增加。

在传统金融服务方面,农村居民、低收入群体和小微企业就是典型的长尾群体。帕累托法则认为,只有服务于少数的优质客户才能获得更多的利益,但实现普惠金融必然需要长尾群体也能够得到金融服务,数字普惠金融在此背景下应运而生,通过数字技术,为长尾群体提供崭新的金融服务,推动普惠金融的发展。传统金融服务碍于信息流通受阻、向边远地区提供服务困难等因素,运营物理网点需要付出大量成本。数字普惠

---

① 郭正江、何九仲、黄杰、翟海涛:《大数据技术破解普惠金融"不可能三角"的理论逻辑、实践基础与路径选择——基于信息不对称理论视角》,《浙江金融》2021年第10期。
② Chris Anderson, *The Long Tail* (Hyperion, 2006), p. 7.

金融则依靠互联网的优势，加强了信息流通并降低金融服务门槛，让金融长尾群体能够公平地享受金融服务。随着数字普惠金融的广泛普及，大量金融长尾群体将更好地获得金融服务。从宏观视野看，数字普惠金融将直接改变经济增长主体，逐渐从高收入群体带动经济增长转换为低收入群体带动经济增长。①

长尾理论应用的核心是降低成本，这对于增强数字普惠金融可持续性有重要的实践意义。根据长尾理论，成本降低主要有三个因素：扩大可选商品的范围、传播工具的普及、连接供给与需求。三个因素可以改变传统的长尾曲线结构，出现长尾更长、长尾更厚等结果。从延长长尾角度来看，金融机构可以实现新型运营模式，提高服务覆盖率，开拓客户容量。从加厚长尾角度来看，金融机构可以实现创新型发展，交叉营销，激发更广泛客户需求，创造多元价值。②

四、大数据理论

大数据理论由维克托·迈尔—舍恩伯格（Viktor Mayer-Schönberger）和肯尼斯·库克耶（Kenneth Cukier）在2013年出版的《大数据时代：生活、工作思维的大变革》一书中提出。大数据（Big Data），或称为巨量资料，泛指涉及的资料量规模巨大到无法通过主流软件工具，在合理的时间内达到撷取、管理、分析、处理，并整理成为帮助企业经营决策更积极目的的资讯。③

随着数字信息时代的到来，互联网、大数据的普及使我们进入云时代，各种计算机、手机的普及使数据急剧增长，从而引发了大量数据处理的需求。当下数据的储存量还在以惊人的速度不断增长，综合大数据理论近年的发展，不难发现大数据具有可变性、复杂性、价值性、高速性等特征，如何将大量的数据转化为经济利益，是金融机构需要思考的重要问题。

目前，我国的大数据产业仍处于较低级的发展阶段，存在一些问题和不足，给数字普惠金融的实施造成一些困扰。要想推进数字普惠金融的发展，金融机构必须积极治理数据环境，完善用户数据保护体系，并提高自身安全意识，同时优化大数据应用，通过

---

① 肖远飞、张柯扬：《数字普惠金融能否提高经济高质量发展？——基于长尾理论视角》，《中国集体经济》2021年第19期。
② 漆铭：《商业银行数字普惠金融发展策略研究——基于长尾理论的视角》，《金融纵横》2019年第4期。
③ Viktor Mayer-Schönberger and Kenneth Cukier, *Big Data: A Revolution That Will Transform How We Live, Work, and Think* (Mariner Books, 2013), p. 3.

算法优化、数据分析提升大数据的综合运用能力，以开拓业务、应对风险。由于互联网金融的发展来势汹汹，传统金融机构不能故步自封，要积极进行改革创新，控制运营成本，保证自身的可持续发展。

数字技术的高速发展与应用，促进了数字普惠金融的发展。在大数据的不断进步下，中国的数字普惠金融也将迎来新的经济机遇，进入一个全新的发展时期。金融机构利用大数据发展数字普惠金融的同时，也应该及时发现并排查问题，不断改良业务和方案，促进我国数字普惠金融的发展。[1]

五、梅特卡夫定律

梅特卡夫定律（Metcalfe's Law）是关于网络价值和网络技术发展的定律，由乔治·吉尔德（George Gilder）于1993年提出，但以美国科技先驱、计算机网络先驱、3Com公司的创始人罗伯特·梅特卡夫（Robert Metcalfe）的姓氏命名。梅特卡夫定律的内容是：一个网络的价值等于该网络内的节点数的平方，而且该网络的价值与联网用户数的平方成正比。该定律指出，一个网络的用户数量越多，网络规模越大，那么整个网络以及网络内的每台计算机的价值也就越大。公式为：

$$V = K \times N^2 \tag{式7-1}$$

其中，V代表网络的价值，K代表网络价值系数，N代表网络规模或用户数量。从宏观角度而言，网络的价值与网络规模的平方成正比；从微观视角而言，网络的价值与网格节点数的平方或网络用户数量的平方成正比。

从某种程度而言，金融机构也是一个网络，随着普惠金融服务的不断普及，数字普惠金融的服务面也更为广阔，普惠群体对金融机构的贡献越来越大。假设将梅特卡夫定律应用于数字普惠金融中，可以看出：达到临界点前，金融机构需要大量成本引进用户。数字普惠金融的普及可以很好地解决这个问题，通过互联网、大数据等手段可以将服务范围不断扩大，吸引普惠群体，当普惠群体超过临界点时，金融机构就会获得超额的服务利润。通过梅特卡夫定律可看出，网络价值系数K非常关键，如果金融机构的服务出现漏洞，则网络价值系数K为负值，那么用户数量越多，给金融机构带来的消极影

---

[1] 詹皓程：《如何利用大数据推动普惠金融发展》，《中国外资》2021年第20期。

响越大，所以维持网络价值系数K，是金融机构进行数字普惠金融业务的重要因素。当价值系数趋于稳定，则需要通过提升用户数量获取更多的价值。通过线上与线下相结合的模式，加强宣传以提高知名度，进而吸引更多的客户，深度挖掘客户潜力，以全局视角思考产品与服务的定位，为客户提供高质量的服务，间接推动客户回购以及推广，实现最大价值。①

六、网络效应理论

网络效应（Network Effect）的概念起源于贝尔电话公司的第一任首席执行官西奥多·韦尔，他期望获取美国电话服务的垄断权。1908年，当他在贝尔的年报中提出这一概念时，当地的电话交换机大约有4000个，最终大部分都被并入贝尔系统。网络效应用于描述对于相同的产品或服务，每增加一位新的用户，都会增加对该产品或服务的其他客户的价值。通常情况下，网络效应应该是积极的，当新用户加入统一网络中，给定用户可以获得更多产品的价值，额外用户可以增加其他用户所获价值，或增强非用户对于该产品或服务的获得动机。网络效应通常被分为直接网络效应（Direct Network Effect）与间接网络效应（Indirect Network Effect）。

直接网络效应也被称为同边网络效应（Same-side Network Effect），指的是某种商品或服务的使用量增加的同时会引起其他用户价值的增加如传真机、通信工具、社交平台等，都意味着用户之间实现基本无障碍的直接接触。手机的使用就是一个典型的例子，手机对于一个人的价值往往在于通过网络联系到另一个人。间接网络效应也被称为跨边网络效应（Cross-side Network Effect），指的是当某种产品或服务的使用量增加时，它的互补品会更加丰富，并且拥有更低的价格，大多数双边市场或中介市场都具有间接网络效应的特点。

数字普惠金融在传统金融服务的基础上实现了数字化的改变，为用户提供跨越时空的现代金融服务，实现传统金融服务壁垒的突破，对金融服务市场的边界进行开拓，从而实现金融的可获得性与广泛性。在数字普惠金融的发展下，无论是金融机构还是普惠群体，都可以通过互联网获取不同时间、不同地点的金融服务，有效地解决了传统金融

---

① 王海梅：《梅特卡夫定律对金融企业的启示》，《青海金融》2017年第10期。

服务中存在的问题,从而为各类群体提供金融服务,产生了明显的网络效应。在网络效应的背景下,金融主体的增加直接引起了整个数字普惠金融市场价值的增加,加强了金融机构内部之间的有效竞争,从而间接带动数字普惠金融市场的扩张,实现数字普惠金融推广。①

七、数字经济理论

20世纪90年代初,美国政府曾提出国家信息基础设施行动计划(National Information Infrastructure)和全球信息基础设施行动计划(Global Information Infrastructure),成为全球数字经济的领导者。在美国数字经济的辐射下,世界各国也开始建立数字网络并发展数字经济,推动了全球数字经济发展的进程。经济学范畴下的数字经济指通过大数据的"识别—选择—过滤—存储—使用"等方法,实现资源的优化与配置,促进经济的高质量发展。数字经济,作为一个内涵比较宽泛的概念,凡是直接或间接利用数据来引导资源发挥作用、推动生产力发展的经济形态都可以纳入其范畴。在技术层面,包括大数据、云计算、物联网、区块链、人工智能、5G通信等新兴技术;在应用层面,"新零售""新制造"等都是其典型代表。②

数字技术的创新和普及打破了传统金融服务的运营模式,使数字普惠金融的发展成为现实。数字普惠金融的关键是如何运用数字技术,以互联网为载体,运用人工智能、大数据、云计算等技术,挣脱传统金融服务成本与空间的束缚,增加金融服务的可获得性,推动金融体系良性循环。③ 第一,数字经济推动了金融机构对普惠群体的资金支持,促进了各行业技术的交叉融合,加速了普惠型产品的更新迭代,体现了数字技术在普惠金融中的重要作用。第二,数字经济有利于实现乡村振兴,通过数字普惠金融,解决传统农村地区金融需求数额小、分散大、周期短等问题,满足农村群体的小额资金需求,促进贫困地区的创新创业发展。据调查显示,2020年"惠农贷"为大约300万农民提供超过3500亿元的贷款,有力地将资金投入贫困地区,让边远地区感受数字普惠金融的温暖。第三,数字经济保障且改善民生。面对疫情冲击,数字技术让客户足不出户

---

① 白志红:《双循环背景下数字普惠金融支持农村内需扩大的动力机制研究》,《商业经济研究》2021年第8期。
② 杜睿云、王宝义:《新零售:研究述评及展望》,《企业经济》2020年第8期。
③ 张薇、阳正发:《数字经济视角下农村数字普惠金融发展研究》,《农业经济》2022年第1期。

也能取得相应的金融服务。北京大学数字金融研究中心一项研究显示,利用数字技术进行精准贷款的贷款量每增长1%,就可缓解2.57%的疫情冲击程度,有效地保障了疫情下普惠弱势群体的生存。当数字经济达到一定水准,可以大幅缓解疫情冲击带来的负面影响,数字普惠金融也将为复工复产发挥更大的作用。

数字普惠金融的理论基础对比见表7-3。

表 7-3　　　　　　　　　　数字普惠金融的理论基础

理论	内容
内生金融理论	古典内生金融理论:信息不对称、风险管理、交易成本 现代内生金融理论:文化传统、法律制度、利益集团
信息不对称理论	制约普惠金融群体的可获得性,提高普惠金融双方的交易成本,增加普惠金融风险的管控难度
长尾理论	商品的储存和流通渠道不断增加至足够大的情况下,原先销量不佳或需求量低的商品所共同占据的市场份额就可以和少数畅销商品市场份额相匹敌甚至出现超越
大数据理论	资料规模巨大到无法透过主流软件工具在合理时间内达到撷取、管理、处理,并整理成为帮助企业经营决策更积极目的的资讯
梅特卡夫定律	一个网络的用户数量越多,网络规模越大,那么整个网络以及网络内的每台计算机的价值也就越大;公式为 $V = K \times N^2$
网络效应理论	新的用户加入统一网络中,给定用户可以获得更多产品的价值,额外用户可以增加其他用户所获价值,或增强非用户对于该产品或服务的获得动机
数字经济理论	通过大数据的"识别—选择—过滤—存储—使用"等方法,实现资源的优化与配置,促进经济的高质量发展

第三节　数字普惠金融的运行机制

一、数字技术与金融市场摩擦

(一)市场微观基础的信息要素

从微观金融市场角度考虑,金融机构作为金融市场体系中的生产者,总是根据金融服务市场中所存在的各种需求,深入了解金融服务的现实市场状况,从中挑选服务对象并确定经营的整体战略。相比于宏观视角下的金融市场环境,微观视角下的市场经济更具有研究的直接意义。微观市场的构成包括人口、购买力、购买欲望三大要素,它们的关系可以用一个等式来描述:

$$市场 = 人口 + 购买力 + 购买欲望 \tag{式7-2}$$

需求是人的本能，当人口不断增加时，需求也会不断增加，因而促进了市场的形成。人口是构成金融市场的基本要素，人口的多少直接决定了金融市场的规模大小，而人口的构成和变化间接决定了金融市场需求的构成和变化。因此，人口是金融市场中的最基本要素。当人口的数量趋于稳定时，金融市场的市场容量便受到购买力的影响，购买力的高低直接决定了金融市场的规模。购买力是指消费者支付货币以购买商品或取得服务的能力，是构成金融市场的物质基础。消费者的可支配收入水平决定了购买力水平的高低。购买力是金融市场三要素中最物质的要素。购买欲望是指消费者的消费动机或消费欲望，通过消费者的需求而产生。消费者缺乏消费欲望，就不存在实际的商品交易，市场自然也就不存在，购买欲望是不可或缺的金融市场构成因素。因此，能否将消费者的潜在购买力转化为现实购买力取决于消费者的购买欲望。

（二）数字化匹配减少市场摩擦

市场摩擦（Market Friction）是指进行金融资产交易的难度，通常分为真实摩擦（Real Friction）和信息摩擦（Informational Friction）两部分。真实摩擦是指一些做市商会凭借自身的垄断地位增加递要价差，信息摩擦是指由于信息不对称而产生的报价差额。随着普惠金融的发展，许多金融机构已经逐渐消除了一些摩擦的根源，但仍有许多交易面临高成本、低效率等问题。传统金融交易往往需要所谓的中介做市商进行协调，中介为了自身利益往往会增加双方的交易成本并降低交易效率，甚至引起金融交易的风险，这就是市场摩擦的根源所在。数字普惠金融的发展，意味着数字技术将代替传统技术提供金融服务。金融机构通过数字金融服务进行线上交易，对资金往来的程序进行简化，大幅提高交易效率，节约交易成本，促进金融机构资源的合理配置。与此同时，数字普惠金融的发展，提高了互联网金融的普及率，实现了普惠群体的资产组合多样化。因此，数字普惠金融能显著降低金融市场摩擦，促进金融市场的良性发展。[①]

二、数字技术与金融体系重构

（一）数字技术与金融中介

在金融市场的资金融通中，为资金供求者发挥媒介或桥梁作用的人或机构被称为

---

① 史晓、张冀：《数字普惠金融能提高家庭资产组合多样性吗？》，《西南民族大学学报（人文社会科学版）》2021年第9期。

金融中介。常见的金融中介包括保险公司、商业银行、证券交易所等，涉及的业务范围很广，包括投资、创造信用、信贷等。约翰·G.格利（J.G.Gurly）和爱德华·S.肖（E.S.Shaw）把金融中介分为货币系统和非货币的中介机构。货币系统可以提供便捷的金融服务；非货币的中介机构通过证券、债权等方式实现中介作用。在现代金融市场中，几乎所有金融活动都离不开金融中介，金融中介保障着金融市场的平稳运行。

随着数字普惠金融的高速发展，普惠金融市场有不断扩大的趋势。中国人民银行发布的2019年金融机构贷款投向统计报告显示，2019年末，我国金融机构人民币各项贷款余额为153.11万亿元，同比增长12.3%；全年增加16.81万亿元，同比多增6439亿元。从宏观视角来看，普惠金融的普及，促进了金融中介的转型升级，通过增加贷款而扩增业务。数字普惠金融的高速发展，以金融中介模式存在为前提，形成全新的经济增长驱动力。进一步加强普惠金融数字化，可促进普惠金融的中介效应，间接促进金融市场经济的加速运行。①

金融中介的创新及业务升级离不开数字技术，在数字普惠金融高速发展的前提下，如何利用数字技术提供新型金融服务，是我国数字普惠金融发展的重要问题。

第一，增加数字金融科技的投入，引进数字金融科技复合型人才，将数字金融转型促进金融服务创新确认为企业的重要目标。扩大数字技术对金融服务的覆盖面，进行数字化支付改革，推进数字金融的发展进程。对于大型金融服务机构，可以加强对技术创新的投入，与初创金融科技公司建立控股关系，以此达到双方共赢的目标。小型金融服务机构则可通过建立合作关系，实现数据共享等方式，促进金融机构的商业交流。第二，在风险可控的范围内，通过数字技术积极引入民间资本，提升整体的市场竞争能力。在数字技术逐渐进入金融服务市场的同时，也应防范的数字金融风险的产生，做好相应的风险防范措施，鼓励数字技术平台通过技术的更新迭代来分担更多的社会责任。第三，高度关注落后地区的金融服务与金融中介发展问题，通过输送人才、倾斜资源、改进设施等方式扶持落后地区金融中介的发展，避免数字普惠金融与金融中介之间出现的发展不平衡问题。数字技术应加强让金融中介和普惠群体实现跨时空进行金融交易的能力，减少落后地区基础设施配套不足所产生的问题，为数字普惠金融的健康发展助力。②

---

① 金真花：《基于金融中介的普惠金融对经济增长影响研究》，《纳税》2019年第7期。
② 封思贤、徐卓：《数字金融、金融中介与资本配置效率》，《改革》2021年第3期。

(二) 数字技术与金融市场

金融市场泛指资金融通主体进行借贷、证券交易、投资交易、外汇买卖等场所的总称。根据不同角度,金融市场又可分为国际金融市场、国内金融市场;有形金融市场、无形金融市场;货币市场、资本市场;发行市场、流通市场;金融现货市场、金融期货市场等(见图7-2)。

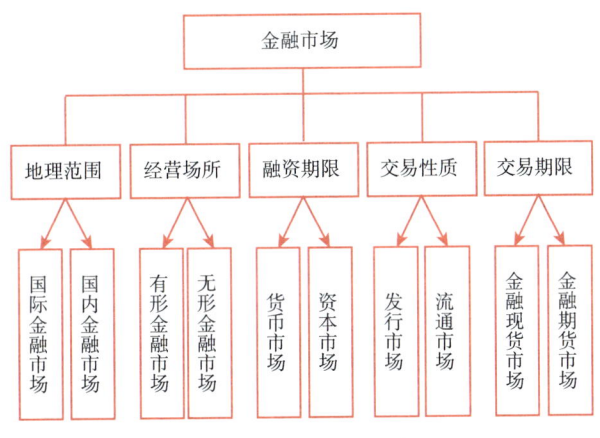

图 7-2　金融市场的分类

在我国大力发展数字普惠金融的背景下,数字技术能否促进金融市场的改革创新,关键在于数字技术能否解决传统金融市场存在的问题,其中包括地理差异、市场结构、市场效率三个方面,而相关学者对此问题进行了深入研究。

第一,数字技术打破金融市场的地理差异,促进普惠金融发展是大势所趋。海外市场方面,布鲁恩(Bruhn)等以墨西哥的一个银行开展"自然实验",发现数字技术的普及对于弱势群体有重要的普惠效应,有助于金融市场业务的扩张。[①] 对于国内市场,黄益平等以大型数字金融科技公司提供的金融服务为研究对象,发现数字金融科技能够有效降低市场主体的融资门槛,间接促进普惠金融发展;[②] 杜兴洋等基于2007—2016年省级面板数据,发现数字技术背景下衍生了新的金融服务和金融产品,开拓了金融市

[①] Miriam Bruhn, Inessa Love, "The Real Impact of Improved Access to Finance: Evidence from Mexico," *The Journal of Finance* 69, No. 3 (2014).

[②] 黄益平、邱晗:《大科技信贷:一个新的信用风险管理框架》,《管理世界》2021年第2期。

场，有利于金融市场的可持续发展，为金融市场的发展带来新的契机。① 第二，数字技术影响金融市场的结构。海外市场方面，康利（Consoli）通过比较几十年来零售金融和数字技术的发展，发现英国零售金融的演进是信息技术开发商、服务供应商和客户参与的行业结构变迁过程。② 对于国内市场，田杰等对通信技术和金融机构进行研究，发现通信技术的发展对建设农村征信体系起着巨大作用，间接降低信贷成本对于农村地区普惠金融的发展起到积极作用；③ 颜建军等基于2000—2018年我国31个省（自治区、直辖市）面板数据，发现农村地区的消费结构可以通过数字普惠金融的发展进行升级，进而优化农村地区消费结构。④ 第三，数字技术影响金融市场的效率。海外市场方面，塔维纳（Tavneet）等发现，肯尼亚移动货币系统能直接提高人均消费水平，间接提高消费效率。⑤ 国内市场方面，张俊英等研究发现，数字技术打破了传统金融服务中"消费者黑箱"的束缚，提高了金融服务的准确率及效率；⑥ 李礼以2006—2020年京津冀、长三角以及粤港澳三大区域的消费金融市场为研究对象，发现数字技术的进步与金融市场的生态体系密切相关，从4G到5G的更新迭代，促进了消费金融市场的提升。⑦ 大量研究表明，数字技术不断促进金融市场快速发展，促使传统金融市场向数字化金融市场转型。

三、数字技术与新型金融排斥

（一）数字技术的潜在影响

数字技术创新不断推动数字普惠金融发展的同时，也会带来一些潜在影响。第一，信息安全是数字技术进入金融市场的重要前提。网络安全是一个重要因素，如果不能保证网络安全，可能会引起黑客入侵，以及催生信息贩卖等黑色产业，间接导致金融市场

---

① 杜兴洋、杨起城、易敏：《信息通信技术对普惠金融发展的影响——基于2007—2016年省级面板数据的实证分析》，《江汉论坛》2018年第12期。
② Davide Consoli, "The Dynamics of Technological Change in UK Retail Banking Services: An Evolutionary Perspective," *Research Policy* 34, No. 4（2005）.
③ 田杰、刘勇、刘蓉：《信息通信技术、金融包容与农村经济增长》，《中南财经政法大学学报》2014年第2期。
④ 颜建军、冯君怡：《数字普惠金融对居民消费升级的影响研究》，《消费经济》2021年第2期。
⑤ Tavneet Suri, William Jack, "The Long-run Poverty and Gender Impacts of Mobile Money," *Science* 6317, No. 354（2016）.
⑥ 张俊英、罗琼、唐红涛：《互联网商业与消费基础性作用：实现机制与形态演进》，《消费经济》2019年第4期。
⑦ 李礼：《数字技术进步驱动区域消费金融市场高质量发展研究——基于金融地理学的视角》，《湖南社会科学》2022年第2期。

主体的资金被盗取。与传统金融市场相比，数字技术背景下的金融市场对于系统有很高的要求，但数字技术对于金融市场是一个新生的事物，大多数金融机构都不具备高水平的系统，这就导致金融交易存在无形的风险。在大数据时代，信息逐渐成为企业的无形资产，网络攻击的首要目标也是金融市场交易主体的信息，数字普惠金融于此背景下旨在通过数字技术提供普惠金融服务，因此对信息的保护要求不亚于传统金融服务。随着数字技术的不断发展，各项支付趋于线上进行，如何确认用户信息，避免资金盗刷、盗用也成为数字技术改革的一大难题。第二，基础设施是数字技术金融市场的一大难题。数字技术与生活服务的发展结合，标志着全民进入信息时代，因此市场主体对于网络的速度和稳定有了更高的要求。但在数字技术进入金融市场的背景下，落后地区的金融机构负担不起昂贵的设施建设费用，无法建设各类数字金融所需要的移动终端，这也在一定程度上制约了金融市场的发展。总的来说，相对于传统金融，数字技术为金融的发展带来许多正面影响，有效促进了普惠金融的发展，但同时也衍生了一些需要高度关注的潜在问题，如何根除数字技术进入金融市场的潜在问题，是金融市场建设的重点之一；如何平衡普惠金融与数字技术的发展，成为金融市场主体共同面临的挑战。

（二）数字技术与金融排斥

20世纪90年代，英国学者莱申（Leyshon）等通过研究距离因素对居民金融服务可获得性的影响，提出金融排斥的概念。金融排斥（Financial Exclusion）是指社会中的某些群体没有能力进入金融体系，没有能力以恰当的形式获得必要的金融服务。金融排斥的群体大多具有以下特征：失业、低收入、身体不健康、位于边远地区等。面对传统金融服务，这些群体缺少能力和机会，很少能接触到金融机构，获得金融服务。对于如何界定金融排斥，最受学界推崇的是坎普森（Kempson）和韦利（Whyley）提出的六个维度指标，即地理排斥、评估排斥、条件排斥、价格排斥、营销排斥、自我排斥。[①] 张秀梅等基于2019年中国家庭金融调查（CHFS）数据，发现43.6%的城乡家庭存在多维金融短板，而金融知识和商业保险的单维度金融短板发生率、家庭金融排斥率分别高达54.9%和47.9%，城乡差距是造成金融排斥的主要原因，因而我国的金融排

---

① Elaine Kempson and Claire Whyley, *Kept Out or Opted Out*? (The Policy Press, 1999).

斥主要存在于农村地区。①

普惠金融具有包容性，所以又被称为包容性金融，是与金融排斥对立的概念。传统金融服务对长尾群体会产生金融排斥，但数字技术的发展让普惠金融向着数字普惠金融演变，能够减少金融排斥的产生。金融作为经济发展的核心之一，应该普及至每一个人，只有将社会资源有效分配，才能促进真正的社会公平。对于农村地区普惠金融建设所面临的难题，应该不断健全深化金融市场体系，将数字技术大量应用于农村金融市场，通过互联网技术对农村金融市场进行扶贫与保障。与此同时，不断完善金融市场主体层次，对其产品服务进行更新迭代，促进农村金融市场饱满。充分利用数字技术解决"三农"融资难题，开拓创新农村金融业务，改善农村金融生态，实现乡村振兴与数字普惠金融的同步发展。②

第四节　数字普惠金融助力共同富裕的比较优势分析

一、低收入群体的金融需求分析

在2021年全国政协十三届四次会议中，全国政协委员金李表示，目前低收入群体没有较好的金融产品，建议国家针对中低收入群体推出适合的普惠金融产品。在2021年《财经》年会上，中国人民银行研究局局长王信指出，要保持金融稳定，更好地维护低收入群体的利益，大力发展普惠金融，改善金融服务。全球范围内的低收入群体都存在一个普遍现象，就是缺乏金融服务。不能有效地利用金融服务增加业务、扩大生产，是造成我国贫富差距扩大的主要原因之一。

潘锡泉基于对浙江六个乡（镇）村的走访，发现浙江传统金融在帮扶低收入群体实现收入倍增实践中存在一些痛点，包括信息不对称导致资源配置不均衡，时空局限性导致金融资源无法完全覆盖；传统金融帮扶精准度不高，难以纵向延伸；低收入人群对普惠金融的意识淡薄；低收入群体金融风险防范意识严重缺失。③ 资金是低收入群体进行

---

① 张秀梅、奚哲伟、王小林：《基于CHFS数据的中国城乡家庭普惠金融短板分析》，《上海金融》2022年第4期。
② 鲍心怡、胡滨：《数字普惠金融消解农村金融排斥何以可能》，《现代商业》2018年第33期。
③ 潘锡泉：《数字普惠金融帮扶低收入群体的逻辑机理及实现机制》，《区域经济评论》2019年第4期。

经营的重要因素，这关乎能否生产、发展以及脱贫致富。当低收入群体面临资金不足的情况时，就会产生很大的外部资金需求。但就目前而言，低收入群体的融资往往难以满足，仍存在较大的资金缺口，主要原因是其自身水平收入低，缺乏足够的抵押财产或担保物，难以取得相应的贷款服务。包玉珍等对内蒙古农村地区的金融需求进行调研，发现农民具有生产性金融需求的特点，主要表现为春耕播种、禽畜养殖类等初始投入。在农村地区借款的主要来源中，只有约30%的农户通过金融机构取得借款，约58%的农户借贷来源于亲朋好友，剩下约12%的资金需求仍未被满足。[①] 通过国内相应的调查分析，低收入群体的金融需求主要有以下特征。

（一）资金需求范围不断扩大

低收入群体所在地区环境复杂，基础设施建设较落后，农村互联网发展仍处于初步阶段，面临着许多制约性因素。[②] 低收入群体中的个体生产经营规模小，许多个体拥有强烈的资金需求，但是需求并不大。随着近年来脱贫攻坚、乡村振兴的不断发展，很多低收入者也倾向于投资经商，低收入群体的资金需求正在不断扩大。

（二）金融供需不匹配

随着国家政策引导，国家对于低收入群体的金融供给逐步增加，但真正能被低收入群体获得的并不多。传统金融服务下，大量低收入群体有资金需求，但是缺乏相应的抵押物或担保物，导致无法获得资金支持，真正的有效需求与总体需求出现较大偏差。在此背景下，金融机构往往遵循获得利润的目标，偏向于向优质客户服务，背离了普惠金融的初衷，难以满足低收入群体的资金需求。

（三）金融产品有待丰富

随着城乡差距的不断缩小和数字金融市场的发展，低收入群体对于金融知识的需求明显增加，通常表现为对投资、理财、基金等服务的需求。与此同时，低收入群体的创业热情也在不断提高。面对不断扩大的需求，传统金融产品已经不能满足新时代的资金需求，金融市场上也缺乏为低收入群体量身定做的金融产品，不能有效地满足低收入群体的真正需求。

伴随着脱贫攻坚、乡村振兴取得阶段性成果，国家不断优化现有金融体系，通过实

---

① 包玉珍、永海、花蕊：《贫困农牧户金融需求视角下的半农半牧区微型金融发展现状调查研究》，《前沿》2020年第6期。
② 董玉峰、谢丽霜：《民族地区农村互联网金融普惠模式与适应性策略》，《改革与战略》2017年第7期。

施普惠金融，最大化地满足低收入群体的需求。① 面对普惠金融背景下低收入群体中衍生的各种问题，金融机构应主动对接客户需求，不断探索适合低收入群体的金融产品，提升低收入群体的投资回报率，鼓励低收入群体适当进行实体投资，满足低收入群体日益增长的金融需求。②

二、低收入群体的金融可得性分析

金融可得性指经济主体获得金融服务的能力。在普惠金融的发展背景下，低收入群体的金融可得性得到一些提升，但是总体水平依然不高。低收入群体的金融可得性存在的问题应从不同视角理解：首先是金融资源的区域配置，不同区域拥有的金融资源直接决定当地的金融可得性，低收入群体所在地区欠缺相应的金融资源，不能满足低收入群体的金融需求。其次是金融可及性，普惠金融的发展促进了我国金融的包容和可得，但是在部分低收入群体中出现了金融排斥。由于自身资源的不同，优质的金融服务往往被大型优质企业先行占据，低收入群体往往不能享受平等的金融服务。最后是金融服务的成本，相对于大型优质企业而言，低收入群体缺少各类抵押和担保，大部分小微企业和民营企业生命周期短，存在资金不足、补偿能力弱等问题，导致金融机构减少了对低收入群体的金融服务。

我国的低收入群体金融体系随着普惠金融的发展而形成，主要存在于农村地区。虽然低收入群体的总体水平仍需提高，但是目前已经建立了多层次、广覆盖的农村金融服务体系。全国普惠型涉农贷款增速超过银行业各项贷款平均增速。截至2020年末，普惠型涉农贷款余额为7.56万亿元，较2020年初增长17.84%，超过各项贷款平均增速5.11个百分点。农村金融机构主要以农村信用社为主、农业银行和农业发展银行为辅，重点服务于农户，为其提供各类资金信贷服务。涉农金融机构的数量不断增加，且农村信用社的渗透率显著高于其他的涉农金融机构，是农村金融服务的主力军。尽管大型银行提供金融服务的总体规模大，但是其面向的主要对象是大型农场、牧场和涉农企业，总体来说，小型银行才是服务低收入群体的主体。小型涉农金融机构的增加，提高了低

---

① 党红斌：《脱贫攻坚和乡村振兴衔接中的农村金融需求——基于铜川市农户和农村企业的调查》，《青海金融》2022年第7期。
② 马娟、张赟、李心怡：《农户需求导向下农商银行农村金融服务创新研究——基于苏中、苏北县区的调研》，《生产力研究》2022年第7期。

收入群体的可获性。通过几年的普惠金融实践，数字支付已经被普遍应用于低收入群体中，改善了农村金融基础设施建设，为低收入群体提供了有效的金融支付平台。

面对普惠金融背景下低收入群体金融可得性建设取得的成效，以及发展中存在的诸多问题，要想保障低收入群体的利益，突破低收入群体的金融困境，提升低收入群体金融可得性，需要解决以下问题。

（一）解决低收入群体金融覆盖率问题

虽然目前涉农金融机构建设初具成效，但是低收入群体贷款难、融资成本高、服务门槛高等问题还没有得到有效解决。低收入群体被排斥在传统金融体系之外，这显然不符合普惠金融的理念，政府和金融机构应当针对我国低收入群体特点，对金融产品进行创新，降低低收入群体获得金融服务的门槛。同时，鼓励各类金融机构走入低收入地区，增加金融供给，构建金融多元化发展路径，从根本上解决低收入群体的融资难题。

（二）解决低收入地区金融基础设施建设问题

金融基础设施包括硬件设施和软件设施。硬件设施是指金融需求与供给的桥梁，如线下网点、金融系统等；软件设施是指相关的金融法律制度及消费者保护体系。[1] 如果金融基础设施不健全，那么就不可能实现低收入群体的金融可持续发展。对于低收入地区，政府应该加大资金与政策支持，积极利用财政工具加强金融基础设施建设，保障低收入群体的权益。

（三）激发低收入人群的金融需求

虽然部分低收入人群已经具有较大的金融需求，但总体而言大部分低收入群体的金融需求潜力没有被开发出来。金融机构可以通过广告宣传，对低收入群体进行知识宣讲，加深其对金融服务的正确认识，传递正确的理财意识，改变传统观念，使低收入群体形成正确的投资理财意识。[2]

（四）对金融机构进行严格监管

金融机构面对高利润，难免会将服务重心偏向于大型优质客户，减少对低收入群体的投入，这与普惠金融背道而驰。监管机构不仅要降低相关的服务门槛，还要扩大金融

---

[1] 刘增学、李新颖：《金融可得性与农户收入关联性研究》，《河南农业》2018年第18期。
[2] 冯若凡：《我国中低收入群体的金融需求及服务对策》，《中外企业家》2017年第18期。

服务范围，监督金融机构提供与客户相匹配的产品，使金融产品的提供趋于合理，促进低收入群体的消费动力。

推动低收入群体金融市场的发展，有利于提高普惠金融水平。截至2021年12月末，涉农贷款余额43.21万亿元，较年初增长11.83%，普惠型涉农贷款余额8.88万亿，较年初增长17.48%，超过各项贷款平均增速6.19个百分点。2021年，农业保险为1.78亿户次农户提供风险保障4.72万亿元。要平衡低收入群体与金融机构的供需关系，就要正确认识低收入群体的特点，对其金融需求加以关注，并基于金融需求进入深层分析，提升低收入群体的金融可得性，以此促进普惠金融的繁荣。

三、数字金融与普惠金融的耦合相关分析

耦合是指两个或两个以上的系统之间从无序演变为有序的现象，是系统之间相互作用、相互影响、相互依存的动态关系。数字金融与普惠金融经历了竞争和相互发展的过程，间接证明数字金融与普惠金融存在着一定的耦合关系，数字金融对于普惠金融的积极作用体现在提高普惠金融投资效率、降低普惠金融运营成本、推动普惠金融服务数字化创新等方面。[①] 普惠金融为数字金融提供平台基础，通过金融资源、金融机构、金融基础设施等促进数字金融的稳定发展（见图7-3）。[②]

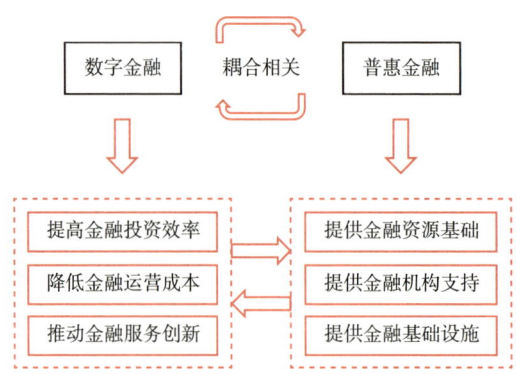

图 7-3 数字金融和普惠金融的耦合相关

---

① 王子冉：《数字金融对商业银行的影响研究》，《现代商业》2022年第10期。
② 王喆、陈胤默、张明：《传统金融供给与数字金融发展：补充还是替代？——基于地区制度差异视角》，《经济管理》2021年第5期。

（一）数字金融对普惠金融的积极作用

首先，数字金融提高了普惠金融的投资效率。数字金融在传统金融的基础上，利用互联网、大数据、人工智能等数字技术，精准地对各行各业、各类用户进行分析，简化相应的业务流程，大幅提高普惠金融的投资效率。[①] 通过大数据、相应算法等分析手段，具体描绘用户信息，减少了普惠金融面对普惠群体提供金融服务中存在的信息不对称问题，间接提供更多的金融服务。同时，通过各种数据追踪手段，控制普惠金融风险，保持金融机构收益率，促进普惠金融的稳定发展。其次，数字金融降低了普惠金融的运营成本。普惠金融是在传统金融服务背景下衍生出来的概念，因此和传统金融服务一样高度依赖人力和物力资源，金融服务成本高。数字金融的加入，为普惠金融带来新型数字技术，使其向数字普惠金融的方向发展。通过数字技术的不断改革，普惠金融摒弃了传统单一的金融服务，逐渐向数字普惠金融转化，为普惠群体提供以数字金融平台为基础的多元化金融服务，大大降低普惠金融服务成本的同时，增加了普惠金融发展的驱动力，促进了普惠金融的创新发展。最后，数字金融推动普惠金融服务数字化创新。数字技术的发展促使金融机构推出许多新型金融产品和金融服务，从源头上对普惠金融体系进行革新。金融机构必须大力创新自身业务，满足更多消费者的需求，才能增强自身竞争力，在普惠金融市场站稳脚跟。因此，数字金融对于金融服务数字化创新有很大的促进作用。

（二）普惠金融对数字金融的支撑作用

首先，普惠金融为数字金融提供金融资源。数字金融虽然大大降低了普惠金融的运营成本，但在投入初期，需要花费大量的资源构造系统、搭建平台、引入数据等，这些都离不开金融资源的支持。普惠金融为数字金融提供了一个很好的融资环境和多样化的融资途径，促进数字金融的平稳落地。其次，普惠金融为数字金融提供金融机构。数字金融的发展依赖于金融机构的内在能力，如果一个金融机构拥有优质的数据与人才，数字金融将能得到高速发展。从供需关系来看，普惠金融市场需求越大，当地金融机构的供给能力就越强，数字金融就越容易实施。最后，普惠金融为数字金融提供基础设施。数字金融的发展离不开基础设施，没有基础设施，各项金融服务就不能正常提供。例如，没有银行账户，数字支付就不能实现，信贷、投资、理财、基金等其他金融服务也不能运转。普惠金融为数字金融提供成熟的基础设施，保障数字金融服务的稳定提供，

---

① 孟慧、徐回源：《数字金融对实体企业金融投资的影响研究》，《广东经济》2022年第5期。

支撑着整个数字金融服务的命脉。

四、数字普惠金融助力共同富裕的逻辑分析

我国"十四五"规划和2035年远景目标纲要明确提出,"十四五"期间全体人民共同富裕迈出坚实步伐,到2035年,全体人民共同富裕取得更为明显的实质性进展。习近平总书记指出,我们必须把促进全体人民共同富裕摆在更加重要的位置,脚踏实地,久久为功,向着这个目标更加积极有为地进行努力。共同富裕是人民群众共同建设的富裕,需要所有人民群众的共同参与。[①] 数字普惠金融通过互联网、大数据等数字技术,提供形式多样的金融服务,破除了传统金融服务中存在的空间限制、高门槛、高成本的问题,惠及了落后地区的长尾群体,减轻了家庭贫困现状。[②] 共同富裕是新时代的重要目标,数字普惠金融推动共同富裕的逻辑如下。

(一) 数字普惠金融提供更多的金融支持

从普惠视角而言,数字普惠金融改变了传统金融服务体系,为普惠群体提供各种与自身情况相匹配的产品,促进我国金融服务体系从"嫌贫爱富"向"全民普惠"发展。从经济发展视角而言,共同富裕不仅是再分配,还是在生产力发展基础上的再调整,大大缩小贫富差距,以免经济差距扩大,影响共同富裕的初衷。[③] 从创新视角而言,数字普惠金融通过数字技术的加持,有利于增强中小企业的活力,推动企业转型升级,为区域创新发展提供内生动力。[④] 从全面视角而言,数字普惠金融通过与互联网的特色结合,搭建绿色消费平台,有利于资源的优化配置,促进普惠金融可持续发展,实现绿色普惠金融高质量发展。[⑤]

(二) 数字普惠金融提高居民创业内生动力

研究表明,制约居民创业的最大因素是无法获得稳定的资金支持,而数字普惠金融的信贷服务范围广、可得性高,满足了居民的资金需求。居民的资金需求具有单位需求小、整体需求大的特点,传统金融机构由于服务内容有限、整体业务效率低等,倾向于

---

① 刘培林、钱滔、黄先海、董雪兵:《共同富裕的内涵、实现路径与测度方法》,《管理世界》2021年第8期。
② Robert J. Shiller, "Reflections on Finance and the Good Society," *The American Economic Review* 103, No. 3 (2013).
③ 王平、王凯:《数字普惠金融对共同富裕的影响研究》,《金融与经济》2022年第7期。
④ 钱海章、陶云清、曹松威、曹雨阳:《中国数字金融发展与经济增长的理论与实证》,《数量经济技术经济研究》2020年第6期。
⑤ 翟华云、刘易斯:《数字金融发展、融资约束与企业绿色创新关系研究》,《科技进步与对策》2021年第17期。

把有限的金融资源偏向于大型优质企业，忽视了普惠弱势群体的需求。数字普惠金融精准利用数字技术高效、覆盖面广的优势，有效降低双方交易成本，满足居民资金需求。①目前，金融服务因为城乡差距还存在着服务差距，农村地区低收入群体缺乏金融服务也是制约农村地区脱贫的因素之一，而数字普惠金融能打破城乡地域差别，保障低收入群体的创业资金来源，鼓励居民创业，推进共同富裕的进程。②

（三）数字普惠金融促进乡村振兴

乡村振兴是实现共同富裕的重要任务，目前我国已经初步完成脱贫攻坚并取得一定的成果，提升后续收入、保障民生是现阶段的主要任务。数字普惠金融可以利用金融科技进行一定的宣传，调整农村地区的供需关系，通过提供多元化产品促进金融与产业融合发展，引入互联网技术，打造区域性特色产业。数字普惠金融可以有效提升落后地区群众的数字能力与金融素养，提高农民的理解和认识，为共同富裕累积人力资源。

五、数字普惠金融助力共同富裕的基础分析

共同富裕旨在缩小贫富差距，数字普惠金融通过数字技术为长尾群体提供新型金融服务，积极贯彻共同富裕的理念。在资源配置方面，数字普惠金融将更多金融资源惠及社会的重点发展地区，打破了传统的地域限制，有助于逐步缩小贫富差距。③截至2021年6月，我国数字支付用户规模达8.72亿，占网民整体的86.3%。数字支付的不断拓展，覆盖至人民生活的各个方面，基础设施的不断完善，有利于长尾群体获得更好的金融服务，为实现共同富裕贡献巨大力量。2020年，银行等金融机构共开展249项县域农村生活场景、236项涉农场景建设工作，处理数字支付业务142亿笔，同比增长41.41%。数据表明，基于数字普惠金融的实践，金融机构通过不断加强互联网金融服务，进一步拓展服务范围，保证了数字普惠金融与共同富裕携手共进。④

我国数字普惠金融的发展虽小有成效，但距离共同富裕的目标仍有很大的一段距离，因此如何通过数字普惠金融助力共同富裕，是后续金融发展的重要问题，具体举措见表7-4。

---

① 谢绚丽、沈艳、张皓星、郭峰：《数字金融能促进创业吗？——来自中国的证据》，《经济学（季刊）》2018年第4期。
② 张金林、董小凡、李健：《数字普惠金融能否推进共同富裕？——基于微观家庭数据的经验研究》，《财经研究》2022年第7期。
③ 潘润红：《探索数字普惠金融 助力推进共同富裕》，《金融电子化》2021年第11期。
④ 李勇坚：《数字经济助力共同富裕的理论逻辑、实现路径与政策建议》，《长安大学学报（社会科学版）》2022年第1期。

（一）正确认识发展数字普惠金融的重要性

数字普惠金融是实现共同富裕的重要驱动力，要坚持完善金融基础设施建设，优化数字技术应用下的金融服务，促进数字金融深化，为数字普惠金融奠定扎实基础。加强对落后地区的关注，通过制定政策、发放财政补贴、监管金融机构等，保障落后地区数字普惠金融的平稳运行。充分发挥政府在金融市场中的资源配置能力，实现金融资源的自由流动，营造良好的金融生态。

（二）明确不同主体之间的发展策略

我国东部地区拥有数字普惠金融发展的绝对优势，应该不断实现创新突破，打破核心技术"瓶颈"，提高数字金融科技成果转化率。中西部地区应该取长补短，健全地方基础设施建设，适当引入技术和人才资源，构建数字普惠金融发展的有利环境。对普惠群体普及金融知识，提高整体金融素养，强化金融运用能力，争取缩小贫富差距，实现共同富裕。[①]

（三）刺激创业，鼓励"先富"带"后富"

随着数字普惠金融的高速发展，金融服务的可得性大大提升，金融机构应该借此机会发挥数字普惠金融对共同富裕的推动作用，通过开发多样化的金融产品，满足居民的内在需求，激发居民创业欲望。对于创业成功的居民，提供更多的金融服务，为其吸引融资，解决资金融通难题，创造更多就业机会，带动落后地区低收入群体共同致富。[②]

表 7-4　　　　　　　　　数字普惠金融促进共同富裕具体举措

服务对象	服务主题	服务内容
农村居民	推动乡村振兴战略	"三农"数字普惠金融服务更具综合性，银行业金融机构多借助多种互联网技术、电子终端等模式积极搭建面向"三农"的数字普惠金融综合平台
低收入群体	打赢精准脱贫攻坚战	金融脱贫工作更加注重建立长效机制与"全链条"扶贫，通过组合运用银行、保险、担保、基金等多种金融手段，使其在金融扶贫工作中互为补充、互相助力
小微企业	优化小微企业融资	服务B端与实体产业发展的供应链金融迎来发展新阶段，区块链技术+供应链金融通过解决"链"上企业的信任问题，将在服务小微企业方面具备广阔的市场前景
普惠群体	助力智慧城市建设	数字普惠金融充分发挥人工智能、大数据、物联网等新技术的作用，以金融服务为着力点，通过打造便民医疗平台、智慧交通平台、智慧政务平台等，逐步实现B端、C端、G端的有效连接，助力智慧城市的建设

资料来源：中关村互联网金融研究院。

---

① 韩亮亮、彭伊、孟庆娜：《数字普惠金融、创业活跃度与共同富裕——基于我国省际面板数据的经验研究》，《软科学》2022年2月22日网络首发。
② 于文超、梁平汉：《不确定性、营商环境与民营企业经营活力》，《中国工业经济》2019年第11期。

第五节 数字普惠金融推进乡村产业振兴的效应分析

一、乡村产业振兴是实现共同富裕的重要基石

党的十九大指出,"构建城乡融合发展体系,推动农业农村全面发展"。党的十九届五中全会强调"扎实推动共同富裕",明确提出"全体人民共同富裕取得更为明显的实质性进展"。实现共同富裕是社会主义的本质要求,要实现共同富裕,乡村振兴是必经之路。改革开放以来,"三农"问题是乡村振兴的重中之重,实现共同富裕,最艰巨的任务在农村,正确认识乡村振兴的主体,合理控制农村地区的供需关系,是实现乡村振兴的重要前提。① 乡村振兴是新时代背景下解决"三农"问题的重要前提,是全党工作的重要战略和方针,共同富裕是全体人民共同富裕,推动乡村振兴、促进农村地区全面发展,对共同富裕具有重要意义。② 乡村产业是实现农民富裕、促进农业繁荣的重要基石,只有乡村产业振兴,才能充分激发乡村振兴的内动力。近来有关乡村振兴的政策见表7-5。

表 7-5　　　　　　　　　有关乡村振兴的政策

发布时间	发布机构	政策题目	重要意义或主要内容
2020年10月	中共中央委员会	《中共中央关于制定国民经济和社会发展第十四个五年规划和二〇三五年远景目标的建议》	优先发展农业农村,推进乡村产业振兴,推动乡村振兴的高质量发展
2021年1月	中共中央、国务院	《中共中央 国务院关于全面推进乡村振兴加快农业农村现代化的意见》	巩固和拓展脱贫攻坚成果,加快农村现代化进程,促进乡村产业振兴
2021年2月	中共中央办公厅、国务院办公厅	《关于加快推进乡村人才振兴的意见》	各领域人才规模不断壮大、素质稳步提升、结构持续优化,为乡村产业振兴奠定基础
2021年3月	财政部、国家乡村振兴局等6部委	《中央财政衔接推进乡村振兴补助资金管理办法》	支持巩固拓展脱贫攻坚成果同乡村产业振兴相结合,实现有效衔接
2021年4月	银保监会	《关于2021年银行业保险业高质量服务乡村振兴的通知》	推动农村数字金融创新,保险业要积极推动金融科技和数字化技术在涉农金融领域的应用
2021年4月	全国人民代表大会常务委员会	《中华人民共和国乡村振兴促进法》	乡村振兴战略首次得到法律层面的保障

---

① 王博、王亚华:《县域乡村振兴与共同富裕:内在逻辑、驱动机制和路径》,《农业经济问题》2022年6月21日网络首发。
② 黄艳红:《农村改革、乡村振兴与共同富裕——"中国农村改革四十年研究丛书"发布会暨全面推进乡村振兴理论研讨会综述》,《毛泽东邓小平理论研究》2022年4月。

续表

发布时间	发布机构	政策题目	重要意义或主要内容
2021年5月	人力资源社会保障部等5部委	《关于切实加强就业帮扶巩固拓展脱贫攻坚成果助力乡村振兴的指导意见》	为农村低收入群体提供就业帮扶,有意愿的都可以得到就业服务和技能培训,符合条件的都可以享受就业政策
2021年7月	央行等6部委	《关于金融支持巩固拓展脱贫攻坚成果全面推进乡村振兴的意见》	金融机构围绕脱贫攻坚成果向乡村产业振兴倾斜金融资源
2022年2月	中共中央、国务院	《中共中央 国务院关于做好2022年全面推进乡村振兴重点工作的意见》	确定了保障国家粮食安全和不发生规模性返贫两条底线,全方位保障乡村产业振兴

资料来源:中国政府网、中信建投。

乡村产业振兴促进农业高质量发展。随着经济社会不断发展,传统乡村产业出现产业不全、产业链短、产业活力弱、产业收益低等问题,推进乡村产业振兴,及时解决乡村产业链存在的各种问题,打造全新的乡村产业供应链,才能有效保障农业高质量发展。乡村产业振兴为农村地区改善基础设施建设,提高公共服务水平,是缩小城乡差距的重要因素。产业创新、资源有效利用促进乡村产业多元发展,又为乡村产业开辟新发展路径。乡村产业振兴将改变以往农业生产的单一形式,将产业价值留在农村,避免资源外流后城乡差距的扩大,有效促进农村地区内部发展,助推共同富裕。① 乡村产业振兴发展路径见图7-4。

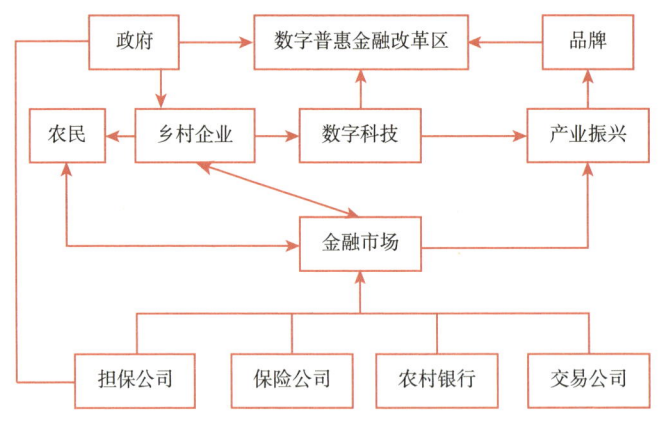

图7-4 乡村产业振兴发展路径

① 邵智宝:《发挥好金融支持乡村产业振兴的作用》,《中国金融》2022年5月。

二、数字普惠金融推动乡村产业振兴的机制分析

全面推动乡村振兴的背景下,数字普惠金融不断发展,惠及农村、边远地区,有效提升了农村金融服务整体水平,为金融脱贫奠定重要基础。数字普惠金融通过数字技术打破了传统金融在农村地区发展的局限性,有助于农村地区脱贫,缩小城乡差距,避免因为成本过高导致农村金融服务发展停滞。[①] 数字普惠金融促进农村地区的农业生产率,提高了农民的创业积极性,通过数字普惠金融的对外拓展,农民接触到更多数字信息技术,衍生了直播带货、乡村电商等新兴产业,间接带动乡村振兴的发展。[②] 研究发现,数字普惠金融在我国呈现非均匀的高速发展形态,我国的农村地区数字普惠金融发展呈逐步上升趋势,同时在落后地区能得到更为快速的发展,整体发展对农民的收入存在U型非线性关系。[③] 乡村振兴是实现共同富裕的重要基石,数字普惠金融的推进是实现乡村振兴的一大助力,正确认识乡村振兴与数字普惠金融的关系,有助于促进两者发展的稳定,数字普惠金融推动乡村产业振兴的机制如下。[④]

(一)数字普惠金融助推特色产业发展

推动产业振兴是乡村振兴的首要任务,也是推动乡村振兴和脱贫攻坚有机结合的一大难题。数字普惠金融激活农村金融体系活力,链接乡村产业与金融服务,通过主体、要素、市场三个方面全面推动乡村产业振兴。首先,数字普惠金融降低金融运营成本,突破地理限制实现全覆盖,大大提高了农村居民的金融可得性,为农村居民提供金融服务,激发农村居民的金融意识。其次,数字普惠金融将技术、人才、资金、产业等各类要素融为一体,实现要素的有效流动,推动乡村产业创新型发展,打造乡村产业发展新模式。最后,随着数字普惠金融的普及和数字信息技术的发展,农村居民逐渐利用数字技术激活市场,打造特色乡村产业链,推动乡村产业振兴迈出了重要一步。

(二)数字普惠金融助推绿色产业发展

实现乡村产业振兴的同时也要注意乡村生态,注重乡村产业可持续发展。数字普惠

---
① 李金龙、王颖纯:《普惠金融发展存在的主要问题及政策启示》,《宏观经济研究》2020年第9期。
② 毛怡萱:《乡村振兴战略下数字普惠金融服务农产品电商的困境与路径》,《农业经济》2021年第11期。
③ 王永静、李慧、王子豪:《数字普惠金融发展影响农民收入的空间效应研究》,《新疆农垦经济》2021年第2期。
④ 傅巧灵、李媛媛、赵睿:《数字普惠金融推进脱贫地区乡村全面振兴的逻辑、问题与建议》,《宏观经济研究》2022年第6期。

金融能够满足农村群体绿色农业、生态农业、环保农业转型的金融需求，提高资源利用率，推动乡村绿色产业的转型。数字普惠金融可以促进当地乡村产业多元化发展，开发集乡村旅游、产品销售、风景建设等服务于一体的新型产业，配合相应的财政投入，促进生态经济的转型升级。

（三）数字普惠金融链接资源扶持产业

实现乡村产业振兴，资源扶持是重要保障，数字普惠金融能够为乡村产业提供数据信息、扶持资金、基础设施。这些外部资源可以帮助农村金融机构优化服务内容，还可以进一步推动金融服务融入产业，促使金融服务向农村地区延伸，为数字乡村产业振兴奠定良好基础。

（四）数字普惠金融巩固脱贫攻坚成果

我国的脱贫攻坚战历经多年，取得了不错的成绩，但由于市场不稳定等因素，乡村产业的发展也不稳定，如何完善后续的脱贫攻坚工作，是乡村振兴的重要问题。要通过数字普惠金融的金融科技，促进各类乡村产业的不断创新，为乡村产业注入生命力，保持乡村振兴产业的可持续发展。

三、数字普惠金融助推乡村产业振兴的模式探索

我国的数字普惠金融与乡村产业振兴联合发展已经走过几个年头，大量探索证明，数字普惠金融对乡村产业振兴起到了至关重要的作用。要稳定乡村产业的发展，就要全面、正确、理性地从实际出发，认识数字普惠金融与乡村产业的关系，找出数字普惠金融在乡村产业振兴中面临的问题。[①]

（一）农村普惠金融体系较为薄弱

虽然国家大力推动乡村振兴，大量建设基础设施，提供财政补贴，倾斜资源分配，但是农村的金融体系发展程度仍相对较低，农村的金融基础设施仍没有得到有效满足，农村金融的发展也没有得到足够关注。农村群体的数字化水平整体不高，导致金融机构不能有效获取"三农"的数据信息，不能为农村居民提供一个成熟、健全的数字金融平台，无法最大化发挥数字普惠金融对乡村产业振兴的作用。

---

① 周林洁、韩淋、修晶：《数字普惠金融如何助力乡村振兴：基于产业发展的视角》，《南方金融》2022年第4期。

（二）数字普惠金融发展存在差异

我国长期存在区域发展不平衡问题，在东部、中部、西部地区之间尤为突出，表现为基础设施、地理环境、人口数量、经济发展都存在明显差异。根据国家第七次人口普查数据显示，东部地区人口占比39.93%，中部地区人口占比25.83%，西部地区人口占比27.12%。东部地区较为发达，吸引了更多的人才和资源，在此背景下，东部农村地区获得更多的金融支持，相应获得更多的金融服务，促进东部农村地区的金融体系发展，加速乡村产业的转型。而中、西部农村地区人口聚集度小，拥有的资源少，经济发展相对落后，乡村产业发展缓慢，同时存在"数字鸿沟"，导致金融资源分配不均。

（三）农村地区金融数据利用率低

目前，农村地区的数字治理能力较弱，县域政府缺乏大数据应用能力与数据顶层设计。截至2020年，我国征信系统已收录约11亿自然人，仍有3亿用户没有接触数字金融服务，其中绝大多数都是农村居民。农村居民普遍缺少金融知识、金融行为、金融态度等金融因素，大部分农村居民存在金融应用的"自我排斥"，难以利用普惠金融获得更好的发展。信息交流的障碍抑制了数字普惠金融的发展活力，导致乡村产业发展停滞。

（四）数字普惠金融存在供应短板

服务于农村居民的金融机构主要是农业银行、农业发展银行、村镇银行，相比于城镇金融机构，农村金融机构存在天然的短板，如金融服务规模小、金融业务能力弱、数字金融投入少、创新发展能力弱等。农村金融机构长期服务于农村居民，金融服务能力不强，金融业务过于陈旧，只能面向传统的乡村产业，不利于乡村产业的创新发展，从而放缓乡村产业振兴的脚步。

四、数字普惠金融在乡村产业振兴中的着力点

乡村产业振兴是实现共同富裕的根本，产业振兴才能带动乡村振兴，进而更好地带动就业，增加农民收入，缩小贫富差距。数字普惠金融的出现，为乡村产业振兴提供了资金保障，数字技术的引入，可以充分提升农村地区居民的数字信息意识。实现乡村产业振兴离不开数字普惠金融的支持，发挥数字普惠金融在乡村产业振兴中的作用，是乡村产业振兴的着力点。

（一）加强数字乡村建设，打破"数字鸿沟"

数字技术是实现数字普惠金融的重要前提，加强农村地区数字化建设、落实数字乡村计划、打破"数字鸿沟"，有利于数字普惠金融发展实现数字性与普惠性。首先，要加强落后农村地区的数字基础设施建设，普及5G、光纤等技术，奠定数字普惠金融的基础。其次，加强农村地区数字化教育，提升农民的整体数字素养，培养数字乡村经济型人才，助力乡村产业创新。最后，推动农村地区的基础农业与数字技术相结合，开创农产品供销服务网、农产品电商等特色乡村产业，促进数字技术与乡村产业的成果转化。

（二）协同数字金融发展，丰富普惠金融体系

数字普惠金融不只是单纯地通过数字技术提供金融服务，更是实现乡村产业振兴的一大助力。政府应鼓励金融机构通过数字技术实现农村地区全覆盖，为数字经济创造发展条件；加快数字经济与乡村产业的有机整合，实现数字乡村产业链的升级；加强对农村金融机构的监管与扶持，完善农村金融服务体系，将乡村产业的生产与消费相结合，促进农民向农商的转变，实现乡村产业多元化发展；引入第三方金融机构的资源投入，协同政府合作，为乡村产业提供坚强后盾，平衡数字经济与金融经济的发展。

（三）推动金融产品创新，强化金融服务能力

政府应鼓励农村金融机构积极利用数字普惠金融发展的优势，大力吸引投资，加强供给能力，提升信用贷款的比率；推动互联网银行与农村金融机构相结合，进行资金和技术交流，扩大金融服务层面；鼓励农村金融机构的农业与金融科技相结合，面对多样复杂的群体提供多元化的金融产品，如基于农业与金融科技的数字农业保险或数字农业保险信贷等；通过创新型金融产品和金融服务，扩大对农村群体的服务范围，为乡村产业振兴保驾护航。部分金融科技创新产品见表7-6。

表7-6　　　　　　　　　　　金融科技创新产品

参与机构	项目名称	主要技术应用
天天学农、慧云科技	互联网农民职业教育培训服务	依托"互联网+农业"进行农业技术线上教学，通过农业知识付费，帮助涉农人员提高生产种植技能，提升产量、品质和收益
宜农科技、四川商通实业、成都农商行	农村金融惠民服务系统、金融科技乡村赋能	建立金融、社交、就业、新民居、新能源、品质农业等产品体系。依托互联网平台引入产品和服务供应商，运用区块链、边缘计算技术融合数据，构建农户信用信息数据体系

续表

参与机构	项目名称	主要技术应用
慧云信息、京蓝沐禾、农博创新、腾讯云	智慧农业整体解决方案	向农户提供包括上游农资采购、中游生产决策、下游分销服务的完整解决方案。通过科技赋能，助推农业转型升级。主要包括AI智能诊断、智能农机、区域大数据、环境监测
网商银行、佳格天地、珈和科技	卫星遥感和人工智能技术的农村金融服务	运用卫星遥感、大数据等技术，建立全面的农户风险评估及管理体系，实现对农户精准授信和风险评估

资料来源：中信建投。

（四）推动金融供给改革，发展数字普惠金融

目前，我国的数字普惠金融仍处于初步发展阶段，需要运用数字技术对现有金融体系进行升级改造，更好地保护农村金融。首先，运用互联网、大数据、人工智能等，加快农村金融的数字化转型，提升金融机构的数字化能力和风险处理能力，通过技术创新提升对乡村产业的帮扶力。其次，推动农村地区的数字普惠金融与特色产业相结合，实现农村地区乡村产业供应链数字化发展，助推农村地区脱贫攻坚。最后，通过加强金融机构的监管以及落实各种财政政策，开发特色绿色金融信贷服务，鼓励新型数字普惠金融机构与各类农村机构展开合作，提供更多的农村资金储备，为乡村产业振兴注入活力。

乡村振兴，任重道远。农村金融一直是我国金融体系的薄弱环节，而数字普惠金融可以加强农村金融服务，促进农业可持续发展，助推乡村产业振兴。随着数字技术的不断涌入，农村地区正在逐步打破地理因素，加入普惠金融的服务群体。数字基础设施与农村金融服务体系的结合，使农村金融体系得到进一步完善，农村地区金融数字化将得到有效提高，相信在不久的将来，我国数字普惠金融将有力助推乡村产业振兴，保障乡村振兴平稳运行，在提高居民收入的同时缩小城乡差距，促使城乡居民一起向共同富裕前进。

第六节　金融机构开展数字普惠金融的实践与成效

一、中国农业发展银行数字普惠金融的实践与成效

中国农业发展银行（以下简称农发行）是国家政策性银行，为农村居民提供政策性

金融服务，大力支持乡村产业，促进"三农"发展，保障农业发展的平稳运行，体现国家整体布局与战略方针。2016年，农发行根据国家总体规划，编制《中国农业发展银行政策性金融扶贫五年规划》，重点关注贫困地区经济发展，大力建设基础设施，投放扶贫信贷资金。农发行建立"万企帮万村"精准扶贫行动，积极落实国家政策，搭建金融服务平台，建立农业帮扶机制，取得了良好的社会效益。首先，农发行通过彰显特色农村品牌，助力乡村产业振兴，各级上下密切合作，通过数字金融平台，共同向县镇提供数字普惠金融服务，进行产业扶贫。其次，农发行积极创新数字普惠金融新模式，开发产业化联合体、东西部协同扶贫、扶贫车间等新模式，通过数字技术拓宽金融的广度和深度，带动更多企业进行扶贫实践，增加金融的供给能力。最后，数字普惠金融有效破除了传统金融模式下贫困地区产业融资难、发展难的问题。农发行不断完善金融风险控制，积极与担保公司进行交流，整合担保抵押资源，增加农村金融服务可得性，形成银、政、企三方金融扶贫模式。2019年，"万企帮万村"精准扶贫行动已取得一定成绩，截至2019年6月末，农发行扶贫项目入库1254家企业，支持农村企业892家，贷款余额约707亿元，帮扶人口约80万人。农发行"万企帮万村"行动获评"2019年度中国普惠金融可持续发展典型案例"。

农发行河南分行为满足涉农企业季节性信贷需求，积极提供信贷资金，2022年投入约90亿元信贷资金用于春耕，备足500亿元信贷资金支持夏粮收购。农发行新疆维吾尔自治区分行提前准备约116亿元信贷资金，促进粮食收购与储存供应链的平稳运行，在确保粮食稳定供应的同时保障农民的收入。农发行福建分行为中小微企业发放约20亿元流动资金贷款，其中，涉农企业达750家，贷款余额超过1360亿元，占涉农贷款比重为83.53%，通过数字普惠金融累计减免约218万元手续费，大大降低服务成本，为普惠群体提供优质金融服务。

"十三五"时期，农发行积极进行科技组织架构创新，加强人才队伍建设，探索数字科技融合金融服务新模式，持续推进数据治理，发挥金融大数据的增值作用，推进数字普惠金融工作。"十四五"时期，农发行立足政策性银行发展特色，通过科技创新赋能金融服务，推动数字技术与金融服务深度融合，实施数字金融工程，开启数字普惠金融新篇章，为高质量发展提供有效支撑。首先，科技赋能业务发展。重点建设信息系统，加强信息流动，优化客户服务、业务运营、风险管理、产品创新，实现信贷、运营两个重点领域突破，加速客户、经营、业务、风控四个方面的创新。其次，科技能力代际跃升。提高IT体系建设，提高IT系统对金融需求变化的适应性，实现数字普惠金融供给侧结构性改革，健全数字金融的生命周期防护体系。最后，科技体制变革机制。探索农发行数字普惠金融未来发展道路，全面提升数字科技应用水平，重点聚焦资源、运维、人才、风险四个方面的发展，推动数字普惠金融稳中有进。农发行未来将通过数字赋能工程，实现金融业务转型升级，推动数字普惠金融的高速发展。

二、中国农业银行数字普惠金融的实践与成效

中国农业银行（以下简称农行）是服务于"三农"的大型商业银行之一，通过商业化、市场化的经营，全面设计了符合农村群体需求的金融产品。2017年，农行积极落实国家普惠金融政策，制定《普惠金融事业部建设实施方案》，建立"三农金融事业部+普惠金融事业部"双驱动下的普惠金融体系，并不断融合数字技术，推动数字普惠金融的发展。农行数字普惠金融的创新实践见表7-7。

表7-7　　　　　　　　　中国农业银行数字普惠金融的创新实践

服务主题	服务内容
积极优化县域网点布局	推动网点向城乡接合部、重点乡镇迁移，进一步下沉服务网络，提升服务覆盖面。2021年全行迁址和新建的网点中，有65%下沉布局到城乡接合部、县域和乡镇地区
提升县域网点服务能力	加大资源配置力度，丰富网点服务手段，优化网点运营机制，打造1000家服务"三农"示范标杆网点，提升网点服务乡村振兴能力
为农民提供基础金融服务	在农村商店、农资店等处设立"惠农通"服务点，布放电子机具，为广大农民群众提供便捷的查询、转账、消费、取现等基础金融服务
畅通互联网服务渠道	大力推广手机银行、网银、呼叫远程银行等互联网渠道，创新推出掌银乡村版、大字版、少数民族语言版，让农民群众随时随地享受现代化金融服务

资料来源：中国农业银行。

（一）充分运用数字技术，提升服务"三农"质效

农行服务"三农"多年，将服务经验与数字技术相结合，依托线下网点、远程银行、线上服务平台构建数字普惠金融服务渠道，打通农村金融服务的"最后一公里"，运用互联网、大数据技术推动金融产品创新，推出"惠农e贷""乡村振兴活禽贷"等线上金融产品，在很大程度上满足了农村群体的金融需求，促进农村地区数字普惠金融的发展。截至2022年3月末,"惠农e贷"余额达到6598亿元,较年初增加1151亿元,同比增长156亿元。

(二)依托数字产品渠道,扩大普惠金融范围

农行利用数字技术,积极推广掌上银行、网上银行、远程银行等多元化金融服务,实现数字普惠金融的高覆盖。截至2021年末,农行的掌上银行注册用户超过4.1亿人,月活跃用户达到1.5亿人,持续保持同业第一,实现了数字普惠金融稳中有进。"农银e贷"线上融资产品体系覆盖个人、小微、"三农"、对公四大群体,余额达到2.1万亿元。普惠小微企业贷款余额达到1.3万亿元,贷款用户达到191万人,服务超过500家小微企业,有效拓宽金融覆盖面,不断满足小微群体金融需求,促进数字普惠金融的健康、快速发展。

(三)深度应用数字技术,提升客户服务体验

农行积极运用数字技术优化服务内容,简化业务流程,开发创新服务模式,不断提升客户的服务体验。针对传统金融服务背景下小微企业存在的开户复杂问题,农行以数字技术改进申请流程,使原来的开户时间从4个工作日减少至2.5个工作日,同时加强了监管,有效防止虚假开户、骗取资金等违规业务的发生。通过移动PAD的业务功能,实现客户经理走出银行,到客户身边提供线下金融服务,让客户少走弯路,体会数字普惠金融的温暖。截至2021年末,农行移动PAD已覆盖所有网点,支持更多的客户经理走出银行,脚踏实地为群众服务。

(四)强化数字风控能力,保障数据资金安全

农行将互联网、大数据、云计算、人工智能等数字技术广泛应用于金融平台、网络安全建设中,显著加强了运营能力,全方位为客户保驾护航。通过广告、推文等进行金融普法宣传,强化普惠群体反诈骗意识,依托"天蓬"智能反欺诈平台,对网络数字金融服务领域507项业务和"惠农e贷""农银e贷"一系列信贷产品进行统一监控,实施全方位风险监测。截至2021年末,农行与各分行和公安机关密切合作,共冻结风险账户约106万笔,返还受骗人资金3.56亿元。

农行是实现农村地区数字普惠金融发展的关键机构,其借助金融科技助推"三农"数字化转型升级,促进数字普惠金融高质量发展。对于未来数字普惠金融的发展目标,农行副行长徐瀚指出,一是依托掌上银行等线上渠道建设,打通服务"三农"最后一公

里；二是创新数字化金融产品，实现农村数字普惠金融精准滴灌；三是研发推广农村集体"三资"管理平台，助力农村集体经济组织规模发展；四是开展智慧农业场景建设创新试点，积极推动农业生产数字化转型；五是创新推出乡镇治理平台，推动助力乡村治理能力现代化。

三、中国邮政储蓄银行数字普惠金融的实践与成效

2007年，中国邮政储蓄银行（以下简称邮储银行）从原来的只存不贷进行改制，充分发挥邮政网络遍布全国的优势，吸收更多资金，服务城乡地区、小微企业，促进国民经济健康发展。邮储银行坚持以客户为中心，积极探索数字技术与金融服务的创新变革，推出了银证转账、掌柜贷、移动展业等数字金融产品，提升了普惠群体覆盖率，促进社会良性发展。随着数字信息时代的到来，普惠金融找到了自己的数字发展之路，邮储银行坚持发展数字金融，加强数字信息建设，推动数字技术与金融服务相结合，把握住了数字普惠金融高速发展的契机。

邮储银行作为数字普惠金融的先行者，经过多年探索，已经逐步形成一套独具特色的小微金融服务模式，具体到数字化能力上，则是一套包含四个体系的"组合拳"。一是线上线下协同的综合服务体系。邮储银行在城乡有许多线下网点，县及县以下地区的网点占比更是达到70%，县域覆盖面积达到99.9%，相比其他银行拥有得天独厚的优势。邮储银行通过线下网点进一步扩大数字普惠金融的影响范围，通过线上金融服务业务突破空间与时间限制，为小微企业提供"金融＋场景"的一站式服务，优化了数字普惠金融生态圈。二是场景丰富的数字产品体系。通过"小微易贷"、小额"极速贷"等数字金融产品，围绕企业生命周期内各类经营管理场景，广泛对接外部数据，实现产品与场景融合。通过多样化的数字金融产品，满足小微企业的各类资金需求，提升数字普惠金融的广度与深度。截至2021年6月末，邮储银行线上小微贷款产品余额6085亿元，较2020年末增加1514亿元，增幅达到33%。三是标准化、集约化运营体系。邮储银行上线新一代信贷业务平台，优化信贷业务流程，加速了信贷产品的更新迭代；实现业务单式无纸化操作，优化企业网上银行功能，全面提升运行效率。试点推行数字化信贷工厂模式，推动实现操标准化、风控智能化、作业模块化、管理集约化转型。四是智能化风控体系。邮储银行积极利用大数据，构建基于客户特征、行业特征、风控模型的金融

智能风险管控体系。通过广泛引入工商、税务、司法等外部数据，从贷前准入、贷中监控、贷后预警三个方面实施全方位风险监测，保障金融服务的安全运行。

近年来，邮储银行以"信用村"建设、"整村推进"的全新服务模式实现普惠地区金融创新，积极打造汇集金融知识下乡、信贷政策普及、便民服务供给、邮政寄递、乡村振兴信息服务平台等综合金融服务功能于一体的"普惠金融+乡村振兴"惠农服务工作站，实现传统金融服务与数字技术相结合，充分发挥数字技术在金融领域的作用，积极发展互联网信贷业务，稳定与核心企业的资金供应链。此外，进行小额贷款数字化升级，利用人脸识别、大数据分析、移动定位等，精准供给小额贷款，将窗口服务变为门口服务，提升业务效率，满足边远地区客户享受金融服务的需求。邮储银行将产品线上化作为推动数字普惠金融发展的有力手段，不断提升普惠群体的金融可得性。截至2020年末，邮储银行小微企业贷款余额4570.7亿元，较2019年末增加2520.52亿元，增速高达122.94%；2021年6月末，小微企业贷款余额超过8900亿元，占全行贷款比重达到14%，这证明数字普惠金融的实施增加了金融供给，同时也增加了普惠群体的金融需求，促进了数字普惠金融高速发展。

四、农村信用社数字普惠金融的实践与成效

农村信用社在互联网金融的大潮中，特别重视数字普惠金融服务能力，推出了电子银行等产品，通过金融智能基础设施建设，搭建数字金融服务平台，保障数字普惠金融的平稳发展。农村信用社发挥农村金融数据优势，秉承数字技术促进金融发展的理念，加强数字技术与金融服务相结合，落实"十四五"规划，为乡村振兴、"三农"发展增添数字化的羽翼。

广西农村信用社（以下简称广西农信社）充分利用自治区大数据发展局、人民银行南宁中心支行数据资源，激发数据价值的普惠效应。通过推进农村信用体系建设，加快政务与金融信息相融合，有效推动涉农信息数据互通，深耕数字普惠金融"试验田"，高质量满足农村市场多样化、多层次的金融需求。截至2021年末，广西农信社整合涉农数据，实现数据信息共享，数字普惠金融服务涉及全区111个县、1279个镇、16550个村，为广大普惠群体提供优质金融服务。作为广西金融服务乡村振兴主力军，广西农信社建立先进、实用的涉农数据体系，对涉农业务进行数字化创新，增强数字服务效能。截至2021年末，广西农信社通过"涉农信息管理系统"完成90%的数据贯标率，有效弥合城乡"数字鸿沟"，打破传统金融服务信息不对称及数据不全面、不共享等瓶颈问题，为普惠群体提供高效、便捷的金融服务。下一步，广西农信社将把《国家标准化发展纲要》和《金融标准化"十四五"发展规划》设定为重要发展目标，继续探索数字普惠金融助推"三农"发展新模式，完善金融数据共享体系，推进数字普惠金融在农村的发展，建设壮美广西。

湖南省农村信用社联合社（以下简称湖南省农信联社）集中各类资源，建设大型数字业务处理平台，预计对内为湖南102家农商银行、40家村镇银行、4000个线下网点、570万贷款客户、5700万普通客户提供电子化核算服务；对外链接中国银联六大支付系统，提供优质共享平台，同时链接工商、税务、司法等部门，提供其他民生服务。湖南省农信联社建设平台有两大初衷，一是提升数字普惠金融的便捷性与服务质效。线上渠道不受空间和时间的限制，可以随时随地为客户提供金融服务和金融产品，促进双方的信息交流，提升普惠群体金融可得性的同时，带动了金融业务增长。二是通过数字普惠金融进一步加强运营体系。通过引入数字技术，对现有金融业务、业务人员、服务流程提出新要求，加强内部运营体系建设；链接外部系统，对行业信息、行业政策进行分析，寻找金融服务创新点，持续推进数字金融产品，实现数字普惠金融可持续发展。

五、村镇银行数字普惠金融的实践与成效

2007年，村镇银行开始在四川、湖北、吉林等6个省份进行试点，如今已经走过10多年发展历程，村镇银行通过扎根乡镇、农村，为"三农"经济发展提供金融服务。农村地区金融服务存在业务成本高、单笔金额小、需求范围广等问题，而解决这些问题的要点在于如何运用科技手段破除传统金融服务的局限性。互联网、大数据等数字技术的发展，助推村镇银行突破时间和空间的限制，以低成本的数字化渠道为普惠群体提供金融服务，通过覆盖更广泛的地区，解决农村地区金融服务"最后一公里"的难题。

中银富登村镇银行（以下简称中银富登）在近几年领先其他金融机构先行整合数字技术与金融服务，实现农业大数据集中，建立以CRM为中心的信息系统，为数字普惠金融的发展奠定基础，同时利用数字技术进行业务创新，促进运营体系的转型升级，打造数字金融模式。除此之外，中银富登建立乡村振兴项目库，通过互联网、大数据手

段发掘本地特色产业，并结合当地政策和计划，扶持当地涉农企业的特色发展。截至2021年末，已初步实现项目入库900个，储备贷款金额80亿元，累计投放金额超40亿元，有力支持当地特色产业发展。其中，四川省郫县豆瓣项目取得年产超120万吨、工业产值超100亿元、吸纳农村劳动力超3万人的巨大成功。同时，中银富登积极进行金融产品数字化创新，研发出"PAD自动决策贷款"和"中富翼贷"等产品，深受农村普惠群体欢迎。"PAD自动决策贷款"针对"三农"客户，为普惠群体量身定制金融服务，实现15分钟内快速智能化审批小额贷款；"中富翼贷"通过大数据技术，为缺乏信用记录的普惠群体提供便捷的信贷服务，客户均可通过手机自助完成，而且审批和放款效率得到很大提高，平均3分钟就可以完成一笔业务。中银富登坚持以客户为中心的理念，实现数字化转型升级，把优质便利的金融服务送进千家万户，促进数字普惠金融高质量发展。

江西赣州银座村镇银行运用数字技术进行金融业务和金融产品的创新，促进乡村振兴与数字金融有机结合，探索构建新型金融生态平台，加速乡村金融基础设施建设，服务"三农"特色产业，推动数字普惠金融发展。对于村镇银行而言，小型普惠群体是金融服务的主要对象，乡镇、农村是金融服务的主战场。江西赣州银座村镇银行开辟"三农"金融需求数字化改革道路，实现业内最早全流程应用平板电脑上门服务，使新客户贷款时间由传统的2个工作日内缩短至2个小时内，大幅提高金融服务效率，实现资金快速入账。与此同时，还结合"手机视频技术"，实现全流程线上面对面金融服务，通过APP通话即可获得与线下相同的金融服务。江西赣州银座村镇银行在发展金融服务与产品的同时，也注重客源，通过二维码技术进行业务宣传，让贷款像点外卖一样简单。截至2022年5月末，数字普惠金融服务已经推广至356个村，在农村地区实现信用建档50227户，授信30842户，授信额度28.9亿元。近期，江西赣州银座村镇银行抓住互联网发展的优势，自主研发小程序"生活圈"，助力农产品销售，截至2022年6月末，已经纳入4402个商户，涵盖各行各业，将生意搬到线上，间接加强城乡信息交流，实现乡村产业振兴，促进数字普惠金融的发展。

六、小额贷款公司数字普惠金融的实践与成效

2005年，中国人民银行在5个省份开展小额贷款公司试点工作；2008年，银保监

会联合中国人民银行推动小额贷款公司的建设，自此，小额贷款公司迎来高速发展的契机。根据银保监会统计显示，截至2022年6月末，我国共有小额贷款公司6150家，从业人数达到59733人，实收资本7692.63亿元，贷款余额9258.45亿元。小额贷款公司分地区统计表（2022年6月）见表7-8。

表7-8　　　　　　　小额贷款公司分地区统计表（2022年6月）

地区名称	机构数量（家）	从业人员数（人）	实收资本（亿元）	贷款余额（亿元）
全国	6150	59733	7692.63	9258.45
北京市	112	872	139.27	129.51
天津市	75	1276	94.30	106.33
河北省	393	3554	235.15	230.81
山西省	207	1746	139.97	121.36
内蒙古自治区	160	1304	136.26	133.09
辽宁省	366	2688	270.42	250.84
吉林省	167	1302	79.42	61.26
黑龙江省	193	1239	171.74	158.06
上海市	116	1090	200.20	199.63
江苏省	584	4690	700.39	771.38
浙江省	281	2604	476.71	520.52
安徽省	280	2720	298.31	361.93
福建省	115	1081	255.57	268.56
江西省	128	1281	15856	179.28
山东省	259	2509	376.04	425.18
河南省	211	2163	193.63	208.19
湖北省	241	2106	272.50	265.80
湖南省	73	628	54.19	58.59
广东省	416	6047	913.22	885.82
广西壮族自治区	288	2621	248.93	183.26
海南省	55	472	73.59	87.64
重庆市	245	3879	1166.62	2581.45
四川省	199	3693	403.24	465.15
贵州省	90	709	31.86	32.49
云南省	146	1158	74.98	72.50
西藏自治区	19	112	19.91	12.92

续表

地区名称	机构数量（家）	从业人员数（人）	实收资本（亿元）	贷款余额（亿元）
陕西省	249	2101	228.15	230.05
甘肃省	246	1965	135.42	118.75
青海省	55	445	32.33	33.96
宁夏回族自治区	60	856	27.18	23.99
新疆维吾尔自治区	121	822	84.58	80.16

资料来源：中国证券网。

面对中国农村信用社、村镇银行的多方激烈竞争，小额贷款公司借助数字技术进行创新，可以解决一些资金短缺、业务陈旧、风控较弱问题。小额贷款公司遵循分散、小额的业务原则，以线下业务为基础发展线上业务，而小额贷款的供给能力与农村群体的金融需求相吻合，可以针对中小微企业提供更多的金融服务。但金融机构本身、资金来源、配套制度等存在相应局限，导致小额贷款公司的业务量受到了很大限制。

以位于四川的富登小额贷款（四川）有限公司为例。其获得线上经营权后，根据不同地区的地区属性，对客户进行调查分析，加大对客户信息的识别，更好地支持了当地的数字普惠金融发展。截至2020年末，富登小额贷款（四川）有限公司服务客户数量超3万户，发放贷款10亿元，全年累计援助客户4000户，涉及贷款余额超4亿元，解决了疫情下小微企业复工复产问题，帮客户走出疫情难关。富登小额贷款（四川）有限公司在结合数字技术与金融服务的过程中，投入大量人力物力，搭建业务流程框架，打造金融平台，使金融业务和产品从线下无缝衔接至线上；将运营转型至线上后，注重金融风险管控，并积极匹配用户金融需求，坚持"分散、小额"的前提，向普惠群体提供数字信贷服务。2021年，富登小额贷款（四川）有限公司坚持在省市的监督带领下，合法开展小额信贷业务，持续服务四川省内的小微企业和个体工商户，致力成为小微群体中实现数字普惠金融的先进小额贷款公司。

七、互联网金融企业数字普惠金融的实践与成效

近年来，互联网与金融的创新结合经历了野蛮生长到合规经营的过程。2006年，我国第一家互联网金融企业拍拍贷成立，自此互联网金融企业迅速发展，直到现金贷风险爆发后，国家对互联网金融企业进行整治，加强了对网络贷款的管理。目前，互联网金

融行业监管趋于严格，劣质的互联网金融企业逐渐被淘汰出局，综合性互联网金融企业完善相应牌照和业务，为普惠群体提供合法的数字普惠金融服务。我国互联网金融公司前十名（2022年）见表7-9。

表7-9 我国互联网金融公司前十名（2022年）

排名	品牌	公司
1	余额宝	浙江蚂蚁小微金融服务集团有限公司
2	陆金所	上海陆家嘴国际金融资产交易市场股份有限公司
3	京东金融	北京京东叁佰陆拾度电子商务有限公司
4	苏宁金融	苏宁云商集团股份有限公司
5	百度金融	百度网络技术有限公司
6	腾讯理财通	深圳市腾讯计算机系统有限公司
7	宜信 Credit Ease	普信恒业科技发展（北京）有限公司
8	钱大掌柜	兴业银行股份有限公司
9	万达金融	大连万达集团股份有限公司
10	网易理财	广州网易计算机系统有限公司

资料来源：中国报告大厅。

以互联网金融企业陆金所为例。陆金所认为，在数字经济大规模发展的背景下，降低运营成本、优化业务流程、实现数字金融只是必须实现的目标，而不是要点所在，要促进数字普惠金融高质量发展，必然要为普惠群体搭建更好的平台，提供高质量的数字金融服务。陆金所不断提升数字金融的效率与服务，为小微企业提供稳定、舒适的信贷服务。为了解决普惠金融存在的痛点，陆金所在2021年积极将互联网、人工智能、云计算等技术进行整合，全方位优化金融服务体系，推出智能借贷方案"行云"。该方案以人工智能为核心，通过数字技术对传统信贷流程进行改造，大幅提高信贷效率，截至2022年3月末，超过16万户小微企业通过"行云"获得了贷款服务，其中最快的贷款业务交易时间为13分钟，使客户享受到了高效的数字普惠金融服务。陆金所将大量新增贷款服务于小微企业，截至2022年6月末，陆金所新增贷款余额1295亿元，其中小微企业新增贷款占比86.1%，创历史新高，小微企业累计借款余额达到6614亿元。身处于金融大变革时期，陆金所精准把握数字普惠金融的发展机遇，为客户提供优质的数字普惠金融服务，平衡自身与普惠群体的发展，促进数字普惠金融可持续发展。陆金所六个季度小微企业借款占比见图7-5。

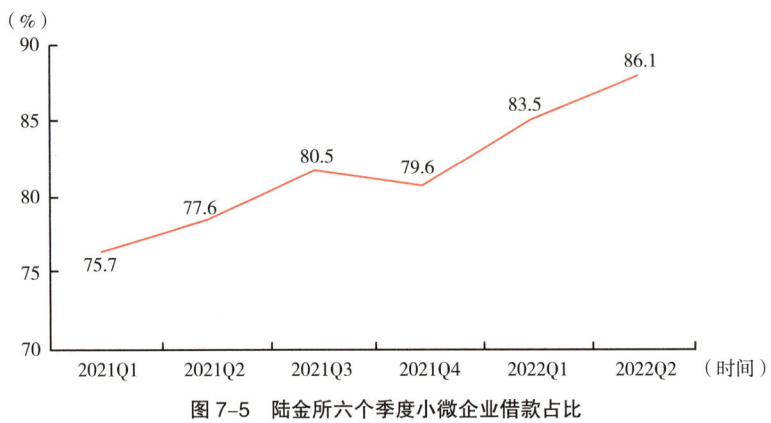

图 7-5　陆金所六个季度小微企业借款占比

互联网金融在短短几年就在金融供应链、服务链、产业链、消费链等方面作出新的突破，通过数字普惠金融将各类小微企业、个体工商户等小规模群体纳入服务范围，实现企业效益最大化。但是，由于互联网金融发展参差不齐，金融风险存在一定漏洞，优胜劣汰在所难免，想要跟上数字普惠金融的潮流，必须面对数字金融发展出现的种种问题，优化自身金融服务体系，摆脱困境。

第七节　数字普惠金融的风险防控与监管政策

一、数字普惠金融的风险特征与类型

近年来，数字金融市场危机频发，为数字金融带来猛烈冲击。2008年爆发的金融危机，使人们意识到防范金融风险的重要性。党的十八大以来，国家高度重视金融风险防范，习近平总书记提出，防范化解风险特别是防止系统性金融风险，是金融工作的根本任务。

结合数字普惠金融市场的发展状况，数字普惠金融风险一般被分为常规性风险和特殊性风险两类，见图7-6。常规性风险与传统金融服务的风险相同，主要包括信用风险、操作风险、市场风险等；特殊性风险是由于数字技术与金融服务结合而衍生的新型金融风险，主要包括技术风险、运营风险、长尾风险等。常规性风险和特殊性风险兼具金融性

和网络性，而数字普惠金融相比传统金融服务还有复杂性、传染性、虚拟性等特点。

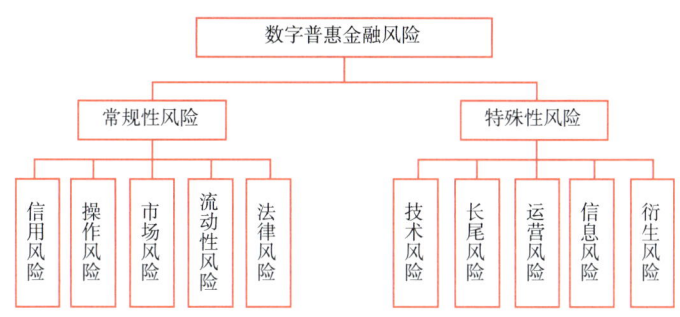

图 7-6　数字普惠金融风险类型

（一）数字普惠金融的复杂性

从服务内容来看，数字普惠金融的出现，彻底改变了传统金融服务的发展体系。数字普惠金融在运用互联网、大数据等数字技术优化、调整金融产品与服务的同时，也带来了许多潜在的金融风险。数字技术的引入，侧面反映了信息开始无时无刻地交流与更替，不仅能引发金融平台、金融基础设施方面的风险，还能引发数据、系统等方面的特殊风险。随着信息数据不断成为人们的无形资产，信息数据遭到入侵的可能性增加，而这些风险因素与数字普惠金融息息相关。从服务对象来看，农村群体是数字普惠金融服务的重要对象，而金融机构与这些长尾群体存在信息不对称、地理差距等问题，其中还有更多不可预见的风险，因此数字普惠金融具有复杂性。

（二）数字普惠金融的传染性

独立运作、缺乏交流是传统金融服务体系下金融机构存在的问题，金融风险一般也只存在于服务辖区范围内。随着数字普惠金融的发展，数字技术逐渐进入金融市场，打破了时间与空间的限制，加强了成千上万的金融市场主体之间的联系，促进了各行各业的互相交融。数字技术为传统金融市场带来的好处是显而易见的，但是同时也为数字普惠金融发展带来了潜在危机。如果一个企业不能有效防范金融风险，导致数据信息流出，风险将被互联网传导至各个领域，使金融市场风险急剧放大，导致数字普惠金融体系出现危机，甚至瘫痪。

（三）数字普惠金融的虚拟性

数字普惠金融以互联网、大数据等数字技术为基础，通过数字金融平台为普惠群体开展服务，促进传统金融服务中的现实因素向虚拟因素进行转变。数字普惠金融促使交易更加高效、便捷，整个金融业务流程得到优化，但是背后的对象、过程、目的都掌握在金融机构手中，不是公开透明的，不法犯罪分子往往将违法犯罪行为隐藏于无形的金融交易之中，进而引发各类金融风险，导致金融市场体系出现波动，加大金融风险的监管难度。

二、数字普惠金融风险的表现形式

近年来，数字普惠金融在我国蓬勃发展，同时也产生了一些内在风险。国内对于金融风险的研究初具雏形。杨子晖等通过四种风险测度方法，发现金融体系整体存在明显的跨部门传染效应。[①] 吴善东从数字技术、服务供给方、消费者和投资者三个方面详细阐述了数字普惠金融发展存在的风险，同时分析了数字普惠金融给监管带来的挑战。[②] 在风险测度方面，国内学者大多倾向于研究传统普惠金融风险，而对数字普惠金融风险的研究并不多见。现有研究主要从互联网金融风险、区域金融风险等方面进行分析，通过建立指标体系，采用熵值法、层次分析法等衡量风险大小。下面主要从运行平台、数字技术、普惠金融、衍生风险四个角度分析数字普惠金融风险的表现形式。[③]

（一）运行平台角度

数字普惠金融需要通过金融平台为普惠群体提供数字金融服务，相应地会产生信用风险、市场风险和流动性风险。健全信用体系是数字普惠金融实现良性发展的前提，信用体系不健全会导致普惠群体的金融资金存在风险，同时无法满足客户日常资金融通的需求。如果金融平台收集到了与实际服务群体不相符的金融信息，则会造成金融供给和金融需求失衡，导致金融机构出现错误决策，产生重大损失。当金融平台遇到流动性问题时，一般会用机构本身的资金进行应对，若无法补充流动性缺口，则容易产生流动性风险。如果利率波动过大，保险、互联网理财、第三方支付等数字普惠金融业务受到价格波动将产生市场风险。

（二）数字技术角度

数字技术的广泛应用，容易给数字普惠金融带来信息数据风险和数字鸿沟风险。数

---

① 杨子晖、陈雨恬、谢锐楷：《我国金融机构系统性金融风险度量与跨部门风险溢出效应研究》，《金融研究》2018年第10期。
② 吴善东：《数字普惠金融的风险问题、监管挑战及发展建议》，《技术经济与管理研究》2019年第1期。
③ 白雪、张贝贝：《数字普惠金融风险测度及跨系统传染机制研究》，《山东财经大学学报》2021年第5期。

字普惠金融的发展对网络有较强的依赖性，信息数据的安全是发展的关键。如果金融机构掌握的信息被不法分子窃取，造成数据外流，会引发巨大的损失。不法分子往往通过恶意窃取、恶意篡改、上传插件等方式，引发信息数据风险。除此之外，普及数字技术是数字普惠金融发展的前提，大部分长尾群体仍存在数字化意识不强、数字技术水平偏低等问题，造成金融资源的分配不均，产生数字鸿沟风险，违背数字普惠金融的发展理念。

（三）普惠金融角度

结合传统普惠金融的发展来看，数字普惠金融面对的最大问题就是长尾群体和机构运营的问题，两者容易滋生长尾风险和运营风险。数字普惠金融服务涵盖小微企业、个体工商户、低收入群体、农村居民等长尾群体，他们普遍金融意识淡薄，所处地理位置偏远，拥有的资金等资源较少。但是服务长尾群体又是实现数字普惠金融的必经之路，由于各种不可控因素的存在，增加了日常经营的不确定性和潜在风险发生的可能性。同时，金融机构开展数字普惠金融需要大量引入数字技术，优化传统金融服务体系，导致初期投入成本过高，容易影响企业经营业绩，出现亏损甚至破产等。

（四）衍生风险角度

数字普惠金融作为互联网时代下全新的金融发展模式，需要借助大量的创新型技术手段，从而导致一系列衍生风险。目前，混业经营是数字普惠金融平台普遍采用的模式，监管过程中存在漏洞，不能全方位对金融机构进行监控。[1] 一些不法分子便利用监管漏洞实施违法犯罪活动，利用普惠群体金融意识淡薄、分辨能力差的特点，进行诈骗和非法集资活动，扰乱整个金融市场的平稳运行。[2] 这些衍生风险会造成经济损失，阻碍数字普惠金融的发展，给社会发展和经济稳定带来诸多挑战。

三、数字普惠金融监管的理论基础

（一）金融创新与金融监管

在数字普惠金融的发展背景下，金融监管与金融创新两者携手共进，遵循"监管—创新—加强监管—再次创新"的发展过程。金融机构利用数字技术对金融服务和金融产品进行创新，提高服务效率和产品价值，实现利益最大化。与此同时，创新型金融产品与服

---

[1] 胡滨：《数字普惠金融的价值》，《中国金融》2016年第22期。
[2] 王傲君：《数字普惠金融发展存在的风险及对策》，《湖北师范大学学报（哲学社会科学版）》2019年第6期。

务会对传统金融市场造成冲击，监管部门要采取行动，加强监管的力度和范围，及时平衡两者关系，放缓金融创新的速度。当金融机构不能获取监管以外的利益时，就会再次进行金融创新，数字普惠金融能为金融机构的创新提供驱动力，推动金融市场的进步。只要进行金融创新就会存在相应的金融风险，金融监管就需要在创新后发挥监管职能，但是金融创新一般具有超前性，而金融监管只能在金融创新后进行，具有滞后性。如果金融监管力度太松，会导致金融风险蔓延，金融市场混乱；如果金融监管力度太严，会抑制金融创新的动力，不利于金融市场可持续发展。如何平衡两者关系，是未来金融监管的一大难题。

（二）金融创新与金融风险

金融机构利用数字技术对金融产品和服务进行数字创新，其中蕴含着许多未知结果和不可控因素，每一种技术、资源、服务、产品的碰撞都会造就全新的结果，有的取得圆满成功，有的充满金融风险，有的充满未知。金融创新虽然是为了优化金融业务、降低运营成本、减少金融风险，但是在发展过程中风险仍会发生。例如，金融创新会对传统金融市场形成冲击，金融机构创新型金融产品与服务的出现，会间接地淘汰相应的传统金融产品与服务，迫使所有金融机构都被卷入金融创新的大潮，虽然优胜劣汰有利于数字普惠金融的高质量发展，但是数字普惠金融服务的群体主要还是长尾群体，只有金融市场存在更多的金融机构才能惠及全民，从而坚守数字普惠金融发展初衷，保障数字普惠金融的可持续发展。金融创新与金融风险的相互影响，是数字普惠金融发展过程中的内在矛盾。

（三）金融风险与金融监管

数字普惠金融所诱发的风险，相比传统金融风险具有复杂、特殊、虚拟的特点。首先，金融监管要加强风险识别，对其进行全方位监测，为监管决策提供依据。其次，金融监管要建立相应的风险测度，通过建立相应指标，对金融风险进行精准测算，通过数据分析金融风险的危害性。最后，要健全风险管理，根据产生的金融风险，将风险的各项特征结合数字技术加以分析，针对特定的风险管理方案，减少金融风险对于金融市场的影响。如果金融监管力度不足，金融风险就会肆虐金融市场，造成其他风险的产生，导致金融市场发展停滞甚至崩溃。金融监管要立足宏观、中观、微观视角，对金融风险进行全面评判，及时化险为夷，保障数字普惠金融的高质量发展。

（四）金融创新、金融风险、金融监管三者关系

数字普惠金融发展背景下，金融创新、金融风险、金融监管三者相互影响、相互制

约、相互作用，见图7-7。为了规范金融监管，出现了金融创新，金融创新的发展，同时会催生金融风险，加大金融监管的难度。金融监管旨在鼓励创新与防范风险，促进金融创新与金融发展，金融监管通过实施不同手段，形成全新的动态监管体系。而金融机构为了追求发展与利益，又会进行新一轮金融创新，相应而来的也是新一轮的金融风险与金融监管。如此周而复始，在促进数字普惠金融高速发展的同时，也保障数字普惠金融的高质量发展，最终实现数字普惠金融可持续发展。

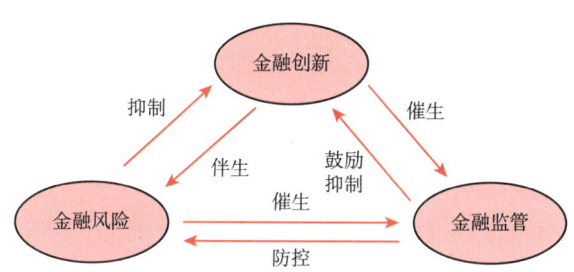

图 7-7 金融创新、金融风险、金融监管三者关系

四、数字普惠金融的监管实践

（一）美国的混业监管

美国作为全球经济的领先者，拥有比较先进、完善、成熟的金融监管体系，即"双层多头"的混业监管模式。"双层"意为美国联邦政府与州政府分权监管；"多头"意为各州或联邦的金融监管部门对管辖区域内的金融机构负责。美国在数字普惠金融的发展背景下，将金融业态分为移动支付、区块链、电子财富管理平台、在线市场借贷四个类型。同时，美国不断改变金融监管模式，颁布《电子资金转移法》和《金融服务现代法》等相关金融法规，指出第三方金融机构属于非银行金融机构，限制其业务范围，使其服从于金融监管的总体框架。在数字信贷方面，美国联邦政府和州政府共同实行多部门多头管理，相应的部门对相应的金融机构实施金融监管。例如，证券监管部门负责数字信贷平台管理，证券交易委员会和消费者金融保护局负责维护客户集体利益。根据《银行保密法》等，美国金融监管部门可以对管辖区内金融机构进行合法调查，确保金融业务的合法性。2016年，美国金融监管部门提出"无异议函"制度，从而减少金融创新与金融监管的摩擦。无异议函制度是指金融机构利用数字技术对金融服务与产品进行

创新，在现有法律法规无明显规定且能为消费者带来收益的前提下，可对其采取无异议函制度，帮助金融机构挣脱传统金融监管的束缚，实现数字普惠金融高质量发展。

（二）英国的"双峰"监管

英国的金融监管体系实行双头监管，由金融行为监管局（Financial Conduct Authority）和审慎监管局（Prudential Regulation Authority）共同负责，并将其分为金融行为监管与宏观金融监管。金融行为监管局负责全英国所有微观层面的金融活动，只要被认定为金融活动就要受到监管，因此英国的数字普惠金融发展较为平稳，从头到尾都处于金融行为监管局的监管之下。此外，英国金融行为管理局颁布了《众筹监管规则》等规章制度，拥有一套完善的P2P监管制度。同时，有效发挥政府监管与行业自律效用，成立英国P2P金融协会，不仅对金融机构提出要求，同时降低了市场准入的门槛与成本，有效推动了金融的有序发展。2015年，英国实施"监管沙盒"制度，即规定一套金融安全标准，金融机构在金融安全标准内进行的金融产品与服务的数字化创新和更新迭代不受金融监管部门的限制。这不仅推动了金融机构的创新发展，同时有效监管金融风险，实现金融创新与金融监管的携手共进。

（三）中国的分业监管

我国最新的监管模式吸收"双峰"监管的优势，协同宏观与微观监管，厘清中央与地方的职能，实行"一行一局一会"（中国人民银行、国家金融监督管理总局、证监会）的分业监管模式，以金融监管为核心，对金融市场的各个生命周期进行统一监管。不同的监管部门负有不同的监管职责，按照不同行业发放不同数字普惠金融牌照。例如，国家金融监督管理总局负责管理数字化保险、P2P借贷等，中国人民银行负责管理金融数字化支付。为了营造数字普惠金融良好的发展环境，我国金融监管机构颁布《推进普惠金融发展规划（2016—2020年）》等一系列监管政策，为数字普惠金融保驾护航。我国的金融监管路径为"出现问题—出现风险—约谈企业—进行处罚"，而这些管理办法只适应于传统金融服务监管，已经逐渐不能应用于数字普惠金融的监管。数字普惠金融的出现，带来了混业跨界企业多、监管机构和力度不足等问题。随着互联网、区块链等数字技术的快速发展，不同的金融机构进行联合，导致行业边界和监管对象模糊。同时，许多小额贷款公司没有办理相关牌照，游离在金融监管范围之外。数字技术在促进金融创新的同时，也加大了金融监管难度。

美国、英国、中国数字普惠金融监管比较分析见表7-10。

表7-10　　　　　　　美国、英国、中国数字普惠金融监管比较分析

国家 项目	美国	英国	中国
监管机构	双层多头	双头监管	一行一局一会
监管模式	混业监管	"双峰"监管	分业监管
金融业态	移动支付、区块链、电子财富管理平台、在线市场借贷	P2P借贷、股权投资型众筹	数字化支付、数字化理财、新型数字化保险、数字化征信、数字货币
法律法规	《金融服务现代化法》《电子资金转移法》等	《众筹监管规则》等	《推进普惠金融发展规划（2016—2020年）》等
监管创新	"无异议函"制度	"监管沙盒"制度	—

资料来源：笔者根据公开资料整理。

五、有效防范数字普惠金融风险的政策建议

（一）加强数字金融平台监管，防范数字普惠金融风险

数字普惠金融的发展离不开数字技术，要健全数字普惠金融信息安全体系，利用大数据、云计算、人工智能等数字技术，发挥现代科技的监测预警作用，完善数字普惠金融风险管理机制，在进行金融创新的同时发挥金融监管的作用。建立数字普惠金融风控体系，提升数字金融风险应对效率，防止金融风险通过互联网等途径向金融市场蔓延。强化各类数字普惠金融风控技术，定期检查数字金融平台漏洞，增加更多新型智能识别机制，增强数字普惠金融交易的安全性。提升金融机构内部人员职业道德素养，进行严格培训，提高服务人员职业素养与数字普惠金融专业能力。提高金融基础设施建设，解决边远落后地区数字鸿沟难题，不断扩大网络覆盖面积，加快4G、5G技术的投入，健全农村普惠群体的网络服务。加大对金融基础设施投入，大力普及数字技术，提高普惠群体金融意识，实现数字普惠金融精准服务。政府加强对落后地区的金融扶持与金融补贴，与金融机构合力打造区域性数字普惠金融服务，增强数字普惠金融服务能力。

（二）健全数字普惠金融体系，完善相应金融监管制度

数字普惠金融建立在数字技术高速发展的基础之上，突破了传统金融服务的管辖范

围，相应的监管制度也应该进行更新。① 随着数字普惠金融的大力发展，混业经营成为大势所趋，传统金融服务下的分业监管模式不能对其实施有效监管，因此要不断提高金融监管的混业监管能力，同时促进金融行业自律。从数字化支付、数字化保险、数字化理财、数字货币、线上融资等方面进行金融监管，摒弃传统的对金融机构的单一监管模式。明确金融市场服务主体的职责，对不同领域的金融机构进行协同监管，明确监管部门的权利和义务。加强金融监管部门与其他政府部门的合作，通过多方联手加大对金融市场的监管力度，促进金融监管的有序进行。保障数字普惠金融的良性发展，需要"一行一局一会"三个监管部门对其进行深度监管，实现数字普惠金融全方位监测。成立数字普惠金融相关协会，收集并研究数字普惠金融的创新发展路径，加强业内沟通，促进信息交流共享，最大限度预防数字普惠金融风险的发生。加强企业内部控制能力，为企业树立良好的金融发展观，搭建企业内部金融风险防范机制，杜绝从事非法集资活动，自觉维护数字普惠金融秩序。

（三）提高普惠群体金融意识，助力金融服务惠及长尾

数字普惠金融拥有全新的特征，传统的消费者权益保护法不能对其进行全面规范，要切实保护金融消费群体的权益，就要通过数字普惠金融方方面面的特点对消费者权益保护法进行完善。金融机构在利用数字技术改良、优化金融产品与服务的同时，要注重金融产品与服务的可理解性，为数字化程度不高、金融意识低的普惠群体提供易理解、操作简单的金融产品与服务。构建完善的金融消费者售后服务模式，及时获取消费者在获得数字普惠金融服务中存在的问题，并针对问题进行改进和突破。逐步完善风险管理机制，当金融消费者存在交易异常要及时与消费者取得联系，避免金融风险的发生，保障金融消费者的根本利益。针对普惠群体进行相应的金融教育，通过线上和线下双渠道模式促进金融知识走进乡村，将传统的被动服务转变为主动服务，积极培养普惠群体的金融保护意识，鼓励普惠群体积极检举身边的违法金融行为，防范数字普惠金融在长尾地区的金融风险。

（四）推进数字金融制度改革，延续数字普惠金融发展

数字普惠金融下的金融监管不能过度，也不能松懈，要通过不断实践，寻找金融监

---

① 马鑫：《互联网金融创新背景下新型金融监管模式的研究》，《经济研究导刊》2022年第18期。

管、金融创新、金融风险之间的平衡。创新性引入英国的"监管沙盒"制度,需要"一行一局一会"三个监管部门联合出台相关规章法律,联手对整个数字金融市场进行监管。积极将互联网、大数据、区块链等数字技术运用到金融监管中,推动金融监管数字化发展。完善"监管沙盒"监管制度,对企业方方面面的金融服务进行限定,加强金融交易主体的监测,完善数字普惠金融风控体系。我国数字普惠金融发展现状还与其他发达国家有着不小的差距,推进金融改革创新、满足普惠群体需求是发展的重要目标。金融监管部门要进一步完善市场的准入和退出机制,保证优质的金融资本在市场流动。制定相应的金融监管实施细则,出台限制第三方网络金融机构的相关法律规章,建立完善的信息披露机制,促进数字金融交易公开透明,让数字普惠金融风险无处遁形。

金融监管的差异化管控机制见表7-11。

表7-11　　　　　　　　金融监管的差异化管控机制

时间	发布机构	政策文件	主要内容
2019年1月	银保监会	《关于推进农业商业银行坚守定位强化治理提升金融服务能力的意见》	要求农村商业银行准确把握自身在银行体系中的差异地位
2019年3月	银保监会	《关于做好2019年银行业保险业服务乡村振兴和助力脱贫攻坚工作的通知》	要求各银行业金融机构保持同口径涉农贷款持续增长,实现普惠型金融贷款增速总体高于各项贷款平均增速
2019年9月	中国人民银行	《金融科技(FinTech)发展规划(2019—2021年)》	金融科技的顶层设计方案与规划
2019年12月	银保监会	《关于推动村镇银行坚守定位提升服务乡村振兴战略能力的通知》	要求村镇银行始终坚持扎根县域,专注信贷主业
2020年4月	银保监会	《关于做好2020年银行业保险业服务"三农"领域重点工作的通知》	要求各银行业金融机构单列涉农和普惠型涉农信贷计划
2020年5月	中国人民银行	《关于进一步强化中小微企业金融服务的指导意见》	将普惠金融在分支行综合绩效考核重点权重提升至10%以上
2020年6月	银保监会	《商业银行中小微企业金融服务监管评价办法(试行)》	将小微企业授信尽职免责政策落实情况纳入专门评价指标
2020年7月	银保监会	《商业银行互联网管理暂行办法》	规范商业银行和互联网平台合作风险管理和机构管理
2021年2月	银保监会	《关于进一步规范商业银行互联贷款业务的通知》	对监管指标和业务区域提出了明确规定

资料来源:银保监会、中国人民银行、中信建投。

第八章　新发展理念下绿色普惠金融的发展研究

绿色金融和普惠金融具有极强的内在一致性。普惠金融主要是让社会所有阶层和群体享受到应有的、全面的、有效的金融服务，旨在支持群体间、横向性的可持续发展；绿色金融要求金融行业把环境保护作为一项基本政策，把与环境相关的潜在回报、风险和成本都融进金融行业的日常业务中，旨在支持代际间、纵向性的可持续发展。此外，普惠金融重点群体也往往是与气候变化联系最紧密的群体，研究表明，目前我国二氧化碳排放总量的53%来自中小微企业、农村居民等群体。因此，推动绿色金融和普惠金融融合发展具有极强的理论和现实基础，绿色普惠金融将是我国未来金融改革的重要方向。由于绿色普惠金融具有极强的正外部性，仅靠金融机构难以实现绿色普惠金融服务的有效供给，需要从国家层面加强引导，完善公共配套服务，降低金融机构成本，内化金融机构开展绿色普惠金融业务收益。

第一节　绿色普惠金融理论研究

一、绿色金融和普惠金融的同源性

2016年1月，国务院印发的《推进普惠金融发展规划（2016—2020年）》中明确指出，普惠金融是指立足机会平等要求和商业可持续原则，以可负担的成本为有金融服务需求的社会各阶层和群体提供适当、有效的金融服务。绿色金融是指将环境保护与金融体系有机地结合在一起。人口增长、经济发展、能源消费已经严重威胁到全球的生态环境，实现绿色增长是经济发展的必然趋势。目前，全球许多国家都在积极发展低碳经济，绿色金融也是一个重要的发展方向。

当前，普惠金融与绿色金融已成为我国金融体制改革的重点。绿色金融的关键在于推进环保与治理，把高污染、高耗能行业的资源转移到高技术领域；普惠金融服务对象包括小型企业、农村居民、城镇低收入人群和特殊群体等。虽然二者的服务对象不同，但发展思路却是相通的，因而在经营主体、运营方式等方面具有共性，二者的发展目标相互支撑、相互补充。普惠金融的核心思想是"所有人机会均等"，即通过向人们提供金融服务，让他们享受到公平发展的机会，从而促进经济与社会的和谐发展；绿色金融的理念是通过对资源的合理分配来促进可持续发展。普惠金融和绿色金融是"协调、绿色、共享"发展理念的具体体现，两者结合起来，不仅能为小微企业、"三农"、贫困人口、生态环境等提供金融服务，还能推动美丽中国建设。党的十八届三中全会第一次将普惠金融理念纳入中央重要文件，《推进普惠金融发展规划（2016—2020年）》是我国第一个发展普惠金融的规划，其中还提出了"定期发布中国普惠金融指标"。由此可见，普惠金融已经成为我国经济发展的一个重要理念。

二、绿色普惠金融的内涵和目标

（一）绿色普惠金融的内涵

绿色金融是指金融部门把环境保护作为一项基本政策，在投融资决策中考虑潜在的环境影响，通过对社会经济资源的引导，促进经济社会的可持续发展[①]。建设绿色普惠金融体系，不是对传统金融体系的颠覆或重构，而是对传统金融体系的延伸和发展，是推动传统金融体系绿色化和普惠化，形成将绿色普惠理念视为天然内涵的新时代金融体系。大力发展绿色普惠金融，是我国全面建成小康社会的必然要求，有利于促进金融业可持续发展，推动大众创业、万众创新，助推经济发展方式转型升级，增进社会公平和社会和谐。

（二）绿色普惠金融的目标

党中央、国务院高度重视发展绿色普惠金融。党的十八届三中全会明确提出发展普

---

① 尤毅：《对金融定义的一些认识和思考》，《海南金融》2022年第4期。

惠金融的战略部署。2015年《政府工作报告》提出，要大力发展绿色普惠金融，让所有市场主体都能分享金融服务的雨露甘霖。为推进绿色普惠金融发展，要提高金融服务的覆盖率、可得性和满意度，增强所有市场主体和广大人民群众对金融服务的获得感。绿色普惠金融体系的目标是金融绿色化与普惠化同步实现，是普惠金融实践的绿色化，也是绿色金融实践的普惠化。

首先，制定绿色普惠金融支持项目目录。明确绿色金融标准是推进绿色普惠金融工作的前提。绿色金融标准化工程被列为"十三五"时期金融业标准化五大重点工程之一，绿色金融标准化建设正在逐步推进。在行业标准出台之前，各地先行先试，制定绿色普惠金融支持项目目录是推动绿色普惠金融工作最务实、可行的方式。结合目前国家正在实施的乡村振兴战略和大众创业、万众创新举措，以绿色为导向，按照由粗到细、先简单后复杂的原则，各省可以以县为单位，结合地方特色，由经济发展部门、环境保护部门及金融部门共同编制《绿色普惠金融支持乡村振兴和创新创业项目目录》。围绕供给侧结构性改革要求，对接地气、贴实际的循环农业、新能源开发、污染治理、绿色建筑、绿色消费、生态旅游、特色小镇等项目进行分类整理，制定指导性文件，只要投资主体符合普惠对象标准，即列为绿色普惠金融支持项目，引导资金投向自然环境友好型、投资主体微众化的行业和项目。

其次，丰富绿色普惠金融产品。在保障小微企业、农民、城镇低收入人群开户、存取款、支付、结算等基本金融服务基础上，创新信贷服务，依托税收、电费、订单等多渠道信息，推出"税易贷""电子商务贷""家庭农场贷"等方便快捷的信贷产品。扩大农业保险覆盖面，大力发展中药材、蔬菜、水果等地方保险种类。推广农牧业灾害保险，加强病死畜无害化处理力度。探索开展价格保险、天气指数保险和"目标价格保险＋期货"试点。推动在环境高风险领域建立环境污染责任强制保险制度，大力发展环境责任险。开发适合低收入人群、残疾人等特殊群体的小额人身保险及相关产品。加强绿色理财、绿色信贷产品创新，开发绿色债券及相关产品。推广应用绿色信贷积分、个人碳账户等新方法，引导人们在衣食住行各方面进行绿色消费。

第二节　绿色小额信贷的发展

一、绿色小额信贷的起源及意义

（一）绿色小额信贷的起源

"绿色小额信贷"是近年来逐渐兴起的一种金融服务创新模式，目前在学术上尚没有统一而明确的定义。一般认为，绿色小额信贷起源于小额信贷。小额信贷是以低收入群体和小微企业为服务对象的小额贷款，主要目标是缓解贫困、提高弱势群体地位及实现小额信贷可持续的统筹发展。小额信贷在较长时期内是一种重要的扶贫手段和金融服务创新模式，兼具经济价值和社会价值。

伴随着全球经济的高速发展，自然环境与经济社会协调可持续的理念得到越来越多的关注。不同于污染、气候变化、自然资源消耗等多次出现在可持续发展国际会议与全球发展议程上的环境议题，普惠金融与绿色发展这两个看似毫无关联的主题直到1987年才在世界环境与发展委员会主题报告《我们共同的未来》（*Our Common Future or Brundtland Report*）中被首次提出。此后，在可持续发展理念的主导及自身发展的压力下，一些小额贷款机构逐渐正视经济发展、环境保护、社会公平"三重底线"，将小额信贷扶持项目和使用主体对环境与社会的影响作为贷款投放与否的重要评价指标，并试图在三者之间寻找平衡点，进一步探索小额信贷在充分发挥金融普惠作用的同时，在不直接或间接地破坏自然环境的基础上有效促进环境发展的可持续性，进而开创性地拓展出小额信贷的绿色功能，衍生出绿色小额信贷[①]。

绿色小额信贷研究的理论基础，来源于经济学家马歇尔提出的自然环境的外部属性。马歇尔在其代表作《经济学原理》中认为，自然环境作为一种公共产品，存在较强的外部性。随后，在庇古创建的福利经济学中，进一步将外部性引入环境污染问题研究中，并将外部性分为正外部性和负外部性，首次在理论界提出"社会净边际产品"和"私人净边际产品"，认为负外部性是由于私人净边际产品大于社会净边际产品，而正外部性是由于私人净边际产品小于社会净边际产品[②]。科斯从另一个角度阐述了如何降低

---

① 熊园：《海南省发展绿色小额信贷的对策研究》，硕士学位论文，海南大学，2016。
② A.C.庇古：《福利经济学》，朱泱、张胜纪、吴良健译，商务印书馆，2009。

环境外部性的影响，即通过明晰各经济主体间的产权关系消除环境的外部性，前提是交易成本为零；若交易成本不为零，政府可以通过制度方法进行干预，使市场中的各类经济主体降低其交易费用，使自然环境与经济发展之间达成帕累托最优状态。

（二）发展绿色小额信贷的意义

党的十九大报告提出，我国社会发展的主要矛盾已经转化为人民日益增长的美好生活需要和不平衡不充分的发展之间的矛盾。党中央要求坚持农业农村优先发展，加快推进农业农村现代化，并首次提出实施乡村振兴战略。加快推动绿色普惠金融产品的创新，依托绿色小额信贷完善相应的贷款政策和程序，能够实现以促进环境可持续发展与乡村振兴为目的有机衔接。绿色小额信贷能够通过调整贷款方式等激励措施，鼓励小微企业开展环境友好型经营活动或使用环境友好型技术，加速可再生能源技术或高效节能技术推广应用，鼓励农民使用清洁能源，促进经济领域绿色创业，助力发展低碳农业，推进绿色生活生产进程，全面减少碳排放，有效控制大气污染。

一方面，绿色小额信贷兼具普惠与环保的双重属性，它通过将清洁生产、清洁能源的开发和低碳减排等绿色理念与技术应用到小额信贷领域，使普惠金融、绿色金融与实体经济发展相结合，关注小额信贷在助力实体发展中的互补性，促进普惠、环保和经济社会三者的协调、持续发展，是绿色低碳发展必不可少的重要推动力量[①]。另一方面，发展绿色小额信贷是更好服务低收入群体和小微企业发展的重要战略布局。小微企业大多是个体户或家族企业，规模小，抵押担保困难，抵抗信贷能力弱，一旦出现融资困难或外部政策变化、市场变化等因素，都有可能导致企业陷入困境，乃至倒闭，从而极大地提高了银行的信用风险。发展服务小微企业的绿色小额信贷能有效改善小微企业生产技术落后、流动资金短缺、环保监管缺失等短板，进而缓解小微企业因资金短缺而导致的环保问题，促进小微企业向低污染、健康化发展。因此，绿色小额信贷的有序发展对我国经济社会高质量可持续发展具有十分重要的理论价值和现实意义。

二、绿色小额信贷的探索实践

绿色小额信贷将扶贫、绿色生态与经济活动相结合，通过引导小额信贷领域的经济

---

① 王会芝：《美国绿色小额信贷发展的经验与启示》，《经济界》2014年第3期。

活动，促进扶贫、信贷经济与绿色生态的可持续发展。

（一）美国绿色小额信贷的探索实践

美国是全球绿色小额信贷开展较早，也较为成功的国家之一。美国作为"赤道原则"的重要发起人，一直都比较关注环境保护，加上美国NGO组织的呼吁和推动，绿色小额信贷业务发展较为迅速，已经逐步将环境及可持续发展因素统筹纳入小额信贷的研究范畴。作为绿色信贷的创始地，美国制定了一系列规范政府、企业和银行行为，调节经济发展与环境保护关系，推动绿色经济发展的法律规章。在20世纪80年代，美国颁布针对金融环境领域的《综合环境反应补偿与责任法》，规定金融机构需要对其投放信贷资金的项目产生的环境污染负责，并承担污染行为的连带责任，支付相应的环境修复费用等。1992年，美国环保署出台《贷款人责任规则》，并于1996年将该法案上升为法典。美国政府也积极采取财税减免、财政补贴等政策，激发并鼓励绿色信贷的发展，特别是对小微企业和低收入人群给予了更为有力的信贷支持。

为了有效引导金融机构注重绿色小额信贷业务的推广，美国为绿色经济项目融资提供了更为广泛的融资渠道。一是商业性金融机构。秉持绿色环保和社会公平的理念，对水污染严重、温室气体排放量高等高耗能、高污染的小微企业提高贷款利率。为小微企业提供资金和技术支持，对开发应用可再生能源、生物燃料等环保技术的小微企业降低贷款利率等。开展绿色小额信贷，提高小微企业的能源使用效率。为低收入群体从事生产环境保护、农业等活动提供小额信贷优惠。二是绿色社区金融机构。随着贷款项目产生而引起的环境问题逐渐被重视，美国部分社区金融机构开始着手为关注环境问题的小微企业提供更有针对性的信贷产品和信贷服务，并逐渐演变为致力于可持续发展、开展绿色小额信贷业务的绿色社区银行。较具有代表性、能够提供较为成熟的绿色小额信贷服务的银行有旧金山新能源银行和波士顿莱特银行。三是小企业管理局。美国小企业管理局通常在可再生能源利用、清洁生产等领域投资中作为小微企业的贷款担保人。在小微企业需要向贷款人给付高利率或无法贷到款项时，为其提供担保，使小微企业融资更加方便，并为小微企业争取更加优惠的利率等。除拓展以上三类绿色融资渠道外，美国还成立专门的绿色小额信贷有限责任公司，帮助小额信贷机构在贷款政策程序中融合环保理念，实施科学可行的环保借贷措施，提高环境管理能力。例如，美国格林小额信贷公司连续10多年为实施清洁能源贷款项目的小微企业提供项目支持，达到推广利用可再生能源、实现节能减排等环保目的。

（二）我国绿色小额信贷的探索实践

1994年，我国引入小额信贷模式，对我国农村地区的经济发展起到了重要作用。小额贷款在我国的发展大致可以划分为四个阶段：第一阶段（1993—1996年），小额贷款技术初步传入我国，相关银行机构进行了小规模试点；第二阶段（1997—1999年），"政策性小额贷款"扶贫项目扩展，我国开始主要采取孟加拉乡村银行模式；第三阶段（2000—2005年），农村信用合作社（RCC）小额信用贷款和联保贷款逐渐发展；第四阶段（2005年至今），我国小额贷款逐渐多样化，小额贷款公司出现，随着我国经济的发展和小额信贷技术的逐渐成熟，我国开始培育多种形式的小额贷款，大量商业银行、农村信用社等机构也转向小额信贷领域，涌现出了哈尔滨银行、台州银行等一批从事小微企业贷款的优秀金融机构。

2008年5月，中国人民银行和中国银监会联合发布《关于小额贷款公司试点的指导意见》，对小额信贷公司的性质、设立条件和资金来源作出具体规定；2009年6月，中国银监会发布《小额贷款公司改制设立村镇银行暂行规定》；2013年7月，国务院办公厅对外发布《关于金融支持经济结构调整和转型升级的指导意见》。自发布《关于小额贷款公司试点的指导意见》以来，全国各地已设立的小额贷款公司达8551家，新型农村金融机构也日益增多。

三、绿色小额贷款面临的挑战

新冠疫情给我国中小银行绿色小额贷款带来巨大挑战。在政策方面，国家通过一系列宏观调控措施加强对金融的支持，从而减轻地方经济的总体压力，然而我国中小银行产业结构具有差异性，部分宏观调控措施并未对环保行业起到很好的激励作用。此外，在我国的绿色信贷政策执行过程中，由于缺少完善的激励和惩罚机制，地方银行和监管部门难以对高耗能、高污染企业进行有效的约束管理。

从地方层面看，中小商业银行对"两高一剩"企业的放贷减少，从长远来看可以提高银行的利润，但是从短期来看，高耗能、高污染企业的利润状况往往比较好，因此，降低对这些企业的信用额度，会使银行的利润在短期内有所下降。同时，由于中小企业的发展模式与当地的经济结构关联性强，所以地方政府常常把大量信贷资金发放给当地的"两高一剩"企业。以湖北省为例，矿业、纺织业、天然气开采业等行业是全省经济的重要产业支柱，在三大行业中比重占据了49.4%，但同时它们也是造成工业污染的一个重要来源。根据湖北省统计局公布的数据，2022年一季度，全省工业增加值同比下滑45.8%。湖北政府要想加快经济复苏，必须加大财政扶持力度。因此，我国中小商业银行在发展绿色小额信贷时，不仅要面对新兴行业的收益风险，而且要受到地方政府、产业结构等因素的制约。

绿色小额信贷在信息层面上也有挑战。银行、企业和环境监管机构在发展绿色信贷过程中会遇到信息不对称的问题，而上市公司的环境披露仍然是以自愿的形式进行，而且因违约成本低、社会监督不足等原因，使信息不对称披露不及时、不充分的问题难以得到有效解决。另外，由于银行与环保监管机构之间缺少信息交流平台，导致银行无法及时、准确地掌握企业的环保和环境污染等问题。信息不对称严重制约了绿色小额信贷的发展。

第三节　绿色金融债券的发展

一、绿色金融债券的起源及意义

（一）绿色金融债券的起源

绿色金融债券是指政府、政策性银行、商业银行、企业集团财务公司等依法发行的、募集资金用于绿色产业的有价证券。近几年，绿色债券市场发展迅猛，已成为全球范围内的绿色金融产品。目前，国内已有不少金融机构和公司在绿色债券市场上进行了大量探索与尝试。为了贯彻《生态文明体制改革总体方案》和党的十八届五中全会的精神，加快推进绿色、循环、低碳发展，中国人民银行总行根据国际经验和国内实际，制定并印发了《中国人民银行公告〔2015〕第39号》，在银行间债券市场上推出一种专门为绿色行业发行的绿色金融债券，为金融机构提供绿色金融债券的同时也提供绿色金融产品的融资渠道。与此同时，也对绿色金融债券进行规范，明确鼓励绿色金融债券发行的优惠政策，以此推动我国绿色金融债券市场的快速发展。

按照有关法规，以绿色融资方式筹集的资金仅限于对环保行业的扶持。发行人可以参照中国人民银行发布的《绿色债券支持项目目录》对其进行筛选，并参照其他相关指标进行评价。《绿色债券支持项目目录》（以下简称《目录》）是由中国金融协会绿色金融专业委员会编写。2015年版《目录》将绿色债券支持的项目划分为：节能（工业节能、可持续建筑、能源管理中心、城乡基础设施建设、再生资源回收加工及循环利用、机电产品再制造、生物质资源回收利用）、资源节约与循环利用（节水及非常规水源利用、尾矿、伴生矿再开发及综合利用、工业固废、废气、废液回收和资源化利用、再生资源回收加工及循环利用、机电产品再制造、生物质资源回收利用）、清洁交通（铁路交通、城市轨道交通、城乡公路运输公共客运、水路交通、清洁燃油、新能源汽车、交通领域互联网应用）、清洁能源（风力发电、太阳能光伏发电、智能电网及能源互联网、分布式电源、太阳能热利用、水力发电、其他新能源利用）、生态保护和适应气候变化（自然生态保护及旅游资源保护开发、生态农牧渔业、林业开发、灾害应急防控）6个一级分类，31个二级分类，以及更进一步的三级分类，并将根据实际情况进行动态调整。

绿色债券是我国第二大绿色融资工具，规模仅次于绿色信用。浦发银行于2015年启动绿色债券市场的建设，并于2016年1月在我国内地发行第一笔绿色金融债券，标志着绿色债券的正式启动。在此之前，尽管也有不少金融机构和公司试图发行"绿色债券"来进行绿色低碳的投资，但当时并没有统一的政策规范，也没有形成市场上的一致意见。

从2016年开始，我国的绿色债券市场每年的发行量已突破2000亿元，到2020年，绿色债券的总发行量已突破1万亿元。2020年，因为新冠疫情的影响，绿色债券的发行规模与2019年相比出现了显著的下滑。但由于"双碳"目标、国内经济复苏、大力推进政策和绿色债券的优势等诸多因素的推动，我国绿色债券在2021年前三个月的发行规模已达4000亿元，发展潜力巨大、动力强劲，绿色债券中的碳中和债发展最为迅速。由于国家政策的大力扶持，碳中和债在2021年正式发行，推动绿色债券市场的产业规模迅速扩大。2021年2月，第一笔碳中和债正式在银行间市场上市，累计发行总额达64亿元。碳中和债是绿色债券市场在2021年取得优异业绩的重要因素。目前，碳中和债的发行方式是在银行和证券交易所进行的。从2021年2月到2022年9月，共发行了473种绿色债，包括信用债、利率债和资产证券化产品，共计189种碳中和债，占总规模的40%。

（二）绿色金融债券的意义

我国是世界上最早建立绿色金融体系的国家，目前正在积极完善，以有力支撑绿色低碳发展。中国人民银行原副行长陈雨露在2021中国金融协会绿色专业委员会年会上表示，绿色信贷是当前我国绿色金融发展的最大推动力，我国的绿色贷款总额已达到14万亿元。目前，我国的绿色债券市场正处于快速发展阶段，已有近1万亿元的绿色债券，并且没有出现任何违约的情况，发展态势良好。绿色债券具有融资成本低、审核速度快、增信方式样等诸多优点，可以为实现碳达峰碳中和提供有力的支持。我国十分重视发展绿色债券，在2021年修改《绿色债券支持项目目录》，促进绿色债券市场的规范化，并进一步完善和优化绿色金融体系。为实现碳达峰碳中和目标，为绿色发展提供低成本、高质量、高标准、高效率的绿色债券融资，可以在加大绿色债券品种创新，降低绿色认证、信息披露成本，完善投资配套机制等方面进行强化。

二、绿色金融债券的发展经验及启示

（一）绿色金融债券的发展经验

绿色债券（Green Bond）的概念由世界银行在2007年首次提出。世界银行将"绿色债券"定义为专门为支持气候相关或环境项目而发行的债务工具。对投资者而言，除了评价标准的金融特性，如期限、息票率、价格、信用质量之外，还应对其所支持的环保指标进行评价。标准方面，在全球范围内，最广为接受的标准是《绿色债券原则》（GBP）和《气候债券标准》（CBS），前者是由主要市场参与者在国际资本市场协会（ICMA）协调下制定的一套自愿指南，后者是气候债券倡议组织（CBI）发布的气候债券标准。另外，欧盟也曾发布相关绿色债券标准。《绿色债券原则》和《气候债券标准》均为自愿性准则，是由市场主体自发形成的指导方针，投资者的责任意识是其推行的重要力量。但《气候债券标准》又有所不同，具体体现在：《气候债券标准》包含了《绿色债券原则》，且更具可操性，认证方面也更加灵活，但《气候债券标准》更加详细。

绿色债券有四种类型：绿色用途债券、绿色收益债券、绿色项目债券和绿色资产证券化债券。美国、欧洲和中国是主要的发行市场。根据英国工业联合会（CBI）的数据，截至2020年末，全世界已经发行了10248亿美元的绿色债券。按区域划分，欧洲地区的绿色债券发行量最高，达到4688亿美元，北美、亚太地区紧随其后。除了交通、水、废物处理、土地利用、通信技术和工业之外，大部分的融资都是在清洁能源和绿色建筑上。企业、政府和相关单位是发行人的主体。其发展趋势表现为规模增长显著，品种多元化。2020年，全球发行的绿色债券达到2901亿美元，与2019年相比，增加了12%。而伴随着绿色债券的迅猛发展，其品种也逐步多样化，以资产证券化的方式呈现在大众面前，而且表现形式也在不断地革新，发行主体、发行机构类型、发行规模不断扩大。现在共有16个国家已经发行了绿色主权债务。公司、政府以及有关部门逐步成为发行主体，资金使用的范围也更大。绿色债券融资的主体是节能与清洁能源，其融资比例超过一半，但从2016年开始，这种格局就被打破，水资源节约、基础设施建设和运输方面所占比重都有所提高。

（二）发展绿色金融债券的启示

借鉴国外发展绿色金融债券的有益经验，笔者认为应从以下两方面进一步完善我国的绿色金融债券制度。

一是，加快推动对绿色金融债券的立法，健全相关政策的支撑与引导作用。在普惠金融联盟的政策论坛上，许多发展中国家都承诺推动普惠金融的发展，并建立了普惠金融工作团队，制定了相关的普惠金融政策。我国应积极参加国际绿色金融债券机构的有关活动，建立绿色金融债券的跨行业领导小组，出台专项政策，建立全方位的绿色金融债券供应制度，制订合理的发展策略，并转化为具体的政策。建立和完善促进绿色金融债券高质量发展的财税政策，完善财政补助政策，优化税收政策，减免涉农贷款、小微企业贷款等贷款所得税。监管部门要逐步建立起对金融机构为弱势群体提供金融服务情况的监测、评价和考核机制，引导提高绿色普惠金融的参与度。

二是，强化宏观金融政策的引导，发展多元化的金融工具。鼓励金融机构加大对经济社会发展薄弱环节的资源倾斜，引导资金投向中西部地区、"三农"和小微企业，投向民生和就业等人民群众最关心的服务需求领域，调整金融资源分配，提高金融资源使用效率，扩大弱势地区、弱势群体获得金融服务的途径。完善多层次资本市场，多渠道推进股权融资，发展和规范债券市场，增加直接融资比例。扩大小微企业、"三农"绿色金融债券的发行，扶持小型企业以新的债券形式进行融资，扩大中小企业的融资渠道。

三、绿色金融债券面临的挑战

一方面，中小型金融机构绿色普惠金融发展程度偏弱。从每年新增的绿色金融债券发行机构的属性来看，越来越多的农商行等中小型金融机构成功发行了绿色金融债券。但从我国实际情况来看，仍有很多中小型金融机构未达到绿色金融债券发行要求，绿色金融债券发行潜力尚有待挖掘。以农村商业银行为例，截至2019年末，我国共有1423家农村商业银行，但仅有14家成功发行绿色金融债券，占比仅为0.97%。虽然我国中小型金融机构数量较多，但绿色信贷发展较晚，绿色普惠金融发展还处于起步阶段，且由于人才缺乏和经验不足等问题，尚不具备绿色金融债券发行能力。金融机构尤其是中小型金融机构应加强绿色普惠金融服务意识，提高绿色普惠金融服务能力，建立健全绿色普惠金融制度，储备绿色项目池，为绿色金融债券发行奠定基础。

另一方面，绿色金融债券募集资金投放上存在绿色产业项目限制。根据目前监管要求，绿色金融债券募集资金投放仍限制在绿色产业项目上，即募集资金只能投放于符合《绿色债券项目支持目录》规定的绿色产业项目。在绿色金融债券发展初期，这有利于保持债券的绿色属性，但随着绿色金融债券市场的发展，不少绿色产业主体由于缺乏绿色项目而难以获得绿色融资支持，从而限制了此类绿色产业主体的发展。针对部分绿色产业主体获得绿色普惠融资存在限制的情况，交易商协会和沪深交易所均放开了绿色产业项目限制，允许绿色产业主体不对应绿色产业项目发行绿色债券。未来绿色金融债券募集资金投放应适当放开绿色产业项目限制，允许绿色产业主体获得绿色金融债券资金支持。

第四节 绿色供应链金融的发展

一、绿色供应链金融的起源及意义

（一）绿色供应链金融的起源

在全球经济飞速发展的今天，人们越来越关注生态环境与经济社会协调发展的问题。1996年，美国密歇根大学的制造研究协会首次提出绿色供应链的概念。2015年，国务院发布的首个制造强国战略十年行动纲领中第一次提出"建设绿色供应链"的理念。2016—2020年度的《工业绿色发展规划》中的战略目标，明确提出"以绿色为基础的重点行业基本实现绿色供应链"，并将绿色供应链纳入"十三五"发展战略中。2016年，彪马公司、法国巴黎银行和国际金融公司联合推出了绿色供应链融资计划。2019年，沃尔玛与汇丰也开启类似的绿色供应链金融合作。在我国，兴业银行和浦发银行等几家银行开始应用供应链融资的思路，在推行能效融资产品时植入设备供应商融资的模式。

党的十八届五中全会提出"绿色发展"的概念，供应链金融作为一种创新金融，将"绿色"思想与"供应链金融"结合起来，从而形成一种全新的"绿色供应链金融"。绿色供应链金融有别于普通的供应链金融，它更注重生态文明，提倡绿色、环保生产，把资金集中在节能、环保、可持续发展等方面，从而达到对环境的保护。

（二）绿色供应链金融意义

首先，绿色供应链金融管理是促进经济环境可持续发展的有效途径。绿色供应链管理克服了传统供应链管理的缺陷，以绿色科技和供应链的融合为基础，是最大限度减少产品寿命周期环境负载的现代管理方式。改革开放40多年以来，绿色供应链与绿色金融作为卓有成效的市场工具，在我国环境治理中有着举足轻重的作用，并在不同的区域和领域取得显著成绩。绿色金融与绿色供应链的融合，对推动我国生态文明建设、实现可持续发展具有十分重要的意义。

其次，实施绿色供应链金融管理，将大大提高绿色供应链以大众导向为中心的意识和能力。供应链管理以顾客需求为目标，以顾客满意为终极目标。随着大众环境保护意识的增强，绿色消费将成为一个基本的消费准则。推行绿色供应链管理的先行者和机构，能够充分发挥自身的优势，对市场动态进行及时把握，并采取适当的延迟战略，既能提升消费者的满意度，又能提升绿色供应链的灵活性。美国著名的供应链管理专家克里斯托弗曾说："21世纪的竞争不再只是企业与企业的较量，而是供应链与供应链的较量。"

再次，绿色供应链金融可以通过提高中小企业的议价能力，缓解它们在供应链中融资困难的问题。在各产业供应链中，核心企业的上下游供应商和经销商多为民营和中小微企业，它们资金相对缺乏、议价能力较弱。绿色供应链金融运用丰富的金融工具，构建便捷、绿色环保的融资方式，发挥供应链上核心企业的增信担保作用，同时也降低上下游中小企业融资门槛，提升议价能力，鼓励具有强大风险管控和盈利能力的中小微企业的融资行为[1]。

最后，绿色供应链金融可以通过共享风险的模式，实现多方共赢。通过在供应链上实施风险控制策略，最终形成多方受益的局面。由于利益和风险的高度共享性，绿色供应链金融有利于实现核心企业和节点企业在供应链中风险识别和风险控制的相互制约、相互监督、相互促进，而在风险共同承担的基础上，也能实现一定程度的风险转移。因此，绿色供应链金融能形成多方共赢的局面。

二、绿色供应链金融的探索实践与启示

（一）绿色供应链金融的探索实践

在我国粤港澳大湾区汽车制造业快速发展进程中，绿色供应链金融积累了丰富的金融创新实践经验，取得令人瞩目的业绩。粤港澳大湾区汽车制造业融资需求旺盛，但上下游配套中小企业依旧存在融资难题，具备发展供应链金融的条件[2]。同时，地区以前面向汽车产业上下游配套民营中小微企业的融资规则是只能用不动产抵押贷款，可以选择的融资渠道很少，融资成本也较高。绿色供应链金融在促进中小微、中小民营、上下游企业的信贷方面具有重要的作用。为了将大湾区的汽车产业和绿色金融优势结合起来，推动大湾区汽车产业走节能减排、低碳环保的发展道路，粤港澳大湾区在2020年启动了绿色供应链金融业务。一方面，绿色供应链金融从静态考核向动态跟踪信用风险评价转变，拓展企业可选择的融资渠道，降低企业融资成本，大幅降低民营中小微企业的融资门槛。另一方面，建立了绿色供应链管理评估体系，并组织专业技术人员对企业进行资格审查，使金融机构能够在不需要重新审核绿色供应链的情况下，为企业提供更好的服务。

粤港澳大湾区汽车制造企业的绿色供应链金融与传统的供应链金融相比，具有以下三方面的优势：第一，粤港澳大湾区的绿色供应链金融体系，使区域内的金融机构和行业的绿色转型协调发展；第二，对绿色供应链金融的内涵进行了丰富与扩展；第三，利

---

[1] 李彩其、赵宁、陈新华：《开展绿色供应链管理的意义和实现途径》，《中国市场》2007年第3期。
[2] 叶青：《多措并举，构建粤港澳大湾区绿色金融新生态》，《科技与金融》2022年第6期。

用白名单管理体系，对全行业实施绿色经营，极大地提升绿色金融的效率，减少了企业的融资成本。

(二) 绿色供应链金融发展的启示

我国要实现绿色供应链金融高质量发展，就要充分调动金融机构和中小微企业履行社会责任、践行供应链金融与绿色金融的协调发展，才能更好地依托绿色供应链金融，实现核心企业和中小微企业与环境可持续发展的同步提升。

1. 以顶层设计为出发点，加强政策激励引导

在我国，发展绿色供应链金融需要以政策的激励和导向为起点。我国的绿色供应链金融体系目前还处在发展初期，迫切需要对其进行相关的政策扶持，以促进其健康发展。要加强财政补贴、风险补偿、专项绩效奖励等方面的政策支持，提高供应链上下游中小企业的投融资积极性，激发金融机构的放贷活力。另外，在风险的预防方面，应该通过建立健全环境信息披露制度，强化对供应链上游企业的监管，对违规、造假的企业进行适当处罚，并将其纳入黑名单，以确保绿色供应链融资运营的公开性、透明性和合规性。

2. 以金融科技为着力点，创新绿色供应链金融产品和服务

在发展绿色供应链金融的过程中，对绿色供应链金融产品与服务的创新是重要内容。与国外的绿色供应链金融模式相比，我国更注重融资对象的绿色标准，而不是对上游企业的环保要求，这就决定了为绿色供应链提供的金融产品必须进行大量的创新，以满足不同企业的投融资需求。绿色金融技术是产品与服务创新的重要途径，创新主要包括以下两个方面：第一，利用大数据、区块链等技术，持续提升投融资的便捷、高效；第二，加强对各种风险的识别与跟踪，运用人工智能技术，保证绿色供应链金融的有效性。

3. 以绿色发展为落脚点，推动绿色供应链金融可持续发展

绿色供应链金融的可持续发展，是发展绿色供应链金融的必然选择。笔者认为，推动绿色供应链金融的可持续发展，应从以下三个方面着手。一是要解决融资障碍，倡导利用绿色供应链金融支持中小企业，鼓励社会力量投入绿色发展中去。二是打破国际壁垒，利用绿色供应链的可扩展性，将更多的公司、金融机构纳入全球的绿色供应链中，加速我国的绿色供应链金融发展与世界接轨。三是通过建立绿色供应链融资平台，建立

健全环境信息披露体系，运用监管手段，促进绿色供应链金融可持续发展。

三、绿色供应链金融面临的挑战

新冠疫情对全球经济发展造成很大的冲击。产业链结构的重组也为绿色供应链金融制造了一个窗口，各国的经济复苏措施也为绿色供应链的发展提供了更多的资金、技术和资源。在疫情期间，物流系统的数字化、信息化建设为绿色物流的发展奠定了坚实的基础。因此，在后危机时期，以经济的恢复、产业链的重组为契机，构建和完善绿色供应链金融系统是当前形势下持续推动绿色供应链金融可持续发展的必然选择。

（一）新冠疫情给绿色供应链金融发展带来挑战

为了应对疫情引起的经济增长减速，我国采取了一系列经济刺激方案，这些措施给绿色供应链金融发展带来了机遇和希望，但也存在着巨大的不确定因素。在经济发展的压力与动力共同作用下，如果为了经济发展而以牺牲环境为代价，会给经济发展带来巨大的挑战，并有可能导致环境质量倒退。全球经济发展中的"反全球化""贸易保护主义"等问题，使全球经济发展面临不确定因素。如果进入反全球化和普遍的贸易保护模式，将会给已经建立起来的全球供应链带来极大的冲击。在一定程度上，生态环境与经济发展之间存在着一定的正相关关系。

（二）全球产业链重构，为供应链金融绿色化创造窗口期

在全球范围内的竞争中，我国已经形成种类齐全的工业体系，为国家有效应对疫情和渡过难关奠定了坚实的基础。在疫情暴发之后，发达国家已经意识到，很多与疫情控制、民生有关的行业，都要依靠中国的供应商；我国的制造业企业也认识到，过度依赖国际市场，会对供应链和行业的整体安全产生不利的影响。所以，为了保障供应链的安全，各国都会重新调整自己的工业系统，从而为供应链金融的绿色发展提供一个新的契机。

此次疫情加速供应链金融的数字化和绿色转型，一些传统产业开始转向网络。电商平台不仅为防疫物资、居民日常生活必需品提供了有力的物流支撑，同时也在数据挖掘的帮助下，推动上游厂商的复产。基于数字和绿色的供应链金融服务，在突破农产品等软商品滞销困境、维持供求平衡、扩大用工规模、保持就业稳定方面起到了积极的作用。在供应链中，信息公开、透明、可追踪是建立供应链绿色融资的前提。这场疫情客

观上促进供应链的数字化和绿色化，为促进绿色供应链金融的发展创造了有利条件。

第五节　绿色普惠金融的国际合作

一、绿色普惠金融国际合作的背景

中国人民银行在2022年工作会议上指出，2021年金融国际合作和对外开放积极推进，有序开展绿色金融国际合作，牵头完成二十国集团首个可持续金融框架性文件《G20可持续金融路线图》，推动中欧绿色分类标准趋同取得阶段性进展，积极参与多边危机防范救助和债务协调，全面参与《区域全面经济伙伴关系协定》生效实施。

"一带一路"发端于中国，贯通中亚、东南亚、南亚、西亚乃至欧洲部分区域，东牵亚太经济圈，西系欧洲经济圈，沿线国家政治生态、经济发展水平各不相同。推动绿色普惠金融国际合作对于不同发展程度的国家均具有重要意义。从2017年开始，我国政府和金融监管机构的主要负责人都在公共场合表示，将绿色普惠金融作为"一带一路"倡议的重要内容。习近平总书记于2017年5月14日在"一带一路"国际合作高峰论坛上提到，要发展普惠金融，健全金融服务体系。"一带一路"沿线各国经济发展水平差距较大，从而导致金融基础设施建设存在很大差距，"一带一路"沿线各国普惠金融合作的重点是建立基础金融机构。2017年，时任中国人民银行行长的周小川在"一带一路"国际合作高峰论坛"促进资金融通"平行主题会议上指出，"一带一路"沿线各国金融基础设施相互连通有利于保证金融市场高效运行和整体稳定，要推动以社区银行、互联网为代表的普惠金融发展。

中国邮政储蓄银行与卡塔尔商会指定的平台公司建立战略合作，共同打造"中阿立购"会员专属金融服务平台，为企业提供存款、货币兑换、资金管理、国际结算、贸易融资、保函担保、财务顾问等服务。2018年4月，国际农业发展基金（IFAD）与蚂蚁金服在意大利首都罗马签署战略合作意向联合声明，计划向"一带一路"沿线国家及全球推广数字普惠金融。

中国农业银行作为在普惠金融服务方面探索较早的金融机构，发挥在"三农"金融、普惠金融、金融扶贫等领域的经验与优势，以金融援助方式，为"一带一路"沿线各国金融机构提供金融技术支持。其与塔吉克斯坦农业投资银行的合作模式，逐步推广到其他中亚国家，建立更加紧密的农业金融合作网络。

二、绿色普惠金融国际合作的重要意义

绿色普惠金融并非绿色金融与普惠金融的简单叠加，它是指在发展理念、科技创新、管理方式、业务资源等方面，统筹协调绿色金融与普惠金融的发展布局，从而达到"1加1大于2"的效果。大力发展绿色普惠金融，是实现以人民为中心、协调推进人与自然和谐共处的必然选择，是助力实体经济高质量发展的重要工具，具有重大的战略意义。

第一，更好地推动经济复苏和绿色转型之间的协调。在全球货币政策转变的大环境下，经济复苏的可持续性仍存在很大的不确定性，因此，全球的绿色转型必须与经济复苏相互协调，找到最佳的平衡点。加强绿色普惠金融全球合作，推动构建公平合理、合作共赢的全球治理机制，有助于区域、国家、企业规模、低碳质量、转型节奏等方面的平衡。

第二，进一步推进现代金融体系建设。气候变化是人类面临的共同问题，良好的生态环境是人民美好生活的根本。绿色普惠金融是现代金融体系中具有高度适应性、竞争力和普惠性的重要组成部分。建立绿色普惠金融体系，可以更好地为市场化手段减少污染性经济活动提供理论支持。

第三，更加全面地推动国家的高质量发展。高质量发展的基础是绿色，随着信息技术快速渗透和产业结构不断优化，绿色低碳和小型线上经济将是促进全要素生产率提升的一个重要方面。发展绿色普惠金融，提高金融的覆盖面、可得性和满意度，是提高金融服务对象满意度的重要途径。绘制共同富裕、乡村振兴、"双碳"等发展目标的交叉点和连接点，将使财政资源更加有效地配置。

在经济发展水平较低的国家，绿色普惠金融的合作有助于其获得资金和技术，进而更好地建设金融基础设施。"一带一路"沿线各国金融基础设施水平的提高将促进其他经贸合作顺利开展。先进的金融技术可以为"一带一路"建设提供更好的服务，通过战略合作伙伴之间的"本土化"对接，盘活当地资源，培养当地人才，为当地民众服务。

由于普惠金融相对于传统金融的特殊性，经济发展水平较低的国家或许更容易开发出符合本国国情的创新业务，如孟加拉国的格莱珉银行和马来西亚的代理银行模式。在"一带一路"沿线一些国家中，普惠金融的发展存在巨大差距，开展普惠金融合作有助于落后国家借鉴先进国家的经验，拓宽自身视野，制定符合本国国情的普惠金融政策。

"一带一路"涉及的地域很广，地区间的经济发展水平差距很大，贫困人口较多，第一产业和小微经济占据了很大的比重，需要普惠金融去促进其经济发展，而普惠金融的发展离不开宏观的国际视野和国际经济合作。发展普惠金融与"一带一路"建设有密切联系，同时也在一定程度上互相推动。"一带一路"倡议的实施，使沿线国家的金融合作日益深入。从无到有、由点到面，从绘就总体布局的"大写意"到聚焦重点和精雕细刻的"工笔画"。"一带一路"沿线各国的金融合作也由前期的大项目、大资金逐步向小项目和普惠金融扩展。

三、绿色普惠金融国际合作现状

2013年，世界银行国际金融公司（IFC）与世界银行扶贫协商小组（CGAP）联合发布题为《2012年普惠金融：加深全面了解》的报告。报告指出，全球75%的贫穷人口无法获得正规金融服务，各国应建立普惠金融体系，开发低成本、多样化的金融产品，支持金融基础设施建设，制定相应的政策措施来保障和扶持普惠金融发展。截至2022年，二十国集团已建立普惠金融专家组、全球普惠金融合作伙伴组织等国际机构，负责对绿色普惠金融的指标进行分析，以评价各国绿色普惠金融发展的水平和覆盖面。

二十国集团各国领导人的大力支持，使各国纷纷将绿色普惠金融纳入本国的金融体系，并采取相应举措，努力消除贫困，提高国民生活质量。属于发展中国家的孟加拉国、墨西哥、巴西、肯尼亚、秘鲁等国家的绿色普惠金融发展模式，在实践中取得较好的成效。例如，孟加拉国的格莱珉银行是全球最大、最有影响力的小额信贷机构，现在已在41个国家帮助近2000万户家庭脱贫，并且所有贷款都有99%的回收率。2014年，中国建设银行把"一带一路"的金融服务列入发展计划，并设立"一带一路"工作领导小组。由于欠发达地区普遍存在金融服务短缺的问题，所以在开展绿色普惠金融业务的同时，通过与其他机构合作，可以为绿色普惠金融的发展提供新思路。

四、绿色普惠金融国际合作未来方向

为促进绿色普惠金融发展，2018年，中国人民银行与世界银行合作，在中国开展为期3年的普惠金融全球倡议（FIGI）项目，以满足绿色普惠金融发展的需要。该项目在中国、埃及和墨西哥同时开展，并成立数字身份工作组、电子支付推广工作组、安全与信任工作组。FIGI中国项目选取陕西省宜君县、湖南省平江县作为试点，在一至两年内，围绕金融产品设计、征信体系建设、激发助农取款服务点的潜能等方面开展研究，并在试点区域进行实践，力求形成可推广、可复制的绿色普惠金融模式[①]。FIGI项目在中国的顺利开展，不仅是中国人民银行与世界银行的进一步合作，还标志着我国绿色普惠金融的发展更加国际化，对我国发展绿色普惠金融有重大意义。

第六节 绿色普惠金融面临的挑战与展望

一、绿色普惠金融面临的挑战

（一）信息不对称

当前，我国经济发展步入新常态，长期的粗放发展带来了环境污染、资源浪费和生态破坏等问题，在经济转型和产业升级的双重压力下，我国政府必须采取措施大力推进绿色普惠金融，实现经济绿色、可持续发展。当前，我国绿色普惠金融面临的最大挑战之一就是信息不对称。

首先，绿色普惠金融的信息不对称将导致绿色信贷产品供应不足。由于金融机构与企业信息不对称，使金融机构很难对真正的绿色企业进行有效识别，从而在信贷规模的设计上出现不合理的情况，使金融机构的绿色信贷供应出现短缺。这不但对绿色企业发展不利，也会对金融机构的资金分配产生不良影响。在环保企业迫切需要发展的情况下，由于其规模有限，难以得到绿色信贷资金，从而影响到企业的发展，甚至导致企业倒闭。对于金融机构来说，由于信息不对称而导致的绿色信贷供应不足，会对经济产生负面影响：一是减弱绿色信贷对环境保护和低碳发展的促进作用；二是不利于金融机构

---

① 白当伟：《中国普惠金融取得的成就与面临的挑战》，《中国信用卡》2018年第7期。

社会价值和经济价值的提升。

其次,信息不对称会使金融机构获取环保信息更加困难。如果金融机构不能获取足够的环保信息,就会影响投资的准确性和效率,在没有获取足够环保信息的情况下,贸然对企业和项目进行投资,很可能会给一些非绿色企业提供绿色融资,这种融资风险很大,会对银行的运营产生直接影响。如果这些企业或项目因为违反环境保护政策而停工或者被暂停,银行将会面临巨大的损失。此外,即使金融机构的信贷真的流向环保企业,因信息不对称造成的风险依然不可忽视。另外,当前金融机构对绿色信贷的管理经验不足,缺少一套完整的风险评价制度,各种因素的综合作用使"道德风险"出现的可能性增大。

最后,信息不对称会增加金融机构的信用风险。由于技术、管理、人员素质等原因,资源节约型和环保型企业在发展初期具有很大的不确定性,会增加金融机构开展绿色普惠金融的成本,进而增加信用风险。究其原因,主要有三点:一是,金融机构在进行商品调查时,因缺乏环保信息披露,导致其在鉴别企业是否为绿色企业时,不仅要花更多的人力物力,还会降低资金的利用率。二是,由于环保公司发展不够成熟,管理上存在一定的不确定因素,因此金融机构对绿色信贷产品的评价将会比普通信贷时间更长,从而增加治理成本。同时,发展绿色普惠金融将会减少金融机构在传统产业中的投资。三是,由于信息不对称现象普遍存在,加之发展绿色普惠金融业务的经验缺失,金融机构需要加大对内部人才培养和管理体系的投资,进而提升其融资成本。

(二)风险定价能力不足

近几年,随着经济转型,一些商业银行开始大规模开展与地方政府和国有企业的绿色普惠金融业务合作。鉴于该类业务的风险相对较低,商业银行希望通过拓展绿色普惠金融服务,增强自身的风险承受力。事实上,绿色普惠金融服务之所以受到商业银行的青睐,并非由于它自身的低风险,而是由于它主体身份的特殊性。在银行看来,借贷者具有特定的主体信用,而地方政府、国企则能够提供隐性的金融担保。久而久之,我国商业银行对绿色普惠金融项目的风险定价能力不但没有提高,反而会在一定程度上有所降低。在绿色普惠金融信贷投放过程中,若金融机构盲目追求国有企业的保险性,将"风险定价"转化为"风险回避",这对提升金融机构的风险定价能力是不利的。高水准的风险定价,绝不只是以企业的产权性质为准,而是以国企为重点,以民营为导向;也不能只看企业的财务报告,更不能仅看现在的发展情况。要想提高风险定价能力,必须考虑到未来的资金流和发展潜力，只有这样才能精准投放贷款。

要解决我国绿色普惠金融在风险定价方面存在的缺陷，应从以下两方面着手。一是，要坚持将绿色普惠金融支持民营企业发展的顶层设计付诸实施。金融机构要充分利用经济、市场、金融等规律，弥补金融政策、金融供给、金融环境等方面的缺陷，为民营企业创造一个公平、稳定的市场竞争环境，为民营企业树立发展的信心和良好的市场预期。同时，金融机构要根据自身特点，积极开发个性化、差异化的产品，重点扶持中小型民营企业，持续鼓励大中型银行建立绿色普惠金融业务。充分发挥市场机制对民营企业的作用，使金融机构能够根据自身的实际状况，自行选择支持、参与重组或合理退出。在短期内，可以在融资成本、投放规模等方面加强对民营企业的贷款，纠正早期的差别信贷政策，但从长远来看，要重视风险溢价和商业可持续性。二是，要健全以市场为导向的风险定价机制，建立一个竞争中立的评估制度。金融机构要进一步健全市场化的顾客准入制度，注重竞争和效率激励，不能把民营企业拒之门外。在金融机构中，应当引进竞争中立的绩效评估制度，从公司治理、风险控制、技术发展、市场需要等方面对其进行科学、合理的评估。

二、绿色普惠金融展望

近年来，在国务院的政府工作报告中，将"普惠"与"绿色金融"相结合，成为政府年度工作的重要内容。我国应从以下三个方面，进一步推动绿色普惠金融高质量发展。

（一）构建绿色普惠金融体系

一是构建绿色普惠金融机构体系。目前，我国已初步建立一套较为完善的普惠金融机构体系，包括开发性银行、政策性银行、大型商业银行、股份制银行的普惠金融部门，城商行、农商行、农合行、农信社、村镇银行、民营银行，新三板、区域性股权交易中心、小保险、新金融和保理、典当、融资租赁、小贷、担保等金融机构。要构建绿色普惠金融机构体系，必须加速推动上述普惠金融机构的绿色化运营。

二是构建绿色普惠金融技术体系。普惠技术体系主要分为三类。以贷款为例，一是传统的抵押担保技术，二是抵押担保技术创新，三是无抵押、无担保的纯信贷技术。构建绿色普惠金融技术体系，需要把环境风险纳入风险控制与定价模型中，从而更好地保障机构的商业可持续。

三是构建绿色普惠金融基础设施。绝大部分普惠金融机构规模都不大，许多服务都是由市场和社会提供的。服务内容涵盖人员培训、技术研发、产品设计、外源融资、信息技术体系建设、会计制度、审计制度、统计制度、担保体系和信用体系建设。例如，普惠金融在为中小微企业提供信贷时，不仅要参考其信用评级信息，在绿色金融背景下，还要综合考虑其环境信用评级信息。

四是构建绿色普惠金融准入监管、政策支持和法律法规体系。绿色普惠金融体系的建立不仅要充分利用市场的决定性作用，而且要充分利用政府的力量。为促进绿色普惠金融发展，政府应营造良好的政策和制度环境。在市场准入和监管方面，要保持稳定和发展的平衡，对于真正落实绿色普惠的金融机构，要进一步放宽准入门槛，适当放宽监管要求。在政策扶持方面，需加大财税政策的扶持力度，通过运用补贴、贴息、税收减免等政策，大力扶持绿色普惠金融的快速发展。同时，建立健全有关金融绿色化和普惠化的法律法规，将政府对绿色金融和普惠金融的监管纳入法律框架，如制定和完善《绿色金融促进条例》和《普惠金融促进条例》。

（二）优化绿色普惠金融监管

优化绿色普惠金融监管，地方金融监管部门必须严格按照财政部《普惠金融发展专项资金管理办法》等文件要求，做好普惠金融发展专项资金审核工作，助推普惠金融高质量发展。

首先，审核覆盖面广是确保审核工作质量的重要前提。地方金融监管部门必须对市县申报的创业担保贷款贴息及奖励补助、农村金融机构定向费用补贴和试点城市奖励材料逐项进行审核，审核覆盖面力争达到100%。一是做好财政贴息审核，重点关注贷款主体、贷款金额、贷款年限、贷款利率是否符合政策规定。二是做好定向费用补贴审核，重点关注金融机构享受补贴政策年限、贷款平均余额增减、存贷比、涉农贷款和小微企业贷款占比等要素，剔除区域外及单户贷款余额超过500万元的用户，综合比对人行分支机构提供的数据。三是做好试点城市绩效评价，对人民银行、银保监会、地方金融监管局、工信部门、科技部门等部门提供的基础数据进行审核确认。

其次，优化审核方式。采取非现场审核为主、现场审核为辅的方式开展工作，切实减轻基层负担。例如，广西金融监管部门在对绿色普惠金融的审核中，尝试采用以下审核方式。一是赴中国邮政储蓄银行广西分行现场调阅贷款管理系统中涉及广西全辖的创业担保贷款信息明细表，与市县报送的贷款明细数据进行综合比对；二是发函至部分市县财政部门，要求提供地方金融机构贷款原始数据、人社部门审核意见等基础材料；三是依托直达资金监控系统，加强日常监管，核查普惠金融发展专项资金分配下达和使用情况，确保审核工作高效有序开展。

（三）完善绿色普惠金融产品体系

我国普惠绿色金融体系发展迅速，规模全球领先，但在国家进一步大力推进碳达峰碳中和战略目标要求下，仍需不断完善绿色普惠金融产品体系。

首先，以绿色普惠金融改革创新为引领，不断提升绿色普惠金融整体的供给能力和水平。"双碳"目标的推进，对金融服务的方式、产品的供给和普惠金融体系的管理等各方面提出新要求。为了更好地服务于"双碳"目标，金融体系必须以变应变，不断改革创新。其中，有很多具体的问题，包括开放性金融、政策性金融如何更好地发挥作用，不同领域的需求与不同的产品和工具如何匹配，如何实现直接融资和间接融资相互协调，以及投贷联动引入的资金供应主体之间如何更好协同，都需要金融体系的改革创新来解决。

其次，以碳市场的建设为引领，促进绿色普惠金融市场功能的健全和完善。碳市场下一步建设重点应在于行业、产品和投资人的扩容。行业方面，目前全国碳市场参与者以电力行业为主，而"双碳"目标不仅涉及能源生产，还涉及能源利用，各个行业都牵涉其中，所以未来需要有更多行业进入碳市场。产品方面，目前碳市场交易的产品主要是碳排放权，下一步应在全国市场重启国家核证自愿减排量（CCER）产品，还要逐步发展各类碳资产、碳信用品种，包括碳期货等，形成产品链，对碳市场的资源配置及风险管理功能起到支撑作用。投资人方面，目前碳市场的交易者主要是电力企业，未来应该随着行业及品种的扩容，逐步扩大碳市场的投资人类型，特别是让专业的投资人、机构投资人进入。我国已经有一些碳资产管理机构，还有ESG基金和其他投资于"双碳"相关领域的机构投资人，将这些主体纳入后，碳市场的投资人结构会更加丰富和健全，对于保证市场的流动性、推动市场功能的完善、促进碳资产管理行业的发展都会起到重要作用。

再次，以绿色普惠金融基础设施的健全为引领，为绿色普惠金融发展打下坚实的基础。基础设施建设既包括绿色普惠金融相关制度、标准、规则和管理体系的完善，还包括基础设施机构、平台的发展，还会涉及会计、税收等配套制度的完善。普惠金融服务"双碳"目标推进的过程中既要发挥市场主体的作用，还需要政府部门、监管部门、行业管理部门在制度供给方面更好发力，形成良好协调。

最后，以制度型开放为引领，推进绿色普惠金融发展的国际合作。可持续发展是全球共识，绿色普惠金融体系的建设和发展也需要开放，要更加重视国际合作。这方面我国已有一定实践，包括绿色普惠金融的产品、工具与国际接轨，外资金融机构的引进，以及我国金融机构"走出去"，参与国际绿色普惠金融标准制定等。国际合作一方面是为了促进资源的流通与共享；另一方面，在应对气候和生态变化方面，我国的绿色普惠金融体系需要在制度建设方面与国际进行更多互动，从而为绿色普惠金融的资源合作提供制度保障。

第九章 普惠金融的创新发展实践及案例研究

普惠金融的创新发展，实现了现代金融体系的凤凰涅槃，初步建立起了中国特色普惠金融体系，构建了完善的普惠金融服务实体经济的理论体系和实践路径，为服务经济社会发展持续注入金融"活水"。通过不断增强财政政策与金融政策在促进社会经济发展方面的协调性，既避免金融抑制阻碍发展，又防止金融风险过度聚集。目前，我国基本构建了以人民为中心的普惠金融服务模式，借鉴国际现代金融实践，支持"熨平"家庭部门收入波动，实现了全民金融效用的最大化，也充分发挥了我国金融基础设施建设全面覆盖的优势，逐步实现普惠金融服务进村进社区、足不出户精准服务，为人民对美好生活的向往提供源源不断的金融动力。本章以扶贫小额信贷案例、普惠金融改革试验区案例为例，分析现阶段我国普惠金融发展取得的成效及优化空间，为我国普惠金融的可持续发展提供参考。

第一节 普惠金融助力复工复产稳增长

党中央、国务院科学分析国内国际经济形势后，全面加强部署，强调加大"六稳"工作力度，并明确提出"六保"工作任务。小微企业是经济发展的"毛细血管"，事关国计民生。从长远来看，金融机构要不断加强对重点领域和中小微企业的保障力度，促使经济得到持续高质量发展。普惠金融在有效解决小微企业生存难题的同时将助力经济发展，使经济运行保持持续运作的良好趋势。

一、普惠金融助力复工复产案例

【案例9-1】广西岑溪农村商业银行做实普惠金融，助力生活富裕

广西岑溪农村商业银行（以下简称岑溪农商银行）紧紧围绕县域社会经济发展所需和人民群众所盼，持续加大金融供给，提高信贷覆盖面，积极承担社会责任，践行普惠金融主力军的责任担当。截至2021年9月末，岑溪农商银行各项贷款余额107.06亿元，较年初增长9.05亿元，增速9.23%。

岑溪农商银行按广西"桂惠贷"和"稳企贷"政策的要求。一是对受疫情影响的客户开辟绿色办理通道，做到"随到随办""快办快结"，并实行"行长负责制"和"一票否决制"，即在客户申请、调查、审查、审批、发放的过程中，行长必须全程跟踪，实时掌握具体情况，以最快的速度进行审批发放。二是积极参照改善营商环境"466"工程的工作要求，进一步精简贷款材料，优化贷款流程，简化贷款手续，提高办理效率。三是积极运用"闪贷""易系列"等信贷产品，引导客户通过手机银行办理贷款，方便快捷地为广大客户提供金融服务。

岑溪农商银行运用支农再贷款（"振兴贷"）支持安平镇的戴先生经营生态农业合作社。每年4—5月，正值水果生长时节，戴先生的合作社此时对肥料的需求量最大，也是合作社最忙的时候。由于疫情，合作社2020年没有正常开工，资金无法及时回笼，复工复产后，为满足果蔬肥料需求，戴先生向岑溪农商银行申请了贷款。岑溪农商银行客户经理主动上门调查，经评估认为，戴先生信用状况较好，经营生产和员工就业稳定，而当下正是春耕及果树护理用肥的季节。岑溪农商银行结合央行宣传的支农再贷款政策，迅速为其办理了60万元的"桂惠贷"，在此支持下，戴先生的合作社资金得到缓解，补充增加果农近10人，经营趋势向好。

岑溪农商银行利用"支小再贷款+桂惠贷"支持了钟女士百货商店。岑溪农商银行的客户经理在外出营销贷款时了解到，由于疫情，钟女士经营的岑溪市靓一族百货商店第二分店资金无法及时回笼，经营和资金周转困难，经过客户经理详细调查，认为钟女士信用状况较好，上下游进出货稳定，岑溪农商银行结合中国人民银行岑溪市中心支行的支小再贷款政策，叠加"桂惠贷"，为钟女士办理了30万元的"桂惠贷"。在此支持下，百货商店的进货资金得到及时补充，经营趋势向好，店铺的5名员工得以继续就业。

【案例9-2】容县农村信用合作联社做实普惠金融，助力生活富裕

广西中柚食品集团有限公司是一家以沙田柚食品的研发、生产和销售为一体的民营企业，已初步形成一个生产专业化、产品系列化、管理现代化的企业集团。中柚集团下属三大板块，第一板块为锦香食品的柚缘堂品牌沙田柚系列食品，第二板块为柚缘堂沙田柚鲜果品牌，第三板块为都峤山花生油品牌。中柚集团在几年的奋力创业中不断创新发展，先后获评玉林市农业产业化重点龙头企业、广西放心粮油生产企业，柚缘堂牌沙田柚获评广西特产行销全国核心品牌。企业攻克了沙田柚皮生物脱苦技术，已获得五项国家发明专利，2016年获得科技进步二等奖，2017年两项发明荣获科技发明银奖。

企业有700万元贷款原本于2020年8月15日到期，但因企业持续扩大经营规模，投入市场流动资金较多，投资周期较长，加之受到疫情的影响，回笼资金暂时困难，所以需要继续使用上述贷款资金。容县农村信用合作联社（以下简称容县联社）了解情况后，考虑到企业处于复工复产的关键时期，且沙田柚收获季节即将来临，企业经营储备需求大，中柚公司还与辖内林昭前等63户贫困户签订有原料（沙田柚或花生）收购协议，不能因资金问题影响稳企业保就业和扶贫成效。于是，容县联社第一时间和企业联系，安排专人上门对企业管理人员宣传了普惠小微企业延期支持政策，并及时为企业办理了无还本续贷业务，确保了原料收购计划顺利进行，保住了贫困户的钱袋子，稳定了数十个就业岗位，巩固了复工复产和扶贫成效。

【案例9-3】广西陆川农村商业银行为陆川县唯宝种养家庭农场办理普惠金融案例

在经历非洲猪瘟和新冠疫情的冲击后，陆川县唯宝种养家庭农场受损严重，正是在广西陆川农村商业银行（以下简称陆川农商银行）和各级领导部门的扶持下，才能重拾信心，复工复产。

疫情发生后，陆川农商银行主动联系该农场，为其推荐金融新产品"桂惠贷"，于2021年1月14日为该农场放款120万元。这对于养猪业客户来说无异于雪中送炭。该农场与陆川农商银行积极对接，提供相应贷款材料，银行也为其开启了绿色办理通道，从开始办理到拿到贷款仅用5个工作日，且贷款利率4.35%，比同类贷款低2个百分点以上，年减免利息8万元左右，为农场的复工复产助力。

二、普惠金融助力复工复产的经验做法

（一）制定帮扶政策，深化普惠金融服务力度

为提升助企纾困措施质效，发挥普惠金融服务主力军作用，一方面，继续实施普惠贷款专项激励、降准收益全额预激励、内部资金转移价格优惠、经济资本计量优惠等相关政策，切实强化正向引导，加大对小微企业融资支持力度；另一方面为农户延长贷款期限，通过无本还贷的方式减轻小微企业的贷款压力，确保复工复产过程中稳定企业的资金运作，保障生产与供给，助力小微企业渡过难关。

（二）开通线上绿色通道，保障疫情期间"0"接触

为确保特殊时期生产不中断，保障疫情期间安全生产，各银行开通网上绿色业务通道。通过视频调查、网络审查等特殊方法，尽可能克服疫情带来的不便，通过开通线上渠道来为小微企业提供快捷服务：对小微企业的贷款做到能延长期限就尽量延长，对服务做到能全面就尽量全面，对效率做到能高效就尽量高效。由此，拓宽线上融资渠道，提升服务效率，通常贷款调查和审批流程需要10天，但提高效率后只要2天企业就能成功获得贷款。企业依靠这些资金保障生产持续运作，也确保了向商家按时按需提供货物。

（三）有效利用大数据、人工智能技术完善数字普惠金融

金融机构利用电子信息、生物识别、线上计算等技术手段对金融服务的运作进行升级改造，提高防范风险能力。通过在线金融"云服务"系统精准实时采集各类中小企业需求，高效精准实施各项信贷和扶持等优惠政策，促进中小企业资金供需的精准无缝衔接，有效地解决了小微企业资金链紧张、运营管理成本大幅增加、融资难等突出问题，为广大中小型和民营企业发展提供了更为高效、优质的普惠服务。

三、助力复工复产稳增长案例对发展普惠金融的启示

（一）建立监管机制，保障普惠金融资源到位

为使广大金融消费者享受到更高质量、更有效率的普惠金融资源，对资金流通过程中的监管必不可少。在普惠金融快速发展之时，配套监督管理机制的缺失使部分无证经营企业浑水摸鱼、非法集资，影响金融安全的稳定。对此，监管层面应建立健全监督管

理机制，完善配套的政策措施，优化营商环境，对企图不良贷款的企业采取惩罚机制，使普惠金融资源能够真正帮助到有需求的企业。

（二）商业银行持续深化普惠金融服务

商业银行要在政策、规模、财力、效率等方面加大投入力度，确保为小微企业复工复产提供普惠金融服务。在审批上，继续实施小微信贷差异化业务转授权，不断提升审查审批效率，确保小微业务随到随审、优先审查。在财务上，持续加大倾斜力度，结合小微企业的具体情况配套相应的措施和费用，确保资源使用到位。在规模上，根据普惠贷款目标和国家宏观经济政策制定计划，将普惠贷款敞口供应，对困难企业优先保障。优化审批机制，精简贷款资料，开通绿色通道，优先受理线下业务，降低用户融资成本，提高用户经济收益。

（三）创新升级金融产品，激活经济能量

金融产品的产生能够为企业解决受外在因素影响的资金周转困难、短期内无法按时偿还贷款等问题，同时银行也能通过企业购买金融产品而获得收益。在金融产品创新方面，中国银行针对复工复产推出了系列普惠金融产品，其中包括"复工贷""复工战疫贷"，信用记录良好的企业通过手机即可申请贷款，最快仅需1日就能收到所申请的贷款。同时，中国银行湖北省分行结合当地优势产业开发特色金融产品，创新打造农业金融服务模式，推出"慧农茶商贷"产品，围绕茶叶种植到销售各环节中的资金短缺，不断满足农户经营融资需求。

第二节 普惠金融助力脱贫攻坚

消除贫困是社会主义的本质要求，而如何解决经济落后地区的贫困问题则是完成全面脱贫任务的重点。普惠金融是农村金融发展的必然要求和有效途径，金融扶贫是当前我国普惠金融的重要部分，通过引导金融机构加大对"三农"、小微企业、脱贫攻坚的投入力度，探索各类助农惠农服务业务，使金融的阳光雨露惠及更多的农村地区，助力巩固脱贫成效，大力推动城乡金融服务一体化。

一、普惠金融助力脱贫攻坚案例

【案例9-4】广西隆安农村商业银行创新"桂惠贷",助力养殖户增收致富

"以前只听说房子抵押贷款,如今我养的黑猪也能用来抵押贷款,这回可解决我的大难题了!"位于广西隆安县都结乡的养殖户潘世炳如是说。2021年4月27日,广西隆安农村商业银行(以下简称隆安农商行)以"桂惠贷"形式,执行优惠利率,以生猪活体抵押贷款的创新模式,向养殖户潘世炳发放了100万元个人经营性贷款,解决了其流动资金不足的问题,使其扩大了黑猪养殖规模。

2018年,潘世炳返乡创业,在隆安县都结乡天隆村隆怀屯承包总面积为37.74亩的土地用于养殖黑猪,经过近几年的发展,历经重重困难,已由初期小型村民合作社成长为初具规模的广西宏隆农业科技有限公司。

隆安农商行积极支持客户发展,在养殖户潘世炳创业初期便给予信贷支持。2021年4月,隆安农商行选取潘世炳为生猪活体抵押贷款试点户,克服了评估价值确认、抵押担保确权困难等问题,秉着审慎原则为养殖户创新发放了生猪活体抵押贷款。目前,养殖户在隆安农商行有贷款余额350万元,其中200万元以生猪活体抵押贷款的创新模式办理,以"桂惠贷"形式发放,极大减少了养殖户的融资成本。

养殖户潘世炳创立的广西宏隆农业科技有限公司如今初具规模,在立足自身发展的同时,积极承担社会责任。该养殖基地目前存栏黑猪2500余头,年出栏黑猪约6500余头,销售收益良好。公司采取"企业+基地+产业带头人+合作社(贫困户)+连锁经营"模式,带动周边农户共同富裕。养殖基地现有职工5人,其中脱贫户2人,周边农户通过产业扶贫购买种猪方式入股,养殖基地代养,农户通过土地流转、劳务用工等方式增加收入。养殖户潘世炳先后获得"三星级创业支付带头人"、脱贫攻坚"先进个人""百佳乡贤"等荣誉称号。

【案例9-5】灵山县农村信用合作联社沙坪信用社践行普惠金融,"贷"动农民脱贫致富

2016年,周传萍一家被纳入建档立卡贫困人口。由于上有七旬老人需要照顾,下有一双儿女需要养育,仅靠她和丈夫在家务农难以维持生计。2017年,周传萍的丈夫外出广东务工,照顾老小的重担就落到了周传萍身上。灵山县农村信用合作联社沙坪信用社（以下简称沙坪信用社）管村信贷员黄锴纲在进村入户走访的时候了解到周传萍家的情况，主动向周传萍介绍了扶贫小额信用贷款政策，并成功向其发放扶贫小额信用贷款5万元。周传萍从此开启了养鸡事业。

但光有资金还不行，还要有技术指导。沙坪信用社信贷员定期开展入户走访，及时了解周传萍鸡禽养殖情况，主动联系镇上农业站、动物监管站人员入户进行防疫知识宣讲，对饲料喂养、母鸡孵化、鸡粪清理等方面进行指导，周传萍的养鸡事业也越来越顺利。近几年来，鸡禽价格稳定，周传萍的养鸡规模也从几十只提高到了上千只，养鸡场逐渐形成规模。周传萍还充分利用鸡粪资源，在养殖场种了几亩杧果树，发展"林下养鸡"，既提高了鸡的品质，也增加了额外收入。2020年，周传萍一家成功脱贫，她的养殖事业也成了村里的脱贫典型。

【案例9-6】桂平市农村信用合作联社做实普惠金融，助力生活富裕

桂平市农村信用合作联社坚持正确改革发展方向，坚守服务"三农"和小微企业市场定位，全力做好支农支小工作，特别是大力推进普惠金融工作，助力当地群众走上生活富裕的道路。

截至2021年9月末，桂平市农村信用合作联社各项贷款余额1599482.18万元，比年初增加162815.18万元，增长幅度11.33%。其中，普惠型涉农贷款余额239591.38万元，比年初增加36820.38万元，增速18.16%；普惠型小微企业贷款余额223285.96万元，比年初增加29672.96万元，增速15.33%。

桂平市农村信用合作联社继续巩固拓展脱贫攻坚成果，助力脱贫群众生活富裕。2020年1月1日至2021年9月30日，桂平市农村信用合作联社累计发放脱贫人口小额信用贷款5366笔，金额26553.88万元，余额12993.37万元，其中，2021年新增脱贫小额信贷1210户，贷款金额6024万元。桂平市农村信用合作联社大力扶持农村发展，带动低收入农户全面奔小康。

桂平市祥发米业有限公司成立于2012年10月16日，是涉农小微企业。2021年7月9日，桂平市农村信用合作联社向桂平市祥发米业有限公司发放贷款290万元，用于购买稻谷，期限3年，执行基准利率4.65%，0上浮，解决企业收购稻谷材料资金缺口的同时，极大带动当地上下游相关产业发展，促进当地农户脱贫增收。

二、助力脱贫攻坚新成效

（一）优化"三农"、小微企业金融产品和服务

为了积极贯彻党中央"三农"优先和支持民营企业发展的思想，政府指导金融机构加大对"三农"和小微企业的金融支持力度。一方面，提出要出台相关政策，促进普惠金融的全面发展，从而达到精准扶贫的效果；另一方面，引导金融机构实施扶贫信贷政策，加大对贫困地区产业的信贷支持，创新开展小农信贷业务，通过简化审批流程、延长贷款期限，为贫困地区提供优质的金融服务。

（二）优化农村地区的金融生态

农村网络的覆盖面不断扩大，线上支付、商业银行手机APP等新型支付手段进入农民生活，银行卡助农取款和农民工银行卡特色服务得到进一步优化。截至2020年末，全国银行网点乡镇覆盖率达97.13%，较2019年稳步增加；平均每万人拥有银行网点1.59个，与2019年持平[①]。5家大型银行成立了普惠金融事业部，构建条线化管理体制和专业化经营机制。招商银行、浦发银行等多家股份制银行已设立普惠金融事业部或其他专司普惠金融业务的部门及中心。多元化、广覆盖的机构体系不断完善[②]。

（三）形成多方主体共同扶贫的良好局面

通过有针对性地委派干部人员到扶贫县进行工作，加大对扶贫工作的资金支持，金融机构推出的贷款服务、基金业务和扶贫资金等，极大地巩固了我国扶贫事业的成效。同时，各经济主体也发挥出各自的能力，例如，银行业发挥其经济能力投入资金，保险业发挥其保险水平保障扶贫产业的发展，互联网金融组织发挥其信息化属性提高扶贫地区信息化水平。

三、普惠金融助力脱贫攻坚面临的问题

一是，普惠金融观念普及范围还不够深入，保护金融消费者权益工具还不够完善，且消费者的金融素养水平低。

二是，普惠金融发展不充分不平衡的现象仍待改善。中西部地区与东部地区经济差

---

① 柳立：《普惠金融发展应助力脱贫攻坚目标的实现》，《金融时报》2019年10月28日第9版。
② 董翀、冯兴元、孙同全：《农业农村现代化的金融支农保障机制：变化、问题与对策》，《农村金融研究》2020年第8期。

距较大,金融产品和服务资源仍偏向东部发展,且普惠金融新兴业态在东部地区的发展明显高于中西部地区。

三是,普惠金融服务对象普遍居住地偏远、抵押物缺乏、收入不高,普惠金融相关的产业、法规政策有待完善。

四、普惠金融助力脱贫攻坚的主要做法

学术界在对于巩固拓展脱贫攻坚成果的金融支持政策路径选择上存在争议。赵海基于实地调查结果认为,直接向贫困户发放贷款的金融组合模式效果更好[1];丁廉业认为,产业组合模式既符合市场经济规律,又是一种双赢模式,且可持续性较强[2];李文瑞认为,给予农户的贴息贷款应该是金融助力的主要方式,且实际效果较好[3];张莎认为,政府与金融机构合作模式因存在利益上的博弈,加之脱贫项目缺乏必要的激励约束机制,因而效果不佳[4];谢平等以互联网金融为切入点,认为互联网金融能够提高贫困人口的金融可及性[5];李佳欣等认为,不同金融组合模式都存在或多或少的问题[6]。

(一)建立金融扶贫长效机制

普惠金融强调服务的商品性和可持续性,即资金扶贫服务符合经济发展和金融市场运作规则,金融机构可以在扶贫项目发展中获取适当的商业收益。这就需要将政府部门"有形的手"和投资市场"无形的手"紧密结合起来,形成精准帮扶的社会市场管理机制。应将精准帮扶列入贫困地区经济社会发展的顶层规划,形成金融服务推动可持续经济发展的传导作用激励机制[7]。

(二)构建"大金融"扶贫格局

普惠金融是指金融服务人人平等,强调金融服务的全面性和普惠性。中国的贫困人口集中在农村地区,农村金融服务需要得到更好的覆盖和渗透。政府应鼓励金融机构向农村地区发展普惠金融,利用其机构优势、线下网点、线上信息等将更多普惠金融业务

---

[1] 赵海:《一种金融支持产业脱贫的模式探析——陕西省石泉县"统贷统还"调查》,《农村金融研究》2016年第12期。
[2] 丁廉业:《"金融+产业"模式助力乡村振兴的路径探索》,《北方金融》2020年第6期。
[3] 李文瑞:《金融脱贫的模式与成效——以甘肃为例》,《中国金融》2012年第16期。
[4] 张莎:《贫困地区实现金融脱贫有效治理的路径探析》,《理论观察》2016年第2期。
[5] 谢平、邹传伟、刘海二:《互联网金融的基础理论》,《金融研究》2015年第8期。
[6] 李佳欣、吕德宏:《贫困山区金融精准组合模式、效果及政策建议》,《农村金融研究》2019年第3期。
[7] 吴洁、周海燕:《冠群驰骋 助力产融结合进行时》,《小康》2017年第34期。

推向广大边远地区。

（三）激活农村金融资源，营造普惠金融生态环境

金融扶贫以进一步增强农村贫困地区农民群众的农业自主创新能力为主要目的，以加快实现农村贫困地区经济的可持续发展为主要目标，推进国有农业集体产权制度改造，稳固现有农村土地经营权承包流转关系，开辟了我国金融产业扶贫服务与进一步提升贫困农民素质、整合现有农业资源、发展现代农业产业之间的有效连接渠道，形成良性发展的文化环境、体制环境。通过加大农村人力资源开发，完善失信惩戒机制，营造健康的普惠金融生态。

五、普惠金融助力脱贫攻坚的意义

长期以来，金融业致力于为中小企业、农户、低收入人群等弱势群体和经济发展短板提供有效信贷支持。普惠金融已被界定为能高效、全方位地为经济社会各个族群尤其是贫困、低收入群体服务的金融服务模式。促进普惠金融发展，是坚持以人民群众为中心、落实新发展观和促进金融改革的要求，能有效助力打赢脱贫攻坚战，促进经济社会公平、和谐发展[1]。

第三节　普惠金融助力乡村振兴

中华民族要复兴，农村必繁荣。全方位推动农村繁荣离不开资金的大力支持。普惠金融是小额信贷和微型金融的延续，其目标是为所有层面的群体提供合适的金融产品和服务[2]。姜松和喻卓认为，农业价值链有助于完善普惠金融机制、提高金融服务水平，促进乡村振兴[3]。国内外学者多从可获得性、使用情况和服务质量三个维度构建指标体系[4]。萨尔玛参照联合国人类发展指数，从银行渗透性、可利用性及使用情况三方面衡量普惠金融发展情况[5]；阿米季奇（Amidzic）等基于30个国家的样本数据，以金融服务使用

---

[1] 尹优平：《普惠金融助力脱贫攻坚》，《前线》2019年第3期。
[2] 焦瑾璞：《建设中国普惠金融体系——提供全民享受现代金融服务的计划和途径》，中国金融出版社，2009。
[3] 姜松、喻卓：《农业价值链金融支持乡村振兴路径研究》，《农业经济与管理》2019年第3期。
[4] 周小川：《践行党的群众路线　推进包容性金融发展》，《求是》2013年第18期。
[5] Sarma M, "Index of Financial Inclusion," *Discussion Paper in Economics*, No. 11（2010）：1—28.

效率和渗透性为指标构建了普惠金融综合指数[①]；秦宇研究了中小银行乡村振兴策略，鼓励中小银行建立县、乡、村的多维度金融服务体系[②]。

一、普惠金融助力乡村振兴案例

【案例9-7】广西巴马农村商业银行助力乡村振兴

近年来，广西巴马农村商业银行（简称巴马农商行）在巴马县党委政府的领导下，积极推动"五位一体"信用体系建设，为推动地方信用金融发展，助力"治理有效"作出扎实贡献。在"五位一体"信用体系下，巴马农商行根据信用评级向农户发放5万—30万元的纯信用贷款，实现了农户贷款一次授信、随时用信、随用随贷、循环使用，让农户借贷更加方便快捷，同时享受到更合理的利率，极大地满足了农户生产融资需求，还能有效抑制农村高利贷非法融资行为，形成金融支持农业农村发展的长效机制，也让"无形的信用"成为农户"有用的资产"，推动诚信理念深入人心。

2017年，巴马县那社乡祥兰村村民廖克杰在巴马农商行开展的信用评级中获评A级信用户，随即利用授信额度申请到5万元的扶贫小额贷款用于发展桑蚕产业，在巴马农商行的信贷支持下，于2018年成功提前脱贫；2019年1月，因廖克杰良好的征信记录和创业能力，巴马农商行又在信用评级中增授其5A级信用户，同时将其贷款授信额度增加到10万元，进一步满足其扩大产业规模的融资需求。在巴马农商行的信贷支持下，廖克杰加快融资，发展种养产业，如今种桑养蚕初具规模。廖克杰成为当地人人称赞的致富能手，实现了从贫困户到致富带头人的华丽转身。

【案例9-8】大化瑶族自治县供销合作社联合社助力乡村振兴

广西大化桂通农林发展有限公司因经营流动资金不足，于2021年7月30日向大化瑶族自治县供销合作社联合社（以下简称大化县供销联社）申请借款500万元用于补充企业日常经营流动资金。大化县供销联社随即对该贷款项目进行调查评估，对借款人的经营管理状况、财务状况、资信状况、项目建设环境、建设资金落实情况等进行了调查，调查后给予广西大化桂通农林发展有限公司授信500万元，贷款利率按年利率（单

[①] Amidzic G., M. A. Massara, A. Mialou, "Assessing Countries' Financial Inclusion Standing—A New Composite Index"(International Monetary Fund, 2014).
[②] 秦宇：《中小银行在乡村振兴中的作用》，《中国金融》2020年第5期。

利）4%执行，给企业让利，助力企业发展。

目前，广西大化桂通农林发展有限公司已发展形成一条以七百弄鸡为主打产品的产供销一体化产业链，为大化县巩固脱贫成果和乡村振兴奠定坚实的基础。

【案例9-9】广西融水农村商业银行助力乡村振兴

2021年9月30日，广西融水农村商业银行（以下简称融水农商行）给融水晓春食用菌种植专业合作社的负责人李晓春发放了一笔15万元的"致富带头人贷"，这是融水农商行发放的首笔"致富带头人贷"该笔贷款利息低至3.85%，有效降低了客户的融资成本。

通过贫困村创业致富带头人培训的党员李晓春，看准广西柳州市螺蛳粉百亿产业的广阔市场前景，成立合作社并主动吸收周边村民入股，带领他们共同种植黑木耳。在得到融水农商行的金融支持后，该合作社不断扩大产业规模，年产黑木耳菌棒10万多棒，年产值达20多万元，每年生产的黑木耳直供柳州螺蛳粉企业。在"头雁"李晓春的带领下，村民们通过自己的双手，让小小的黑色"花朵"在苗山大地上绚丽盛开，也带来了致富的希望。

近年来，融水农商行紧抓脱贫攻坚与乡村振兴衔接的关键时机，因地制宜，精准定位，为乡村振兴提供强有力的金融支撑[①]，以更大力度支持乡村振兴的"领头羊"们，让他们成为激活乡村振兴经济的"催化剂"、拉动农民致富的"火车头"，推进产业做大做强，迈出乡村振兴的新步伐。

二、普惠金融对乡村振兴的作用

（一）满足乡村经济的发展需求

国家政策的扶持和市场需求的引导，激励着各类金融机构向乡村延伸业务，向农村贫困地区延伸服务、拓展功能。普惠性金融组织带动了社会资金和大量民间资本有序流入乡村区域，形成以城乡各类金融机构协调共存、功能协调互补为主的新型金融事业组织系统，稳步推动金融科技知识培训下乡，满足了当前农村经济社会的发展需要，实现了金融事业"普之城乡，惠之于民"的宗旨[②]。

---

① 武建强：《让信用成为金融服务"三农"的硬支撑》，《中国县域经济报》2021年8月19日第11版。
② 陈梦琳：《提升金融服务品质 助力乡村振兴战略》，《现代金融》2018年第10期。

(二)推动农村一二三产业融合发展

各类金融机构围绕农产品加工、乡村休闲旅游等产业发展特点,持续完善融资、结算等金融服务:支持符合条件的企业发行乡村振兴票据等债务融资工具促进乡村发展,引导社会资本投资特色优势产业;增设金融服务网点,落实"三农"信贷中心,确保涉农贷款逐年增加;促进完善农村互助金融、合作金融,组建农业租赁金融公司,满足新型农业经营主体所需的多元信贷服务。

(三)促进"三农"经济发展

针对"三农"的金融服务是普惠金融的重要任务之一,通过丰富"三农"企业绿色金融产品体系与技术服务支撑体系,引导一批符合政策要求的专业机构积极发展农业绿色金融债券,助力我国农业农村绿色发展。围绕当前"三农"经济发展的新变化,开辟农业金融新空间,综合运用金融碳能减排信贷支持等工具,引导金融机构进一步加强对符合相关条件的重点农业区域风能光伏发电、太阳能光伏和分布式光伏发电等农业基础设施项目建设的信贷扶持。

三、各商业银行普惠金融助力乡村振兴

(一)中国交通银行结合资源禀赋,推动产业振兴[①]

中国交通银行(以下简称交行)通过打造集体经济示范点,引入新型农村经营主体合作模式,集中帮扶支柱产业,打造大数据农业金融产品,并与物流企业合作,将当地特色产品远销省内外。

交行融合乡村振兴理念,依托信用卡交易平台推出了乡村振兴主题借记卡这一特色金融产品。该产品为涉农人群的专属借记卡,其中含有对持卡人免年费、免挂失补卡手续费、免提现手续费等多"免"业务,在助农助产方面更好地满足了农村地区对金融的多元需求。

(二)中国农业银行运用金融科技赋能乡村幸福产业发展

中国农业银行(以下简称农行)积极构建智慧教育、智慧医疗、智慧旅游场景,积极支持以旅游、文化、教育、健康为代表的乡村幸福产业发展,在增加农村居民幸福感

---

① 李育昊:《国有商业银行普惠金融在乡村振兴中的作用》,《经济管理文摘》2021年第20期。

的同时，不断培育乡村产业发展新动能①。2020年，农行共建设县域幸福产业场景1295个，幸福产业贷款余额达到1289亿元。广东分行针对清远市清新区各乡镇基层卫生院收费渠道较少、农民就诊缴费不便的问题，构建了"POS+扫码"智慧医疗场景，已实现清新区15家乡镇卫生院全覆盖，日均扫码支付数达到500笔。特别是在疫情期间，智慧医疗场景建设较好地满足了防疫工作需要，受到院方及患者的欢迎。

（三）中国建设银行普及金融知识，助农增收致富

中国建设银行为加大金融知识宣传力度，积极组织各支行开展送金融服务下乡活动，开展"金融知识宣传服务月""反非法集资宣传月"等公共知识教育传播实践活动，把金融知识和惠农金融产品带到农户身边，增加了农户发家致富的自信。同时，向农户宣传防范电信诈骗、反洗钱等知识，进一步帮助农民识破电信诈骗。

截至2021年末，建设银行营业网点共计14000余个，其中县域网点4194个，占比29.14%。为扩大网点覆盖面，尤其是加强县域和农村地区网点布局，2020年建设银行实施网点迁址267个，新设网点31个，其中县域新设20个，占比64%，进驻13个空白县。为支持巩固脱贫攻坚成果，持续提升服务乡村振兴能力，建设银行3340个网点位于乡镇、科技城、园区、农林场，在原832个国家级贫困县设立网点942个，在160个乡村振兴重点帮扶县设立网点129个；在县域设置自助柜员机21513台、智慧柜员机13899台，并在160个重点帮扶县布放自助设备1387台，进一步加大县域金融服务覆盖力度。

四、普惠金融乡村振兴发展路径

（一）推动龙头企业发展

我国助力乡村振兴的金融服务需求与传统小农金融服务需求在内涵、范围和规模方面都有所差异。通过积极发展企业供应链金融服务，打造"龙头产业+农民"的新型产业链发展机制，将推动龙头产业的发展，并带动农村地区的经济增长，实现金融机构与经营主体的有效衔接，扩大金融机构对龙头企业的支持范围和力度。

（二）构建支持乡村振兴的生态体系

大力改善农村金融生态环境，充分发挥征信体系在乡村振兴中的作用，充分发挥征

---

① 夏明辉：《为了亿万农民更富足》，《中国城乡金融报》2021年8月23日第A01版。

信数据库的作用,进一步确立农业经营主体特点,扩大完善征信范围,开展信用评价、信用教育等信用建设。为保障金融消费者权益,要做好农村金融消费服务工作,金融机构、行业协会要疏通监管部门等渠道解决金融消费纠纷、非诉讼纠纷等,提高金融部门与涉农主体之间的互信与合作,促进金融服务环境的改善。

(三)化解普惠金融支持风险高,解决途径少的难题

普惠金融支持乡村振兴过程中,风险管理是一个重要问题,相关部门要共同推动建立完善的信用担保机制,分担银行贷款风险,提高银行贷款的主动性;规范融资租赁等金融业务发展,解决担保不足等问题;加大联合惩戒力度,从源头上解决涉农企业逃债问题;加强外部监管,提高金融机构风险控制能力。

第四节 普惠金融产品及服务创新

党的十八届三中全会通过的《中共中央关于全面深化改革若干重大问题的决定》,提出要发展普惠金融,鼓励金融创新,丰富金融市场层次和产品[①]。随着科技不断进步,人民生活所需也在不断发展。创新和完善产品服务体系,用好普惠金融工具,能够有效解决人民所需,同时促进金融产品和服务的完善。

一、普惠金融产品及服务创新案例

【案例9-10】忻城县农村信用合作联社做好供应链金融服务

为坚决贯彻党中央、国务院关于扎实做好"六稳"工作、全面落实"六保"任务决策部署,做好金融支持稳企业保就业工作,精准服务供应链产业链完整稳定,提升整体运行效率,促进经济良性循环和优化布局,忻城县农村信用合作联社(以下简称忻城联社)提高政治站位,认真落实金融稳地方经济主体责任,全力以赴做好相关金融服务保障工作。

截至2021年9月末,忻城联社各项贷款余额37.36亿元,比年初增长2.12亿元,企业贷款余额10.15亿元,占比27.17%,票据转贴现余额5.70亿元。

---

① 韦楠华:《公共数字文化服务绩效评价指标体系构建研究》,《图书馆研究》2020年第5期。

忻城联社做好供应链金融服务的主要措施：

一是紧紧围绕"桂惠贷"信贷优惠政策，紧密联系地方特色产业发展趋势和优势，重点梳理辖区内中小微民营供应链企业融资需求，积极对接人民银行推送的供应链企业清单，按照"一企一策"对接扶持，更好地满足中小微民营供应链企业多样化、多层次的金融需求，为实现地方经济高质量发展提供有力支撑。

二是积极按照当地人民银行推送的重点企业清单，开展银企对接工作，加强金融产品和服务方式创新，提供"一对一"精准服务，优选地方优质核心企业，探索供应链融资服务，创新开展以动产质押、仓单质押、存货质押、应收账款质押等新型融资模式。

三是认真做好辖区内中小微供应链企业的服务对接和需求调查，对受疫情影响暂时遇到困难、仍有良好发展前景的中小微供应链企业，积极通过调整还款付息安排、适度降低贷款利率、完善展期续贷衔接等措施进行纾困帮扶，合理满足企业需求，做到"不抽贷、不断贷、不压贷"，全力以赴做好金融服务工作[①]。

四是与核心企业签订合作协议，由核心企业提供客户名单到忻城联社，忻城联社对客户进行风险调查并发放贷款，核心企业及忻城联社共同对客户进行贷后管理，保证贷款资金用于核心企业产业链当中。

忻城联社积极开展应收账款融资模式。采用预期收益质押方式，通过"银行+企业+个人"签订三方合作协议，个人与企业签订购销协议，银行与企业签订代发协议，个人把银行代发的预期收益作为质押向银行申请贷款。忻城联社以广西忻城县玉蚕丝绸有限公司为突破口，从贷款发放入手，积极探讨将金融服务上溯下延，扩展至其供应链上下游的供应商、销售商，开展应收账款融资模式。截至2021年9月末，忻城联社供应链业务融资总额498万元。

【案例9-11】灵山县农村信用合作联社做强供应链金融，助力产业兴旺

灵山县位于广西南部钦州湾畔，凭借优越的亚热带季风气候和丘陵地貌条件，甘蔗种植成了当地的优势特色产业。灵山县农村信用合作联社（以下简称灵山联社）始终坚持服务"三农"宗旨，依托地缘优势，深化金融服务，注入强有力资金支持县域"甜蜜事业"发展。

---
① 林海峰：《金融科技的"战疫应考"与发展启示》，《清华金融评论》2020年第6期。

广西灵山县湘桂糖业有限公司是灵山县内规模最大的一家蔗糖生产加工企业，其生产的蔗糖走出县域远销国内外。近年来，在灵山联社的支持下，广西灵山县湘桂糖业有限公司采用"企业＋农户"的模式，与甘蔗种植户建立了定向合作，致力于带动甘蔗种植户增产增收。每年10月中下旬到次年1月是甘蔗榨糖的季节，企业前期已与近1000多户甘蔗种植户签订了保价收购协议并支付定金，收购甘蔗1.5万多吨用于蔗糖生产。2021年7月，企业由于投入资金更换了一批生产设备，造成流动资金短缺，新的榨糖季又急需补充资金支付给农户，企业向灵山联社武利信用社申请贷款2500万元用于榨糖季生产经营流动资金的补充。武利信用社在接到企业的贷款申请后，立即上门开展贷前调查，并将其纳入"桂惠贷"优惠政策对象，成功向企业发放贷款2500万元。

多年来，灵山联社聚焦糖业全产业链发展和融资方面的痛点、难点、堵点，不断优化营商环境，强化支农再贷款、"桂惠贷"等政策工具运用[①]。同时，创新金融产品，延伸服务触角，持续推出了"易农经营贷""商税贷"等多款支农惠农线上贷款产品，积极推广"4321""4322"新型政银担保贷款，为制糖企业及农户贷款提供了更多元化的融资渠道，进一步缓解了制糖企业和农户抵押担保不足的问题，降低其融资成本。截至2021年9月末，灵山联社累计为糖业全产业链发展发放贷款8489万元；累计办理续贷、展期15笔，涉及金额2396万元，包括甘蔗种植、收购、加工和深加工领域。

【案例9-12】广西永福农村商业银行做实普惠金融，打通金融服务"最后一公里"

广西永福农村商业银行（以下简称永福农商行）积极配合地方政府净化农村信用环境，推动信用乡村建设，配合有关部门加大对农村非法集资等非法金融活动的打击力度。同时，加强农村金融消费者教育，积极宣传"守信受益、失信受制"信用理念，提高农村居民防范非法集资意识。截至2021年9月末，永福农商行共创建信用村52个，信用村占比55.91%；创建信用乡镇6个，信用乡镇占比66.67%。

为做实普惠金融，永福农商行积极做好以下工作：

一是做好信用村创建工作。永福农商行以少数民族乡村——永福镇银洞村作为全县创建信用村建设的试点，通过整村授信创建信用村，积极破解农民生产生活资金紧缺、贷款困难等难题，极力改善民生，为民纾难解困，促进少数民族乡村经济发展。

---

① 姚旭春、宋佳佳：《助力老区振兴的金融力量》，《中国金融家》2021年第6期。

二是推进便民服务。在永福县行政村设立便民服务点71个，为农民群众提供小额取款、现金汇款、消费、代领补贴、账务查询、贷款咨询等业务。截至2021年9月末，71个便民服务点交易量45321笔，金额3150.23万元，全力打通了农村金融服务"最后一公里"。

三是及时发放扶贫贷款。作为永福县发放扶贫小额信用贷款的唯一金融机构，永福农商行紧紧围绕全县脱贫攻坚目标任务，在风险可控的前提下，对建档立卡贫困户发放扶贫小额信用贷款，贷款资金都用于特色农产品种植和产业链，为全县打好精准扶贫攻坚战保驾护航。

二、商业银行推出的主要普惠金融产品

近年来，银行业的外部市场环境发生了巨大变化。随着宏观经济进入新常态，利率市场化进程加快，金融机构在激烈的竞争下对传统金融模式进行更新，不断创新普惠金融产品，完善金融服务体系。表9-1是三大商业银行近年来推出的创新型金融产品。

表 9-1　　　　　　　　　三大商业银行的创新型金融产品

商业银行	产品名称	放贷依据	适用对象	担保方式	贷款限额、期限
中国建设银行	云税贷	纳税数据	小微企业、个体工商户	信用	单户最高300万元 期限：1年
	抵押快贷	抵押物价值	小微企业、个体工商户	抵押（产权明晰的住宅、别墅、商铺等）	单户最高1000万元 期限：1—3年
	云电贷	用电量	拥有独立电表的小微企业、个体工商户	信用	单户最高200万元 期限：1年
中国银行	中银助保贷	由政府和中国银行共同推荐、筛选	"中小微企业"内符合中国银行中银信贷工厂准入条件的优质客户	信用	不超2000万元 期限：不超过3年
	中银税贷通	企业在中国银行开立纳税专户	全区范围内纳税评级为A级、B级且符合中国银行授信业务准入标准的中小微企业	信用+实际控制人及配偶个人连带责任保证担保	不超过300万元 期限：1—3年
	中银结算通宝	在申请授信中国银行所在地拥有固定经营场所	在中国银行各分支机构开立账户并开展结算业务且符合中国银行授信业务准入标准的小微企业	信用+实际控制人及配偶个人连带责任保证担保	不超200万元，如能提供有效足值抵押或保证担保，最高可达2000万元 期限：1年

续表

商业银行	产品名称	放贷依据	适用对象	担保方式	贷款限额、期限
中国工商银行	结算贷	开通工行结算业务2年以上，经营稳定，信用良好	小微企业、个体工商户、小微企业主	线上信用	不超过300万元 期限：1年
	跨境贷	开通工行企业网上银行，经营稳定，信用良好	进出口小微企业	线上信用	不超过300万元 期限：1年
	小企业周转贷	具有工行认可的完全产权住房、商用房、厂房	小微企业	线下抵押	不超过3000万元 期限：不超过3年

资料来源：各银行社会责任报告。

三、商业银行创新发展普惠金融的方式

（一）研发普惠金融专属产品

各商业银行应以当地市场需求为导向，提供具有低成本、可复制和易推广的金融产品和服务；加快构建区域化、专业化的普惠金融体系，以提高普惠金融产品服务获得者的满意度为目的，推进普惠金融产品的区域化发展。具体来说，一是在农村市场，利用产品服务技术创新，解决农村居民贷款贵、贷款难的问题。二是在城市市场，开展社区金融移动化试验，推广具有城市普惠金融特色的金融产品。

（二）加强考核体系，提高服务水平

从奖励机制和约束机制两方面入手，逐步建立责任与权利统一、奖励与约束相对平衡的绩效考核管理机制。奖励机制是让所有参与金融业务的人都从中受益，找到包括客户和银行在内的参与者利益的"最大公约数"，提高各方面主体参与的主动性和积极性。约束机制以市场检验原则为基础，根据金融机构人员绩效指标的达成情况，打破平均主义，真正实现"能者多得"，提高金融机构人员的积极性。

（三）建立可持续的普惠金融模式

针对经济社会发展而言，实行普惠金融机构发展战略符合国家政策引导；针对客户服务而言，将银行网点设置在城镇、农村、小微产业园，能让客户享用到便利、贴心、安全可靠的现代化服务。普惠金融在金融机构推动服务网点下沉、产品和服务技术创

新、服务能力提升等方面具有极大的作用，一定程度上改善了金融组织的服务水平和金融环境，对金融创新、金融服务和整个行业都有积极的意义[①]。

四、创新发展普惠金融的未来方向

普惠金融始终秉承执行国家金融优惠政策、践行企业社会责任的理念，认真为"三农"服务，最大限度地满足"三农"中小企业客户的利益，致力于为"三农"中小企业客户提供更快捷有效的金融服务，破解中小企业贷款难、投资贵等实际问题，更好服务于实体经济发展。围绕信息渠道、支付、征信、电商，继续充实商品和服务网络，加强渠道建设和信息平台支持，构建新型农村普惠金融生态圈，打造城市社区移动金融机构服务站。

第五节 数字普惠金融创新发展

随着数字经济快速发展，数字金融的应用场景日益丰富，正逐步融入小微经济的方方面面。将数字化和普惠金融有机结合，符合时代发展特征和人民需要。近年来，围绕数字和普惠两个重点，普惠金融正由传统金融模式向数字普惠金融模式过渡。数字普惠金融能够有效解决传统普惠金融模式的不足，将金融与科技深度融合，在提高普惠金融覆盖面的同时，能够拓展金融服务的空间，为用户带来便利。

一、数字普惠金融创新发展案例

【案例9-13】环江毛南族自治县农村信用合作联社拓宽数字金融，助力乡村振兴

环江毛南族自治县农村信用合作联社（以下简称环江农信社）作为县域农村金融主力军，认真贯彻落实上级乡村振兴战略的各项决策部署，以及习近平总书记对毛南族实现整族脱贫作出的重要指示精神，巧打普惠金融"组合拳"，以加快农村信用体系建设和数字金融为突破口，助推地方实体经济高质量发展，为金融助力乡村振兴战略落地赋能加速，为毛南族群众脱贫致富奔小康提供有力金融支撑。

[①] 慈亚平：《勇担社会责任，践行普惠金融——徽商银行普惠金融发展纪实》，《中国信用卡》2018年第7期。

环江农信社大力推广线上数字普惠贷款，科技赋能乡村振兴，以市场需求为导向推动数字金融与乡村振兴需求有机融合。环江农信社通过积极宣传推广区联社开发的网贷平台线上支农支小支微信贷产品，为农户、个体工商户、小微企业提供了丰富的线上贷款服务，上线的3个系列共8款线上贷款——易农经营贷、易农消费贷、金猪贷、商税贷、商摊贷、企税贷等贷款产品操作更简单、交易更便捷，更贴近客户、贴近农村。

围绕农户线上数字普惠贷款"易农贷"和小微线上数字普惠贷款"易商贷"两大品牌的产品体系，通过线上线下有机融合的方式，不断升级服务模式。线上提速，让"三农"金融服务唾手可得；线下暖心，让"三农"金融服务走向田间地头。环江农信社金融专员拿着移动设备，就能在田间地头现场办理、现场签约、现场授信，农户通过手机银行自助提款，有效保障了金融业务办理时效。同时，以金融服务县域产业做优做强为目标，以网格化金融服务和名单制精准营销为抓手，加快"增户扩面"进程，不断提高普惠小微金融服务水平，推进县域经济高质量发展。通过市场监督局获取小微客户名录，制订线上"白名单"采集方案，深入社区、商圈、园区开展外拓营销，对小微客户进行网络化管理，畅通渠道，精准营销，加快推进小微客户线上"白名单"建档评级授信。截至2021年9月末，线上线下相结合贷款发放744笔，贷款余额3439万元，数字普惠金融的可得性和覆盖面进一步提高。

【案例9-14】广西平果农村合作银行通过"数字+金融"，推进普惠金融

广西平果农村合作银行（以下简称平果农合行）通过"数字+金融"，积极推进普惠金融服务点建设，实现数字普惠金融。截至2021年9月末，设立金融服务便民点156个，实现平果100%行政村金融服务覆盖，提供小额取现、刷卡消费、转账汇款、生活缴费等金融服务，把安全、高效、便捷的现代金融支付服务措施延伸到金融服务乡村振兴的"最后一公里"。

家住平果市凤梧镇山环村的梁玉敏是一名中共党员，兼任山环村党总支部副书记，同时也是广西壮族自治区第十三届人大代表。2020年，平果市"党旗引领+金融先锋"万名农信先锋进万村工程暨服务乡村振兴战略工作启动，为进一步方便群众，助力乡村振兴，充分发挥党员模范带头作用，梁玉敏积极响应，成为平果农合行农村金融综合服务站站长。为给办理业务的群众一个良好的服务环境，梁玉敏与其爱人专门腾出自家一楼的房间，重新翻修打理，积极宣传，夫妻二人利用工作外的时间，轮流给周边群众提供查询社保、领取养老补助、缴纳电费等服务。截至2021年9月末，累计服务780人次，办理交易2743笔，金额323.49万元，获得当地群众一致好评。

平果农合行为农村金融服务站配置了POS终端、桌椅、点钞机、打印机、保险柜等设施，并配置收款码牌[①]，同时为广大农村商户提供"农信易扫"收款码，支持云闪付、微信、支付宝等主流支付渠道，收款资金无须提现，直接到达银行账户[②]，极大地方便了商户经营，也方便了当地群众，不仅满足了乡村地区基本的金融服务需求，也满足了乡村地区多元化的金融服务需求。

【案例9-15】南宁市区农村信用合作联社扎根"三农"，拓宽数字金融

南宁市区农村信用合作联社（以下简称南宁市区联社）充分发挥扎根"三农"、服务地方金融的业务优势，不断拓宽数字金融，以实际行动奔走在乡村振兴的道路上，奋力书写乡村振兴新答卷。2021年8月末，针对"白名单"考核任务，南宁市区联社结合实际，印发相关考核办法，开展"白名单"采集工作专项作战，细化目标任务，做到全员参与。截至2021年9月末，全辖区共采集26804户，完成三季度任务21265户的126.05%。已通过评级授信790户，授信6403万元，用信6267万元，用信率97.88%。

广西农信涉农信息管理系统在坛洛镇下辖的上正村上线后，客户在家就可提出贷款申请，信贷员受理后上门调查，核实情况后，当场上传资料进行审批，审批通过后发放贷款，全流程缩短至1—2个小时。上正村的农户足不出户，就完成了贷款的办理和使用，极大地提高了农户申贷积极性，满足了农户发展农业产业的金融需求，一定程度上促进了本地农户的产业发展。南宁市区联社坛洛信用社还利用开展数字普惠金融工作的契机，积极开展农户普惠金融的宣传工作，建立回访机制，以此确保农户及时掌握授信信息，并以农村村委办公室、群众活动中心或"大树脚"等村民聚集地为阵地，以上门办理业务、现场进行宣传、下乡投放电影演出等方式向广大农户普及金融基础知识，在数字普惠金融满足农户融资需求的同时，引导农户的诚信守约意识，营造质朴文明的乡村风貌。截至2021年9月末，坛洛片区共采集"白名单"6926户，授信424户、金额2758.6万元，用信424户、金额2748.6万元，用信率达99.64%。

---

① 朱必华、张建忠：《全方位把关推进农村金融综合服务站建设》，《中国银行业》2018年第3期。
② 吴剑波：《"1+N"打造场景金融新生态》，《中国农村金融》2020年第20期。

二、数字普惠金融发展背景

人类社会正在向数字社会过渡，数字经济与金融是未来全球经济竞争与合作的焦点。近年来，我国继续加快5G、人工智能、工业网络、物联网等新基础设施建设，已开通建设5G基站99.3万个，覆盖全国所有地级市、95%以上的县区和35%的乡镇，5G终端手机连接数超过3.92亿户。在应用创新上，我国5G应用案例已超过1万个，覆盖了钢铁、电力、矿山等22个国民经济的重要行业和有关领域，形成了一大批丰富多彩的应用场景[①]。尤其是我国农村区域，也建立了比较完备的数字基础设施，网络普及率高达59.2%，通光缆和通信4G比率均突破99%。这既是数字经济发展的有利前提条件，也是数字经济发展的主要成就表现。

大数据与普惠金融的有效融合创新催生了数字普惠金融。数字普惠金融在新时代大数据和信息技术发展的基础上不断迭代进步，在移动支付、金融保险、智能理财等领域逐渐完善和成熟，和其他传统的金融产品相比，数字普惠金融产品在提升用户体验和实现业务精准化方面都有着巨大的潜在优势。在当代中国各项民生事业建设过程中，普惠金融服务保障着社会更多群体的基本权益，使更多的人能够学会通过保险、信贷、理财等金融工具解决生活需求，同时激发市场活力，促进实体经济快速、高质量发展。

三、数字普惠金融发展成效

近年来，普惠金融业经历了四次变革：第一次由具有单一性质的公益模式转变为可持续的商业模式；第二次由区域性转变为国际性；第三次由简单的小微贷款转变为全面深化的普惠金融体系；第四次由人工化转变为智能化。

2015年11月，国务院发布了《推进普惠金融发展规划（2016—2020年）》，明确了发展普惠金融为国家战略。2016年杭州G20全球峰会上，我国提出数字普惠金融的8项高级原则，进一步引领和倡导普惠金融深入发展[②]，8项高级原则包括：倡导利用数字技术推动普惠金融发展；平衡好数字普惠金融发展中的创新与风险；构建恰当的数字普惠金融法律监管框架；扩展数字金融服务基础设施；采取尽责的数字金融措施保护消费

---

① 刘坤：《5G方兴未艾，"数字世界"加速到来》，《光明日报》2021年9月3日第10版。
② 尹优平：《普惠金融助力脱贫攻坚》，《前线》2019年第3期。

者；重视消费者数字技术知识和金融知识的普及；促进数字金融服务的客户身份识别；监测数字普惠金融进展[1]。

（一）2011—2020年数字普惠金融的发展情况[2]

2011—2020年省级数字普惠金融指数见表9-2。如表9-2所示，我国的数字普惠金融业务在2011—2020年实现了跨越式发展，2011年各省（自治区、直辖市）数字普惠金融指数的中位值为33.6，到2015年增长到214.6，2020年进一步增长到334.8[3]。2020年省级数字普惠金融指数的中位值是2011年的10倍，指数值平均每年增长29.1%，由此可以看出我国数字普惠金融的快速发展趋势[4]。从增速来看，近几年数字普惠金融指数增速有所放缓，这在一定程度上表明，随着数字金融市场的发展越来越成熟，数字普惠金融指数开始由高速增长向常态增长过渡[5]。2020年，我国经济社会各方面均受到新冠疫情的严重冲击，全年经济增速较往年显著下降，但数字普惠金融指数仍然较2019年增长5.6%[6]，即便是疫情最严重的湖北省，其数字普惠金融指数仍然维持正增长，显示出数字普惠金融在疫情时代的独特优势和强大韧性。

表 9-2　　　　　2011—2020 年省级数字普惠金融指数

年份 省（自治区、直辖市）	2011	2012	2013	2014	2015	2016	2017	2018	2019	2020
北京	79.41	150.65	215.62	235.36	276.38	286.37	329.94	368.54	399.00	417.88
天津	60.58	122.96	175.26	200.16	237.53	245.84	284.03	316.88	344.11	361.46
河北	32.42	89.32	144.98	160.76	199.53	214.36	258.17	282.77	305.06	322.7
山西	33.41	92.98	144.22	167.66	206.3	224.81	259.95	283.65	308.73	325.73
内蒙古	28.89	91.68	146.59	172.56	214.55	229.93	258.5	271.57	293.89	309.39
辽宁	43.29	103.53	160.07	187.61	226.4	231.41	267.18	290.95	311.01	326.29
吉林	24.51	87.23	138.36	165.62	208.2	217.07	254.76	276.08	292.77	308.26
黑龙江	33.58	87.91	141.4	167.8	209.93	221.89	256.78	274.73	292.87	306.08

---

[1] 廖岷：《金融科技发展的国际经验和中国政策取向》，《新金融评论》2017年第4页。
[2] 蔡文德、徐闻鹏、段家钦：《我国数字普惠金融发展的路径、问题与建议》，《金融科技时代》2021年第7期。
[3] 白雪、张贝贝：《数字普惠金融风险测度及跨系统传染机制研究》，《山东财经大学学报》2021年第5期。
[4] 王傲君：《数字普惠金融发展存在的风险及对策》，《湖北师范大学学报（哲学社会科学）》2019年第6期。
[5] 胡滨、程雪军：《金融科技、数字普惠金融与国家金融竞争力》，《武汉大学学报（哲学社会科学版）》2020年第3期。
[6] 张希颖、吴佳钧、王艺环：《中国数字普惠金融发展现状及对策》，《河北金融》2022年第3期。

续表

年份 省（自治区、直辖市）	2011	2012	2013	2014	2015	2016	2017	2018	2019	2020
上海	80.19	150.77	222.14	239.53	278.11	282.22	336.65	377.73	410.28	431.93
江苏	62.08	122.03	180.98	204.16	244.01	253.75	297.69	334.02	361.93	381.61
浙江	77.39	146.35	205.77	224.45	264.85	268.1	318.05	357.45	387.49	406.88
安徽	33.07	96.63	150.83	180.59	211.28	228.78	271.6	303.83	330.29	350.16
福建	61.76	123.21	183.1	202.59	245.21	252.67	299.28	334.44	360.51	380.13
江西	29.74	91.93	146.13	175.69	208.35	223.76	267.17	296.23	319.13	340.61
山东	38.55	100.35	159.3	181.88	220.66	232.57	272.06	301.13	327.36	347.81
河南	28.4	83.68	142.08	166.65	205.34	223.12	266.92	295.76	322.12	340.81
湖北	39.82	101.42	164.76	190.14	226.75	239.86	285.28	319.48	344.4	358.64
湖南	32.68	93.71	147.71	167.27	206.38	217.69	261.12	286.81	310.85	332.03
广东	69.48	127.06	184.78	201.53	240.95	248	296.17	331.92	360.61	379.53
广西	33.89	89.35	141.46	166.12	207.23	223.32	261.94	289.25	309.91	325.17
海南	45.56	102.94	158.26	179.62	230.33	231.56	275.64	309.72	328.75	344.05
重庆	41.89	100.02	159.86	184.71	221.84	233.89	276.31	301.53	325.47	344.76
四川	40.16	100.13	153.04	173.82	215.48	225.41	267.8	294.3	317.11	334.82
贵州	18.47	75.87	121.22	154.62	193.29	209.45	251.46	276.91	293.51	307.94
云南	24.91	84.43	137.9	164.05	203.76	217.34	256.27	285.79	303.46	318.48
西藏	16.22	68.53	115.1	143.91	186.38	204.73	245.57	274.33	293.79	310.53
陕西	40.96	98.24	148.37	178.73	216.12	229.37	266.85	295.95	322.89	342.04
甘肃	18.84	76.29	128.39	159.76	199.78	204.11	243.78	266.82	289.14	305.5
青海	18.33	61.47	118.01	145.93	195.15	200.38	240.2	263.12	282.65	298.23
宁夏	31.31	87.13	136.74	165.26	214.7	212.36	255.59	272.92	292.31	310.02
新疆	20.34	82.45	143.4	163.67	205.49	208.72	248.69	271.84	294.34	308.35

数据来源：北京大学数字普惠金融指数。

（二）数字普惠金融发展过程中待解决的问题

当前，数字普惠金融发展过程中，面临一些挑战和难题，如信息收集不全面、征信系统不完善、金融科技有待进一步应用等。只有将这些问题逐一解决，数字普惠金融才能够进入新的发展阶段。

对于信息收集方面而言,金融机构收集客户信息的方式还需要进一步地创新,收集客户各个方面的信息,为客户提供更加精准的金融服务;对于征信系统而言,要深入收集客户真实而准确的金融数据,增加评估系统的精准度;金融科技的进一步应用,是现阶段银行和金融企业都需要坚持执行的,这样才能完善数字普惠金融体系。

未来,数字普惠金融将会进入数字普惠体系基本完善阶段,在这个时期,将基本解决信息不足和征信体系的问题,但同样面临金融科技有待进一步应用的挑战。

第六节　绿色普惠金融创新发展

习近平总书记多次强调要牢固树立"绿水青山就是金山银山"理念。在我国经济社会持续高速、健康发展的今天,我们必须坚决避免对自然环境造成破坏,走一条始终以绿色环保发展为根本前提的科学发展道路。绿色金融理念是积极推进金融供给侧结构性改革、不断加快推动金融生态文明体系建设、全面优化提升金融生态环境品质的重要杠杆[①]。继续坚持绿色普惠金融理念,打好污染防治攻坚战,从推进工业绿色升级、加快农业绿色发展、提高服务业绿色发展水平、壮大绿色环保产业、提升产业园区和产业集群循环化水平、构建绿色供应链等方面提供金融支持,以推动实现碳达峰碳中和目标[②]。

一、绿色普惠金融创新发展案例

【案例9-16】绿色产业推进农村经济发展[③]

广西乐业农村商业银行(以下简称乐业农商行)根据乡村振兴战略之生态宜居,大力支持"美丽乡村"建设,推出一系列信贷产品,引导绿色实体金融发展,鼓励信贷资源配置,形成绿色信贷,重点关注以污水处理和绿色环境生态恢复为代表的节能减排、清洁能源信贷支持,优先打通审批渠道,从利率上给予优惠,有效提高客户服务体验,

---

① 王遥、王文翰、王文蔚、乔颖:《以多元基金模式破解我国生态保护修复资金困境》,《环境保护》2020年第12期。
② 高敬德:《林本位时代或将到来》,《绿色中国》2021年第7期。
③ 吴宜文、吴刘杰、吴胜建:《做实绿色普惠金融 添彩乡村振兴战略》,《中国农村金融》2021年第10期。

降低客户贷款利息成本。例如，乐业农商行了解到广西百色乐业县城乡环保投资有限公司建设污水处理厂的融资需求，落实金融专员对污水处理厂的融资进行"一对一"对接，并制订合理、规范的融资方案，向广西百色乐业县城乡环保投资有限公司累计发放3000万元贷款，支持该公司污水处理厂异地建设工程，为其注入政策"活水"。乐业县享有世界长寿之乡、天坑之乡等美称，此笔绿色贷款有效助推乐业县的环境治理建设，使之转化为推动县域绿色产业发展的强劲引擎。

【案例9-17】广西岑溪农村商业银行做优绿色金融，助力生态宜居

近年来，广西岑溪农村商业银行（以下简称岑溪农商行）认真贯彻落实绿色发展理念，坚持"两山论"，找准方向，创造条件，大力发展绿色金融，深耕细作"三农"沃土，充分发挥人缘地缘优势，以绿色信贷的金融"活水"，浇灌本地生态发展的"金山银山"，助推金融资源向绿色领域精准"滴灌"，为岑溪市打造山水宜居的桂东南副中心城市贡献绿色金融力量①。

岑溪市是"古典三黄鸡之乡"，经过近40年的三黄鸡养殖，鸡粪堆积如山，不仅占用土地，对环境也有一定影响。岑溪市三堡农业科技有限公司是岑溪市禽畜粪污处理重点企业，主要从事有机肥料、生物有机肥、土壤调理剂、有机物料腐熟剂和叶面肥、农业专用肥料的研发、生产、销售、技术咨询和推广，以及畜禽粪便、食用菌废苞回收和销售。

岑溪农商行瞄准绿色信贷领域，加大对该企业的信贷支持力度，对该企业累计投放绿色信贷445万元，解决了三堡农业科技公司流动资金不足的难题，同时解决了岑溪市养殖企业因历年畜禽粪便难处理而影响环境的问题，可谓一举两得。在绿色金融信贷支持下，该企业将畜禽粪便、食用菌废苞回收加工，日均消化鸡粪可达4000立方米，所生产的有机肥为目前农业市场的抢手资源，对资源再生利用、废物回收利用、振兴地方经济具有积极的意义。

【案例9-18】南丹县农村信用合作联社创新发展绿色金融案例

南丹县茂晨农业投资有限责任公司（以下简称茂晨公司）因"油茶种植基地"项目建设，共需投入资金人民币约5000万元，项目一期预算投入资金3000万元，后由于种

---

① 于法稳:《新时代生态农业发展亟需解决哪些问题》，《人民论坛·学术前沿》2019年第19期。

植面积扩大,实际需投入资金达到了4530万元,资金缺口为2440万元,为此公司向南丹县农村信用合作联社(以下简称南丹联社)申请贷款1500万元整,用于南丹县茂晨公司油茶种植基地建设,期限5年。

该项目将带动南丹县芒场镇老广种养农民专业合作社、南丹县八圩乡汉辉种养农民合作社、南丹县八圩乡少凯种养农民专业合作社三个合作社270多个农户和贫困户从事油茶种植务工,从而为农户和贫困户增加收入,符合南丹县产业扶贫的政策,形成了公司+合作社+农户(贫困户)的发展模式。故南丹联社经审批后对其发放了这笔贷款。

二、绿色普惠金融的发展背景

伴随着现代化金融体系的不断健全完善,我国经济发展迅速,然而在经济高速增长的同时,环境问题也日益突出。习近平总书记在党的十九大报告中明确提出"构建市场导向的绿色技术创新体系",并在全国政协十三届二次会议上再次强调"要依靠科技创新破解绿色发展难题",为实现绿色发展指明了道路。达伦(Daron)等[1]与李子豪、白婷婷[2]认为,绿色普惠创新已成为实现经济发展与环境保护"双赢"的关键手段。徐伯勋(Po-Hsuan Hsu)等[3]与拉玛那(Ramana)、汤姆(Tom)[4]认为,普惠金融作为微观主体绿色技术创新中的核心要素,将直接影响企业绿色技术创新的成效。陈志刚和郭帅[5]认为,金融发展是全要素生产率的重要影响因素。严成樑等[6]认为,绿色金融发展对实现中国经济的绿色低碳发展具有重要意义。穆罕默德(Muhammad)等[7]认为,绿色金融发展能够显著降低二氧化碳的排放,对环境治理具有重要影响。因此,普惠金

---

[1] Daron A., Philippe A., Leonardo B. and David H., "The Environment and Directed Technical Change," *American Economic Review* 102, No.1: 131—166.
[2] 李子豪、白婷婷:《政府环保支出、绿色技术创新与雾霾污染》,《科研管理》2021年第2期。
[3] Po-Hsuan H., Xuan T. and Yan X., "Financial Development and Innovation: Cross-country Evidence," *Journal of Financial Economics* 112, No.1 (2014): 116—135.
[4] Ramana N. and Tom N., "Did Bank Distress Stifle Innovation During the Great Depression?" *Journal of Financial Economics* 114, No.2 (2014): 273—292.
[5] 陈志刚、郭帅:《金融发展影响全要素生产率增长研究述评》,《经济学动态》2012年第8期。
[6] 严成樑、李涛、兰伟:《金融发展、创新与二氧化碳排放》,《金融研究》2016年第1期。
[7] Muhammad S., Aviral K.T. and Muhammad N., "The Effects of Financial Development, Economic Growth, Coal Consumption and Trade Openness on CO_2 Emissions in South Africa," *Energy Policy* 61 (2013): 1452—1459.

融的创新发展必然会对企业绿色金融创新产生重要影响。

三、创新发展绿色普惠金融方式

（一）绿色金融与普惠金融深度结合

在2016年9月G20杭州峰会上，我国提出"绿色金融"和"包容性社会"的概念，将其作为中国治理全球金融的关键内容，受到了全球的关注。国家鼓励发展普惠金融和绿色金融，将其作为支持实体经济发展、弘扬绿色普惠金融的重要方式[①]。

普惠金融与绿色金融融合、协调发展的趋势是绿色普惠金融的发展。如果只强调绿色金融，将没有足够的动力支撑金融的发展；如果只强调普惠金融，将会缺乏普惠金融发展模式的连贯性和可持续性。

近年来，我国普惠金融和绿色金融取得了良好的发展，成为实现社会经济建设的有效支柱，并且普惠金融和绿色金融的覆盖面正不断扩大。在绿色金融和普惠金融之间搭建桥梁，推动绿色金融和普惠金融在某一领域实现一定程度的融合协调发展，可以扩大绿色金融发展范围，提高普惠金融发展质量[②]。

（二）鼓励金融机构绿色信贷、普惠金融贷款

《北京市"十四五"时期金融业发展规划》指出，加强绿色信贷、绿色债券、绿色保险服务能力，鼓励金融机构在融资规模、财务、治理、风险容忍度等方面，参照国际标准完善绿色金融体系，建立绿色信贷专项授信、考核等机制。

据中国银行保险监督管理委员会统计，2021年末，工商银行对节能环保、清洁生产、清洁能源、生态环境、基础设施绿色升级、绿色服务等绿色产业的绿色贷款余额为2.48万亿元，比年初增加6349.02亿元[③]。其中，减排方面力度整体加大，减排二氧化碳当量达到9884.69万吨，同比增长15.9%。在绿色债券承销方面，筹集资金累计1401.3亿元，其中碳中和债24支，总承销规模249.09亿元，在银行同业中排名第一。中国工商银行2019—2021年绿色信贷支持减排情况见表9-3。

---

① 鲁政委、汤维祺：《协同推进绿色金融与普惠金融发展》，《银行家》2017年第12期。
② 魏长江：《绿色金融与普惠金融的比较与融合发展》，《甘肃金融》2017年第12期。
③ 邱晓华、李衡、张艳杰、徐灼、唐玉：《绿色金融支持碳中和目标：国际国内实践及建议》，《保险理论与实践》2021年第6期。

表 9-3　　　　中国工商银行 2019—2021 年绿色信贷支持减排情况　　　　单位：万吨

年份 项目类别	2021	2020	2019
折合节约标准煤	4738.13	4924.74	4627.23
减排二氧化碳当量	9884.69	8524.63	8985.96
减排 COD	28.38	281.71	26.85
减排碳氮	7.26	31.10	4.91
减排二氧化硫	1817.13	2189.30	3.94
减排氮氧化物	1539.46	1424.62	3.34
节水	7521.52	8931.02	5903.64

以绿色信贷引导机制为核心的中国绿色信贷体系基本架构目前已经基本形成，银行业金融机构还对发放节能环保贷款业务和绿色信贷业务的相关政策边界、监督管理方式、审核政策依据等相关问题作出了进一步明确规定。通过引导确立资金投向低碳、循环经济和绿色生态领域，确保小额信贷资金的定向投送①。

（三）构建绿色普惠金融体系

建立健全绿色金融风险预警系统，控制系统性金融风险，堵住机制结构的漏洞，在稳定和发展之间保持平衡。对实施绿色金融原则的金融机构来说，应该进一步降低准入要求，适度降低监管要求。加强普惠性绿色融资体系协调机制，努力实现监管部门目标、绩效激励和资源的一致性，确保政策、标准、规则和法规方面的行动紧密联系，特别是对所有行业和市场部门有效监管的绿色、普惠性融资活动。地方政府要强化区域责任，按照中央统一部署，化解绿色普惠金融相关风险。

综合运用财税政策和金融政策在奖励、补贴、贴息、风险分担、减免增值税、所得税等方面给予政策支持，合理运用和搭配存款准备金、再融资、资本重组、窗口指导等政策工具，共同引导绿色普惠金融发展。

完善绿色金融和普惠金融相关的法律法规，确保国家在绿色金融和普惠领域的稳定和权威。

---

① 王旭：《提升金融供给质效 精准服务实体经济》，《中国银行业》2018 年第 1 期。

四、创新发展绿色普惠金融的意义

近年来,我国在发展绿色金融方面取得了显著成就,在引导绿色投资方向、促进产业绿色化发展、优化能源结构配置、防治污染、保护环境、应对全球变暖问题等方面发挥了重要作用,在绿色金融发展方面取得了积极成效[①]。提升绿色金融的普惠性是新发展阶段对绿色金融未来发展的新要求。在绿色转型和共同富裕的要求下,发展绿色普惠金融、推动绿色金融包容性增长是未来绿色金融发展的必由之路。绿色普惠金融是实现碳达峰碳中和目标的重要金融工具,能够推动解决发展不平衡不充分问题,满足人民美好生活的需要[②]。

第七节 普惠金融改革试验区

党的十八大以来,党中央将普惠金融工作纳入全面深化改革若干重大问题的战略布局,多个相关改革试验区得以设立[③]。不同改革试验区经济发展水平和产业结构的差异有利于各地探索多元化的发展模式和路径。其中一些试验区已经历经了多年的改革探索,形成了一些创新模式、做法和经验。部分试验区虽获批时间较短,但也具备良好的改革基础与创新土壤。

一、普惠金融改革试验区案例

【案例9-19】贵州省农村信用社:高质量助力普惠金融改革试验区建设

近年来,贵州全力创建毕节市普惠金融改革试验区,推动地方经济高质量发展。作为地方金融主力军,贵州省农村信用社(以下简称贵州农信)充分发挥自身优势,持续从金融供给端发力,进一步强化顶层设计、金融供给、服务水平,助力毕节市普惠金融改革试验区创建。

在贵州"屋脊"威宁县,贵州省农村信用社威宁县农村信用合作联社探索构建县、

---

① 王信:《粤港澳大湾区绿色金融发展探索》,《中国金融》2021年第19期。
② 吴宜文、吴刘杰、吴胜建:《做实绿色普惠金融 添彩乡村振兴战略》,《中国农村金融》2021年第10期。
③ 姜皓:《泰隆银行 普惠金融撬动共同富裕》,《宁波经济(财经视点)》2021年第9期。

乡、村协调联动、助力乡村振兴的"灼甫模式"，借助"金融+"赋能乡村组织、产业、人才、文化、生态多维振兴，把金融"活水"引到了田间地头。

这是贵州农信强化顶层设计、引领普惠金融建设的成果之一。自毕节市普惠金融改革试验区申建以来，贵州省联社成立以党委书记为组长、党委副书记为第一副组长的普惠金融助力乡村振兴工作领导小组，将建设普惠金融纳入贵州农信"十四五"发展战略规划，印发《普惠金融工作五年规划》《助力毕节市申建普惠金融改革试验区实施方案》等文件，进一步明确了助力毕节市建设普惠金融改革试验区的目标、路径和重点工作。

随着贵州省联社高站位推动助力试验区建设工作，省联社毕节审计中心和各行社相继成立党委书记负责的工作领导小组和工作专班，设置专责部门，制订工作计划，拟定工作方案；积极围绕易地扶贫搬迁金融服务、信用工程建设、外出务工人员金融服务等普惠金融课题进行调研；加强和党委政府请示汇报，构建上下联动、政银联动的工作体系。

体制机制不断完善，各方合力不断凝聚，各地成果遍地开花。黔西、赫章、金沙3家行社将高管组织关系编入网点党支部，与辖内红色美丽村庄项目所在村党支部开展联建，金融支持红色美丽村庄建设；建立审计中心党委指导、8家行社党委与县内安置点形成"党委+党工委""党支部+社区支部""公益基金+关工委"联动的易地扶贫搬迁金融服务"1+8"机制；161个党支部与村党支部开展"党建互联互动、共促乡村振兴"联建，有效促进乡村振兴等普惠金融工作开展。

【案例9-20】以地方平台打造改革试验区

江西联合股权交易中心坚持做实地方政府资金和政策运用平台，牢记服务中小微企业使命，全面提高金融服务质效，通过挂牌展示、私募可转债、股权登记托管、私募基金等方式，与其他金融机构合作，拓展新渠道、开发新业态，做优做强区域性股权市场整体生态圈，深入参与吉安、赣州普惠金融改革试验区建设。

一是持续提升企业孵化培育。坚持以服务地方中小微企业发展为己任，深入参与江西省企业上市"映山红行动"，持续推动小微、文化和旅游、"三农"优质挂牌展示，帮助企业利用区域性市场优化治理结构，解决发展中的问题。截至2021年8月底，赣州市挂牌企业15家，展示企业1069家，吉安市挂牌企业3家，展示企业580家。此外，加强企业培训培育，举办深创投服务赣州创新发展专场路演活动，推进更多中小微企业通过区域性股权市场提高对资本市场的操作能力。

二是助力拓宽企业直接融资。通过股权质押、私募可转债等方式提高直接融资比重，缓解小微企业融资难问题，累计帮助吉安市7家企业备案发行17笔私募可转债实现融资8.35亿元，累计帮助赣州市23家企业备案发行57笔私募可转债实现融资超47.22亿元。截至2021年8月底，为普惠金融私募可转债建立绿色审批通道，协助麦帝施科技发行2077万元普惠金融私募可转债。同时，积极发挥基金管理专业优势，通过赣州稀金谷股权投资基金为全标生物、横川机器人等企业融资9000万元。

【案例9-21】中国人民银行南昌中心支行用好信用，推广普惠

为进一步缓解中小微企业融资难题，助力普惠金融改革试验区发展，中国人民银行南昌中心支行牵头辖内金融机构从完善中小企业信用体系角度出发，积极探索建设企业收支流水大数据征信平台，并在赣州、吉安普惠金融改革试验区试点推广，取得显著成效[①]。

一是有力支持了试验区企业融资发展。自2020年10月推动试点至2021年8月，平台查询量达到4454笔，涉及企业3418家，支持发放企业贷款92.49亿元，其中普惠口径贷款42.48亿元，支持应收账款融资4.1亿元。

二是满足了金融机构授信审批需求。企业收支大数据征信平台的上线，降低了金融机构征信成本，提高了贷款审核效率。企业收支流量报表的适用范围逐步覆盖了从贷款前期调查到贷前、贷中、贷后的全过程。试点地区金融机构反映的企业收支流量报告信息丰富、含金量高，小微企业评分具有一定参考价值，能够通过对企业资金的多角度分析，判断企业的经营情况和风险，有效地减少了银行与企业的信息不对称，对小微企业的融资起到很大的作用[②]。

三是推动银行服务小微企业产品创新。建设银行、江西银行、赣州银行、交通银行等多家试点金融机构以平台相关数据为背景，结合企业收支流水专项报告和企业信用评分情况，研究创新金融服务产品。例如，江西银行率先创新开发"流水贷"，为小微

---

① 中国人民银行南昌中心支行课题组：《建设企业收支流水大数据征信平台的探索与实践——以江西省为例》，《金融与经济》2021年第11期。
② 王地宁：《征信领域替代数据的应用》，《中国金融》2021年第19期。

企业主、个体工商户提供无抵押、无担保的纯线上信用贷款,助力民营实体经济高质量发展。

二、普惠金融改革试验区的现状

2006年,联合国发布《建设普惠金融体系》蓝皮书,提出世界各国应重视普惠金融的发展。普惠金融的概念由此被引入我国。

2013年11月,党的十八届三中全会《中共中央关于全面深化改革若干重大问题的决定》中提出"发展普惠金融,鼓励金融创新,丰富金融市场层次和产品"。[1] 2015年11月,中央全面深化改革领导小组第十八次会议指出,发展普惠金融,目的就是提升金融服务的覆盖率、可得性、满意度,满足人民群众日益增长的金融需求[2]。《推进普惠金融发展规划(2016—2020年)》为我国普惠金融未来五年的发展指明了方向,标志着发展普惠金融已经升级到国家战略层面。

普惠金融成果已开始显现。据统计,截至2017年末,我国银行业金融机构共有营业性网点22.76万个,较2013年末增长8.5%,银行业网点乡镇覆盖率达到95.99%[3];银行业小微企业贷款余额30.74万亿元,较2013年末增长73.1%,为1521万户小微企业提供贷款服务,较2013年末增长21.7%;银行业涉农贷款余额30.95万亿元,较2013年末增长48.2%,其中农户贷款余额8.11万亿元,较2013年末增长80%[4]。

三、建立普惠金融改革试验区的作用

(一)为创建全国普惠金融提供经验

回顾各个改革试验区的实践成果,可以总结出三点经验。

第一,从普惠金融改革试验区的成效来看,政府在市场运作时需要把控好边界,防止市场失灵,同时要积极推动政策、制度的有效实施。第二,发展普惠金融需要更加健全和丰富的金融结构,想要市场长远运作,必须要满足市场的金融需求,对政府而言就

---

[1] 彭纯:《发展普惠金融是银行的重大使命》,《中国金融》2018年第16期。
[2] 岑婷婷:《以金融之水涵养经济"细胞"》,《中国城乡金融报》2021年4月30日第A01版。
[3] 王小龙:《深入推进普惠金融 攻坚"最后一公里"》,《中国农村金融》2019年第5期。
[4] 李雪林、唐青生、袁天昂:《对我国普惠金融发展问题的几点思考》,《时代金融》2019年第19期。

是要引导市场主体共同推动金融结构的完善和金融生态的持续运行。第三，金融产品创新是各个改革试验区开展的重要工作，不同地区的文化、产业、经济水平不同，即在开展普惠金融工作时需要因地制宜地选择金融产品来推动普惠金融的实施。

（二）促进普惠金融的发展

普惠金融改革试验区的发展能够有效发挥金融服务乡村振兴的支撑作用[①]，改善区域金融生态，提升金融资源承载能力，推动经济发展；经济发展又反作用于金融机构，推动其可持续发展，从而促使金融机构投入更多的资金到普惠金融上，带动普惠金融的发展。

（三）推动共同富裕的实现

通过优化县域公共服务、建立普惠金融服务站、推广普惠金融线上平台，普惠金融在试验区的发展方式激发了金融服务主体的积极性，提升了农村地区的金融服务便利性；通过运用普惠授信等方式，有效解决了农村产业发展的问题，推动农村经济提升，减少农村和城市间的经济差距，推进城乡一体化发展。

第八节 普惠金融可持续发展

发展农村普惠性金融理财服务将为农村全面建设小康社会提供一股巨大的动力[②]。从小额信贷到微型金融、普惠金融再到数字普惠，发展至今，已有学者对其可持续性进行了大量的研究：宗民研究了普惠金融发展的伦理基础，阐述了发展普惠金融的道德必要性[③]；龚晓叶、李颖研究了普惠金融包容性、风险可控和商业可持续之间的"不可能三角"关系[④]；吕子苑、魏丽研究了普惠金融如何服务包括中低收入者、小微企业、老年人和残障人士等在内的弱势群体[⑤]；商海岩等研究了数字普惠金融促进农村消费升级[⑥]；薛莹、胡坚研究了货币政策和经济增长与普惠金融发展之间的关系，认为货币政策显著推

---

① 陆高林：《用心答好"四道题" 争当惠农排头兵》，《中国农村金融》2019年第13期。
② 杨雯：《大银行在推进普惠金融发展中的作用》，《金融理论与教学》2017年第1期。
③ 宗民：《普惠金融的伦理基础及其实践原则》，《浙江社会科学》2020年第5期。
④ 龚晓叶、李颖：《金融科技对普惠金融"悖论"的影响——基于中国银行业风险承担水平的证据》，《证券市场导报》2020年第9期。
⑤ 吕子苑、魏丽：《保险公司不动产最优投资策略研究》，《经济理论与经济管理》2020年第5期。
⑥ 商海岩、孙云涵、赵培坊：《数字经济、普惠金融与农村消费升级》，《农村金融研究》2021年第10期。

动了普惠金融的发展，普惠金融与经济增长呈良性互动[①]。

普惠金融系统的规范化建设对于推进我国全面建成小康社会进程意义很大。普惠金融结构和我国传统金融产品服务的结构模式有明显不同，其改革重点主要是建立面向广大中小微企业群体和社会弱势群体的新型金融机构，目的主要是增加这两类人群在基本金融产品服务需求方面的社会满足感，是进一步优化我国金融结构、推动我国经济社会金融创新和发展改革的一项重要内容。普惠金融平台可以有效地解决广大中小微企业投资者的理财投资需求，巩固脱贫攻坚的现有成效，推动普惠金融的可持续发展，是全体人民共享改革发展成果的主要方式。

一、普惠金融可持续发展案例

【案例9-22】中国农业银行利用科技力量赋能普惠金融

中国农业银行充分利用自身科技力量、技术网络、系统平台等赋能普惠金融，构建普惠金融服务的数字化产品体系、业务模式、服务平台以及经营系统，最大限度地补充物理服务，延伸普惠金融触角，提高金融服务可得性。

山东分行通过搭载"云链平台"与优质医院合作，应用互联网金融信贷服务平台，实现金融科技共享资源，对持有医院承诺付款应收账款的供应商，提供批量、自动、便捷的保理融资金融服务。

某医院是山东省内一家三级甲等中医院，也是国家级重点专科医院，医院编制床位2600张，年门诊量200万余人次，年可实现营业收入19.9亿元，具备较强的综合实力。

山东分行多次赴医院营销，充分调查掌握医院及其供应商结算模式，为其推介"医e融"产品。秉承以客户为中心的理念，山东分行通过搭载"云链平台"与医院展开合作，主动上门协助其注册，推送"云信"产品，消除前期客户对线上产品的生疏感，有效解决了首次融资落地难题。

【案例9-23】赤道原则促进商业银行可持续发展

在国内银行为探索普惠金融可持续发展路径一筹莫展时，兴业银行宣告其采纳了多年的赤道原则能够有效解决普惠金融可持续发展问题。

---

① 薛莹、胡坚：《金融科技助推经济高质量发展：理论逻辑、实践基础与路径选择》，《改革》2020年第3期。

2007年，兴业银行签署联合国环境规划署《金融机构关于环境和可持续发展的声明》。同年，兴业银行董事长和世界银行行长在广州举行圆桌会议，双方就本行采纳赤道原则的重大意义及可行性展开对话。理念的认同，促使兴业银行管理层进一步研究赤道原则及其对全球普惠金融和可持续金融发展模式的重大影响，以及落地实施的可行性，由此更坚定地走上了"赤道银行"之路。

2008年10月，兴业银行宣布采用赤道原则，成为我国内地首家"赤道银行"。兴业银行在2017年国家金融与发展（昆明）国际峰会演讲中表示："未来银行业务模式将从过去的重资产向轻资本方向发展。标准的赤道原则，能够提供解决方案体系，通过完善更科学合理的筛选手段，有利于提高自身的生产质量，促进银行业务模式的转变，提高资源配置效率。"

兴业银行首创和引领绿色金融，从公司治理理念、制度、业务流程创新等方面进行可持续探索，实现了公司治理理念从股东利益至上到兼顾利益相关者，再到倡导可持续发展的三段式演进，并采用赤道原则全面重构环境和社会风险管理体系，改造业务流程，提升了管理的体系化、专业化和可操作性，形成符合战略规划和治理理念的经营模式和业务流程。

在赤道原则和可持续发展理念的引导下，兴业银行不断创新，从单一的绿色金融产品到形成集团化的绿色产品体系，已然成为中国绿色金融可持续发展领域的领军者。越来越多的企业得益于兴业银行的绿色普惠金融产品，享受该行提供的绿色贷款、绿色基金、绿色信托等一系列绿色金融服务[①]。

【案例9-24】人工智能助推普惠金融可持续发展

金融科技技术正在蓬勃发展，以云计算、大数据、区块链、人工智能为代表的新兴技术逐渐从概念走向应用，传统金融机构尤其是银行业迫切地需要转型创新[②]。同盾科技以人工智能、云计算、大数据三大核心技术体系为基础，为金融、互联网、物流、大健康、零售、智慧城市、政务等领域提供包括智能信贷风控、智能反欺诈、智能营销、智能运营等在内的智能决策产品和服务，使其各场景中的决策分析更加智能[③]。

这类科技公司利用贯穿事前、事中和事后的全流程智能风控系统为金融机构提供帮

---

① 信瑶瑶、唐珏岚:《碳中和目标下的我国绿色金融：政策、实践与挑战》,《当代经济管理》2021年第10期。
② 林蔓:《金融IT：金融开放催生长期需求 流动性改善获短期弹性》,《股市动态分析》2019年第37期。
③ 李岱素、刘启强:《同盾科技：用智能决策让生活更美好》,《广东科技》2019年第1期。

助，同时投入更多的科技手段为普惠金融的实施发展提供动力。

江南农村商业银行联合同盾科技及其他第三方服务商，共建了统一的全行反欺诈决策中心，制定了客户准入门槛，提供全方位的风控信息解析策略，在降低金融欺诈风险的同时，提高用户体验。

项目分两期完成：一期为门户基础建设；二期为智能运营建设。详细架构如图9-1所示。

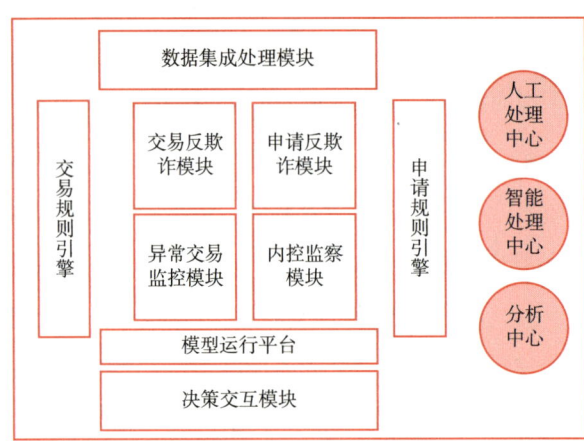

图9-1　江南农商行反欺诈决策中心架构

资料来源：同盾科技。

同盾科技联手江南农商行，利用现代化信息技术，如大数据、人工智能等与传统金融模式全面融合，有效推动技术化、数据化、市场化的资源整合，实现效益最大化的同时降低风险的发生，深耕普惠金融的可持续化发展[①]。

二、普惠金融可持续发展面临的问题

（一）发展普惠金融的模式选择

目前，国际上主要有三种普惠金融模式：社区金融模式、小额贷款模式、代理机构模式。由于我国的市场经济体制和金融环境状况与国外存在差异，因此国际上的成功案例我们不能进行无差别地照搬。这就要求我国在发展普惠金融的过程中需要自行摸索能

---

① 施玉佩：《金融科技背景下商业银行数字化转型的案例分析》，《技术与市场》2021年第4期。

够实现可持续发展的普惠金融模式，在此过程中可能会存在资金过多消耗的现象。

（二）信息不对称问题

普惠金融存在的一大问题就是信息不对称，导致金融业务开展困难。这是因为普惠金融面对的服务群体主要为弱势群体，该群体对金融知识了解较少，所处环境信息化程度较为落后，很容易对普惠金融提供的业务产生误解，从而有抵触心理，还有某些不法机构利用信息不对称从事一些如诈骗的违法行为。

（三）普惠金融的成本问题

以较低的价格让特定群体公平享用金融资源是普惠金融的基本要义，这决定其必须通过让渡一定的盈利来实现社会福利。目前，金融服务的提供者虽然持续创新推出普惠金融产品，但普惠金融消费者的来源广泛且需求有所不同，这就会导致有些产品供不应求，有些产品供过于求造成资源的浪费，也导致普惠金融的成本和收益存在不对称的现象。

三、普惠金融可持续发展的路径

（一）立足国情，创新发展普惠金融

要实现普惠的金融商业模式高效运营，金融机构必须进一步解放思想，积极利用好大数据、云计算等互联网金融技术，改变传统金融模式。商业银行也必须要建立一个普惠性金融产品的可持续经营发展评价模型，在商业利润目标与企业社会责任目标间努力寻找一个最佳平衡点。国外开展普惠金融试点的成功实践也证明，为了促进普惠性金融事业的健康可持续发展，金融产品的价格要保证银行能够获取收益。也就是说，金融产品的价格要在扣除银行提供产品过程中产生的资金成本、资金损失和管理过程中的费用的前提下有盈利的空间。

（二）互联网助力普惠金融发展

互联网的宗旨是开放、平等、共享，这与普惠金融的内在精神是一致的[①]。互联网金融不仅能够提高普惠金融的覆盖面，还可以使金融消费者及时获取金融产品信息。因此，金融机构要夯实普惠金融的基础，将普惠金融进行深化，持续推进线下金融网点的覆盖面。金融机构还要提高平台的信息化能力，有效、及时地连接多方消息，以达到减

---

① 长春金融高等专科学校金融学院调研组、吕鹰飞、王帅、张文娟、张亦潍、王文昭、户一鸣：《吉林省农村地区互联网金融发展情况调研报告》，《长春金融高等专科学校学报》2019年第1期。

少普惠金融风险的目的。通过大数据平台的构建,结合征信平台、多方信息共享平台等,切实打破信息不对称,构建精准、高效的平台。互联网金融与传统机构的有效结合,可以助力农村金融创新发展,特别是对于传统金融机构,能够为其降低人员成本,提高服务效率和服务水平,实现普惠金融的可持续发展。

(三)降低融资成本,推出定制化产品

普惠金融产品的提供者应该根据消费者的不同需求,提高产品的创新能力,结合金融科技,推出定制化产品。普惠金融的消费者可以根据自身融资的需要向提供者提出所需的金融产品的类型,再由金融机构在满足低成本、可持续、有收益的条件下以消费者的需求为目标,创新推出定制化金融产品。

第四篇

策略展望篇

第四部分

鼻整形術後

第十章　普惠金融高质量发展的政策建议

金融是国家重要的核心竞争力，金融制度也是经济社会发展的重要基础性制度。目前，普惠金融高质量发展已经步入"深水区"，应从追求规模和速度转向追求质量和效能，逐步构建和完善多层次普惠金融市场体系。要进一步疏通货币政策传导机制，引导资金更多流向重点领域和薄弱环节，扩大普惠金融覆盖面。同时，用好普惠小微贷款支持工具，增加支农支小再贷款，优化监管考核，推动普惠小微贷款明显增长、信用贷款和首贷户比重继续提升。2022年2月，中央全面深化改革委员会审议通过《推进普惠金融高质量发展的实施意见》，为我国下一阶段普惠金融发展明确方向和目标。在当前形势下，推进普惠金融高质量发展，有助于运用金融手段帮助市场主体更好应对复杂形势和风险挑战，助力保障和改善民生，促进经济恢复和健康发展，完善普惠金融政策制定和执行机制，有序推进数字普惠金融发展。

第一节　构建中国普惠金融体系

一、加快社会信用体系建设

完整的社会信用体系包括个人信用、企业信用和公共信用。一个公平、健全的社会信用体系是经济活动中信用能充分发挥作用的前提，它能促使授信人和受信人共同遵守某些规则，以完成交易，并促进经济交易的公平和效率。[1]

---

[1] 周雪峰、韩露：《数字普惠金融、风险承担与企业绿色创新》，《统计与决策》2022年第15期。

（一）社会信用体系的功能

第一，记忆功能，通过大数据信息处理技术能够自动抓取并保存信用体系内失信人的全部失信记录，可帮助受信人查询授信人是否有失信行为；第二，揭示功能，信用信息通过公开公示、授权查询和政府信息共享等方式来披露，褒扬诚信，惩戒失信，维护正常的市场秩序，营造诚信的社会环境，提高社会效益和经济效率；第三，预警功能，对授信人可能存在的失信行为提前向受信人发送信息预警，帮助其进行风险防范。

（二）社会信用体系的建设

社会信用体系的建设可以从以下三个方面开展。

第一，强化征信。加强信用信息收集，尽早建立完善的社会征信体系。充分发挥不同征信机构的积极性，在尊重和保护个人隐私的前提下，尽可能多地、全面地收集信用数据。只有突破不同部门、不同地区、不同行业之间的信息壁垒，才能以最快的速度实现信用数据的汇集，充分完善个人和企业的信用数据库。

第二，推动用信。征信的目的是使用信用信息。[①] 审慎地使用信用信息可以激励那些信守承诺的人的可靠行为，并惩罚那些不守信用的人。信用信息的使用范围越广，使用得越谨慎，对那些使用信用的人的激励越大，惩罚越严厉，信用信息就越有用。应尽快升级信用信息服务公共平台，以提供集中的信用参考服务。要完善信用信息的采集、报送和应用，以及信用产品的使用机制，促进信用信息的正确传播和充分利用，从而在全社会形成管理信用、查询信用、使用信用和信任信用的良好习惯。

第三，培养守信。使用信用的目的是维护信用，而惩罚失信行为的目的是褒扬守信。既要考验行为个体的自制力，又要强调社会信用对公众的约束力；既要加强道德灌输，培育和弘扬社会主义诚信文化，营造诚实守信、互信互惠的社会环境，又要注重通过制定具体的规章制度来规范守信行为，通过建立完善的社会信用法律和制度来推动用信。

（三）信用体系的特点

最终建立的信用体系应达到以下四个特点。

第一，信息全面性。一个行为主体全面的信用信息应包含各区域、各级政府的公共

---

① 陈启清：《加快建设社会信用体系》，《学习时报》2014年2月24日第4版。

监管信息、银行信贷的信用信息,以及交易所涉及的各方面不同参与者对该主体的评价信息。任何一个方面的信用漏洞都有可能带来信用危机,所以只有全面的信用信息才能更准确地反映该行为主体的真实信用状况,对交易行为有更高的参考价值。

第二,统一性。在全国范围内推行统一的信用标准、信用评级方法、数据库、查询平台,确保信用体系中所有信用主体的信用评级具有可比性、通用性和实用性,为跨行业、跨地区的企业信用比较提供便利,促成跨行业、跨地区交易。

第三,跨区域性。随着经济全球化的发展,跨国界和跨区域的社会经济活动不断增加,建立一个全国性和全球联网的信用体系,是实现信用信息流通性、可比性和发挥更大社会价值的有效途径。

第四,权威性。不断扩大信息采集渠道,通过信息提供人如实提供、采集部门核查录入,保证取得信息的真实性;不断完善信用记录、细化信用档案各项评分要求,保证信用等级的客观性和公正性。只有真实、客观和公平的,才是权威的。

当公平、可靠、权威的信用产品和服务被社会广泛接受和使用,当信用成为市场经济的主要交易工具,当信用管理产品和服务渗透到社会的方方面面,当企业和个人具有高度的信用意识并注重信用维护,当市场对信用有明确的需求时,就能建立公平和可持续的社会信用体系,促进信贷交易数量和范围的增加,企业和个人以及整个社会都将获得更多的经济福利。

二、健全普惠金融监管体制

金融监管的目的是管控金融风险、保证金融安全。普惠金融的重点服务对象是小微企业、边远地区居民、农村居民、城镇低收入人群、贫困人群等,他们所处的社会环境决定他们想要及时获取价格合理、便捷安全的金融服务有难度,所以想要普惠金融惠及更多的人,离不开有效的普惠金融监管体制。

(一)现阶段我国金融监管体制及面临的挑战

新中国成立以来,我国金融业的发展取得了巨大成就,引起了全球的关注。从中国人民银行的"大一统"到"一行三会""一委一行两会",再到"一行一局一会"的新金融监管架构,我国的金融监管已经走过了漫长的道路。[①]"集中统一监管"到"分业监

---

① 李丹:《从"大一统"到"一委一行两会"中国金融监管体系重塑成型》,《中国金融家》2019年第7期。

管",再到"协同监管"的过程中,维护了金融稳定和安全,促进了金融业发展和壮大,推动了改革和创新。一个具有中国特色的现代金融业监管框架已经逐渐形成。

第一,在最新的"一行一局一会"的金融监管体系下,不同监管部门、监管机构之间的协调配合和审慎监管仍有加强的空间,要进一步减少金融监管中的空白和灰色地带,并扩大央行普惠金融货币政策的作用空间。第二,加强中央和地方金融监管协同的制度设计。高层银行对低层银行缺乏科学有效的激励和约束机制,导致低层银行经营者加强内部控制的激励不足。[1] 第三,进一步完善系统性普惠金融风险评估与风险识别机制。有效的普惠金融风险监测、评估、防范、预警和处置体系没有建立,预警和早期风险控制没有及时进行,相关监管信息没有得到有效利用,风险防范忙于在风险发生后补救,不利于有效防范和化解金融风险。第四,基层银行没有制定科学、严谨的监管框架和监管方法。基层银行是直接与普惠金融重点服务对象对接的主要银行,它们在监管工作中存在信息不对称,同时由于商业银行提供的数据有限且报送的数据可用性较差,致使央行的非现场监管体系不能很好地发挥作用,监管效率和有效性需要进一步加强。[2]

(二)改革金融监管体制,完善普惠金融监管

为使我国的监管体制更好地推动普惠金融惠及更多对象,应着重做好以下工作:

第一,不断更新金融监管理念,促进传统金融与普惠金融相结合的金融创新。在世界经济全球化、集团化的背景下,我国的普惠金融监管理念与传统的金融监管理念都应该有所更新、相互结合,不断激励金融创新,扩大普惠金融服务范围,鼓励大型银行加快设立小微企业专营机构,做好小微企业专项金融债和"三农"贷款的申报和发行工作。

第二,不断改进金融监管方式,动态调整,不断优化和统一监管标准,细化和精简规则,完善政策。从静态监管转变为动态监管,时刻预防、应对、控制和解决金融风险。为加强信息披露,应在法律和制度层面制定最低披露标准,明确信息披露的义务和内容,各下级部门应严格执行监管要求,及时披露监管违法违规行为,减少不同地区、不同领域的金融信息不对称。普惠金融主要针对广大市民和小微企业,很难进行大范围的监管,但通过技术手段动态监管,可以进一步扩大普惠金融服务的范围,让目标群体享受更优质的普惠金融服务,推动普惠金融更安全、更高效地实施。

---

[1] 陈雁:《试论混业经营趋势对我国目前"分业经营、分业监管"体制的影响》,《消费导刊》2010年第7期。
[2] 卢子怡:《国内商业银行开展投行业务的研究》,《商》2015年第48期。

第三,加强对中央金融机构和地方金融机构的协同监管。建立中央与地方金融监管协调机制,在坚持金融管理主要是中央事权的前提下,充分利用金融委办公室的地方协调机制,统筹协调中央金融监管与地方金融监管的关系,完善中央与地方金融监管在风险防范与处置方面的分工和协同,明确地方金融监管的职责,促进中央与地方金融监管的有效互补。

第四,完善系统性金融风险的评估和识别,运用数字科技监管。鼓励基层金融机构改善其内部控制体系,加强人工智能等数字化、智能化普惠金融监管建设,通过现代化的数字监管技术,完善普惠系统风险评估识别算法,提高风险防范能力。出台统一的金融数据报告制度,建立覆盖全国的金融信息共享网络,突破信息壁垒,实现各监管机构信息的互联互通,共同提升普惠金融数据信息的透明度。

根据时代形势的变化,不断完善普惠金融监管体制,借鉴国际成功经验,立足我国经济实际,正视存在的问题与不足,牢牢把握时代金融规律,不断调整和完善符合我国国情的普惠金融相关政策、机制,让普惠金融发挥最大效用,维护基层公众利益,真正做到惠及万家。

三、加大普惠金融法律支持

我国普惠金融当前取得了一定的成效,但普惠金融的立法和法律框架仍需发展和完善。目前,我国的相关金融法律法规,如《银行法》《保险法》《证券法》《信托法》等,主要是针对传统的金融活动,几乎没有关于普惠金融的专门立法。[①]《农村金融促进法》仍处于研究探讨阶段,尚未启动立法程序。现有关于普惠金融的大多是规范性文件和相关部门规章,是临时的、指导性的和特设应急的,通常只适用于单一对象,其中一些只限于农村金融服务提供者,如小额信贷公司、农村金融机构和农村银行。因此,迫切需要关于普惠金融服务、普惠金融监管的具体立法。

(一)出台适配度高的普惠金融法律

尽早出台《农村金融促进法》。构建普惠性农村金融的法律框架,首先要确定普惠性农村金融的基本原则和框架,对普惠性农村金融体系中的三个行为主体:索赔者、提

---

① 李伟、刘景芝:《农村普惠金融可持续发展研究综述》,《经济研究参考》2018年第6期。

供者和监管者规定明确的权利、义务和利益,并明确这三个行为主体在普惠性农村金融法律框架中各自的地位和定位。在这个过程中,可能面临的主要挑战是农村土地保障困难,农村资本外逃,缺乏合格的农村担保人,保障农村住房和加强土地使用权的法律障碍,以及如何加强对农村金融消费者的保护。同时,要明确农村产权登记、抵押、重估、转让的法律程序和法律后果,保护农村金融机构和农民的合法权益,建立农村普惠金融的风险防范机制。

通过立法,保护农村金融消费者。对农村普惠金融的需求主要来自农民,他们的法律意识、财务能力、识别风险能力不强,容易受到金融违规行为的影响。中国人民银行、银监会、证监会、保监会应授权设立专门的消费者保护机构,并明确其性质和职责,制定具有各自行业特色的普惠金融消费者保护制度。同时,积极引导金融机构设立专门的消费者保护部门,加大金融消费者保护力度。

制定《县域投资法》,理顺各级农村信用社的管理体制,尊重县域农村信用社的独立法人地位,完善企业管理结构,增强农村信用社的资本实力和资本输出能力,加强风险防范和支农能力,更好地发挥农村信用社服务"三农"、深入基层、贴近农户的作用。

尽早出台符合《农业保险条例》的管理办法或细则,规范程序、定损评估和资金管理,完善农业保险的内部控制、风险管理,提高其财务核算水平,将产品价格保险范围扩大到大中城市,丰富保险品种,增加气象指数、小额信贷保证等新型保险,不断完善普惠农业保险制度。

(二)修改限制普惠金融发展的相关法律条例

第一,修改《农业法》和《土地管理法》中有关土地所有权的规定,将质押的范围扩大到农民的土地用地权、土地承包经营权、房产所有权、水利使用权、宅基地使用权、水域滩涂养殖权等。进一步推广新型抵押方式,充分利用农村地区有限的担保手段,解决因农民缺乏足够担保而造成的融资困难。

第二,修改《担保法》和《物权法》规定的现有担保范围,将农村土地承包经营权、农民房屋所有权和森林保有权纳入其中。[①] 做好土地使用权和宅基地使用权审批、发证、登记、转让等相关基础工作,积极开展"三权"抵押贷款试点工作,收集试点工

---

① 李慧玲:《供给侧改革视域下我国农村普惠金融法律体系建设研究》,《农业经济》2019年第3期。

作的实践经验，借鉴《关于林权抵押贷款的实施意见》中关于林权抵押贷款的做法，尽快做好修法的准备。

第三，修改《商业银行法》，建立中央政府和地方政府之间的分级监管框架，从市场监管、市场准入、市场运行、市场退出四个方面完善农村普惠金融的监管协调机制。[1]

第四，修改《农民专业合作社法》，降低农民专业合作社的金融权力限制，赋予其必要的金融功能，选择管理民主、运作规范的农民专业合作社，促进农村资金互助发展。[2]

（三）配套制度

建立农业再保险及巨灾风险分散体系。根据党的十八届三中全会提出的"完善保险经济补偿机制，建立巨灾保险制度"，保险公司应积极研究建立农业再保险业务，建立充足的巨灾准备金，研究和完善农业再保险、巨灾风险分散机制。[3]

建立农村金融政策支持体系，吸引更多资金用于"三农"。可以通过免征利息税、降低营业税和所得税税率、降低存款准备金、免收利息等方式为金融机构提供必要的支持，简化农村信用社办理小额贷款的手续，加快建立长期化、制度化、导向明确、激励有效、监管严格、协调有序的农村金融政策支持体系。

建立健全农村信用体系，完善农村信用担保机制，加大失信惩戒力度。加快信息收集和农民信用体系建设，建立信息交流机制，为信用度高的农民提供较高的贷款额度，将失信的农民列入风险名单，建立明确的奖惩机制。

建立线上和线下两个体系，以加强和补充彼此的优势，进一步推广普惠金融。利用互联网技术创新农村普惠金融，扩大农村金融服务的覆盖面，建立模式广泛、覆盖面广的农村普惠金融体系，惠及农民，确保可持续发展。

第二节　建立有效的普惠金融市场

一、加强普惠金融基础设施建设

健全的普惠金融基础设施能为普惠金融体系的稳步发展提供最根本保障，在整个普

---

[1] 李伟、刘景芝：《农村普惠金融可持续发展研究综述》，《经济研究参考》2018年第6期。
[2] 黄恋婷：《论我国农村普惠金融法律体系之构建》，《当代经济》2017年第17期。
[3] 屈波：《关于农业保险大灾风险分散机制的思考》，《人民论坛》2015年第14期。

惠金融体系中，完善、高效的硬件设施和软件设施的作用都是不可替代的，软硬件需要相互兼容，才能营造和谐、稳定的普惠金融生态，才能充分发挥普惠金融体系的社会功能和效益，促进社会与市场经济的稳定发展。完善的普惠金融基础设施有助于优化普惠金融的资源配置，进一步提高资源利用率，激发金融市场的活力，加快普惠金融资源在金融市场的流通速度，畅通相关货币传导渠道，有效提高普惠金融服务质量，维护国家金融安全。

（一）规范使用普惠金融发展专项资金，加强信用信息共享

为弥补市场失灵，国家设立了普惠金融发展专项资金，积极引导各级地方政府和金融机构大力支持普惠金融的发展。专项资金是指中央财政和地方财政用于支持普惠金融发展的专项转移支付资金[①]，包括创业担保贷款贴息及奖补、财政支持深化民营和小微企业金融服务综合改革试点城市奖励、农村金融机构定向费用补贴。专项资金遵循支持民生、保住基本、突出重点、持续发展的原则，确保我国普惠金融服务的主要目标群体（如农民、残疾人和老年人）的可获得性和适用性，提高和改善对私营、小微企业的金融服务水平。

加强信用信息共享是改善普惠金融基础设施的核心。加强信用信息交流，促进普惠金融的进一步发展，帮助中小微企业和个体工商户解决融资问题。加强公共部门信用和金融信息的交流和整合，推动基于大数据和信息共享的普惠金融受众的"信易贷"模式的开发和使用，并进一步深化"银企合作"和"银税协同"等机制的建立。[②] 诸如，"银行—企业合作"和"银行—税收协同"等机制已得到进一步发展。如果想在金融市场上实现更好、更合理的资源配置，确保金融机构能够更好地识别普惠金融客户的风险，提供更有效的商业服务，实现普惠金融，仅有信贷支持是不够的。信贷部门的规范、健康发展，将有助于建立一个适应性强、竞争力强、能够有效预测和应对各种普惠金融风险的现代普惠金融体系。近年来，我国推动普惠金融不断发展，扩大普惠金融范围，但在普惠金融的功能和结构上还存在很多不一致的地方。通过加强信用信息共享，可以提高普惠金融服务的整体能力和效率，从而使弱势实体和特定部门的普惠金融服务得到全面改善。

---

① 《财政部关于修订发布〈普惠金融发展专项资金管理办法〉的通知》，《中华人民共和国国务院公报》2020年第5期。
② 杨涛：《发展普惠金融需要信用基础设施创新》，《中国信用卡》2022年第6期。

(二)提高普惠金融基础设施的服务能力

实施更加积极的就业政策,同时充分利用普惠金融基础设施。专项资金用于为小型创业企业提供担保贷款,可以帮助创业者度过创业初期的困难时期,推动社会大众创业、万众创新;专项资金用于符合一定创新政策的企业,可以减轻企业的负担,鼓励企业创造更多就业岗位,通过创新创业促进就业;专项资金用于支持基层人民自谋职业,可以缓解结构性就业矛盾,解决特殊困难群体的创业就业资金困难。

建立信用信息交换机制,开放社会信用应用功能,加快推进社会信用服务全覆盖,从手工索取信息到通过数字工具自助服务。建立健全信息交流平台,彻底消除不同部门和信贷单位之间的信息壁垒,为各类社会监督工作打造便捷的信用平台,并通过信用评级机制加强对不同信贷单位的考核,从而提高普惠金融小额信贷的效率。特别是加强对贫困家庭、农村人口、小微企业的评级,为精准扶贫工作提供更可靠、更准确的信息来源,提高扶贫效果和普惠金融的主流化。推动大数据和数字信用采集的发展,实现普惠金融的精准管理。

运用大数据征信,对传统征信体系进行补充。特定群体,如小微企业、农民、城镇低收入居民、残疾人和老年人,往往需要更具体和准确的普惠金融工具来提供有效支持。他们需要信用支持,但缺乏传统的金融信用信息。因此,对信贷大数据的汇总,加上替代数据,成为提供精准普惠金融服务的重要基础。该概念预见了利用大数据、人工智能和区块链等新技术,收集和整合用户的金融和非金融数据,利用不同的数据分析和建模设置进行风险评估,并根据评估结果预测用户的信用度、还款能力和欺诈风险。例如,在供应链金融创新中采用数字技术和大数据信用的支持,可以为产业链上的中小企业提供更多的支持,而不是仅仅依靠主体企业的信用担保;使用人工智能技术可以分析消费者信用历史中的某些数据点,并计算出消费者很快偿还贷款的可能性,从而能够对信用风险进行更客观的评估。

二、深化利率市场化改革

利率的商业化是指金融机构在货币市场上经营和融资的利率水平,[①] 它是由市场供求

---

① 张彦杰:《利率市场化对企业融资的影响及对策》,《铁路采购与物流》2016年第8期。

决定的，包括利率设定的商业化、利率传输、利率结构和利率管理。在实践中，这意味着利率的决策权掌握在金融机构手中，它们根据资金状况和对金融市场趋势的评估，自主地调整利率水平，最终建立起市场利率体系和以央行基准利率为基础的利率制定机制，该机制由货币市场利率决定，取决于金融机构中存贷款市场利率的供需关系。

利率市场化改革不是简单地将某一层次的利率与另一层次的利率结合起来，而是要按照现行市场机制的要求，使我国的利率体系适合金融市场，既能保护金融资源的提供者，又能保护需求者的权益，通过利率市场化改革实现降低需求者的资金成本、保护供给者收益的目标，从而真正提高普惠金融的效率。为此，利率市场化的全面改革不应局限于银行体系，还应该从市场经济的角度来审视整个社会金融体系，以充分激励城乡居民和中小微企业等普惠金融的主要推动者。

第一，金融市场应充分对内开放，以促进金融体系的社会化。为了对外开放资本账户，金融和资本市场必须首先充分对内开放，即向公众，包括城市和农村居民以及中小微企业全面开放，结束将金融市场参与者限制在金融机构外的现状。贯彻落实党的十八届三中全会通过的《中共中央关于全面深化改革若干重大问题的决定》中的相关要求，实行统一的市场准入制度，将各种形式的金融体系从由金融监管部门和金融机构组成的单一专业体系扩大到以负面清单为基础的社会化体系，由金融机构提供专业金融服务，金融监管部门依法监管金融活动，以满足城乡居民和实体企业的金融需求和活动。①

第二，开放债券市场，加快向公众发行多样化的债券。直接向公众发售市政债券和企业债券，可以扩大资金提供者的金融能力，充分激活居民的消费剩余，改变城乡居民的消费剩余由储蓄形式到提供给金融机构的市场模式，同时减少中小企业对金融机构债务融资的依赖。虽然我国没有明文规定企业债券等证券不能向城乡居民和实体企业发售，但在实际交易中，企业债券的供应几乎完全被商业银行和其他金融机构占据，使企业债券等证券从直接金融工具变成了间接金融工具。2019年3月25日，首批试点的6个省（自治区、直辖市）政府债券通过商业银行交易市场发售。公开发行使可供公众选择的债券种类走出了国债范畴，从而在我国金融改革进程中迈出了重要的一步，但如果不及早让包括国债、城投债和企业债在内的各类债券的发行完全向公众开放，市场化利率

---

① 杨伟中、余剑、李康：《利率扭曲、市场分割与深化利率市场化改革》，《统计研究》2018年第11期。

改革的目标就很难实现。

第三，尊重金融市场的规则，发展债券市场。2018年以来，企业债券的违约现象越来越多，引起各地债券市场参与者的高度关注，刚性兑付现象再次出现。为了确保债券市场的正常运作，在发展公司债券的过程中需要采取三项举措：首先，贯彻落实《企业破产法》。公司债券比政府债券风险大。一些债券发行人由于某些因素而在支付债务本金和利息方面遇到困难，导致破产清算，这是不可避免的。如果在清算过程中不尊重金融市场的规则，而实施所谓的"稳定"，其结果必然是市场运作无序，难以通过破产实现结清市场。故为了确保公司债券市场的可持续发展，必须尊重市场规则，对无力偿还债务本金和利息的公司进行破产清算。其次，应明确公共部门债权人的还款安排。通常情况下，公司为了经营会从多种渠道获得债务，这就要求在获得资金的一开始就明确对债权人的偿还安排，让债权人从一开始就清楚地知道，在公司破产的情况下，他们的债权将与公司资产清算时处于同样的地位，让债务人不能任意增加债务。在发达国家，通常的做法是，在公司破产的情况下，公共债权人通常先于机构债权人得到支付，这有助于提高公司债券市场的信用度。因此，在发展我国的公司债券市场时，政府应通过具体的法律法规明确规定公司债券的偿还程序。最后，建立和发展适合我国金融市场的购债机制。购债机制在金融市场上已经存在了几百年，但在我国几乎不存在。[①] 为了打破债券市场的刚性兑付，以及有效限制债券发行人的债务额度，降低债券市场的运行风险，需要建立和发展购债机制，让发债企业在购债机制内限制债券市场，从而保证债券市场的健康发展。此外，建立债券发行登记制度，建立市场化的信用评级机制，扩大债券发行人的信息披露，加强对发债企业的监管，建立债券交易无形市场，也是完善我国债券市场的重要措施。

债券市场的资金供求对存贷款市场有明显的替代作用，债券市场的价格显然也影响存贷款的利率。当公众加入债券市场后，存贷款基准利率将失去作为金融体系中各种金融产品参考利率的必要性，因此，存贷款基准利率的调整对金融市场收益率走势的直接影响将消失，国债的收益率曲线将影响市场交易价格。债券市场的价格在可预测的范围内变动，反映了相关的信息和交易成本。

---

① 管涛：《中国债券市场开放与人民币国际化共成长》，《债券》2022年第7期。

总之，利率是影响汇率和资本账户开放的重要因素，也是影响货币政策调整机制变化和资本账户开放后促进内部和外部经济平衡的主要因素。对利率市场进行更全面的改革将大大促进资本账户的进一步开放。

三、完善信用担保机制

信用担保是在借贷活动中产生的，它为借贷活动提供了制度保障。信用担保制度则是借贷关系的安全保障机制，能够维护借贷活动的正常进行，增进社会的总体福利。

信用风险的来源往往是信息不对称，这也是中小企业信用担保机构所面临的主要风险。[①] 在现实经济环境中，中小企业与信用担保机构之间通常存在委托代理关系，信用担保机构通常代表中小企业向商业银行和其他融资方申请贷款，而信用担保机构在此过程中承担了大部分风险，如商业和企业道德风险，这直接影响到信用担保机构的担保活动安全。然而，由于信用担保机构充当了担保人的角色，银行和其他拥有更多信息的机构没有动力去调查公司的实际经营状况和信誉。同时，由于中小企业的规模不大，许多信用担保机构在中小企业的信息获取方面处于不利地位，这也增加了担保机构所承担的风险。

（一）提高普惠金融对象的金融素养，加强对民间借贷的管制

农村金融发展缓慢，因为主要受众金融素养普遍偏低，且金融行为为相对单一。但随着经济发展，普惠金融适用对象对资金的需求越来越多，借贷成了他们生产生活中不可或缺的一部分，国家也越来越重视农村金融改革，帮助他们解决借贷难题。

他们缺乏金融知识，了解和使用的借款渠道通常是银行等金融机构，很多人可能因为正规渠道的手续烦琐以及缺乏资料难以办理贷款，而向小额贷款公司等非正规民间渠道借款。[②] 政府应加强对民间借贷的监管力度，严厉打击违法违规的借贷组织，引导和帮助特殊群体通过正规渠道依法依规解决借款难题。政府要加强对普惠金融适用对象的金融知识教育，提高他们的金融素养，才能令他们真正学会分辨高利贷等违法违规的借贷渠道，自发地拒绝不正规的借贷方式，真正解决借贷难题，减少落入经济骗局的情

---

① 宋晶：《浅析中小企业信用担保信用风险探讨》，《现代经济信息》2018年第14期。
② 邢大伟、管志豪：《金融素养、家庭资产与农户借贷行为——基于CHFS 2015年数据的实证》，《农村金融研究》2019年第10期。

况，减轻其经济负担。

（二）加大对农村信用担保机构的支持，建立健全全国农业信贷担保体系

目前，我国只有少数政策性农业信用担保公司为从事粮食生产经营和中型农业活动的新创业者提供一定的信用担保服务，这些机构进行担保的主要依据是政府在农业和农村工作领域的决策。这导致农村信用担保发展陷入困局，一方面是因为农村信用担保机构数量少，另一方面是因为普惠金融适用群体的违约风险高，大部分主要服务于中小企业的信用担保机构缺乏开拓农村信用担保业务的干劲。建立健全全国农业信贷担保体系，一是要由政府发起建立扎根农村市场的农村信用担保机构，同时利用中央财政资金保障其运营；二是政府要引导商业担保公司开发农村信用担保业务，并向其提供保费补助和代偿补助，减少担保机构的税负；三是要完善农村信用担保风险防控机制，降低担保机构的经营风险，保证农业担保机构的利润，提高其开发新型担保业务的动力。

（三）增加农牧业保险种类，保险与借贷紧密结合

农牧业生产容易受自然灾害影响，具有不确定性，很难准确估计其风险值。政府及中国银行应建立全国农业保险赔偿机制，减少各金融机构在发放涉农贷款时的顾忌，降低向农牧户发放贷款的风险，进而增加农牧业保险种类及涉农贷款。要不断发展和完善农村信贷市场，让农牧民有更多的保险产品可选择，增加他们获取贷款的渠道，降低他们的金融风险。

各金融机构和政府应通过微信公众号、入户宣传、发放宣传册、张贴宣传海报等方式加大宣传力度，增强农牧民的参保意识、风险意识。财政部修订印发的《中央财政农业保险保费补贴管理办法》提出，农业保险保费补贴工作实行财政支持、分级负责、预算约束、政策协同、绩效导向、惠及农户的原则，对符合农业产业政策、适应当地"三农"发展需求的农业保险给予一定的保费补贴。对农牧业保险机构和农牧户给予补贴，既能减轻保险机构的经营压力，也能减轻农牧民购买保险的压力，充分调动农业保险机构开发新型涉农保险，激发农牧民购买保险的积极性。

（四）创新信贷担保，拓宽可用担保品类

农牧业从业者收入受自然环境影响较大，较不稳定，且农牧户的宅基地、自留地等土地使用权不能用于抵押担保，这导致农牧户普遍缺少可供抵押的资产。[1] 各金融机

---

[1] 李若晨：《信用担保在农牧户借贷中的作用——以S镇为例》，《黑龙江粮食》2022年第5期。

构应不断创新金融产品和信贷担保模式，针对不同客群推广草场、养殖场、土地经营权质押等新型贷款担保方式；与农牧业融资担保有限公司合作，推出乡村振兴贷，同时引入第三方监管公司，对粮食、酒、药材以及农业、工业原材料等存货类抵质押物进行监管，不断扩大抵质押物范围，降低获得贷款的门槛，帮助农牧民解决贷款抵押物不足的难题，满足农牧民日益增长的金融需求。

健全融资担保政策体系，强化风险共担机制。建立担保前支持和担保后补偿的政策机制，鼓励融资担保机构扩大覆盖面，降低收费。加强各融资担保机构、再担保机构、银行和国家融资担保基金之间的合作，尽早建立完善的风险分担机制，最大限度发挥各省融资担保代偿补偿资金池的作用。加强各级国家融资担保体系建设，尽快实现国家融资担保机构在各省、市、县的全覆盖，积极推进与各省国家融资担保基金的合作，完善我国金融市场的信用担保机制。

第三节 发展多种形式的普惠金融机构

一、加快传统金融机构转型

传统金融机构面对互联网时代的客户需求和市场竞争，有必要用创新理念检验自己的经营模式，然后寻求技术和服务创新，加速传统金融向新型金融的转型。[①]

（一）去中心化

商业银行目前基本处于我国金融机构体系的核心地位，应尝试将一部分金融权利和机会从银行体系内扩展到体系之外，[②]让更多的非银行金融机构甚至互联网产业公司共同参与进来，推动金融创新和产品优化。同时，这也将对处于核心地位的商业银行提出自我审查和重新定位的新要求，并要求金融市场对线上金融公司更加开放。银行拥有客户金融存款、转账和金融行为的大量数据，而线上金融公司拥有客户在线消费行为的数据，两个机构之间建立信息交流机制，进行数据交换和数据共享，可以达到共赢的目的。创新能提高金融机构的运营效率与经营效益，金融机构只有不断开拓新的服务领

---

① 吴贺：《传统金融机构转型与变革的研究》，《中国集体经济》2021年第21期。
② 王挺、章鸿：《建设新一代电子银行平台，应对互联网金融冲击》，《中国金融电脑》2014年第11期。

域，才能不断增加普惠金融服务的多样性，提高普惠金融服务的质量。

（二）去标准化

互联网的不断发展，扩大了信息传播的有效渠道，也增加了不同客户寻找新型金融产品的机会。标准化金融业务更多的是通过传统金融机构发布，而去标准化能扩大金融在线市场，让互联网公司的个性化金融服务满足小众客户的需求。它推动金融机构不断创新，把握和分析不断变化的金融市场，明确目标客户的个性化需求，增加与其他金融机构和企业的合作，提供更加个性化的新型普惠金融产品，使每个金融产品都有丰富的价值和目标受众，不断开拓市场空间。

（三）去封闭化

在大数据和"互联网+"的背景下，企业获得了客户的大量信息，这将有助于金融机构通过数据挖掘和公共用户数据分析，充分利用互联网独特的金融功能，高效、准确地筛选和锁定客户，管理风险。金融在线化应该对金融产品和服务开放，并提供一个在线的分销、交流和监督平台。

二、发展新型普惠金融机构

随着市场经济不断发展，我国金融机构的多元化特征逐渐清晰，特别是对于农村金融机构来说，"三农"政策的出台和实施，稳步促进我国农村金融机构多元化发展。

目前，我国的新型农村金融机构主要有农民互助组织和社区合作发展基金。与农村信用联社等传统农村金融机构相比，新型农村金融机构有效地打破了封闭式经营模式，使每个合作社的成员都成为借款人和交易的参与者，从而对金融机构的治理问题有了投票权。[①] 这在一定程度上降低了农村金融信贷机构向农民发放贷款的成本，也缓解了农民的借贷难题，减轻农业生产负担，使农村信贷资金分配效率提高，资金资源在农村生产中充分发挥效用，促进农村经济的发展。

（一）建立健全多元化、覆盖面广的金融机构体系

积极引导新型金融机构和组织立足自身特点与发展目标，在市场中找准定位，早日建立健全传统金融机构和新型普惠金融机构相结合的金融新机制，让传统金融机构和

---

① 倪海霞：《优化和创新农村新型金融机构信贷模式的建议》，《中国中小企业》2020年第5期。

新型普惠金融机构充分发挥各自优势，共同为所有金融市场参与者和整个社会提供多层次、全覆盖的金融服务。①

在银行方面，应积极鼓励开发银行和政策性银行通过银行间转账与其他金融机构合作，帮助降低小微企业的信贷成本。同时，应加强农发行的政策功能，增加贷款发放，推动农业改革发展，改善贫困地区道路建设、供水管道铺设，以及其他农业和农村基础设施建设的资金困难。

鼓励各大银行为小微企业设立专门机构。鼓励公共股份制银行、城市商业银行和民营银行扎根地方、服务社区，为小微企业、"三农"和城市居民提供更有针对性的便捷普惠金融服务。②

加快在中西部地区、新老贫困地区、重点产粮区和小微企业集中的地区建立村镇银行。积极引导各农村联合社转变职能，提高各类农村金融机构服务小微企业和"三农"的能力。

（二）规范发展各类新型农村金融机构

拓宽农业小额贷款公司资金渠道，推动其进入信贷体系，建立健全普惠金融的风险补偿机制，争取完善对小微企业和"三农"的资助计划。健全普惠金融社会激励机制，鼓励金融中介机构和金融租赁公司更好地满足小微企业、农业企业在商业和生产设备投资、工业技术改造方面的融资需求。

规范发展新型农村合作金融，建立风险防范机制，积极推动农村合作社内部的金融改革试点工作，大力支持农村小额信贷组织发展，扩大农村合作社金融发展的多元途径，为农村居民提供便捷、高效、多元的金融服务。

三、完善普惠金融直接融资体系

直接融资和间接融资协同发展，共同组成了现代融资体系，但与间接融资相比，直接融资在促进普惠金融的广泛应用方面有更多优势。首先，直接融资具有独特的风险共担和利益共享机制，可以解决小微企业资产规模小、风险承受能力弱等问题，满足传统融资方式无法满足的资金需求。其次，直接融资对小微企业的估价更加精准高效，直接

---

① 唐弋夫、姚领：《重庆构建功能性金融中心的框架设计与路径选择》，《金融理论探索》2017年第2期。
② 《国务院关于印发推进普惠金融发展规划（2016—2020年）的通知》，《中华人民共和国国务院公报》2016年第3期。

融资综合考虑了经营模式、技术优势等非财务指标，对企业成长性进行合理估值，可以更好地反映企业在不同发展阶段的实际价值。最后，直接融资的激励和约束机制有助于提升企业的治理水平。

近年来，我国在发展直接融资方面取得了重大进展，市场规模、质量和结构稳步提升。下一步，要加快完善普惠金融直接融资体系，为小微企业提供更优质的普惠金融服务。

一是提高资本市场治理能力，增强直接融资监管的有效性。加强对直接融资渠道的监管，建立健全中小企业的监管机制。坚持发展与规范并举，支持各类小微企业依法进入资本市场。提高数字经济领域科技化、智能化监管水平，以零容忍态度处理非法证券活动。[1]

二是提高资本市场发展的政策合力，加强直接融资发展的协同性。着力构建科技、产业和金融协同发展的政策体系，推动法治、税收、产权和投资者权益保护等配套制度的完善，为直接融资的发展营造良好的生态环境。

第四节 创新普惠金融工具

一、创新信贷产品

近年来，国家重视"三农"问题，大力发展普惠金融，农村信用社是支持农村地区发展的重要力量。与农村金融市场的稳步发展相反，一些农村信用社故步自封，特别是在农村信贷产品创新方面，落后于农业领域的其他金融机构。应鼓励农村信用社加大创新信贷的开发，同所有涉农类金融机构一起，共同助力普惠金融的发展。

（一）信贷产品创新中存在的问题

随着市场竞争日益激烈，一些农村信用社已经开始改变经营方式，摸索着开展了小规模的贷款产品创新业务，但实际效果却不尽如人意。

第一，创新产品数量少、质量不高。信用社自主创新甚至照搬其他银行机构创新信贷产品的数量与村镇银行相比较少，且有的产品仅经过试行就宣告废弃，信用社发放的

---

[1] 胡兴艳：《中小企业融资体系构建研究》，《合作经济与科技》2020年第16期。

贷款金额也远远比不上村镇银行。

第二，对单一产品的依赖性高。农村信用社创新能力低的另一个表现是对单一信贷产品的高度依赖。例如，吉林省政府推动开展了以农业直补资金作为抵押，向农户发放贷款的试点工作，受此项贷款风险低、收益稳定、营销成本低等特点的吸引，一些农村信用社将其作为主要经营产品，部分农村信用社甚至将其作为唯一的农户贷款产品。

（二）突破瓶颈，提升信贷产品创新能力

破解信贷机构管理体制僵化、创新动力不足、员工素质偏低等瓶颈制约，充分利用网点分布广和熟悉当地情况的优势，深入推进信贷宣传和创新适合当地经济发展的产品。

第一，省级联社充分放权，扩大县联社的经营自主权。省级农联社成立的初衷是解决单个法人社由于规模小、经营方式落后、影响力弱、管理水平低、信息不充分、风险承受能力差等原因产生的问题。因此，应赋予县级联社在生产经营上的充分自主权，在了解信用社整体风险的前提下，鼓励其创新信贷产品，促使县级联社建立灵活的经营机制。

第二，制订系统的工作方案，提升创新动力。虽然信贷产品的创新至关重要，但不可能一蹴而就，而是需要循序渐进，有计划、有步骤地进行。首先，应制定以晋升和奖励为目的的内部激励机制，鼓励有实操经验的员工提出创新性想法，逐渐形成信贷产品人人创新的氛围。其次，有条件的县级农联社可以设立信贷产品的研发部门，建立自己的产品研发队伍，从借鉴其他机构的成型经验开始，逐步推出自主研发的、符合不同市场需求的创新信贷产品。

第三，加强针对性培训，不断提高人员知识水平。在当今这个数字社会中，科技不断创新，每年开展系统性业务培训是提高员工技能及网点整体创新能力的必要手段。培训应具有针对性，区分普通员工、管理层、产品研发人员等不同对象开展，以避免浪费人、财、物。银行和其他金融机构也可以进行沟通，以相互提供培训机会或委托培养的形式，提高信贷产品创新能力。

第四，发挥优势，大力开展信贷产品创新。县级农联社要结合当地经济实际，充分发挥点多面广、贴近"三农"、个贷业务工作经验丰富的优势，研发适合"三农"经济的信贷产品。首先，不断完善现有的涉农信贷品种，以适应现代农业发展的需要，并逐

步提高信贷额度，延长贷款期限，对不适合农业发展的信贷产品先停止放贷，研究改进后再重新启用；其次，研发针对农业生产销售等各环节的细致化信贷产品，如存货质押贷款、应收账款质押贷款等；最后，推出农村消费市场抵押贷款产品，以居民住房抵押贷款和分期付款汽车贷款等形式，促进农村消费市场繁荣发展。

二、完善普惠金融保险

保险是我国金融体系的重要组成部分，作为企业和普通老百姓降低各类风险损失的有效手段，它早已渗透到社会经济生活的方方面面，发展普惠金融也离不开相关保险的支持。

我国普惠保险应重点关注以下五个方面：一是发展信用保证与知识产权保险。小微企业和科技型中小企业的专利是其稳定发展的主要保证，可以通过提供专利保证保险服务为它们增信，以帮助它们解决融资难的问题。二是积极引导和加强信贷机构、农业服务组织和农业产业化龙头企业的多方合作，创新发展扶贫信用保证保险和特色农业保险。[1] 三是扩大农业保险覆盖面，推广生产场地、生产用具和原材料生产保险。四是开发适合新业态人员及灵活就业人员的普惠保险产品，保障这些城市新成员的金融权益，降低他们就业创业的风险。五是开发适合城镇低收入人群、残疾人等特殊群体的小额人身保险及相关产品，增加特殊群体的健康保障，提高其生活水平。[2]

（一）保险在普惠金融领域的功能定位

未能充分参与传统金融体系的群体主要是因为缺乏财务报告和信用记录，想要获得传统金融服务需要先支付高昂的第三方管理服务费用，这严重阻碍了他们获得普惠金融。想要获得这些目标客户，可以对他们在信用保证保险中使用信用增强机制，以改善他们的财务能力，让他们可以充分参与到传统金融体系中来。

金融服务和管理成本的降低可以通过机构组织的结构优化和适度的市场竞争实现，但很难大幅度降低单客户风险成本。普惠金融的快速发展依赖于其具有商业可持续和成本可承受的特点，但若没有公共金融工具的支持，普惠金融要维持稳定、快速的发展显然是不可能的。在这种情况下，保险机制以其可持续和可负担的特点，成为发展普惠金

---

[1] 章文芳：《乡村振兴战略下普惠农业保险发展探析》，《中国农机化学报》2019年第9期。
[2] 辽信：《〈推进普惠金融发展规划（2016—2020年）〉解读》，《共产党员》2016年第20期。

融的一个关键因素。保险机制以其内在的自动风险控制机制、精确分配机制和激励匹配机制，在公共援助资源和社会资源之间建立起有效的联系，成为公共援助机制和市场机制之间的黏合剂，具有独特而不可或缺的作用。

建立健全全国农业保险管理信息平台，互通各地农业保险管理信息，让农业保险发挥最大效用；建立农村财产金融风险管理平台，通过建立风险提醒机制，防御大规模农村财产金融风险的发生；建立地方性小微企业信用保证保险基金，给保险机构提供涉农保费补贴，给民间信贷机构提供基本贷款损失补偿；完善农业保险再保险的运行机制，保证再保险能充分保障农民利益；加强管理民间信贷机构，确保信贷机构对购买信用保险和贷款保证保险的小微企业给予一定的优惠贷款政策。通过采取这一系列政策措施，希望能够推动普惠金融保险的稳健发展。

普惠金融在保险业的应用主要是为了帮助小微企业、农民和其他弱势群体获得负担得起的高效保险服务。近年来，中国太保产险稳步提升保险供给和创新能力，全力推进普惠金融升级，成功打造了"财富U保""科创E保""太享贷""防贫保"等一系列普惠金融保险品牌。这些已经成功建立的普惠金融保险品牌，对完善普惠金融保险有很大的参考价值。

（二）提供优质保险服务，助力普惠金融可持续发展

保险公司作为落实普惠金融的主体，既能为客户提供融资渠道，又能提供风险保障，同时还在一定程度上协同金融行业其他资源，有条件为小微企业、"三农"等群体提供综合金融服务。保险公司可以通过以下措施为普惠对象提供更好的普惠金融服务。

一是完善小额贷款保证保险运行机制，帮助客户拓宽融资渠道。各级政府应根据自身经济发展需求，引导和鼓励本地银行和金融机构加大在知识产权、商标权、排放权等权利质押类、跨境电商、设备融资租赁等方面开发新产品，服务更多的行业与客户。同时，政府还应出台相关政策，保障小额贷款保证保险平稳施行，各银行机构开发小额贷款保证保险等帮助小微企业和农户解决融资难问题，还可以考虑针对不同行业推出针对性普惠金融保险，帮助普惠对象拓宽融资渠道。

二是丰富保险产品，以提高覆盖率和可得性。长期以来，小微企业由于风险高、规模小、保费高于企业的承受能力，导致投保率低，大多数企业都是自己承担风险。各家银行机构可以在此前推出的政策性小微企业财产保险、建设工程综合保险等基础上，进

一步推广政策性小微企业财产保险、新材料等专属保险，重点开发保证金替换类保险产品，帮助小微企业降低资金成本，提高信用。

普惠金融的重点和难点是可持续性发展问题，保险机构作为普惠金融的供给方，要加大供给侧结构性改革，不断提高自身的生产效率。

一是坚持合理定价，聚焦降本提质，保持产品与服务的可持续性。保险参与普惠金融，一方面要推出更多贴合市场需求的价廉物美的产品，解决投保难、融资难问题，坚持市场化合理定价，使保险产品和服务的定价符合金融规律；另一方面需要降本提质，用更低的成本提供更优质有效的服务。应努力把精细化管理与金融科技相结合，一是降低各级机构的运营成本；二是用低成本提供好服务，通过公司在某些服务领域的集合效应与渠道资源，自行开发或采购价格优惠的服务，如在健康险领域，凭借集中采购优势，采购到优质的健康体检、专家预约、医疗绿色通道、转诊国内其他城市一流医院等服务，而且比消费者自行购买的价格更优惠，能够同时降低供给侧和需求端的成本压力，提高普惠金融服务可得性。

二是利用数字技术把控风险，精准识别风险。相比其他领域，普惠金融由于其客户群体的广泛性和产品的特殊性，风险管控难度更大，容易导致不可持续。客户信息真实性和全面性是风控的基础，各保险公司应注重技术和工具的升级，充分运用社会征信、风险雷达等工具，确保风控关键信息充分、准确，更加精准地把握客户风险。

三是借助外部专业信息平台，通过科技赋能、跨界融合等现代手段解决信息不对称问题，降低联合融资的信用风险。通过物联网对企业的"动态行为"，如应收账款、存货和销售额等数据的变化进行动态监测，以此作为授信的依据；通过对接区块链、跟踪分析个人行为动态等平台，有效识别个体风险差异，为客户制订差异化的保险方案，从而扩大市场供给，提高普惠金融服务的质量和效率。

三、提供多样化、综合性服务

中国银行努力完善顶层设计，整合多元资源，从全局和长远角度升级信贷管理政策和资源配置模式，引导和管理分行和商业银行共同为普惠金融提供多元化的综合金融服务。

（一）创新业务模式

优先考虑在政策、人员配备和资金方面支持有资格获得共同融资的中小企业的项目。在信贷审批方面，各分行和商业银行应考虑到本地区的经济特点，制定发展信贷活动的准则，提供信贷建议，对普惠金融客户的信贷请求进行优先排序，以提高信贷审批的效率。

在定价方面，各分行和商业银行应坚持有效满足客户基本需求、当前和长期合作利益一致的原则，在总行和各分行各自业务体系的基础上，对普惠金融客户、重点农业客户和大项目贷款制定优惠价格，优先给予贷款额度支持。

(二)普及普惠金融知识

由于缺乏金融知识，普惠金融服务的主要目标群体，如小微企业主、农民和城镇低收入居民，通常无法识别非法金融活动。金融技术的进步促进了支付、贷款和存款等金融活动的发展，也降低了人们参与这些金融活动的门槛，如果人们缺乏基本的金融知识，以及识别和预防风险的能力，就可能构成重大风险。

为了推动普惠金融稳定发展，金融机构必须促进金融知识的普及，并加强金融知识教育。银行和金融机构要深入社区、企业和其他地方，了解他们的金融需求，为特定群体提供专属服务；帮助人们预防诈骗、管理财务，实现资产增值，让普惠金融惠及所有家庭。

(三)科技助力普惠金融

技术进步是发展数字普惠金融的一个重要因素。数字金融技术不仅可以降低金融机构的运营成本，提高普惠金融产品质量和服务效率，还可以精准识别客户需求，对市场进行细分，开展精准营销，满足个性化客户和基层群众对普惠金融服务的需求。

发展数字普惠金融，可以扩大普惠金融的覆盖面，并为客户提供更加高效、便捷的数字普惠金融服务。数字普惠金融借助技术优势，可以补充传统金融服务的供给不足，更好地覆盖下沉人口，增加普惠金融的供给，满足更多的普惠金融需求。深化数字化普惠金融将有效简化数字金融服务，降低使用与经营成本。

第五节 优化普惠金融发展的外部环境

一、增强普惠金融方面货币政策的针对性

发展普惠金融有利于增强小微企业、"三农"以及边远地区的金融服务，让更多的

人享受到高质量的金融服务，支持乡村振兴，助力精准脱贫。同时，推进普惠金融发展也是缓解我国社会主要矛盾的重要途径。近年来，为推动普惠金融发展，我国已经出台了一系列相关货币政策，其中具有精准定向调控特征的定向降低法定存款准备金率的货币政策被央行多次实施，释放了大量长期稳定资金。[1]

运用货币政策引导普惠金融创新发展和完善货币政策工具缓解区域发展不平衡是目前学术界探讨的热点。

货币政策主要通过利率渠道和信贷渠道支持普惠金融的发展，但货币政策的利率和信贷传导渠道又存在一定的相互干扰的问题，降低两者对普惠金融的支持效率。虽然货币政策效果通常存在一定的滞后性，且利率传导对普惠金融发展的促进作用有限，但货币政策通过促进经济发展而间接影响了普惠金融发展。[2]

事实上，货币政策的最终目标与普惠金融发展目标是一致的。作为货币政策的制定者，央行是推动普惠金融发展的关键角色之一。我国货币政策的主要目标是在货币币值稳定的基础上促进国民经济的稳定和健康发展，同时兼顾社会的充分就业。普惠金融致力于国民生活水平的提高，强调向社会各阶层，包括贫困人口提供便利的金融服务，最大限度地消除贫困。普惠金融服务可得性的提高给金融机构带来更多的商业客户，给企业扩大规模提供有利的融资条件，而企业扩大规模，将创造更多的就业岗位。同时，增加社会需求也可以间接创造更多的就业机会，从而促进就业增长。立足我国经济实际发展普惠金融，不仅可以巩固和提升乡村振兴的成果，改善已经脱贫农民的长期生计，激发底层人民的创业热情，还是改善城乡发展不平衡的重要举措。为了促进普惠金融发展，政府不断提高人力资本水平、扩大对外开放，并稳步提高政府财政支出的效率。[3] 也就是说，发展普惠金融与实现包容性经济增长，以及经济发展方式转型升级密切相关。因此，货币政策和普惠金融的目标在本质上是一致的。在此基础上，央行通过调控信贷结构、改善普惠金融服务来直接影响普惠金融的发展，同时也通过利率引导、改善市场环境来推进产业现代化升级和社会经济增长，从而间接影响普惠金融的发展。

---

[1] 刘世鹏、易颖：《基于长尾理论的商业银行普惠金融业务经营可持续性研究》，《财会学习》2018年第31期。
[2] 胡金焱：《普惠金融发展的"两难"问题及对策研究》，《农村金融研究》2021年第11期。
[3] 付莎、王军：《中国普惠金融发展对经济增长的影响——基于省际面板数据的实证研究》，《云南财经大学学报》2018年第3期。

货币政策影响普惠金融发展的机制在于：

一是不同类型货币政策的施行，特别是调整货币信贷结构会影响普惠金融的发展。[①]不同经济政策的实施很容易引发一系列副作用，如货币和信贷量或利率的巨大变化，这反过来又会对货币和信贷的供应产生间接影响。例如，当基准利率下降或信贷量增加时，银行往往会降低信贷基准成本或扩大贷款规模，这反过来又会提高普惠金融目标群体获得信贷的可能性和偿债能力；准备金率和中期信贷机制等新旧货币政策工具的使用，也会导致普惠金融领域内资金流入或流出，从而影响普惠金融的信贷供应。此外，在决定贷款量、资金成本和服务水平的质量时，各普惠金融机构通常会将央行的相关行为作为标准进行综合考虑和权衡，以便作出合理的预期，配合货币政策的具体实施，以弥补其不足之处。

二是货币政策通过增加信贷和改善金融服务，直接支持普惠金融的发展。首先，货币政策利用传统的货币政策工具，通过金融机构增加普惠性地区的金融信贷供给，支持更多的信贷资金投入"三农"、贫困地区发展和贫困助学等项目，可以增加贫困群体获得金融服务的机会，降低资金成本。其次，央行和国家外汇管理局通过不断完善再贴现再贷款、抵押补充贷款、中期借贷便利等结构性货币政策工具，扩大定向贷款，为小微企业提供流动资金，审慎引导现金流，促进小微企业和"三农"重点领域发展，以自上而下的方式支持有发展前景的新部门、新产业、新企业。最后，央行还推出了一系列银行卡支付业务，满足民众的基本金融服务需求；增加设置ATM机和便民取款点，提升居民获取普惠金融服务的便利性；通过加快建立完善的小微企业信用体系，制定严格的失信惩戒制度，降低违约风险。通过降低小微企业的信贷风险，不断完善监管和担保机制，营造良好的金融借贷环境，促进普惠金融更好更快发展。

三是货币政策通过利率引导和不断改善金融市场环境来间接支持普惠金融的发展，以促进工业部门的现代化，促进经济增长。首先，央行通过市场机制调节货币流动，以实现资源在各部门的有效配置，并最终使各部门的比例结构合理化。通过结构性政策，如信贷限制和不同的利率，支持在发展初期缺乏资本的高质量部门，促进经济发展和新的生产方式在包容性融资领域的有机结合，以提高生产力、促进区域收入增长、增加就

[①] 陈银娥、李汶、李鑫：《货币政策对普惠金融发展的影响效应研究》，《宏观经济研究》2022年第4期。

业机会、改善居民生活环境和收入等。其次，货币政策旨在提高金融市场的稳定性，可以通过金融加速器影响市场资金在各企业之间的流动性。同时，央行通过立法，规范企业的经营行为，控制普惠金融风险，改善金融市场环境，促进经济增长，从而间接推动普惠金融发展。

二、注重普惠金融与经济发展的良性互动

（一）普惠金融助力实体经济

受疫情等多种因素影响，中小企业发展面临着严峻挑战，其经营的复杂性和不确定性大大增加，这对普惠金融的覆盖面、准确性提出了更高的要求。

有研究表明，数字金融水平越高，实体经济就越发达，在此过程中，技术创新发挥着关键作用。数字普惠金融在提高普惠金融服务效率和支持企业持续创新方面发挥着重要作用，[1] 还可以助力企业实现包容性增长，缓解企业的融资约束，从而促进技术创新，提高全要素生产率，优化产业结构，实现工业经济的现代化。同时，数字普惠金融可以刺激消费，从而缩小城乡差距。数字化融资对缓解融资约束的影响呈现出明显的异质性，对科技创新型中小企业发展的促进作用明显，进一步推动了经济发展步伐，加快了经济增长速度，为国民经济落后地区的发展提供了有效支点。

（二）巩固脱贫攻坚成果，助力振兴乡村金融服务

各银保监分局应深入贯彻落实《中国银保监会关于推动银行业和保险业高质量发展的指导意见》和《关于深入扎实做好过渡期脱贫人口小额信贷工作的通知》等文件要求，鼓励辖区内的机构切实提高乡村振兴普惠金融服务的质量和效率，积极消除贫困，实现乡村振兴。鼓励银行把脱贫攻坚和小额信贷作为一项重要任务，采取多种措施增加农业信贷供给，大力发展普惠金融服务。

（三）发展市民金融服务，提升居民幸福感

鼓励金融机构采用多元的金融产品，满足各行各业客户的金融需求。鼓励青年公民创业，支持自营职业者、毕业生和城市失业者的商业资本需求，并推出一系列灵活的个人贷款和公司小额贷款，以满足工人和自营职业者等不同群体的需求。为了更好地提供

---

[1] 何晓焕、谢婷婷：《数字普惠金融如何影响实体经济？》，《区域金融研究》2021年第12期。

老年友好型金融服务，金融机构应积极组织宣传队伍到网点周边的市场、社区、公园等地开展金融知识宣传活动，重点宣传老年友好型金融服务和电信网络诈骗防范，提高金融消费者的风险防控意识。

三、同步推进金融消费者权益保护

《中国人民银行金融消费者权益保护实施办法》已经在2020年9月1日中国人民银行2020年第6次行务会议审议通过，并予以发布，自2020年11月1日起施行。从近期官方的表态来看，《金融消费者权益保护法》的制定已经提上日程。例如，2022年3月，中国人民银行副行长在接受《金融时报》采访时，即提出"有必要加快制定金融消费者权益保护法，全面提升金融消费者权益保护法治化水平"；2022年7月，中国人民银行金融稳定局局长在《中国金融》发表的文章中指出应坚持以人为本、以保护消费者和投资者权益为导向的立法思想，推动出台金融消费者保护法，切实加强对消费者和投资者权益的保护。

根据现行的《中国人民银行金融消费者权益保护实施办法》，为保护金融消费者的基本权利，金融机构应根据金融产品或服务的特性评估其对金融消费者的适合度，合理划分金融产品和服务风险等级以及金融消费者风险承受等级，将合适的金融产品或服务提供给适当的金融消费者。尊重金融消费者购买金融产品或服务的真实意愿，不擅自代表金融消费者办理业务，不擅自修改金融消费者的业务指令，不强制搭售其他产品或服务。

金融机构应当依据金融产品或服务的特点，及时、真实、准确、完整地向金融消费者披露相关内容，并采用利于金融消费者理解的方式，披露与金融产品或服务直接相关的重要信息。对利率、费用、收益及风险等，应根据金融产品或服务的复杂程度和风险等级，对其中的关键术语进行解释说明，并以适当的方式供金融消费者确认其已收到完整的信息。

金融机构不得利用技术手段强制金融消费者接受金融产品或服务，或排除、限制金融消费者接受同业机构提供的金融产品或服务。金融机构应当对营销宣传内容的真实性负责。金融机构实际承担的义务不得低于在营销宣传活动中通过广告、资料或说明等形式对金融消费者所承诺的标准。

金融机构在营销宣传时，不得有虚假、欺诈、隐蔽或有误导性的声明；不得对业绩或产品收益等夸大宣传；不得利用金融管理部门对金融产品或服务的审核或备案程序误导金融消费者，使其相信金融管理部门为该金融产品或服务提供了担保；非保本投资型金融产品的营销宣传内容不得使金融消费者误信能保证本金安全或保证盈利。

金融机构不得收集与业务无关的消费者金融信息，不得以不正当的方式收集信息，不得变相强制收集消费者金融信息。如果金融消费者不同意金融机构对外提供其金融信息，金融机构不得以此为由拒绝提供金融产品或服务，除非该金融产品或服务必须对外提供金融信息。

金融机构为营销、用户体验改进或市场调研而收集消费者的金融信息时，应以适当方式供金融消费者选择是否同意金融机构为上述目的使用其金融信息。如果金融消费者不同意，金融机构不得私自收集其金融信息，也不得以此为由拒绝提供金融产品或服务。当金融消费者收到金融机构发送的金融营销信息并拒绝接收进一步的营销信息时，金融机构应尊重消费者的选择。

四、完善普惠金融征信系统建设

普惠金融对小微企业、实体经济、农村居民、城镇弱势群体都越来越重要，"十三五"规划中将大力发展普惠金融作为一项国家战略提出。同时，银行作为普惠金融的重要推动力量，也认识到普惠金融业务对银行来说是一个突破，为80%的小微客户"长尾"服务是实现更好、更可持续发展的重要途径，这也是银行成立专门从事普惠金融的单位（业务部）的原因。然而，银行在向小微客户提供信贷服务时，面临着传统金融贷款的制掣。由于大量小微客户没有金融信贷登记，银行无法准确评估其信贷风险，为了控制风险，银行往往采用高风险、高回报的方式，提高贷款利率，从而造成融资成本高的问题。同时，小微贷款的特点是金额小、数量多、频率高、收益低、每笔交易成本高，因此在互联网和物联网时代，必须将传统金融信贷转变为数字信贷创新，将信贷作为普惠金融服务的生命线。[①] 克服个人信贷的障碍，识别小微客户，服务小微客户，探索以信贷为基础的创新和更灵活的普惠金融服务形式，提高普惠金融服务的质量

---

① 李传龙：《传统金融征信向数字化征信转型，赋能普惠金融》，《中国信用卡》2018年第8期。

和效率。

中国人民银行等八部委于 2020 年 6 月 1 日发布的《关于进一步强化中小微企业金融服务的指导意见》中，要求提取并全面整合银行内部的中小企业客户信用信息，加强与征信、税务系统等外部信息平台的对接，提高客户识别和信用提供能力。① 在实践中，对小微企业的信用评估主要是基于商业活动数据、辅助数据和小微企业主的个人信用数据。由于小微企业通常缺乏"三表"，需要提高数据的准确性和业务的连续性，而且小微企业主要由个人管理，因此普惠性信贷一般依靠个人信用数据和可靠的相关辅助数据来提供全面的"长尾"评估。总之，个人信用可以巩固信用风险控制数据的基石，有助于有效实施普惠性信贷。

（一）"金融征信、政府征信、市场征信"齐头并进、互为补充

金融征信主要由中国人民银行征信和银行自身数据组成；政府公共征信主要由法院（诉讼）、公安（违法犯罪）、税务（纳税评估、行政罚款）、安全生产、质量监督、专利、工贸、房地产、社保、公积金、水电煤、交通旅游、学历等数据组成；市场化征信主要由互联网金融、移动支付、社交数据、小额现金贷、P2P 等组成。为了实现数字化转型，三者必须齐头并进，相互补充。目前，金融征信的发展势头良好，国务院印发的《社会信用体系建设规划纲要（2014—2020 年）》要求在政府信息公开的规定下，整合国家各级工商、质检、公安、法院、司法、税务、安监、纪检、审计、教育、文化等部门的公共信息源，建立国家公共信用信息公开制度。② 尽快建立全社会的征信体系，加快信息采集，实行数字共享，建立守信的共同激励和失信的共同惩戒。作为对前两者提供的权威征信的有效补充，以百行征信为代表的市场化征信更加关注人们的日常消费、小额信贷、社交等生活场景。因此，这三类征信需要在数字化上具有可操作性和可共享性。

（二）多维度、多角度的大数据完善数字普惠金融征信

多维度、多角度的大数据具有覆盖面广、信息维度丰富的优势，要打破"信息孤岛"，建立可靠的数据共享机制，确保数据的有效性、一致性、准确性，特别是要深入探讨数据的相互关系，以建立基于持有和投资关系的信用链、基于个人交往的信用链等。同时，应该更多地关注那些没有被传统金融信贷覆盖的弱势群体，收集他们在商业

---

① 毕国宏：《政府性融资担保机构如何支持中小微企业复工复产几点建议》，《经济管理文摘》2020 年第 14 期。
② 商文江、刘帆：《消费金融法律监管研究》，《西南政法大学学报》2019 年第 1 期。

贷款、抵押贷款、汽车贷款、信用卡等方面的信用记录，积极补充收集"长尾"群体的信用，使信用成为没有抵押品的人的宝贵资产。大部分信贷活动都需要数据多样性，多维度、多角度的大数据是提高数字普惠金融信贷的关键。

（三）强化科技赋能，完善小微市场主体征信体系

运用大数据与人工智能技术，深度挖掘小微市场主体信息，可以量化其真实经营状况和还款能力，还可以根据其行为信息构建信用评分模型，建立更加全面、可靠的评价体系，提升普惠金融的风险管理能力，将贷款审批过程中的传统人工决策转变为自动化的系统决策，并辅以人工决策，帮助减少主观判断的风险，助力产品创新，扩大服务覆盖面，降低获客成本。完善征信体系，打破"数据孤岛"，收集各方面数据，拓展各种数据共享渠道，丰富小微市场主体的数据维度，实现数据在线化、资产化、信用化。

以数字方式识别客户的信用，克服普惠金融在传统金融模式下的发展障碍。通过大数据、人工智能等，帮助银行全方位、多维度地识别客户，对大量小微客户进行全自动的在线评估，选择诚实守信的小微客户，为其提供普惠金融支持。那些信用较低的小微客户，要想顺利进行经济活动是很困难的，而且成本很高。最终，失信的小微客户将无法在经济活动中向前发展。当整个社会的信用网络变得越来越完善时，没有人敢轻易透支自己的信用。因此，数字信贷可以克服普惠金融的风险障碍。

全力投入信用产业的发展中，创建基于多维度、多角度的大数据的全社会信用体系，利用人工智能等，高效、准确地判断小微客户的诚信度，为其提供与其风险相匹配的信用额度，制定贷款利率。传统的金融信贷正在转变为以大数据和人工智能为代表的数字信贷，逐步破解普惠金融的融资难题。

第六节 持续优化普惠金融可持续发展模式

一、推进与产业转型升级相结合的普惠金融发展

数字普惠金融的发展可以大大促进工业结构的优化和现代化。首先，数字普惠金融保险可以帮助人们提高风险规避能力，缓解他们在择业时的收入约束，从而增加跨行业的劳动要素供给，提高产业结构的合理性；其次，数字支付虽然方便了人们，但加剧了

小微企业之间的竞争，这能够促进小微企业不断创新，从而改善其产业结构，提高整个行业的技术服务要素水平，促进产业结构升级；最后，因数字技术具有准确性，数字普惠金融支付业务大大提高了服务业资本要素的流动速度，促进了产业结构的发展。

现有研究发现，数字普惠金融和技术进步在工业现代化中都发挥着重要作用，数字普惠金融和技术创新支持着产业结构升级与工业结构现代化的实现。普惠金融可以帮助企业缓解产业创新时的资金困难，降低企业创新面临的资金风险，推动企业进一步开展技术创新、产业升级，进而提高企业生产经营效率，同时还为产业创新创造了有利条件，促进产业要素成本节约，实现产业结构的可持续创新发展。数字普惠金融将利用其普惠性降低融资成本，从资金上支持技术创新，从而促进产业结构的合理化，进而走向渐进式发展。[①] 数字普惠金融的发展促进了劳动力和资本在各部门之间的配置，特别是对小微企业而言，解决了其融资困难和劳动力短缺等一系列难题，促进了区域总产出在各部门之间的流动，有助于区域产业结构的合理化。

我国经济的高质量发展离不开产业结构的优化升级。首先，数字普惠金融为小微企业和低收入群体取得普惠金融服务提供了便利的渠道，帮助其解决创业就业过程中的融资难问题，极大地缓解了他们的资金压力，让社会金融资源得到合理分配，实现社会经济利益最大化，同时推动产业结构的优化改造和产业升级，为实现先进的产业结构打下坚实基础。其次，利用数字技术覆盖广泛的客户购买场景，分析海量数据，通过市场销售数据准确了解客户需求，摸清实际需求品种和数量，消除供需信息不对称，直接影响产业结构的需求端。最后，数字普惠金融可以提高产业服务质量，提高信息传递效率，从而提高企业的综合实力。

二、推进普惠金融数字化，实现普惠金融低成本扩张

就当前金融发展趋势而言，数字化是未来进一步深化发展普惠金融的重要方法，而银行数字化是推动普惠金融数字化的有效途径。银行数字化不仅能改善银行的客户服务体验，还大大优化了成本结构，从而使普惠金融得以低成本扩张。

从银行的角度来看，银行的数字化主要是通过数字化手段，利用数据提高业务操作

[①] 高天天、滕子丰：《数字普惠金融与产业结构优化升级》，《经济研究参考》2021年第24期。

效率，以实现银行业务流程的在线化和自动化。例如，在办理信贷销售业务时，通过内部数字数据直接完成面部识别、大数据风险控制和欺诈检测等，并在个人数据验证、呼出电话提醒和呼入电话建议等过程中进行人工干预。从客户的角度来看，应用在线的便捷服务，可以使其获得更高效、便利的金融服务体验。银行可以通过开发客户APP、搭建远程服务团队，共同构建线上线下相结合的数字化金融服务网络，为有小额短期贷款需求的客户提供方便、快捷的在线服务。

数字化既可以减少银行对分支机构的依赖，又能有效扩大普惠金融服务的客户群。因此，业务流程的自动化既减少了业务人员的工作量又降低了设立分支机构的成本。银行人均业务能力将进一步提高，同时降低各账户的平均运营成本，进而降低银行开展普惠金融业务的经营成本。

在银行员工方面，大型银行和数字化程度较高的银行因其人员结构优化时侧重于增加数字技术人员，通过数字化管理手段，它们的人均生息资产量较高。相比传统商业银行，数字化程度高的银行其每个客户的运营成本要低得多。数字化服务可以通过分析服务数据有效地识别目标金融客户群，帮助金融机构将风险成本控制在合理的范围内。

当然，数字化并不局限于私营银行，大型传统银行也在积极将普惠金融业务数字化。[①] 例如，建设银行开发了"小微快贷"产品系列，结合小微企业缴税、用电等场景数据，打造不同类型的产品，并与企业市场对接，让小微企业可以直接使用贷款进行支付。由于决策过程的广泛自动化，微型和小型贷款产品可以在1分钟内发放。

数字化发展正迫使银行向客户在线和业务在线转变。

第一，在线客户是数字化的一个重要前提。过去，银行依靠分支机构、自动取款机或贷款人来接触客户；今天，由于移动互联网的出现，客户的行为正在逐渐改变，银行利用在线渠道与客户互动，为客户提供更加方便、快捷的金融服务。对于银行来说，客户通过手机应用和微信公众号等在线平台进行交易只是数字化的第一步，更重要的是，降低获客成本，提高每个客户的生命周期价值，而数字化银行通过丰富、便捷的金融和非金融服务，能更加轻松地实现这一目标。

第二，银行应更好地获取和利用内外部互联互通数据。因缺乏通用的信息标准和有

---

① 范可、许鑫慧：《金融科技助力普惠金融智能风控研究》，《科技创业月刊》2020年第7期。

效的互联互通渠道，在过去，即使各银行的内部系统收集了大量的基础客户数据，但在各单位之间互通共享的只有一部分基本数据，导致内外部信息利用率不足。更深层次的数字化要求银行拥有更强的数据获取和分析能力。例如，在普惠金融领域，客户接收、防止欺诈、贷款定价和贷款跟进等流程需要从人工和基于经验的流程转变为数据驱动的流程。特别是，如果反欺诈和定价程序能够有效地汇总全银行的数据，风险将大大降低。此外，普惠金融的客户群往往是小微企业和征信白户，它们没有完整、可靠的商业数据，仅有银行内部数据和央行的信贷报告，不足以支持数字化进程。因此，有必要大规模地整合不同类型的数据，以提高面向小微企业的金融服务数字化水平。

第三，银行架构需要适应数字化，减少对人的依赖。优化银行的数字化普惠金融业务结构需要先解构、再重建。传统银行已有较多的普惠金融产品上线，其办理流程也已固化，对其进行数字化业务架构的重新设计需要对现在正在实行的业务架构进行解构，再提取可用的流程与业务模型进行架构重建。构建新的业务架构，改变旧的组织结构和管理方式将使前台业务部门直接连接到数据平台，进一步整合传统后台独立、复杂的业务线和业务部门。

总的来说，数字化是未来进一步深入发展普惠金融的重要手段，不仅可以改善银行的客户服务体验，还可以大幅优化成本结构。此外，商业模式的变化要求银行逐步利用大数据、云计算和其他新技术来降低成本、提高效率。在未来，随着银行逐渐变得更加数字化，普惠金融将能够更好地覆盖普惠人群，成为平衡成本可负担性和商业可持续性的天平。

三、建立健全普惠金融风险分担机制

近年来，国家和地方政府出台了一系列政策和措施，鼓励金融机构支持小微企业和"三农"发展，解决银行面临的诸多问题。同时，在社会层面建立健全普惠金融风险分担机制。

第一，各地建立符合地区发展的风险补偿机制。在国外经验的基础上，通过建立符合各地区发展的风险补偿机制，银行可以向监管机构申请对小微企业发放贷款导致经营损失的补偿。目前，国内有的省份已建立的风险补偿机制均具有各自的特点，以适应各地区的经济发展现状。建立对小微企业贷款的风险补偿机制，可以补偿地方银行对小微

企业放贷的风险，激励地方银行向小微企业发放贷款。①

第二，政府资助建立公共财政担保机构。近年来，政府开始重视对小微企业的扶持力度，建立了由政府及其委托机构出资和拥有的公共融资担保机构，主要目标是为小微企业提供融资担保，并服务"三农"。

在国家层面，2017年10月1日施行的《融资担保公司监督管理条例》规定，国家推动建立国家融资担保体系，发展政府支持的融资担保公司，建立政府、金融机构和融资担保企业的合作机制，扩大为小微企业和"三农"提供融资担保业务的规模，并保持较低的费率水平。② 由于存在许多市级担保基金，创建国家融资担保基金不仅是一项大规模的资本投资，也是吸引更多商业资本、加快融资担保行业发展的重要举措。2018年，国家融资担保基金正式启动，以资金投入、创业融资担保、扶持小微企业、支持小微企业和"三农"等形式支持各省、各地区开展各类融资担保业务。国家融资担保基金的设立旨在促进公共部门的跨专业担保机构早日实现全覆盖，并与融资担保机构合作，分散不同级别融资担保的风险。事实上，国家融资担保基金将发挥示范和引领作用，同时提高公共部门融资担保体系的服务能力，以更好地利用公共商业资本。

2020年7月10日，中国农业银行和国家融资担保基金正式启动联合担保合作。通过银担合作模式创新，既简化了担保程序，又提高了服务效率，有利于将更多信贷资金精准投向小微企业和"三农"领域，助力相关企业渡过难关。

在建立小微企业贷款风险补偿机制时，发挥保险增信作用，形成"政府+银行+保险"小额信贷风险共担模式，保险公司承担部分信贷风险，政府专项资金给予一定风险补偿、保费补贴和利息补贴。在地方金融担保下，政府向符合条件的私营金融担保机构投资，用于企业发展和扩张，并通过定期担保和其他方法增加对小微企业的支持。

第三，建立动态调整机制，设立风险补险资金池。一旦地方风险补偿资金池建立起来，各级资金应及时补充担保基金，以资助企业扩张和更换担保等。对于大力支持发展地方普惠金融的，地方政府在资源有限的情况下，可以利用股权投资来促进地方信用担保基金的可持续发展，同时促进普惠金融的发展。如果融资担保活动长期没有取得明显成效，融资担保基金的规模可以相应减少。

---

① 钱曙伦、谈杰、林涛：《普惠金融风险分担机制研究》，《现代金融》2021年第3期。
② 中国银行保险监督管理委员会：《中国普惠金融发展报告》，《金融电子化》2019年第2期。

四、构建普惠金融发展的良好生态

我国普惠金融目前已经取得了一定成效,但仍然面临诸多挑战,需要进一步加强普惠金融生态建设。首先要改进顶层设计,以改善社会宏观环境;其次要完善数据收集平台,实现各部门数据共享,以营造良好行业环境;最后要加强对民众的普惠金融教育,切实保护金融消费者的各项权益,提升消费体验。

(一)宏观环境:加强顶层设计

普惠金融是系统性工程,不仅需要金融机构创新服务理念和金融产品,还需要政府努力改进顶层设计,以夯实普惠金融的理论基础,探索搭建与我国金融市场发展一致的法律框架、监管框架,不断改进综合政策,营造良好的金融环境。

改善金融政策框架,为金融机构提供更优质的普惠金融服务创造条件。一方面,应建立一定的激励机制,鼓励各金融机构提供更方便快捷、更高质量的普惠金融服务。政府应积极探索并采取财政补贴、税收优惠等正向的激励措施,以帮助金融机构降低经营成本,为其发展创造更加舒适、良好的社会制度环境。[①] 另一方面,应进一步改善普惠金融的风险补偿环境,探索建立普惠性风险补偿基金的可能性,通过调动社会各界资本,提高普惠金融的风险补偿能力。

优化和改进普惠金融的监管框架,加强政府对风险的预防和控制能力。改变监管思路,积极利用技术手段,及时、准确地了解金融业整体发展和变化情况。政府应适度开放市场监管,以促进网络金融的有益创新,进而建立一个规则透明的监管体系,在平衡效率和保证公平的前提下,有效化解各类金融风险。

优化金融信贷环境。第一,健全的社会信用体系有助于防止借款人违约,进而逐步提高全社会的信用意识,对实现普惠金融至关重要。加快发展全面的社会信用体系,促进普惠金融发展,尽快建立完整的企业和个人信用信息数据库,以确保信用信息的互通性、可操作性和广泛共享性。第二,加强社会信用文化建设。健全的社会信用体系可以有效遏制市场经济主体的有限性,提高整个社会的信用观念。同时,建立违约惩戒机制和激励性的公平机制,鼓励债权人自觉追求良好的经营理念和价值观,优化金融信贷的生态环境。

---

① 朱怡婷:《数字普惠金融发展探索》,《现代金融》2019年第11期。

(二)行业环境:平台构建与数据共享

首先,建立行业平台和交换信用数据的目的是规范行业发展。2015年9月15日,中国支付清算协会网上金融风险信息共享系统正式上线,共有13家P2P机构可以共享行业内的信用信息,为参与各方提供了一个双赢的局面。近年来,我国的P2P互联网金融行业发展迅速,P2P机构的数量已经超过2000家,比加入系统的13家机构要多很多。因此,当务之急是实现制度的现代化,进一步扩大参与机构的数量和所需信息的种类,为普惠金融的发展创造良好的行业环境,促进其健康发展。其次,有必要共享基础设施,以进一步扩大客户群。在互联网背景下,各种新的信息技术的运用已经成为普惠金融发展的重要基石,它可以改变整个普惠金融的进程。因此,基础设施的发展对金融机构尤为重要。为了促进整个行业的发展,更多的领先企业可以形成战略联盟,共享某些基础设施,以进一步利用其客户群,扩大服务目标,实现真正的金融普惠。

(三)消费者体验:普惠金融教育与金融消费者保护

第一,加强关于普惠金融的教育。金融教育可以提高消费者的金融知识水平,是一个国家金融健康和可持续发展的重要基础。发展普惠金融要求消费者具备基本金融知识,了解并能够使用一系列普惠金融产品。理财教育可以使消费者掌握一定的有效管理资金的知识和技能,让他们可以根据自身情况作出更好的财务决策,以改善个人财务状况。特别是,政府应确保金融教育是全面的,并且人人都能接受,应制订从国家整体和普遍接受角度出发的金融教育发展计划,促进普惠金融教育。另外,各金融机构应利用自身网点分布优势,积极主动实施普惠金融教育。学校、金融监管人员和各种金融机构都应参与到金融教育的实施中。金融机构的金融教育应侧重于提供金融知识和技能,并充分介绍金融产品的风险,而不是简单地宣传或销售机构的金融产品。当地金融机构有大量信贷经理,他们熟悉这些金融产品的特点和流程,更容易向金融网点附近的公众提供金融知识、推广金融产品,减少信息不对称和金融服务不足地区获得信贷的困难,有助于提高金融机构的服务能力、扩大服务范围。

第二,加强金融用户各项权益的有效保护。普惠金融的目标之一就是保护公民的金融参与权、公平交易权及其他权利。为了发展普惠金融,消费者需要具备金融知识,以有效地使用金融产品,并在金融服务的提供出现问题时及时保护自己。首先,金融机构要自觉保护金融消费者的权益,保护金融消费者是金融机构的职责,也是金融从业人员职业道德的要求。保护金融消费者的权益，对于提升金融机构的声誉、形象、产品效果至关重要。具体而言，金融机构应当审慎经营，采取严格的风险防范措施，保护金融消费者的资金安全；主动告知消费者金融产品和服务的风险、收益，保护金融消费者的知情权；切实履行金融消费者投诉处理主体责任，在机构内部建立多层级投诉处理机制，完善投诉处理程序，提高金融消费者投诉处理质量和效率，接受社会监督。[①] 其次，要充分发挥社会组织的监督作用，引入立体化的监督模式，即公共机构的监督、行业自律机构的监督和国家监督。[②] 金融机构的自律组织需要更好的机制来发现其在执行监督任务中存在的问题。在消费者金融纠纷方面，消费者通常会向相关部门提出投诉或索赔，但监管机构在发现问题方面却不太积极。社会组织应利用其灵活性和独立性，及时发现金融消费者日常活动中的潜在问题，将被动反应转化为主动行动，对金融机构进行监管，收集信息，应对市场风险，建立问责制。社会监督组织也应主动建立跨部门的金融产品纠纷监督平台，以解决跨部门的金融产品纠纷。

---

① 张晓思萌：《普惠金融视角下中国农业银行服务"三农"的路径探析》，《全国流通经济》2021年第15期。
② 冯钰仪：《立足于金融监管谈金融消费者权益保护体系》，《法制与经济》2013年第10期。

参考文献

[1] 白雪,张贝贝.数字普惠金融风险测度及跨系统传染机制研究[J].山东财经大学学报,2021,33(5):87-96.

[2] 毕国宏.政府性融资担保机构如何支持中小微企业复工复产几点建议[J].经济管理文摘,2020(14):39-40.

[3] 庇古.福利经济学[M].北京:商务印书馆,2011.

[4] 蔡文德,徐闽鹏,段家钦.我国数字普惠金融发展的路径、问题与建议[J].金融科技时代,2021,29(7):83-89.

[5] 曹健,范静,王珏.普惠金融发展水平评价研究述评[J].社会科学战线,2021(7):264-268.

[6] 岑婷婷.以金融之水涵养经济"细胞"[N].中国城乡金融报,2021-04-30(A01).

[7] 陈德球,金鑫,刘馨.政府质量、社会资本与金字塔结构[J].中国工业经济,2011(07):130-131.

[8] 陈梦琳.提升金融服务品质 助力乡村振兴战略[J].现代金融,2018(10):43-46.

[9] 陈明荣.构建农村金融差异化监管体系[J].观察思考,2022(7):96.

[10] 陈雁.试论混业经营趋势对我国目前"分业经营、分业监管"体制的影响[J].消费导刊,2010(7):14-15.

[11] 陈一洪,梁培金.我国中小银行发展普惠金融面临的难题与破解路径[J].南方金融,2018(12):88-96.

[12] 陈银娥,李汶,李鑫.货币政策对普惠金融发展的影响效应研究[J].宏观经济研究,2022(4):40-50.

[13] 陈游.富国银行:小微企业贷款的成功典范[J].新金融,2012(5):54-58.

[14] 陈游.小微企业贷款成抵御危机冲击的"利器":富国银行小微企业贷款模式镜鉴[J].中国农村金融,2012(16):78-80.

[15] 陈郁城.普惠金融国内外发展现状及比较分析[J].新经济,2016(11):64-65.

[16] 陈正祥.美国互联网金融的监管经验及借鉴[J].现代经济信息,2014(8):108-109.

[17] 陈志刚，郭帅.金融发展影响全要素生产率增长研究述评［J］.经济学动态，2012（8）：129-136.

[18] 仇京荣.美国银行业如何支持小企业［J］.当代金融家，2015（8）：149-153.

[19] 慈亚平.勇担社会责任，践行普惠金融——徽商银行普惠金融发展纪实［J］.中国信用卡，2018（7）：25-30.

[20] 党红斌.脱贫攻坚和乡村振兴衔接中的农村金融需求——基于铜川市农户和农村企业的调查［J］.青海金融，2022（7）：48-52.

[21] 邓大松，赵玉龙.我国商业银行支持小微企业发展的难点及对策［J］.经济纵横，2017（10）：87-93.

[22] 丁冬.美国金融科技政策与监管框架白皮书的启示意义［J］.上海人大月刊，2017（3）：40.

[23] 董翀，冯兴元，孙同全.农业农村现代化的金融支农保障机制：变化、问题与对策［J］.农村金融研究，2020（8）：3-8.

[24] 董玉峰，谢丽霜.民族地区农村互联网金融普惠模式与适应性策略［J］.改革与战略，2017，33（7）：84-87.

[25] 杜志雄，肖卫东，詹琳.包容性增长理论的脉络、要义与政策内涵［J］.中国农村经济，2010（11）.

[26] 段洪阳.浅析富国银行小微企业贷款模式及启示［J］.经营管理者，2014（7X）：1.

[27] 范慧芳.酒店行业信息不对称现象的形成原因及解决路径［J］.市场论坛，2013（11）：83-86.

[28] 范可，许鑫慧.金融科技助力普惠金融智能风控研究［J］.科技创业月刊，2020，33（7）：66-68.

[29] 方舒，兰思汗.金融赋能与资产建设——金融社会工作教育、研究与实务国际研讨会综述［J］.开发研究，2019（2）：142-143.

[30] 费景汉，拉尼斯.增长和发展：演进观点［M］.北京：商务印书馆，2004：12-13.

[31] 冯若凡.我国中低收入群体的金融需求及服务对策［J］.中外企业家，2017（18）：67.

[32] 冯钰仪.立足于金融监管谈金融消费者权益保护体系［J］.法制与经济，2013（10）：102-104.

[33] 符林，侯英.以社区银行为主体构建我国普惠金融体系研究［J］.金融与经济，2014（4）：

29-32+36.

[34] 付莎,王军.中国普惠金融发展对经济增长的影响——基于省际面板数据的实证研究[J].云南财经大学学报,2018(3):56-65.

[35] 傅丹红.扶持小微企业财税政策绩效评价制度研究[J].商场现代化,2021(23):138-140.

[36] 傅巧灵,李媛媛,赵睿.数字普惠金融推进脱贫地区乡村全面振兴的逻辑、问题与建议[J].宏观经济研究,2022(6):49-56.

[37] 高常青.畅通案防信息报告渠道 发挥归口部门协同联动机制作用[J].农业发展与金融,2022(1):68-71.

[38] 高敬德.林本位时代或将到来[J].绿色中国,2021(7):50-59.

[39] 高其冬.数字化驱动中小银行普惠金融高质量发展[J].金融纵横,2022(6):59-63.

[40] 高天天,滕子丰.数字普惠金融与产业结构优化升级[J].经济研究参考,2021(24):73-89.

[41] 龚鹏程,臧公庆.美国众筹监管立法研究及其对我国的启示[J].金融监管研究,2014(11):42-60.

[42] 龚晓叶,李颖.金融科技对普惠金融"悖论"的影响:基于中国银行业风险承担水平的证据[J].证券市场导报,2020(9):33-43.

[43] 顾绍梅.包容性增长的历史维度和现实趋势[J].党政论坛,2011(12).

[44] 关崇明.普惠金融发展的国际经验及其启示[J].区域金融研究,2017(8):62-63.

[45] 关晶奇.深化普惠金融供给侧改革[J].新理财,2019(4):42-43.

[46] 管涛.中国债券市场开放与人民币国际化共成长[J].债券,2022(7):10-15.

[47] 郭丽虹,朱柯达.金融科技、银行风险与经营业绩——基于普惠金融的视角[J].国际金融研究,2021(7):56-65.

[48] 郭田田.基于风险预警视角的小微企业融资支持探析[J].北京金融评论,2019(4):190-195.

[49] 韩亮亮,彭伊,孟庆娜.数字普惠金融、创业活跃度与共同富裕——基于我国省际面板数据的经验研究[J/OL].软科学:1-18[2022-02-22].

[50] 何飞.商业银行大力发展普惠金融的意义、战略和对策[N].上海证券报,2018-09-26.

[51] 何晓焕,谢婷婷.数字普惠金融如何影响实体经济[J]?区域金融研究,2021(12):

12-19.

[52] 贺根庆,王伟.构建流程银行的内涵及实施路径研究[J].金融理论与实践,2013(10):16-19.

[53] 胡滨,程雪军.金融科技、数字普惠金融与国家金融竞争力[J].武汉大学学报(哲学社会科学版),2020(3):130-141.

[54] 胡滨.数字普惠金融的价值[J].中国金融,2016(22):58-59.

[55] 胡浩.新时代大型银行发展普惠金融的若干思考[J].金融论坛,2018,23(12):3-9+20.

[56] 胡金焱.普惠金融发展的"两难"问题及对策研究[J].农村金融研究,2021(11):31-37.

[57] 胡乐群,李嘉,王凤朝,刘志清,单继进.银行风险早期预警系统的研究与实现[J].计算机系统应用,2009,18(4):1-6.

[58] 胡兴艳.中小企业融资体系构建研究[J].合作经济与科技,2020(16):48-50.

[59] 黄恋婷.论我国农村普惠金融法律体系之构建[J].当代经济,2017(17):26-27.

[60] 黄蒿丹.基于大数据算法的商业银行企业客户信贷风险评价模型建立与实证研究[J].当代经济,2018(22):59-61.

[61] 黄艳红.农村改革、乡村振兴与共同富裕——"中国农村改革四十年研究丛书"发布会暨全面推进乡村振兴理论研讨会综述[J].毛泽东邓小平理论研究,2022(4):103-106.

[62] 黄益平,邱晗.大科技信贷:一个新的信用风险管理框架[J].管理世界,2021(2):12-21.

[63] 姜皓.泰隆银行 普惠金融撬动共同富裕[J].宁波经济(财经视点),2021(9):38-39.

[64] 姜其林,苏晋绥,杜敏.银行业金融机构数字普惠金融实践与思考——基于国内35家银行业金融机构的调查[J].华北金融,2018(8):76-80.

[65] 姜松,喻卓.农业价值链金融支持乡村振兴路径研究[J].农业经济与管理,2019(3):19-32.

[66] 焦瑾璞.建设中国普惠金融体系——提供全民享受现代金融服务的计划和途径[M].北京:中国金融出版社,2009.

[67] 焦青霞,刘岳泽.数字普惠金融、农业科技创新与农村产业融合发展[J].统计观察,2022(18):77-78.

[68] 李传龙.传统金融征信向数字化征信转型,赋能普惠金融[J].中国信用卡,2018(8):

28-31.

[69] 李岱素,刘启强.同盾科技:用智能决策让生活更美好[J].广东科技,2019,28(1):44-45.

[70] 李丹.从"大一统"到"一委一行两会"中国金融监管体系重塑成型[J].中国金融家,2019(7):62-63.

[71] 李宏杰."一带一路"视角下我国西北普惠金融的发展[J].智富时代,2018(1):12-13.

[72] 李红卫.美国银行业对小型企业的金融服务及其启示[J].金融科学,1999(3):95-98.

[73] 李慧玲.供给侧改革视域下我国农村普惠金融法律体系建设研究[J].农业经济,2019(3):96-98.

[74] 李季刚,郝福莱.数字普惠金融服务共同富裕效率测度[J/OL].统计与决策:1-5[2022-08-20].

[75] 李佳欣,吕德宏.贫困山区金融精准组合模式、效果及政策建议[J].农村金融研究,2019(3):66-70.

[76] 李嘉,胡乐群.拒绝中国的银行倒闭——谈银行风险早期预警体系的建设[J].软件世界,2008(11):58-59.

[77] 李建军,韩珣.金融排斥、金融密度与普惠金融——理论逻辑、评价指标与实践检验[J].兰州大学学报(社会科学版),2017,45(4):19-35.

[78] 李金龙,王颖纯.普惠金融发展存在的主要问题及政策启示[J].宏观经济研究,2020(9):58-67.

[79] 李钧.发挥政策性银行发展普惠金融优势[J].中国金融,2022(15):25-27.

[80] 李玲,胡磊.从经济学角度看银行操作风险管理[J].中国农业银行武汉培训学院学报,2013(3):35-37.

[81] 李牧航.国内外金融扶贫模式比较与借鉴研究[J].长春金融高等专科学校学报,2020(5):26-27.

[82] 李若晨.信用担保在农牧户借贷中的作用——以S镇为例[J].黑龙江粮食,2022(5):69-71.

[83] 李涛,王志芳,王海港,等.中国城市居民的金融受排斥状况研究[J].经济研究,2010,45(7):15-30.

[84] 李伟,刘景芝.农村普惠金融可持续发展研究综述[J].经济研究参考,2018(6):43-54.

[85] 李文娟,严丹荔,郭迎雪,付方方.中美网络众筹融资模式比较研究——以Kickstarter和点名时间网站为例[J].国际商务财会,2014(8):56-61.

[86] 李文瑞.金融脱贫的模式与成效——以甘肃为例[J].中国金融,2012(16):47-49.

[87] 李小云,董强,饶小龙,等.农户脆弱性分析方法及其本土化应用[J].中国农村经济,2007(4):32-39.

[88] 李新.我国商业银行信贷风险预警系统的构建——以中国工商银行为例[J].合肥师范学院学报,2010,28(5):38-43.

[89] 李雪林,唐青生,袁天昂.对我国普惠金融发展问题的几点思考[J].时代金融,2019(19):89-92.

[90] 李迎生.新时代发展金融社会工作的意义及其路径[J].社会建设,2019(2):26-27.

[91] 李颖.商业银行发展普惠金融的难点及对策分析[J].经济研究导刊,2021(12):44-46.

[92] 李勇坚.数字经济助力共同富裕的理论逻辑、实现路径与政策建议[J].长安大学学报(社会科学版),2022,24(1):24-34.

[93] 李优树,张敏.数字普惠金融发展对系统性金融风险的影响研究[J].中国特色社会主义研究,2020(1):26-34.

[94] 李育昊.国有商业银行普惠金融在乡村振兴中的作用[J].经济管理文摘,2021(20):18-19.

[95] 李真.论互联网金融监管——基于美国监管经验的考察及审慎思考[J].商丘师范学院学报,2014,30(7):89-95.

[96] 李子豪,白婷婷.政府环保支出、绿色技术创新与雾霾污染[J].科研管理,2021,42(2):52-63.

[97] 梁涛.以人民为中心推进普惠金融高质量发展[J].中国金融,2022(9):9-11.

[98] 梁义成,李树苗,李聪.基于多元概率单位模型的农户多样化生计策略分析[J].统计与决策,2011(15):63-67.

[99] 辽信.《推进普惠金融发展规划(2016—2020年)》解读[J].共产党员,2016(10):46-47.

[100] 廖岷.金融科技发展的国际经验和中国政策取向[J].新金融评论,2017(4):108-125.

［101］林典.金融社会工作：缘起、内涵与实务［J］.社会工作与管理，2019（2）：45-46.

［102］林海峰.金融科技的"战疫应考"与发展启示［J］.清华金融评论，2020（6）：44-46.

［103］林凯旋.农业信贷与保险联动支持农业发展：内在逻辑与改进路径［J］.保险研究，2020（4）：69-76.

［104］林蔓.金融IT：金融开放催生长期需求 流动性改善获短期弹性［J］.股市动态分析，2019（37）：42-43.

［105］刘金全，毕振豫.普惠金融发展及其收入分配效应——基于经济增长与贫困减缓双重视角的研究［J］.经济与管理研究，2019.

［106］刘坤.5G方兴未艾，"数字世界"加速到来［N］.光明日报，2021-09-03（10）.

［107］刘培林，钱滔，黄先海，董雪兵.共同富裕的内涵、实现路径与测度方法［J］.管理世界，2021，37（8）：117-129.

［108］刘世鹏，易颖.基于长尾理论的商业银行普惠金融业务经营可持续性研究［J］.财会学习，2018（31）：198-199.

［109］刘伟，许宪春，汤美微.国民经济核算视角下的保险产出及中国的实证［J］.金融研究，2018（10）.

［110］刘易斯.劳动无限供给条件下的经济发展［M］.北京：商务印书馆，1984.

［111］刘增学，李新颖.金融可得性与农户收入关联性研究［J］.河南农业，2018（18）：49-51.

［112］卢子怡.国内商业银行开展投行业务的研究［J］.商，2015（48）：174-175.

［113］鲁政委，汤维祺.协同推进绿色金融与普惠金融发展［J］.银行家，2017（12）：11-14.

［114］陆高林.用心答好"四道题"争当惠农排头兵［J］.中国农村金融，2019（13）：53-54.

［115］陆岷峰，王婷婷.基于数字银行背景下数字信贷风险控制管理的战略研究［J］.金融理论与实践，2020（1）：21-26.

［116］陆智华.国外商业银行信用管理体制对我国的借鉴意义［J］.企业家天地下半月刊（理论版），2008（10）：258.

［117］吕子苑，魏丽.保险公司不动产最优投资策略研究［J］.经济理论与经济管理，2020（5）：75-85.

［118］罗清驰.西部欠发达地区推进普惠金融发展的探索与实践［J］.长春金融高等专科学校学报，2019（5）：31-32.

[119] 马娟,张赟,李心怡.农户需求导向下农商银行农村金融服务创新研究——基于苏中、苏北县区的调研[J].生产力研究,2022(7):145-149.

[120] 毛怡萱.乡村振兴战略下数字普惠金融服务农产品电商的困境与路径[J].农业经济,2021(11):112-114.

[121] 孟慧,徐回源.数字金融对实体企业金融投资的影响研究[J].广东经济,2022(5):68-75.

[122] 孟江.中国数字普惠金融发展现状、挑战和机遇[J].现代商贸工业,2021,42(21):5-6.

[123] 孟娜娜,蔺鹏.需求侧视角下普惠金融发展的国际比较——基于世界银行《Global Findex Database》的经验证据[J].普惠金融,2022(7):67-68.

[124] 倪海霞.优化和创新农村新型金融机构信贷模式的建议[J].中国中小企业,2020(5):139-140.

[125] 欧阳芳.商业银行小微企业贷款风险预警体系优化研究[D].景德镇:景德镇陶瓷大学,2020.

[126] 欧永生.孟加拉国小额信贷对我国的启示[J].北方经济,2007(5):40-41.

[127] 潘润红.探索数字普惠金融 助力推进共同富裕[J].金融电子化,2021(11):2.

[128] 彭纯.发展普惠金融是银行的重大使命[J].中国金融,2018(16):9-11.

[129] 钱海章,陶云清,曹松威,曹雨阳.中国数字金融发展与经济增长的理论与实证[J].数量经济技术经济研究,2020,37(6):26-46.

[130] 钱浩辉,徐学锋.我国商业银行操作风险管理问题解析[J].浙江金融,2011(12):27-29.

[131] 钱曙伦,谈杰,林涛.普惠金融风险分担机制研究[J].现代金融,2021(3):29-31.

[132] 强国令,滕飞.共同富裕视角下数字普惠金融巩固脱贫成果的作用机制研究[J].价格理论与实践,2021(12):94-97+200.

[133] 乔海曙,许可.互联网银行理论研究的最新进展[J].金融论坛,2015(6):71-80.

[134] 邱晓华,李衡,张艳杰,徐灼,唐玉.绿色金融支持碳中和目标:国际国内实践及建议[J].保险理论与实践,2021(6):13-32.

[135] 屈波.关于农业保险大灾风险分散机制的思考[J].人民论坛,2015(14):81-83.

[136] 商海岩,孙云涵,赵培坊.数字经济、普惠金融与农村消费升级[J].农村金融研究,2021

（10）：37-46.

[137] 商文江，刘帆.消费金融法律监管研究[J].西南政法大学学报，2019（1）：103-113.

[138] 邵俏婷.流程银行起步走[J].中国外汇，2014（Z1）：46-48.

[139] 邵智宝.发挥好金融支持乡村产业振兴的作用[J].中国金融，2022（5）：26-27.

[140] 施玉佩.金融科技背景下商业银行数字化转型的案例分析[J].技术与市场，2021（4）：147-149.

[141] 宋建华.国有商业银行农村市场零售业务发展策略研究[J].金融纵横，2011（8）：3-4.

[142] 宋晶.浅析中小企业信用担保信用风险探讨[J].现代经济信息，2018（14）：81-82.

[143] 宋丽智，韩晓生，王研.我国农业保险发展影响因素研究：基于地区面板数据的实证分析[J].宏观经济研究，2016（11）：122-130.

[144] 宋智慧.格莱珉模式对我国发展农村小额信贷的启示[J].财富时代，2021（1）：209-210.

[145] 孙继国，赵俊美.普惠金融是否缩小了城乡收入差距？——基于传统和数字的比较分析[J].福建论坛（人文社会科学版），2019（10）．

[146] 孙蓉，吴剑，崔微微.普惠保险及其发展水平测度[J].保险研究，2019（1）：58-74.

[147] 孙天琦，杨岚，张晓东.美国《社区再投资法》（1977—2009年）：三十年来在争议中的不断变革、下一步改革的方向及其对我们的启示（上）[J].西部金融，2009（8）：7-13.

[148] 汤青.可持续生计的研究现状及未来重点趋向[J].地球科学进展，2015（7）：823-833.

[149] 唐亚晖，刘吉舫.普惠金融的理论与实践：国内外研究综述[J].社会科学战线，2019（7）．

[150] 唐弋夫，姚领.重庆构建功能性金融中心的框架设计与路径选择[J].金融理论探索，2017（2）：24-31.

[151] 田春霞.当前我国中小微企业的划分与特点分析[J].中小企业管理与科技（下旬刊），2012（10）：12.

[152] 庹国柱.农业保险经营的风险及其防控[J].中国保险，2018（2）：7-13.

[153] 王傲君.数字普惠金融发展存在的风险及对策[J].湖北师范大学学报（哲学社会科学版），2019，39（6）：49-52.

[154] 王宝会.聚力服务中小微融资需求[N].经济日报，2022-08-24（7）．

[155] 王昶，王三秀.相对贫困长效治理与政府扶贫能力转型——基于可持续生计理论的拓展应用[J].改革，2021（5）：134-145.

[156] 王地宁.征信领域替代数据的应用[J].中国金融,2021(19):93-94.

[157] 王棣华,易燕红.国有上市公司财务危机预警研究[J].产权导刊,2015(11):47-50.

[158] 王芳.基于模糊概率的Markowitz投资组合分散风险的理论及实证研究[J].统计与信息论坛,2008(5):61-64+76.

[159] 王刚,王彦伟.补齐银行绩效考核短板[J].中国金融,2019(7):38-39.

[160] 王慧慧,李宏畅.金融科技创新及风险监管研究[J].改革与开放,2017(17):15-16.

[161] 王婧,胡国晖.中国普惠金融的发展评价及影响因素分析[J].金融论坛,2013,18(6):31-36.

[162] 王静仪,王国军.普惠保险在民生保障中的实践探索与发展建议[J].台州学院学报,2021,43(4):22-29.

[163] 王克敏,姬美光.基于财务与非财务指标的亏损公司财务预警研究——以公司ST为例[J].财经研究,2006(7):63-72.

[164] 王毛路.区块链技术在金融领域的应用[J].金卡工程,2016(10):4.

[165] 王平,王凯.数字普惠金融对共同富裕的影响研究[J].金融与经济,2022(7):3-10.

[166] 王挺,章鸿.建设新一代电子银行平台,应对互联网金融冲击[J].中国金融电脑,2014(11):37-42.

[167] 王小龙.深入推进普惠金融 攻坚"最后一公里"[J].中国农村金融,2019(5):29-31.

[168] 王信.粤港澳大湾区绿色金融发展探索[J].中国金融,2021(19):33-35.

[169] 王旭东.小微企业财务预警模型应用探讨——以银行风险管理为视角[J].财经界,2022(8):116-118.

[170] 王旭.提升金融供给质效 精准服务实体经济[J].中国银行业,2018(1):44-46.

[171] 王雪冬.包容性增长理论的研究现状及未来展望[N].经济研究参考,2018-7-1.

[172] 王遥,王文翰,王文蔚,乔颖.以多元基金模式破解我国生态保护修复资金困境[J].环境保护,2020,48(12):12-17.

[173] 王业斌.普惠金融对城乡收入差距影响的实证研究[J].广西社会科学,2018(6):119-123.

[174] 王永静,李慧,王子豪.数字普惠金融发展影响农民收入的空间效应研究[J].新疆农垦经济,2021(2):63-73.

[175] 王喆，陈胤默，张明.传统金融供给与数字金融发展：补充还是替代？——基于地区制度差异视角［J］.经济管理，2021，43（5）：5-23.

[176] 王子冉.数字金融对商业银行的影响研究［J］.现代商业，2022（10）：107-109.

[177] 韦楠华.公共数字文化服务绩效评价指标体系构建研究［J］.图书馆研究，2020，50（5）：1-11.

[178] 魏长江.绿色金融与普惠金融的比较与融合发展［J］.甘肃金融，2017（12）：35-37.

[179] 温博.破解专精特新中小企业融资难题的思考与建议——基于产业链融资模式的探讨［J］.河北金融，2022（9）：19-23.

[180] 文红星.数字普惠金融破解中小企业融资困境的理论逻辑与实践路径［J］.当代经济研究，2021（12）：103-111.

[181] 吴传俭.健康保险融合普惠金融和医疗救助的应急救助机制研究［J］.保险理论与实践，2020（6）：50-61.

[182] 吴贺.传统金融机构转型与变革的研究［J］.中国集体经济，2021（21）：96-97.

[183] 吴洪，罗承舜.小额保险精准扶贫机制研究［J］.金融与经济，2019（10）：93-96.

[184] 吴剑波."1+N"打造场景金融新生态［J］.中国农村金融，2020（20）：69-70.

[185] 吴洁，周海燕.冠群驰骋 助力产融结合进行时［J］.小康，2017（34）：70-72.

[186] 吴琪，任瀚达，于杰民.德国复兴信贷银行的小微金融［J］.中国金融，2020（5）：87-88.

[187] 吴善东.数字普惠金融的风险问题、监管挑战及发展建议［J］.技术经济与管理研究，2019（1）：66-69.

[188] 吴晓楠，刘凯敏，黄安定.财务困境预警模型与银行信贷风险的识别与防范［J］.金融理论与实践，2010（1）：43-46.

[189] 吴宜文，吴刘杰，吴胜建.做实绿色普惠金融 添彩乡村振兴战略［J］.中国农村金融，2021（10）：43-45.

[190] 伍星.基于福利经济学分析城乡居民基本养老保险的政策效果［J］.法制与经济，2021，30（8）．

[191] 武建强.让信用成为金融服务"三农"的硬支撑［N］.中国县域经济报，2021-08-19（11）．

[192] 夏广军.信息不对称理论在银行经营中的效应研究［D］.青岛：青岛大学，2007.

[193] 夏明辉.为了亿万农民更富足［N］.中国城乡金融报，2021-08-23（A01）．

[194] 谢平，邹传伟，刘海二.互联网金融的基础理论［J］.金融研究，2015（8）：1-12.

［195］谢升峰，朱小梅，许宏波，王鸾凤.普惠金融统筹城乡发展的国际经验及启示：以日韩模式与印巴模式为例［J］.国家行政学院学报，2014（4）：112-114.

［196］谢欣.玻利维亚阳光银行草尖金融［J］.银行家，2008（6）：110-112.

［197］谢绚丽，沈艳，张皓星，郭峰.数字金融能促进创业吗？——来自中国的证据［J］.经济学（季刊），2018（4）：1557-1580.

［198］信瑶瑶，唐珏岚.碳中和目标下的我国绿色金融：政策、实践与挑战［J］.当代经济管理，2021（10）：91-97.

［199］星焱.普惠金融的效用与实现：综述及启示［J］.国际金融研究，2015（11）：24-36.

［200］邢大伟，管志豪.金融素养、家庭资产与农户借贷行为——基于CHFS2015年数据的实证［J］.农村金融研究，2019（10）：32-39

［201］徐鹏，徐明凯，杜澍.农户可持续生计资产的整合与应用研究：基于西部10县（区）农户可持续生计资产状况的实证分析［J］.农村经济，2008（12）：89-93.

［202］徐淑芳，何江波.小额保险影响研究述评［J］.金融理论与实践，2014（8）：98-103.

［203］徐玉立.基于普惠金融内涵的比较研究——以J省县域普惠金融改革为例［J］.西部金融，2017（6）：70-72.

［204］薛莹，胡坚.金融科技助推经济高质量发展：理论逻辑、实践基础与路径选择［J］.改革，2020（3）：53-62.

［205］闫真宇.关于当前互联网金融风险的若干思考［J］.浙江金融，2013（12）：40-42.

［206］严成樑，李涛，兰伟.金融发展、创新与二氧化碳排放［J］.金融研究，2016（1）：14-30.

［207］阳晓霞.金融助企纾困出实招［J］.中国金融家，2022（6）：57-58.

［208］杨慧.普惠金融指数核心指标体系构建研究［J］.中国集体经济，2015（7）：54-55.

［209］杨龙见，吴斌珍，李世刚，彭凡嘉."以税增信"是否有助于小微企业贷款？——来自"银税互动"政策的证据［J］.经济研究，2021，56（7）：96-112.

［210］杨明月.美国E-Financier互联网金融小微信贷风险管理平台借鉴［J］.河北金融，2016（4）：9-12.

［211］杨农.共促数字普惠金融高质量发展［J］.清华金融评论，2021（5）：89-91.

［212］杨涛.发展普惠金融需要信用基础设施创新［J］.中国信用卡，2022（6）：20-24.

［213］杨伟中，余剑，李康.利率扭曲、市场分割与深化利率市场化改革［J］.统计研究，2018，

35（11）：42-57.

［214］杨雯.大银行在推进普惠金融发展中的作用［J］.金融理论与教学，2017（1）：30-34.

［215］杨云彦，赵锋.可持续生计分析框架下农户生计资本的调查与分析［J］.农业经济问题，2009（3）：58-65.

［216］杨子晖，陈雨恬，谢锐楷.我国金融机构系统性金融风险度量与跨部门风险溢出效应研究［J］.金融研究，2018（10）：19-37.

［217］姚旭春，宋佳佳.助力老区振兴的金融力量［J］.中国金融家，2021（6）：112-114.

［218］尹晔，许闲，王颖俐.我国区域普惠保险水平测度及影响因素分析［J］.保险研究，2020（10）：34-47.

［219］尹优平.普惠金融助力脱贫攻坚［J］.前线，2019（3）：34-37.

［220］尹振涛.金融科技赋能小微贷款长效机制［J］.中国金融，2022（14）：71-72.

［221］于法稳.新时代生态农业发展亟需解决哪些问题［J］.人民论坛，2019（19）：14-23.

［222］于蔚，钱水土.互联网金融监管的国际经验［J］.中国金融，2015（1）：47-48.

［223］于文超，梁平汉.不确定性、营商环境与民营企业经营活力［J］.中国工业经济，2019（11）：136-154.

［224］曾刚."十四五"期间的普惠金融发展［J］.当代金融家，2020（12）：108-110.

［225］曾丽卿.深化金融供给侧结构性改革中的开发性金融——基于福建的实践与思考［J］.福建金融，2020（1）：19-24.

［226］翟华云，刘易斯.数字金融发展、融资约束与企业绿色创新关系研究［J］.科技进步与对策，2021，38（17）：116-124.

［227］詹友生，宋发友，吴兴祝，许家权.发展普惠金融的实践与思考——以福建省建阳市为例［J］.福建金融，2016（1）：44-45.

［228］张号栋，尹志超.金融知识和中国家庭的金融排斥：基于CHFS数据的实证研究［J］.金融研究，2016（7）：80-95.

［229］张金林，董小凡，李健.数字普惠金融能否推进共同富裕？——基于微观家庭数据的经验研究［J］.财经研究，2022，48（7）：4-17+123.

［230］张希颖，吴佳钧，王艺环.中国数字普惠金融发展现状及对策［J］.河北金融，2022（3）：59-62.

[231] 张晓琳,董继刚.农村普惠金融发展评价分析——来自山东的实证研究[J].东岳论丛,2017,38(11):118-126.

[232] 张晓萌.普惠金融视角下中国农业银行服务"三农"的路径探析[J].全国流通经济,2021(15):119-121.

[233] 张亚辉,余小丽.县域商业银行普惠金融发展的路径探析[J].现代金融,2021(12):54-55+36.

[234] 张彦杰.利率市场化对企业融资的影响及对策[J].铁路采购与物流,2016,11(8):38-40.

[235] 张艳萍.普惠性保险发展指数及影响因素分析基于排序选择模型[J].现代经济信息,2016(3).

[236] 张莹.信息不对称理论研究文献综述[J].中国管理信息化,2016,19(16):135-136.

[237] 张宇婧.我国商业银行风险管理研究[J].区域金融研究,2013(1):67-72.

[238] 张志辉.亚里士多德城邦政治的中庸思想[J].安徽文学(下半月),2008(7):382-383.

[239] 章文芳.乡村振兴战略下普惠农业保险发展探析[J].中国农机化学报,2019,40(9):211-215.

[240] 赵海.一种金融支持产业脱贫的模式探析——陕西省石泉县"统贷统还"调查[J].农村金融研究,2016(12):71-73.

[241] 赵佳荣,周强.国外商业银行拓展小微企业信贷的经验与借鉴——基于西班牙桑坦德银行的个案研究[J].湖南社会科学,2015(6):121-125.

[242] 赵璐.美国互联网金融监管经验研究[J].时代金融,2015(26):268-270.

[243] 赵雪雁.生计资本对农牧民生活满意度的影响:以甘南高原为例[J].地理研究,2011(4):687-698.

[244] 赵艳丰.桑坦德银行小微金融业务发展经验及启示[J].中国信用卡,2017(5):59-62.

[245] 赵艳丰.是什么拯救了西班牙国际银行[J]?金融世界,2017(5):88-91.

[246] 郑花祯.商业银行智慧安防的策略研究[J].农银学刊,2021(5):4-9.

[247] 郑家喜,杨东,宋嘉豪.中国农村普惠金融发展水平的时空分异[J].统计与决策,2020,36(6).

[248] 郑素娟,许登杰,郭君默.福建省普惠金融发展水平评价分析[J].金融理论与教学,2020

（6）：15-19.

［249］周闯洋.小微企业融资难的原因及解决策略——基于富国银行零售信贷模式的成功经验［J］.中国国情国力，2012（5）：33-35.

［250］周革平.现代资产组合理论的产生与发展综述［J］.金融与经济，2004（8）：10-12.

［251］周林洁，韩淋，修晶.数字普惠金融如何助力乡村振兴：基于产业发展的视角［J］.南方金融，2022（4）：70-78.

［252］周小川.践行党的群众路线 推进包容性金融发展［J］.求是，2013（18）：11-14.

［253］周雪峰，韩露.数字普惠金融、风险承担与企业绿色创新［J］.统计与决策，2022，38（15）：159-164.

［254］朱必华，张建忠.全方位把关推进农村金融综合服务站建设［J］.中国银行业，2018（3）：107-108.

［255］朱春华.商业银行赋能"专精特新"的意义及路径［J］.福建金融，2022（5）：69-72.

［256］朱怡婷.数字普惠金融发展探索［J］.现代金融，2019（11）：22-26.

［257］祝森.柬埔寨小额信贷发展探究［J］.亚太经济，2011（5）：72-75.

［258］宗民.普惠金融的伦理基础及其实践原则［J］.浙江社会科学，2020（5）：102-110.

［259］Akerlof, G..The Market for Lemon: Qualitative Uncertainty and the Market Mechanism［J］. Quarterly Journal of Economics, 84（4）：488-500.

［260］Al-Hussainy Edward, Thorsten Beck, Asli Demirguc Kunt and Bilal Zia. Household Use of Financial Services［R］. World Bank Working Paper, 2008.

［261］Allen, F., A. Demirguc-Kunt, L. Klapper and M. S. M. Pería. The Foundations of Financial Inclusion: Understanding Ownership and Use of Formal Accounts［R］. World Bank Policy Research Paper, 2012.

［262］Ambrose Nnaemeka Omeje, Augustine Jideo, Michael Okike Ugwu, Joseph Amuka and Perpetual Ngozi Agamah. Examining the Penetration of Financial Inclusion in the Agricultural Sector: Evidence from Small-scale Farmers in Enugu State, Nigeria［J］. Agricultural Finance Review, 2022（1）：2-4.

［263］Amidzic, G., M. A. Massara, A. Mialou. Assessing Countries' Financial Inclusion Standing—A New Composite Index［R］. International Monetary Fund, 2014.

[264] Appleyard, L.. Community Development Finance Institutions(CDFIs): Geographies of Financial Inclusion in the US and UK [J].Geoforum, 2011, 42 (2): 250-258.

[265] Arora, R. U.. Measuring Financial Access [J]. Griffith University Discussion Paper in Economics, 2010 (7): 1-21.

[266] Beck Thorsten, Asli Demirguc-Kunt, Maria Soledad and Martinez Peria. Reaching Out: Access to and Use of Banking Servicesacross Countries [J]. Journal of Financial Economics, 2007, 85 (1): 234-266.

[267] Bester, H., D. Chamberlain, L. De Koker, C. Hougaard, R. Short, A. Smith and R. Walker. Implementing FATF Standards in Developing Countries and Financial Inclusion: Findings and Guidelines [R]. FIRST Initiative(World Bank), 2008.

[268] Bihari, S. C.. Financial Inclusion for Indian Scense [R]. SCMS Journal of Indian Management, 2011.

[269] Boucher, S. R., Carter, M. R., Guirkinger, C.. Risk Rationing and Wealth Effects in Credit Markets: Theory and Implications for Agricultural Development [J]. American Journal of Agricultural Economics, 2008, 90 (2): 409423.

[270] Chakravarty, S. R. and R. Pal. Financial Inclusion in India: An Axiomatic Approach [J]. Journal of Policy Modeling, 2013, 35 (5): 813-837.

[271] Claessens, S.. Access to Financial Services [J]. World Bank Research Observer, 2006 (2): 207-240.

[272] Cole, S., T. Sampson and B. Zia. Prices or Knowledge? What Drives Demand for Financial Services in Emerging Markets [J]? The Journal of Finance, 2011, 66 (6): 1933-1967.

[273] Daron, A., Philippe A., Leonardo B. and David H.. The Environment and Directed Technical Change [J]. American Economic Review, 2012, 102 (1): 131-166.

[274] Davide Consoli. The Dynamics of Technological Change in UK Retail Banking Services: An Evolutionary Perspective [J]. Research Policy, 2005, 34 (4).

[275] Demirguc-Kunt, Klapper. Measuring Financial Inclusion: The Global Findex Database [R]. Policy Research Working Paper Series, 2012.

[276] Devlin, James F.. A Detailed Study of Financial Exclusion in the UK [J]. Journal of Consumer

Policy, 2005 (1): 75-108.

[277] Digitisation and Informality: Harnessing Digital Financial Inclusion for Individuals and MSMEs in the Informal Economy [R]. G20 Policy Guide, 2018.

[278] Diniz, E., R. Birochi and M. Pozzebon. Triggers and Barriers to Financial Inclusion: The Use of ICT-based Branchless Banking in an Amazon County [J]. Electronic Commerce Research and Applications, 2012, 11 (5): 484-494.

[279] Elaine Kempson and Claire Whyley. Kept Out or Opted Out [M]? Bristol: The Policy Press, 1999.

[280] Elisa Aracil, Gonzalo Gomez-Bengoechea, Olga Moreno de Tejada. Institutional Quality and the Financial Inclusion-poverty Alleviation Iink: Empirical Evidence across Countries [J]. Borsa Istanbul Review, 2022 (22): 3-8.

[281] Eyup Dogan, Mara Madaleno and Dilvin Taskin. Financial Inclusion and Poverty: Evidence from Turkish Household Survey Data [J]. Applied Economics, 2021 (19): 1-2.

[282] Heenkenda, S.. Inclusive in Surancesector: An Innovative Business Model for Micro-insurance Delivery in Sri Lanka [J]. Journal of Asian Business Strategy, 2016 (6).

[283] Honohan. Cross-country Variation in Household Access to Financial Services [J]. Journal of Banking and Finance, 2008 (32): 2493-2500.

[284] Jessy Nair and Mohith Kumar Jain. Unbanked to banked: Reintermediation Role of Banks in Egovernment Services for Financial Inclusion in an Indian Context [J]. Jessy Nair and Mohith Kumar Jain, 2020 (2): 1-2.

[285] Kempson, E. and Whyley, C.. Understanding and Combating Financial Exclusion [J]. Insurance Trends, 1999b: 18-22.

[286] Kunt, Demirguc, A. and L. Klapper. Measuring Financial Inclusion: The Global Findex Database [R]. World Bank Policy Research Working Paper, 2012.

[287] Levine, R.. Financial Development and Economic Growth: Views and Agenda [J]. Journal of Economic Literature, 1997 (35): 688-726.

[288] Leyshorn, Thrift. The Restructuring of the UK Financial Services in the 1990s [J]. Journal of Rural Studies, 1993 (9): 223-241.

[289] Mahmood Rahman. Effect of Financial Literacy on Usage of Unconventional Banking and Non-banking Financial Services across Countries [J]. Economics Letters, 2022（4）: 3-4.

[290] Markowitz, H.. Mean-variance Analysis in Portfolio Choice and Capital Markets [M]. New York: Basil Blackwell, 1987: 93-104.

[291] Miriam Bruhn, Inessa Love. The Real Impact of Improved Access to Finance: Evidence from Mexico [J]. The Journal of Finance, 2014（3）.

[292] Muhammad, S., Aviral, K. T. and Muhammad, N.. The Effects of Financial Development, Economic Growth, Coal Consumption and Trade Openness on CO_2 Emissions in South Africa [J]. Energy Policy, 2013（1）: 1452-1459.

[293] Neill Marshall. Financial Institutions in Disadvantaged Areas: A Comparative Analysis of Policies Encouraging Financial Inclusion in Britain and the United States [J]. Environment and Planning, 2004（36）: 241-261.

[294] Pengpeng Yue, Aslihan Gizem Korkmaz, Zhichao Yin, Haigang Zhou. The Rise of Digital Finance: Financial Inclusion or Debt Trap [J]? Finance Research Letter, 2021（10）: 1-5.

[295] Po Hsuan, Xuan T and Yan X. Financial Development and Innovation: Cross-country Evidence [J]. Journal of Financial Economics, 2014（1）: 116-135.

[296] P Ppp. Microinsurance - Risk Protection for 4 billion People [J]. Sigma, 2010（6）.

[297] Rajani Gupte. Computation of Financial Inclusion Index for India [J]. Social and Behavioral Sciences, 2012（37）.

[298] Ramana N. and Tom N.. Did Bank Distress Stifle Innovation during the Great Depression [J]? Journal of Financial Economics, 2014（2）: 273-292.

[299] Robert, J. Shiller. Reflections on Finance and the Good Society [J]. The American Economic Review, 2013（103）: 3.

[300] Saibal Ghosh. Political Empowerment of Women and Financial Inclusion: Is there a link [J]? Social Sciences & Humanities Open, 2022（5）: 2-7.

[301] Salman Mahmood, Wen Shuhui, Shoaib Aslam and Tanveer Ahmed. The Financial Inclusion Development and Its Impacts on Disposable Income [J]. Original Research, 2022（4）: 1-5.

[302] Sarma Mandira and Jesim Pais. Financial Inclusion and Development [J]. Journal of International

Development, 2011 (5): 613-628.

[303] Sarma Mandira. Indian Council for Research on International Economic Relations [J]. Index of Financial Inclusion, 2008 (6): 1-26.

[304] Sarma, M. and J. Pais. Financial Inclusion and Development: A Cross Country Analysis [R]. 2008.

[305] Sarma, M.. Index of Financial Inclusion [J]. Discussion Paper in Economics, 2010 (11): 1-28.

[306] Scoones, I.. Sustainable Rural Livelihoods: A Framework for Analysis [D]. Institute of Development Studies, 1998.

[307] Sen, A.. Famines and Poverty [M]. London: Oxford University Press, 1981.

[308] Swamy, V., Dharani, M.. Analyzing the Agricultural Value Chain Financing: Approaches and Tools in India [J]. Agricultural Finance Review, 2016 (2): 211232.

[309] Ugwuja Vivian Chinelo, Ekunwe Peter Ayodeji. Leveraging on Digital Technology for Financial Inclusion of Women Agripreneurs in Southern Nigeria [J]. Research, 2022 (11): 2-6.

[310] Viktor Mayer-Schnberger and Kenneth Cukier. Big Data: A Revolution that will Transform How We Live, Work, and Think [M]. Mariner Books, 2013: 3.

[311] Zhiqiang Lua, Junjie Wu, Hongyu Lia and Duc Khuong Nguyen. Local Bank, Digital Financial Inclusion and SME Financing Constraints: Empirical Evidence from China [J]. Emerging Markets Finance and Trade, 2022 (58): 5-6.